Julia Rombach

utb 2549

utb.

W0282465

Eine Arbeitsgemeinschaft der Verlage

Böhlau Verlag · Wien · Köln · Weimar
Verlag Barbara Budrich · Opladen · Toronto
facultas · Wien
Wilhelm Fink · Paderborn
A. Francke Verlag · Tübingen
Haupt Verlag · Bern
Verlag Julius Klinkhardt · Bad Heilbrunn
Mohr Siebeck · Tübingen
Ernst Reinhardt Verlag · München
Ferdinand Schöningh · Paderborn
Eugen Ulmer Verlag · Stuttgart
UVK Verlag · München
Vandenhoeck & Ruprecht · Göttingen
Waxmann · Münster · New York
wbv Publikation · Bielefeld

basics

Christoph Freichel
Andreas Brähler
Christian Lösel
Andreas Krenzin

Ertragsteuern

6., überarbeitete und aktualisierte Auflage

UVK Verlag · München

Autoren

Prof. Dr. Christoph Freichel, WP, StB, FBIStR, Professor für Allgemeine Betriebswirtschaftslehre, Rechnungswesen und Betriebliche Steuerlehre an der htw saar
Dr. Andreas Krenzin, Steuerberater und Partner der Kastl & Dr. Krenzin Steuerberatungsgesellschaft
Dr. Christian Lösel, Dipl.-Kfm., StB, Oberbürgermeister der Stadt Ingolstadt
Dr. Gernot Brähler, Dipl.-Kfm.

Online-Angebote oder elektronische Ausgaben sind erhältlich unter www.utb-shop.de

Bibliographische Information der Deutschen Bibliothek
Die Deutsche Bibliothek verzeichnet diese Publikation in der Deutschen Nationalbibliographie; detaillierte bibliographische Daten sind im Internet über <http://dnb.ddb.de> abrufbar.

1. Auflage 2004
2. Auflage 2006
3. Auflage 2008
4. Auflage 2010
5. Auflage 2012

Einbandgestaltung: Atelier Reichert, Stuttgart
Satz: Lichtsatz Michael Glaese GmbH, 69502 Hemsbach
Druck und Bindung: cpi · Clausen & Bosse, Leck

UVK Verlag
Nymphenburger Straße 48 · 80335 München
Tel. 089/452174-65
www.uvk.de

Narr Francke Attempto Verlag GmbH & Co. KG
Dischingerweg 5 · 72070 Tübingen
Tel. 07071/9797-0
www.narr.de

UTB-Band Nr. 2549
ISBN 978-3-8252-5002-7

Vorwort

Das Vorwort der vorherigen Auflage begann mit dem Hinweis, dass das deutsche Ertragsteuerrecht permanenten Änderungen unterliegt und dem Gesetzgeber dabei aufgrund des hohen Reformtempos häufig handwerkliche Fehler unterlaufen oder Regelungen in besonderem Maße komplex ausgestaltet werden.

Mit der vorliegenden Auflage des Lehrbuches „Ertragsteuern" wird die im Jahre 2012 von Frau Prof. Dr. Dr. Christiana Djanani und den Herren Prof. Dr. Gernot Brähler, Dr. Christian Lösel sowie Dr. Andreas Krenzin veröffentlichte 5. Auflage abgelöst. Frau Prof. Dr. Dr. Christiana Djanani hat Herrn Prof. Dr. Christoph Freichel freundlicherweise die Möglichkeit gewährt, dieses Buch gemeinsam mit dem bewährten Autorenteam weiterzuführen.

Mit diesem Lehrbuch wird dem Einsteiger ein umfassender Überblick über grundlegende Aspekte des Ertragsteuerrechts vermittelt. Nach einer Einführung in das Ertragsteuerrecht wird die Einkommensteuer (Kapitel 2) als Schwerpunkt analysiert. Hierzu gehören die Charakterisierung, die Bedeutung und die Prinzipien der Einkommensteuer, die persönliche und sachliche Steuerpflicht sowie die zeitliche Zuordnung der Einkünfte. Die Erläuterungen bzgl. der Ermittlung des zu versteuernden Einkommens sowie der festzusetzenden Einkommensteuer stehen im Mittelpunkt dieses Kapitels. Anschließend werden die Grundlagen der Körperschaftsteuer (Kapitel 4) und der Gewerbesteuer (Kapitel 5) dargestellt. Die Erläuterungen beschränken sich dabei jedoch nicht nur auf die jeweiligen Grundlagen, sondern beziehen sich u.a. auch auf Fragen zur Steuerpflicht, zur Ermittlung des zu versteuernden Einkommens bzw. des Gewinns aus dem Gewerbebetrieb. Auch bei diesen Steuerarten wird schlussendlich auch anhand zahlreicher Beispiele aufgezeigt, wie die jeweilige Steuerfestsetzung konkret vonstatten geht. Kapitel 5 widmet sich den Ansätzen des Gesetzgebers zur Umsetzung einer

Rechtsformneutralität der Besteuerung in Deutschland. Die Ausführungen dieses Lehrbuchs zur Einkommen-, Körperschaft- sowie Gewerbesteuer werden durch einen sog. übergreifenden Abschlussfall ergänzt, in dem die Zusammenhänge der Ermittlung des zu versteuernden Einkommens bzw. des Gewinns aus dem Gewerbebetrieb, die ggf. notwendigen jeweiligen Rückstellungen sowie die Berechnung der relevanten Steuerschulden unter Berücksichtigung der im Fall genannten Besonderheiten aufgezeigt werden.

Für die sechste Auflage wurden die gesamten Ausführungen überarbeitet und aktualisiert, um das Buch dem aktuellen Erkenntnis- und Rechtsstand anzupassen. Um die didaktischen Anforderungen zu erfüllen, beinhaltet das Werk zahlreiche praktische Beispiele sowie veranschaulichende Abbildungen und Tabellen. Am Ende der Kapitel finden sich jeweils eine Zusammenfassung in Form von Kernaussagen über wesentliche Erkenntnisse, Fragen sowie individuelle Literaturhinweise, die zu einem vertiefenden themenspezifischen Literaturstudium geeignet sind. Das umfangreiche Sachverzeichnis hilft bei der Suche nach konkreten Inhalten.

Das Werk ist der ideale Begleiter zur zielorientierten Vorbereitung für Klausuren im Bachelor- sowie im Masterstudium an Hochschulen, die auf die betriebswirtschaftliche Steuerlehre bzw. das Steuerrecht ausgerichtet sind. Zudem eignet es sich hervorragend zum Selbststudium. Zielgruppen sind daher sowohl Studentinnen und Studenten, Dozentinnen und Dozenten im Bereich der betriebswirtschaftlichen Steuerlehre sowie des Steuerrechts. Das Buch eignet sich auch für Praktiker, die ihr für den Berufsalltag nützliches Grundlagenwissen verbessern möchten. Hier sind Assistentinnen und Assistenten der Steuerberatung, Steuerfachangestellte sowie Steuerfachwirte und nicht zuletzt auch Steuerberater angesprochen.

Für die sehr angenehme Zusammenarbeit danken wir Herrn Dr. Jürgen Schechler vom UVK Verlag.

Für Verbesserungsvorschläge, Hinweise auf Schreibfehler und Anregungen sind wir dankbar und verweisen auf die folgenden E-Mail-Adressen:

christoph.freichel@htwsaar.de,
gernot.braehler@gmx.de,
christian.loesel@ingolstadt.de sowie
info@kastl-krenzin.de.

Das Buch basiert auf dem Rechtsstand 01.01.2018.

Christoph Freichel
Gernot Brähler
Christian Lösel
Andreas Krenzin

Begleitend zu diesem Lehrbuch wird auf der Buchtitelseite unter
www.utb-shop.de
ein Web-Service zum Download angeboten.

1. Eine anschaulich gegliederte Präsentation der Abbildungen des Buches.
2. Zusätzliche Beispiele und Verständnisfragen, die die didaktische Einsetzbarkeit der Präsentation durch den Dozenten im Unterricht stützen und für den Studenten im Selbststudium sehr nützlich sind.

Inhaltsverzeichnis

Abkürzungsverzeichnis

Abb.	Abbildung
Abs.	Absatz
abzgl.	abzüglich
a.F.	alte Fassung
AfA	Absetzung für Abnutzung
AG	Arbeitgeber; Aktiengesellschaft
AK	Anschaffungskosten
allgem.	allgemein(e/em)
AltEinkG	Alterseinkünftegesetz
AN	Arbeitnehmer
a.o.	außerordentlich (e)
AO	Abgabenordnung
Art.	Artikel
AStG	Außensteuergesetz
Aufl.	Auflage
ausschließl.	ausschließlich
ausl.	ausländisch (e)
BA	Betriebsausgaben
BAföG	Bundesausbildungsförderungsgesetz
BB	Betriebs-Berater (Zeitschrift)
Bd.	Band
BE	Betriebseinnahmen
BewG	Bewertungsgesetz
BfA	Bundesversicherungsanstalt für Angestellte
BGB	Bürgerliches Gesetzbuch
BGBl.	Bundesgesetzblatt
BilMoG	Bilanzrechtsmodernisierungsgesetz
BIP	Bruttoinlandsprodukt
BFH	Bundesfinanzhof
BMF	Bundesministerium der Finanzen
BMG	Bemessungsgrundlage
Bsp.	Beispiel
bspw.	beispielsweise
Bst.	Buchstabe
BStBl.	Bundessteuerblatt
BVV	Betriebsvermögensvergleich
BVerfG	Bundesverfassungsgericht
bzgl.	bezüglich
bzw.	beziehungsweise
B_Z	Bemessungsgrundlagenbestandteil

Co.	Compagnie
DBA	Doppelbesteuerungsabkommen
DBst.	Doppelbuchstabe
DG	Dachgeschoss
d.h.	das heißt
DStR	Deutsches Steuerrecht (Zeitschrift)
€	Euro
EBITDA	Earnings Before Interest, Taxes, Depreciation and Amortisation (Ertrag vor Zinsen, Steuern, Abschreibungen auf Sachanlagen und Abschreibungen auf immaterielle Vermögensgegenstände)
EFTA	European Free Trade Association
EG	Erdgeschoss; Europäische Gemeinschaft
EigZulG	Eigenheimzulagengesetz
EnergieSt	Energiesteuer
ErbSt	Erbschaftsteuer
ESt	Einkommensteuer
EStDV	Einkommensteuer-Durchführungsverordnung
EStG	Einkommensteuergesetz
EStH	Einkommensteuer-Hinweise
EStR	Einkommensteuer-Richtlinien
etc.	et cetera, und so weiter
EU	Europäische Union
EuGH	Europäischer Gerichtshof
evtl.	eventuell
EWR	Europäischer Wirtschaftsraum
f.	folgende
FB	Freibetrag
ff.	fortfolgende
FR	Finanz-Rundschau (Zeitschrift)
gem.	gemäß
GewSt	Gewerbesteuer
GewStG	Gewerbesteuergesetz
GewStDV	Gewerbesteuer-Durchführungsverordnung
GewStR	Gewerbesteuerrichtlinien
ges.	gesamt(e)
GFB	Grundfreibetrag
GG	Grundgesetz
ggf.	gegebenenfalls
GmbH	Gesellschaft mit beschränkter Haftung
GoB	Grundsätze ordnungsmäßiger Buchführung
grds.	grundsätzlich
GrESt	Grunderwerbsteuer
GrSt	Grundsteuer
GrStG	Grundsteuergesetz
GuV	Gewinn- und Verlustrechnung

GWG	Geringwertige Wirtschaftsgüter, geringwertiges Wirtschaftsgut
H	Hinweis
HGB	Handelsgesetzbuch
HRG	Hochschulrahmengesetz
Hrsg./hrsg.	Herausgeber/herausgegeben
Hs.	Halbsatz
i. d. R.	in der Regel
i. H. v.	in Höhe von
inkl.	inklusive
i. R. d.	im Rahmen des
i. S. d.	im Sinne des/r
i. S. v.	im Sinne von
i. V. m.	in Verbindung mit
IWB	Internationale Wirtschaftsbriefe (Zeitschrift)
JStG	Jahressteuergesetz
jur.	juristisch (e)
JÜ	Jahresüberschuss
KapESt	Kapitalertragsteuer
KfzSt	Kraftfahrzeugsteuer
KG	Kommanditgesellschaft
KGaA	Kommanditgesellschaft auf Aktien
Kfz	Kraftfahrzeug
KfzSt	Kraftfahrzeugsteuer
KSt	Körperschaftsteuer
KStG	Körperschaftsteuergesetz
KStR	Körperschaftsteuer-Richtlinien
KV	Krankenversicherung
kwh	Kilowattstunde
l. u. f. wirtsch.	land- und forstwirtschaftlichen
lit.	litera
LSt	Lohnsteuer
LStDV	Lohnsteuer-Durchführungsverordnung
LStR	Lohnsteuer-Richtlinien
lt.	laut
LVA	Landesversicherungsanstalt
max.	maximal
MinöSt	Mineralölsteuer
Mio.	Million (en)
Mrd.	Milliarde (n)
n. F.	neue Fassung
Nr.	Nummer, Nummern
NWB	Neue Wirtschaftsbriefe (Zeitschrift)
od.	oder
o. g.	oben genannte (n)
OG	Obergeschoss
OHG	Offene Handelsgesellschaft

§	Paragraph
p.a.	per annum
PB	Pauschbetrag
PC	Personal Computer
PKW	Personenkraftwagen
PV	Pflegeversicherung
R	Richtlinie
RSt	Rückstellung
RV	Rentenversicherung
S.	Seite (n)
SE	Societas Europaea
sog.	so genannte(n)
SolZ	Solidaritätszuschlag
St	Steuer
StB	Steuerberater
stpfl.	steuerplichtige/s/r
StSenkG	Steuersenkungsgesetz
StuW	Steuer und Wirtschaft (Zeitschrift)
SWI	Steuer und Wirtschaft International (Zeitschrift)
S_Z	Steuer auf Bemessungsgrundlage
T	Tausend
Tab.	Tabelle (n)
TabakSt	Tabaksteuer
tat.	tatsächlich (er)
TÜV	Technischer Überwachungsverein
u.	und
u.a.	und andere; unter anderem
USA	United States of America (Vereinigte Staaten von Amerika)
USt	Umsatzsteuer
usw.	und so weiter
u.U.	unter Umständen
v.a.	vor allem
vGA	verdeckte Gewinnausschüttung
vgl.	vergleiche
v.H.	von Hundert
vs.	versus, gegen, gegenüber gestellt
Vss.	Voraussetzungen
VSt	Vorsteuer, Vermögensteuer
V & V	Vermietung und Verpachtung
VW	Volkswagen
VZ	Veranlagungszeitraum
WK	Werbungskosten
z.B.	zum Beispiel
z.v.	zu versteuerndes
z.v.E.	zu versteuerndes Einkommen
zzgl.	zuzüglich
zzt.	zurzeit

Einführung in das Ertragsteuerrecht | 1

Inhalt

Bedeutung der Steuern | 1.1

Gegenläufige Ziele und Interessen bei den Steuern

Steuern sind ein wichtiger Teil des Wirtschaftslebens jedes Staatsbürgers. Die Steuerpflicht begleitet ihn von der Geburt bis zu seinem Tod. Sie wird ihm vom staatlichen Gemeinwesen zur Finanzierung der Staatsaufgaben auferlegt und beeinflusst sein ökonomisches Handeln. Bei der Besteuerung muss der Staat bestimmte Grundsätze beachten, z.B. die Prinzipien der Gesetzmäßigkeit und der Gleichmäßigkeit der Besteuerung. Insbesondere soll sich die Besteuerung nach der wirtschaftlichen Leistungsfähigkeit des Steuerpflichtigen richten. Will er nachhaltig am Erfolg privaten Wirtschaftens teilhaben, darf der Staat nicht unverhältnismäßig auf den einzelnen Staatsbürger zugreifen (Erdrosselungswirkung). Ungleichmäßige Besteuerungen können zu Ausweichreaktionen seitens der Wirtschaftssubjekte führen und Glaubwürdigkeits- und Legitimitätsprobleme aufwerfen, die u.U. einen Rückgang des Steueraufkommens bewirken können.

Schon aus diesem Grund muss ein Staat darauf bedacht sein, eine rechtmäßige, nachvollziehbare und als gerecht empfundene Besteuerung vorzunehmen, die das Spannungsverhältnis von Eigentumsschutz und Sozialpflichtigkeit des Eigentums widerspiegelt. Bei der Besteuerung ist daher stets die Gegenläufigkeit der Ziele und Interessen, die im Rahmen der Besteuerung eine Rolle spielen, zu berücksichtigen. Wirtschaftssubjekte wollen und müssen, u.a. unter dem Druck der Globalisierung, die Steuerlast minimieren. Andererseits finanzieren die Steuern Aufgaben – deren Erfüllung den Wirtschaftssubjekten zugute kommen kann – und sie geben dem Staat die Möglichkeit, u.U. zum Vorteil Aller, lenkend in den Wirtschaftsprozess einzugreifen.

1.2 | Steuerbelastung und Steuergerechtigkeit

Steuerbelastung

Moderne Industriestaaten nehmen eine Reihe von sozial-, ordnungs- und wirtschaftspolitischen Aufgaben wahr. Der Umfang der dem jeweiligen Staatswesen übertragenen Aufgaben spiegelt sich in seiner sog. Staatsquote wider, die die Höhe der staatlichen Ausgaben im Verhältnis zum Bruttoinlandsprodukt (BIP) angibt. Im Jahr 2016 betrug diese Quote in Deutschland 44,3 %:

Abb. 1: *Staatsquote in Deutschland 2016*

$$\text{Staatsquote (2016)} = \frac{\text{Staatsausgaben}}{\text{Bruttoinlandsprodukt}} = \frac{1.388{,}56 \text{ Mrd. €}}{3.134{,}10 \text{ Mrd. €}} = 44{,}3\ \%$$

Abb. 2: *Entwicklung der Staatsquote in Deutschland von 1980 bis 2016*

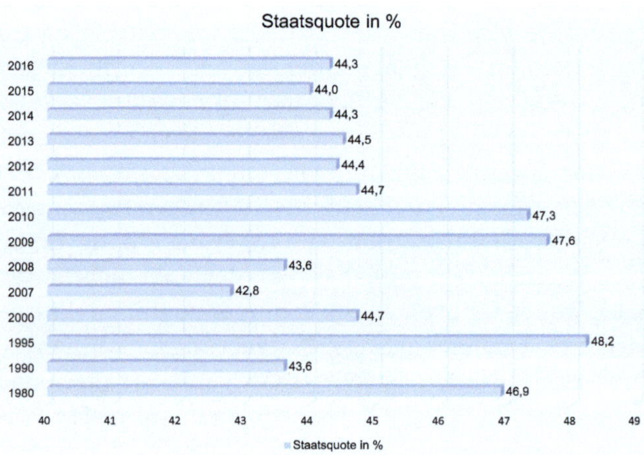

Zur Finanzierung der öffentlichen Aufgaben werden von Staaten Abgaben v.a. in Form von Steuern erhoben. Eine hohe Staatsquote bringt daher regelmäßig eine hohe Steuer- und Abgabenbelastung der Wirtschaftssubjekte mit sich. Diese Steuer- und Abgabenbelastung wird durch die sog. Abgabenquote ausgedrückt, die das Verhältnis von Steuern und Sozialabgaben zum

Bruttoinlandsprodukt angibt. Im Jahr 2016 belief sich diese Abgabenquote auf 42,7 %:

$$\text{Abgabenquote (2016)} = \frac{\text{Steuern + Abgaben}}{\text{Bruttoinlandsprodukt}} = \frac{705{,}7\ \text{Mrd. €} + 633{,}1\ \text{Mrd. €}}{3.134{,}1\ \text{Mrd. €}} = 42{,}7\ \%$$

Abb. 3: *Abgabenquote in Deutschland 2016*

Steuergerechtigkeit

Steuern beeinflussen die wirtschaftlichen Tätigkeiten der Menschen und verändern deren Konsum-, Investitions- und Sparverhalten. Aus diesem Grunde müssen Steuern „gerecht" ausgestaltet sein. „Gerecht" heißt dabei, die Besonderheiten des Einzelfalls zu berücksichtigen, denn nur maßgeschneiderte Regelungen verhindern im Einzelfall pauschale und damit ungerechte Rechtsfolgen. Je stärker aber Steuergesetze Einzelheiten berücksichtigen, desto unübersichtlicher werden sie und desto schwerer sind sie anzuwenden bzw. auszuführen. Die durch ausufernde Einzelfallregelungen hervorgerufene Komplexität der Steuernormen bedingt – genauso wie eine zu geringe Regelungsdichte – Ungerechtigkeiten, da es nur demjenigen, der über entsprechend kompetente Beratung verfügt, gelingt, seine Verhältnisse steueroptimal zu gestalten. Der nicht bzw. schlecht beratene Steuerpflichtige befindet sich aufgrund seiner mangelnden Kenntnisse gegenüber dem gut beratenen im Nachteil, da er die Möglichkeiten zur Steuervermeidung nicht in Anspruch nehmen kann. In diesem Zusammenhang wird auch der Begriff der „Dummensteuer" verwendet. Daher heißt „gerecht" auch, das Steuersystem nicht überzuregulieren, sondern handhabbar und verständlich für den Großteil der Steuerpflichtigen zu gestalten.

Abgesehen von überbordenden Einzelfallgestaltungen ist ein weiterer Grund für die Komplexität unseres Steuersystems die Tatsache, dass die Erhebung von Steuern nicht nur der Einnahmenbeschaffung des Staates dient, sondern im Rahmen der Wirtschafts- und Sozialpolitik auch zur Lenkung des Verhaltens der Individuen eingesetzt wird. Steuern sollen steuern! Statt direkte Ge- oder Verbote zu erlassen, belastet der Gesetzgeber unerwünschtes Verhalten mit zusätzlichen Steuern und fördert erwünschtes Verhalten und förderungswürdige Güter (sog. meritorische Güter) durch Steuerentlastungen (z.B. geringerer Umsatzsteuersatz für Lebensmittel und Zeitschriften i.H.v. 7 % statt üblicherweise 19 %). So verfolgt der Staat mit der Steuererhebung nicht nur fiskalische Interessen, sondern auch Lenkungszwecke (z.B. Einschränkung des Zigarettenkonsums durch die Tabaksteuer, Forcierung des Energiesparens durch die Ökosteuer, Reduzierung des Konsums bestimmter Alkoholika durch die Alkopopsteuer).

1.3 Die drei Steuerwissenschaften

Steuerrechtswissenschaft / Finanzwissenschaft / Betriebswirtschaftliche Steuerlehre

Aufgrund der allokativen und distributiven Bedeutung, die Steuern für den Staat und seine Wirtschaftssubjekte haben, beschäftigen sich mehrere wissenschaftliche Forschungsrichtungen mit ihren Wirkungen, ihrer Verwendung bzw. ihrer Verteilung. Die Steuerwissenschaften lassen sich in die drei Teilbereiche Steuerrechtswissenschaft, Finanzwissenschaft und Betriebswirtschaftliche Steuerlehre untergliedern. Das Erfahrungsobjekt aller drei Disziplinen ist das Phänomen „Steuern“, ihr Untersuchungsgegenstand ist hingegen unterschiedlich. Die Grenzen zwischen den einzelnen Bereichen verlaufen fließend.

Steuerrechtswissenschaft

Die **Steuerrechtswissenschaft** versteht die Besteuerung als Rechtsvorgang. Sie ist juristisch ausgerichtet und beschäftigt sich mit dem Steuerrechtsverhältnis zwischen Staat und Bürger. Gegenstand sind bspw. Probleme der Auslegung von Steuernormen oder deren Prüfung hinsichtlich ihrer Verfassungsmäßigkeit bzw. EU-Konformität.

Finanzwissenschaft

Die **Finanzwissenschaft** ist Teilgebiet der Volkswirtschaftslehre und daher makroökonomisch orientiert. Erkenntnisobjekt ist das wirtschaftliche Handeln des Staates, so weit damit Einnahmen und Ausgaben verbunden sind. Die Finanzwissenschaft beschäftigt sich bspw. mit Fragen der volkswirtschaftlich gerechten Verteilung der Steuereinnahmen (Distribution) oder der Minimierung von negativen Steuerwirkungen auf Produktion, Konsum und Wettbewerb (Beeinflussung der Ressourcenverteilung (Allokation), Minimierung des Wohlfahrtsverlustes).

Betriebswirtschaftliche Steuerlehre

Gegenstand der **Betriebswirtschaftlichen Steuerlehre** ist die Beschäftigung mit Problemen, die sich aus der Tatsache der Besteuerung für das Wirtschaften in Unternehmen ergeben. Innerhalb der Betriebswirtschaftlichen Steuerlehre werden vier wissenschaftliche Hauptaufgabengebiete unterschieden:

- Problemorientierte Erfassung des Steuerrechts (Rechtsnormendarstellung): Die Kenntnis der wichtigsten nationalen und internationalen Steuerrechtsnormen ist für die Betriebswirtschaftliche Steuerlehre von grundlegender Bedeutung.
- Betriebswirtschaftliche Steuerwirkungslehre: Analyse und Beschreibung des Einflusses der Besteuerung auf die für die Entscheidung der Wirtschaftssubjekte wesentlichen Größen.
- Betriebswirtschaftliche Steuerplanungslehre: Beratung der Entscheidungsträger eines Unternehmens bei der Ausübung von steuerlichen Wahlrechten und Gestaltung geplanter Sachverhalte mit dem Ziel, die steuerliche Gesamtbelastung zu minimieren.
- Wertend-normative Betriebswirtschaftliche Steuerlehre: Kritische Stellungnahme zum aktuellen Stand des Steuerrechts (de lege lata) und zu geplanten Änderungen (de lege ferenda).

Da das Steuerrecht einerseits den Rahmen, innerhalb dessen die Steuergestaltungsmaßnahmen erfolgen, und andererseits das Instrument der Steuergestaltung darstellt, ist es unabdingbare Voraussetzung, sich zuerst mit dem Steuerrecht im Sinne der Rechtsnormendarstellung auseinander zu setzen. Darauf aufbauend können die Steuerwirkungen untersucht werden, um anschließend eine zielführende Steuerplanung vorzunehmen.

Merke

Es gibt drei verschiedene Teilbereiche der Steuerwissenschaft:
- **Steuerrechtswissenschaft,**
- **Finanzwissenschaft und**
- **Betriebswirtschaftliche Steuerlehre**

1.4 Das Steuersystem

1.4.1 Einnahmen des Staates

Erwerbseinkünfte und Zwangsabgaben finanzieren den Staat

Der öffentliche Sektor finanziert sich durch ordentliche und außerordentliche Einnahmen. Ordentliche Einnahmen fließen dem Staat endgültig zu und stehen ihm somit dauerhaft zur Verfügung. Dabei ist zwischen staatlichen Erwerbseinkünften und (hoheitlichen) Zwangsabgaben zu differenzieren. Erwerbseinkünfte des Staates erwachsen aus der Teilnahme des öffentlichen Sektors am Markt, z.B. durch privatwirtschaftliche Betriebe mit staatlicher Beteiligung (Deutsche Post, Deutsche Bahn, Deutsche Telekom sowie Banken, Forschungszentren, Hafen-, Flughafen- und Wohnungsbaugesellschaften etc.). Zwangsabgaben sind in Steuern, Gebühren, Beiträge und Sonderabgaben zu unterteilen. Außerordentliche Einnahmen stehen dem Staat nur vorübergehend zur Verfügung und müssen nach Ablauf einer bestimmten Frist zurückgezahlt werden. Zu diesen außerordentlichen Einnahmen zählt die staatliche Kreditaufnahme.

Abb. 4: *Finanzierungsquellen des Staates*

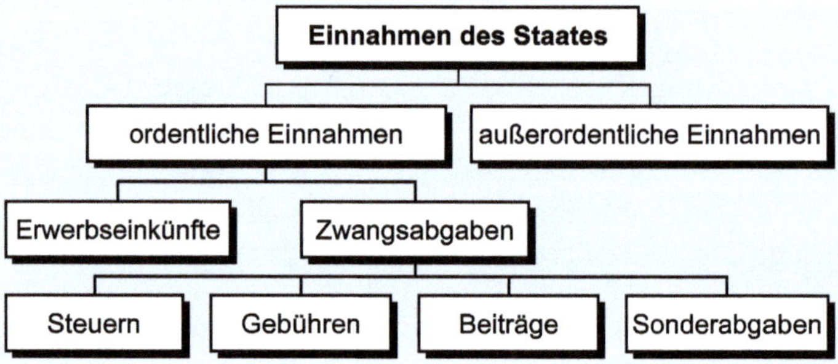

1.4.1.1 Steuern

Steuerbegriff

In allen Industriestaaten, so auch in Deutschland, haben Steuern den größten Anteil an den Einnahmen der öffentlichen Haushalte. Gemäß der Legaldefinition in § 3 Abs. 1 AO sind Steuern „*Geldleistungen, die nicht eine Gegenleistung für eine besondere Leistung darstellen und von einem öffentlich-rechtlichen Gemeinwesen zur Erzielung von Einnahmen allen auferlegt werden, bei denen der Tatbestand zutrifft, an den das Gesetz die Leistungspflicht knüpft; die Erzielung von Einnahmen kann Nebenzweck sein.*“ Der Steuerbegriff weist damit folgende Merkmale auf:

- **Zwangsabgaben**: Steuern werden von öffentlich-rechtlichen Körperschaften kraft ihrer Finanzhoheit erhoben. Der Steuerpflichtige muss bei Erfüllung bestimmter, gesetzlich geregelter Voraussetzungen diese Abgaben leisten. Es besteht keine Freiwilligkeit.
- **Geldleistungen**: Steuern sind per Definition Geld- und keine Naturalleistungen. Sie können einmalige (z.B. Erbschaft-

steuer, Grunderwerbsteuer) oder periodisch wiederkehrende (Einkommensteuer, Körperschaftsteuer, Gewerbesteuer) Zahlungsverpflichtungen sein.

- **Keine Gegenleistung**: Steuern begründen weder einen Anspruch auf eine staatliche Gegenleistung noch wird das Steuerniveau unmittelbar nach den vom Steuerpflichtigen empfangenen Staatsleistungen bemessen. Die Bemessung der Steuern erfolgt also nicht nach dem Äquivalenzprinzip.
- **Öffentlich-rechtliches Gemeinwesen**: Zur Steuererhebung ist eine Steuerhoheit notwendig. Diese steht in Deutschland dem Bund, den Ländern, den Gemeinden sowie den Religionsgemeinschaften mit dem Status einer Körperschaft des öffentlichen Rechts zu.
- **Gesetzliche Grundlagen**: Steuern müssen bei allen erhoben werden, die den Tatbestand erfüllen, an den das Gesetz die Leistungspflicht knüpft. Steuern dürfen nicht erhoben werden, wenn die gesetzliche Grundlage hierzu fehlt.
- **Einnahmenerzielung auch als Nebenzweck**: Steuern dienen nicht nur der Einnahmenerzielung, sondern auch wirtschafts- und gesellschaftspolitischen (Lenkungs-)Zwecken. In der Finanzwissenschaft wird daher auch auf die Möglichkeit hingewiesen, mit Steuern das Verhalten der Steuerpflichtigen zu beeinflussen (z.B. „Alkopop-Steuer").

Die Steuererhebung wird flankiert durch sog. steuerliche Nebenleistungen. Dies sind nach § 3 Abs. 4 AO Verzögerungsgelder, Zuschläge, Säumniszuschläge, Zwangsgelder, Kosten und Verspätungsgelder. Ziel des Gesetzgebers ist hierbei nicht die Einnahmenerzielung, sondern die Herbeiführung eines bestimmten Verhaltens des Steuerpflichtigen. Steuerliche Nebenleistungen werden eingefordert, wenn die dem Steuerpflichtigen auferlegten steuerlichen Pflichten nicht oder nicht rechtzeitig erfüllt werden.

1.4.1.2 Gebühren

Konkrete Gegenleistung des Staates

(Öffentlich-rechtliche) Gebühren sind ebenfalls Abgaben, die der Staat zur Einnahmenerzielung erhebt. Im Gegensatz zu den Steuern steht hier jedoch der Leistung des Bürgers in Form der Gebühr eine konkrete Gegenleistung des Staates gegenüber. Sie werden also für die tatsächliche, individuelle Inanspruchnahme der öffentlichen Einrichtungen auferlegt; es gilt das Äquivalenzprinzip. Es ist zu unterscheiden zwischen:

- Verwaltungsgebühren (z.B. Passgebühr, Kfz-Zulassungsgebühr),
- Benutzungsgebühren (z.B. Straßen-Maut, Gebühr für den Besuch des städtischen Freibads, Müllabfuhrgebühr) und
- Verleihungsgebühren (z.B. für Konzessionsabgaben).

1.4.1.3 Beiträge

Potenzielle staatliche Gegenleistung

Beiträge stellen auferlegte Aufwendungsersatzleistungen für die potenzielle Inanspruchnahme einer konkreten Gegenleistung der öffentlichen Einrichtungen dar. Sie dienen ebenfalls der Finanzbedarfsdeckung. Während aber bei Gebühren eine konkrete Gegenleistung erbracht wird, besteht bei Beiträgen für den Beitragspflichtigen lediglich die Möglichkeit, eine solche Gegenleistung in Anspruch zu nehmen. Der Beitragspflichtige muss der Zahlungspflicht nachkommen, auch wenn er die Gegenleistung nicht in Anspruch nimmt (z.B. Fremdenverkehrsabgabe).

1.4.1.4 Sonderabgaben

Finanzierung besonderer Aufgaben

Sonderabgaben sind Abgaben, die nicht zur Deckung des allgemeinen Finanzbedarfs des Staates von der Allgemeinheit der Steuerpflichtigen erhoben werden, sondern der Finanzierung besonderer Aufgaben dienen und nur von bestimmten Gruppen von Bürgern erhoben werden. Neben dem Finanzierungszweck sollen auch Lenkungszwecke verfolgt werden; so soll ein Anreiz zu einem bestimmten Verhalten gegeben und unerwünschtes Verhalten bestraft werden. Ein Beispiel ist die Ausgleichsabgabe von Arbeitgebern nach dem Schwerbehindertengesetz, wenn nicht eine bestimmte Mindestzahl an Schwerbehinderten beschäftigt wird.

1.4.2 Einteilung der Steuerarten

Steuersystem

Das Steuersystem umfasst die Gesamtheit der in einem Staat erhobenen Einzelsteuern und die Art und Weise ihrer Erhebung. Angesichts der Vielzahl von Bundes-, Landes- und Gemeindesteuern, die in Deutschland von unterschiedlichen Steuersubjekten,

-objekten und Bemessungsgrundlagen in unterschiedlichen Erhebungsformen – zum Teil mit Dependenzen und Interdependenzen – erhoben werden, erweist sich das deutsche Steuersystem als äußerst komplex. So umfasst das Steuer- und Abgabenrecht der Bundesrepublik Deutschland zum Stand 19.09.2003 118 Gesetze, 87 Rechtsverordnungen sowie etliche Hundert BMF-Schreiben. Hinzu kommt eine nicht bezifferbare Anzahl von Gesetzen, die zwar keine Steuergesetze sind, aber dennoch Relevanz für steuerliche Sachverhalte besitzen.

In der Wissenschaft wurden verschiedene Ansätze zur Systematisierung der (Einzel-) Steuern entwickelt.

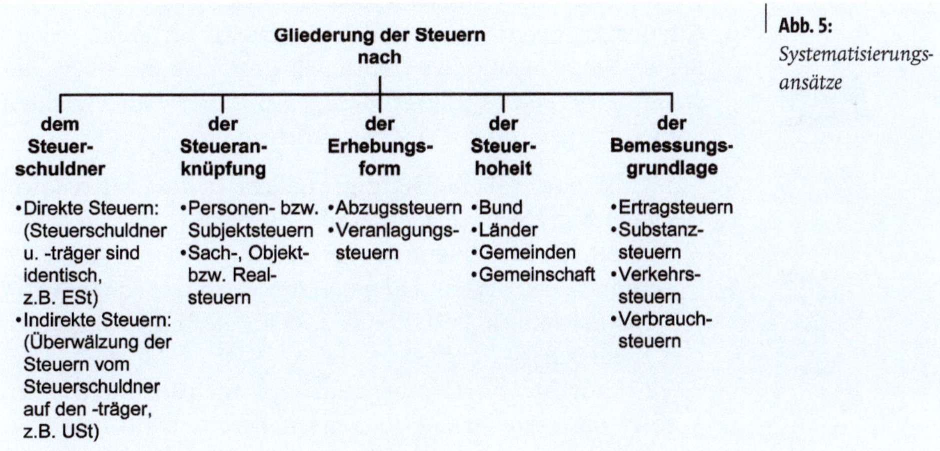

Abb. 5: *Systematisierungsansätze*

- **Direkte und indirekte Steuern**:
  Diese Unterscheidung stammt aus der Finanzwissenschaft und bezieht sich auf die vom Gesetzgeber vorgesehene Möglichkeit zur Überwälzung der Steuerlast. Bei direkten Steuern sind Steuerschuldner, -träger und -zahler identisch (z.B. Einkommensteuer). Kennzeichen der indirekten Steuern ist die intendierte Überwälzung der Steuerlast vom Steuerschuldner auf den Steuerträger. So ist bei der Umsatzsteuer zwar Steuerschuldner und -zahler der Unternehmer, wirtschaftlich belastet werden soll jedoch der private Endkonsument (Steuerträger).

Beispiel:
Direkte Steuer: Einkommensteuer
Indirekte Steuer: Umsatzsteuer

Merke

Direkte Steuern: Keine Überwälzung der Steuerlast vorgesehen
Indirekte Steuern: Überwälzung der Steuerlast vorgesehen

- **Personen- und Sachsteuern**:

Beispiel: Personensteuern: Einkommensteuer, Körperschaftsteuer Sachsteuern: Gewerbesteuer, Grundsteuer

Personen- bzw. Subjektsteuern sind Steuern, bei denen personenbezogene Merkmale (z.B. Familienstand, Alter) berücksichtigt werden. Die wichtigsten Personensteuern sind die Einkommensteuer (ESt), die Erbschaftsteuer (ErbSt) aber auch die Körperschaftsteuer (KSt). Ein wesentliches Kennzeichen der Personensteuer ist darüber hinaus die Unterscheidung zwischen unbeschränkter und beschränkter Steuerpflicht. Bei Sach- bzw. Objekt- bzw. Realsteuern hingegen wird die Höhe der Steuer grundsätzlich nur durch objektbezogene Merkmale bestimmt. Beispiele für Sachsteuern sind die Gewerbesteuer (GewSt) und die Grundsteuer (GrSt).

- **Gliederung nach wirtschaftlichen Gesichtspunkten**:

Beispiel: Ertragsteuern: Einkommensteuer, Körperschaftsteuer Substanzsteuer: Grundsteuer Verkehrssteuer: Grunderwerbsteuer Verbrauchsteuern: Tabaksteuer, Mineralölsteuer

Bei der Betrachtung wirtschaftlicher Gesichtspunkte bzw. der steuerlichen Bemessungsgrundlage kann zwischen folgenden Steuergruppen unterschieden werden:

  - Ertragsteuern (Bemessungsgrundlage ist der wirtschaftliche Erfolg; z. B. bei ESt, KSt und GewSt),
  - Substanzsteuern (Bemessungsgrundlage ist der Mittelbestand; z. B. bei GrSt und ausgesetzter Vermögensteuer (VSt)),
  - Verkehrssteuern (knüpfen i. d. R. an Rechtsgeschäfte an; z. B. bei GrESt),
  - Verbrauchsteuern (knüpfen am Verbrauch an, praktisch erfolgt die Besteuerung aber meist bereits beim Erzeuger; z. B. bei MinöSt und TabakSt).

Die Umsatzsteuer kann in das vorstehende Schema nicht eindeutig eingeordnet werden. Sie ist technisch als Verkehrssteuer ausgestaltet und erfasst den Übergang der Verfügungsmacht. Da der Letztverbraucher belastet werden soll, ist sie nach der Gesetzesintention aber eine Verbrauchsteuer.

Weitere Gliederungsgesichtspunkte wurden insbesondere im Bereich der Finanzwissenschaften entwickelt. Diesbezüglich kann etwa nach den Ertragsberechtigten (Bundes-, Landes-, Gemeindesteuern oder Gemeinschaftssteuern) oder nach der Maßeinheit der Bemessungsgrundlage (spezifische Steuern oder ad valorem-Steuern) unterschieden werden. Spezifische Steuern beziehen sich auf physische Größen wie Menge, Gewicht oder Stückzahl (z.B. Liter für MinöSt, kWh für Stromsteuer). Die Bemessungsgrundlage von ad valorem-Steuern sind dagegen Wertgrößen (z. B. zu versteuerndes Einkommen bei der ESt).

Begriffe der Besteuerung

1.4.3

1.4.3.1 Steuerpflichtiger bzw. Steuersubjekt

Steuersubjekt ist die Person, die zur Besteuerung herangezogen wird. Dies kann sowohl eine natürliche Person (Einkommensteuer) als auch eine juristische Person (Körperschaftsteuer), wie beispielsweise eine Kapitalgesellschaft, sein.

1.4.3.2 Steuergegenstand bzw. Steuerobjekt

Steuergegenstand und Steuerobjekt sind synonym verwendete Begriffe, die eine Sache, Handlung oder Geldsumme bezeichnen können. Die Existenz des Steuergegenstandes bzw. des Steuerobjekts begründet die Steuerpflicht. Beispielsweise knüpfen die Einkommen- bzw. Körperschaftsteuer an das erzielte Einkommen an. Auch ein Wirtschaftsgut (z. B. Grundstück, Gewerbebetrieb, Kraftfahrzeug) oder ein wirtschaftlicher Vorgang (z. B. Umsatz) können Anknüpfungspunkt einer Steuer sein.

1.4.3.3 Steuerbemessungsgrundlage

Steuerbemessungsgrundlage = quantifizierter Steuergegenstand

Die Steuerbemessungsgrundlage gibt Auskunft darüber, in welchem Umfang ein Steuergegenstand zur Besteuerung herangezogen wird. Sie ist der quantifizierte Steuergegenstand. Die Bemessungsgrundlage ist häufig ein Geldwert (z. B. Einkommen). Sie kann aber auch eine technische bzw. physikalische Größe wie der Hubraum (z. B. KfzSt) oder Liter einer Flüssigkeit (z. B. MinöSt) sein.

1.4.3.4 Freigrenze, Freibetrag, Absetzbetrag

Eine **Freigrenze** ist derjenige Teil der Bemessungsgrundlage, bis zu dessen Obergrenze eine Steuer **nicht** erhoben wird. Wird die Freigrenze überschritten, erfasst die Besteuerung die Bemessungsgrundlage zur Gänze. Klassisches Beispiel ist die Freigrenze bei Einkünften aus privaten Veräußerungsgeschäften gem. § 23 Abs. 3 Satz 5 EStG i. H. v. 600 €. Sinn und Zweck einer Freigrenze ist die Entlastung der Steuerverwaltung, die nicht mit Kleinstbeträgen beschäftigt werden soll.

Ein **Freibetrag** bleibt unabhängig von der Höhe der Bemessungsgrundlage steuerfrei. Er ist ein bei der Berechnung der Steuerbemessungsgrundlage abzugsfähiger Betrag, der i.d.R. jedoch nur insoweit gewährt wird, als die Bemessungsgrundlage dadurch nicht negativ wird. Ein Beispiel dafür ist der Grundfreibetrag gem. § 32a Abs. 1 Satz 2 Nr. 1 EStG i.H.v. 9.000 €, der das Existenzminimum des Steuerpflichtigen von der Besteuerung freistellt. Freibeträge begünstigen aufgrund der progressiv ausgestalteten Einkommensteuer Steuerpflichtige mit hohen Einkommen mehr als Steuerpflichtige mit niedrigeren Einkommen, da bei Beziehern höherer Einkommen das Produkt aus Bemessungsgrundlagenminderung und Steuersatz größer ist als bei Beziehern niedrigerer Einkommen.

Ein **Absetzbetrag** wird nicht von der Bemessungsgrundlage, sondern unmittelbar von der Steuerschuld abgezogen. Er mindert somit direkt den zu zahlenden Steuerbetrag. Während der Freibetrag bei einem progressiven Steuertarif mit steigender Bemessungsgrundlage zu einer stärkeren Entlastung führt, entlasten Absetzbeträge alle Steuerpflichtigen in gleichem Maße und werden daher als gerechter empfunden. Beispiel für einen Absetzbetrag ist der Abzug von Spenden natürlicher Personen an politische Parteien i.H.v. 50 % der Ausgaben, maximal 825 € (§ 34g Satz 1 Nr. 1 und Satz 2 EStG).

Merke

Eine Freigrenze ist der Teil der Bemessungsgrundlage, bis zu dessen Erreichen von einer Besteuerung abgesehen wird.
Ein Freibetrag ist der Teil der Bemessungsgrundlage, der von der Besteuerung befreit ist.
Ein Absetzbetrag wird von der Steuerschuld des Steuerpflichtigen abgezogen.

1.4.3.5 Steuersatz und Steuertarif

Der **Steuersatz** gibt an, welcher Prozentsatz der Bemessungsgrundlage oder welcher absolute Betrag pro Einheit der Bemessungsgrundlage als Steuer vom Fiskus erhoben wird. Ist der Steuersatz nicht über die ganze Bemessungsgrundlage konstant, wird von einem **Steuertarif** gesprochen. Ein Steuertarif besteht somit aus einer Abfolge von Steuersätzen.

Steuertarife können einfache Tarife (nur von einer Variablen abhängig, z.B. Einkommensteuertarif, der nur von der Höhe des zu versteuernden Einkommens abhängt) oder kombinierte Tarife (von mehreren Variablen abhängig, z.B. ErbSt-Tarif, der sowohl von der Höhe des Erbanfalls als auch vom Verwandtschaftsgrad abhängig ist) sein. Tarife von personenbezogenen Steuern sind in der Regel progressiv aufgebaut, d.h. der Steuersatz und damit die durchschnittliche Steuerbelastung steigen mit zunehmender Bemessungsgrundlage.

Der **Eingangssteuersatz** ist derjenige Steuersatz, der für den ersten Euro der steuerpflichtigen Bemessungsgrundlage gezahlt werden muss.

Der **Spitzensteuersatz** hingegen ist der höchste von einem Steuertarif vorgesehene Steuersatz (= maximaler Grenzsteuersatz).

Der **Durchschnittssteuersatz** ergibt sich durch Division des Steuerbetrages durch seine Bemessungsgrundlage. Soll der Steuersatz in Prozenten ausgedrückt werden, ist das Ergebnis mit dem Faktor 100 zu multiplizieren.

$$\text{Durchschnittssteuersatz} = \frac{\text{Steuer}}{\text{Bemessungsgrundlage}} \; (\times 100)$$

Der **Grenzsteuersatz** oder marginale Steuersatz ist der Steuersatz, mit dem die letzte (höchste) Einheit der erzielten Bemessungsgrundlage besteuert wird. Den Grenzsteuersatz erhält man aus der ersten Ableitung der Steuerfunktion.

$$\text{Grenzsteuersatz} = \frac{\Delta\ \text{Steuer}}{\Delta\ \text{Bemessungsgrundlage}} \; (\times 100)$$

Der **Differenzsteuersatz** ist derjenige Steuersatz, der auf einen zusätzlich hinzukommenden Bemessungsgrundlagenbestandteil (B_Z) durchschnittlich erhoben wird. Bezeichnet man mit S_Z die Steuer auf die Bemessungsgrundlage einschließlich B_Z und mit S die Steuer ohne diesen Bemessungsgrundlagenbestandteil, errechnet sich der Differenzsteuersatz als $(S_Z - S)/B_Z$.

$$\text{Differenzsteuersatz} = \frac{S_z - S}{B_z} \; (\times 100)$$

Der Tarif kann als **Durchrechnungstarif** oder als **Anstoßtarif** (Staffeltarif) aufgebaut sein. Beim Durchrechnungstarif gilt der

§ 32a EStG regelt den Steuertarif

Merke

Lediglich der Spitzensteuersatz in Deutschland beträgt 45 %. Der Durchschnittssteuersatz ist aufgrund des Steuertarifs regelmäßig (deutlich) niedriger.

Satz, der auf die letzte Besteuerungseinheit zur Anwendung kommt, für die gesamte Bemessungsgrundlage. Beim Anstoß- oder Staffeltarif wird die Bemessungsgrundlage in Teile zerlegt, auf die jeweils ein bestimmter Steuersatz anzuwenden ist. Der Einkommensteuertarif in Deutschland ist als Anstoßtarif ausgestaltet. Im Jahr 2018 gestaltet sich dieser wie folgt:

- Von 0 € bis 9.000 €: **Grundfreibetrag**; es erfolgt keine Besteuerung (§ 32a Abs. 1 Satz 2 Nr. 1 EStG).
- Von 9.001 € bis 13.996 €: **Übergang zum linear-progressiven Verlauf**. Der Grenzsteuersatz steigt vom Eingangssteuersatz i.H.v. 14 % bis auf 23,87 % (§ 32a Abs. 1 Satz 2 Nr. 2 EStG).
- Von 13.997 € bis 54.949 €: linear-progressiver Verlauf mit **schnellerem Anstieg des Grenzsteuersatzes** bis auf 42 % (§ 32a Abs. 1 Satz 2 Nr. 3 EStG).

Abb. 6: *Der Steuertarif des Jahres 2018*

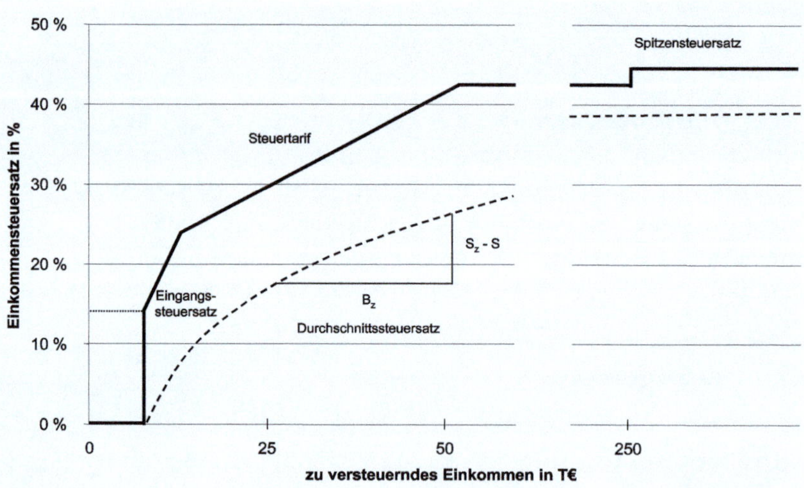

- Von 54.950 € bis 260.532 €: **proportionaler Verlauf** mit einem **Grenzsteuersatz** i.H.v. 42 % (§ 32a Abs. 1 Satz 2 Nr. 4 EStG).
- Ab 260.533 € **proportionaler Verlauf** mit dem **Spitzensteuersatz** i.H.v. 45 % (§ 32a Abs. 1 Satz 2 Nr. 5 EStG), sog. Reichensteuer.

1.4.4 Ertragshoheit über Steuern

Verteilung des Steueraufkommens auf Bund, Länder und Gemeinden

Die Verteilung des Steueraufkommens auf Bund, Länder und Gemeinden ist in Art. 106 GG geregelt. Die meisten Steuerarten werden ausschließlich einer einzigen, im Grundgesetz bestimmten Gebietskörperschaft zugeordnet (Trennsystem). Das Aufkommen der ergiebigsten Steuerarten, insbesondere der Einkommen-, Körperschaft- und Umsatzsteuer (Gemeinschaftssteuern), wird jedoch zwischen Bund und Ländern nach einem festgelegten Verteilungsschlüssel aufgeteilt (Verbundsystem). Vorteil des Verbundsystems ist, dass durch die Aufteilung des Steueraufkommens auf die Gebietskörperschaften keine Mehrfachbesteuerung durch unterschiedliche Ebenen entstehen kann. Die Ertragshoheit des Steueraufkommens kann folgendermaßen eingeteilt werden:

Merke

Die Einkommen- und die Körperschaftsteuer sind Gemeinschaftssteuern. Die Grund- und Gewerbesteuer sind Gemeindesteuern.

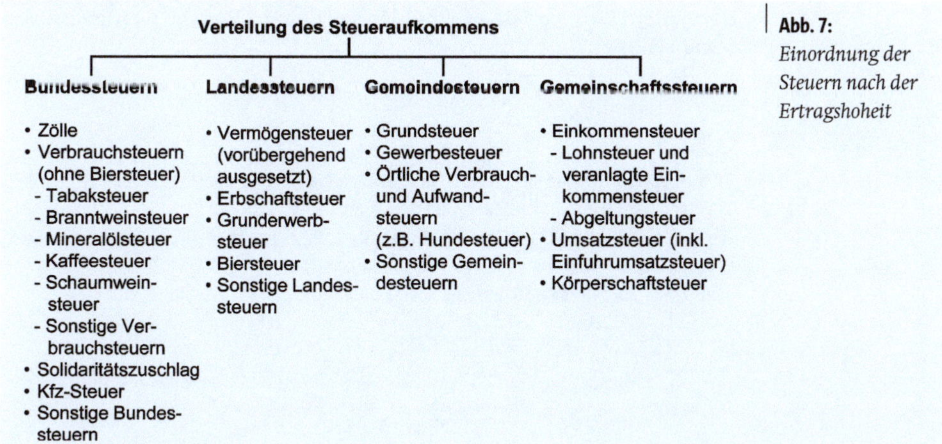

Abb. 7: *Einordnung der Steuern nach der Ertragshoheit*

Zusammenfassung

- Die Finanzierung der Staatsausgaben erfolgt v. a. mittels Erhebung von Steuern.
- Die Legaldefinition des Steuerbegriffs ist in § 3 Abs. 1 AO gegeben.
- Verschiedene Wissenschaftsdisziplinen haben als Erkenntnisobjekt die Steuern.
- Steuerarten:
  - Sach- und Personensteuern
  - Direkte und indirekte Steuern
  - Gliederung nach wirtschaftlichen Gesichtspunkten
  - Gliederung nach den ertragsberechtigten Gebietskörperschaften
- Besteuerungsbegriffe:
  - Steuerpflichtiger bzw. -subjekt
  - Steuergegenstand bzw. -objekt
  - Steuerbemessungsgrundlage
  - Freigrenze / Freibetrag / Absetzbetrag
  - Steuersatz / Steuertarif

Fragen

1. Welche Wissenschaftsdisziplinen beschäftigen sich mit Steuern?
2. Welche Arten von Einnahmen erzielt der Staat?
3. Welche Abgaben können unterschieden werden?
4. Was ist ein Freibetrag, was eine Freigrenze und was ein Absetzbetrag? Wodurch unterscheiden sie sich?
5. Was ist der Unterschied zwischen Grenz-, Durchschnitts- und Differenzsteuersatz?
6. Welche Steuern werden allein vom Bund, allein von den Bundesländern oder allein von den Gemeinden erhoben? Welche werden im Verbund erhoben?

Literatur

Dietrich Grashoff, Florian Kleinmanns, Aktuelles Steuerrecht 2017, München, 13. Aufl. 2017, S. 7–16.

Wolfgang Jakob, Einkommensteuer, München, 4. Aufl. 2008, S. 24.

Dieter Schneeloch, Stephan Meyering, Guido Patek, Betriebswirtschaftliche Steuerlehre, Bd. 1: Grundlagen der Besteuerung, Ertragsteuern, München, 7. Aufl. 2016, S. 1–42.

Klaus Tipke, Joachim Lang, Steuerrecht, Köln, 22. Aufl. 2015, S. 1–72, 185–194, 252.

Einkommensteuer

2

Inhalt

2.1 Grundlagen der Einkommensteuer

2.1.1 Charakterisierung, Bedeutung und Prinzipien der Einkommensteuer

2.1.1.1 Rechtsgrundlagen

Keine Besteuerung ohne Rechtsgrundlage

Die Erhebung der Einkommensteuer erfolgt in Ausführung der Gesetze. Gem. § 4 AO gilt: *„Gesetz ist jede Rechtsnorm."* Eine Besteuerung ohne Rechtsgrundlage ist nicht zulässig. Als Rechtsgrundlagen der Einkommensteuer sind zu nennen:

- **Formelle Gesetze**:
  1. Verfassung: Grundgesetz v. 23.05.1949
  2. Einfache Gesetze: z.B. Abgabenordnung (AO) oder Einkommensteuergesetz (EStG),
- **Rechtsverordnungen**: Einkommensteuer-Durchführungsverordnung (EStDV) und Lohnsteuer-Durchführungsverordnung (LStDV).

Gesetze und Rechtsverordnungen sind allgemein verbindlich. Einen erheblichen Einfluss auf die Rechtsanwendung haben außerdem die:

- **Rechtsprechung** des BFH und der Finanzgerichte,
- **Verwaltungsvorschriften**: Einkommensteuer-Richtlinien (EStR), Lohnsteuer-Richtlinien (LStR), Schreiben des Bundesministeriums der Finanzen, Ländererlasse oder Verfügungen der Oberfinanzdirektionen.

Merke

Verwaltungsvorschriften binden nur die Verwaltung, nicht aber den Steuerpflichtigen selbst.

Die Rechtsprechung erfolgt nur für den Einzelfall. Da davon ausgegangen werden muss, dass die Gerichte in ähnlichen Fällen gleich entscheiden, wirkt die Rechtsprechung aber über den Einzelfall hinaus. Die Verwaltungsvorschriften binden lediglich die Verwaltung, nicht aber die Steuerpflichtigen.

2.1.1.2 Charakteristika und Abgrenzung der Einkommensteuer

Ertragsteuer / Personensteuer / direkte Steuer

Die Einkommensteuer zählt, ebenso wie die Körperschaftsteuer und die Gewerbesteuer, zur Gruppe der Ertragsteuern. Darunter sind alle Steuerarten zu verstehen, deren Steuerbemessungsgrundlage der wirtschaftliche Erfolg ist. Als Erfolgsgrößen werden dabei bspw. der Gewinn, der Ertrag, der Überschuss oder auch das Einkommen herangezogen.

Als Personensteuer knüpft die Einkommensteuer an das Steuersubjekt „natürliche Person" an. Dabei wird dem Prinzip der persönlichen Leistungsfähigkeit Rechnung getragen, indem die persönlichen Verhältnisse des Steuerpflichtigen bei der Einkommensermittlung berücksichtigt werden. Zwei Beispiele hierfür sind das Existenzminimum als Grundfreibetrag gem. § 32a Abs. 1 Satz 2 Nr. 1 EStG sowie der Ansatz von Kranken- und Pflegeversicherungsbeiträgen als Sonderausgaben gem. § 10 Abs. 1 Nr. 3 und 3a i.V.m. Abs. 4 EStG. Die Bemessungsgrundlage der Einkommensteuer ist das sog. zu versteuernde Einkommen (z.v.E.). Als Personensteuer ist die Einkommensteuer gem. § 12 Nr. 3 EStG nicht von ihrer eigenen Bemessungsgrundlage abzugsfähig. Dies gilt gem. § 10 Nr. 2 KStG auch für die Körperschaftsteuer. Die Gewerbesteuer als Objektsteuer knüpft hingegen an die sachliche Leistungsfähigkeit des (Gewerbe-)Betriebs als Steuerobjekt an. Die Bemessungsgrundlage ist der Gewerbeertrag. Obwohl die Gewerbesteuer betrieblich veranlasst ist und folglich einen betrieblichen Aufwand darstellt, kann sie dennoch nicht als Betriebsausgabe bei der Gewinnermittlung abgezogen werden (vgl. § 4 Abs. 5b EStG).

Tabelle 1: Abgrenzung der Ertragsteuerarten

	Einkommen- und Körperschaftsteuer	Gewerbesteuer
Steueranknüpfung	Steuersubjekt (Personensteuer), Persönliche Leistungsfähigkeit	Steuerobjekt (Sach-/ Realsteuer), Sachliche Leistungsfähigkeit
BMG	Zu versteuerndes Einkommen	(objektivierter) Gewerbeertrag
Abzugsfähigkeit von der eigenen BMG	Nicht abzugsfähig	

2.1.1.3 Fiskalische und wirtschaftspolitische Bedeutung

Im Jahre 2016 betrug das Aufkommen der Einkommensteuer rund 244,5 Mrd. €. Sie stellt damit zusammen mit der Umsatzsteuer die wichtigste Steuer dar.

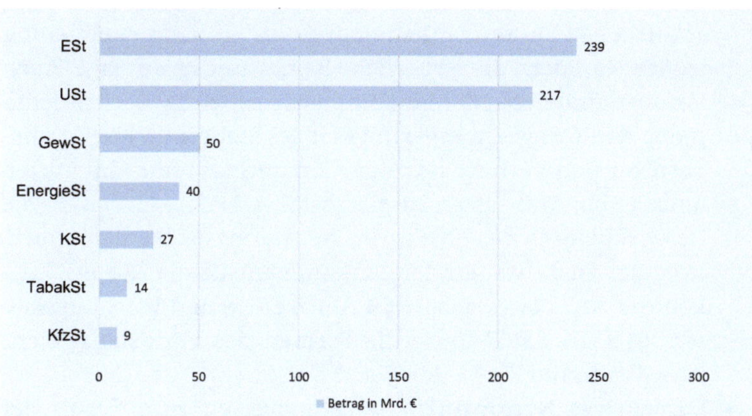

Abb. 8: *Aufkommen ausgewählter Steuerarten im Jahr 2016*

2.1.1.4 Prinzipien der Einkommensbesteuerung

Leistungsfähigkeitsprinzip

Das Fundamentalprinzip des deutschen Steuersystems ist das Leistungsfähigkeitsprinzip, das durch verschiedene Unterprinzipien konkretisiert wird. Diese Prinzipien sind zwar expressis verbis nicht kodifiziert, d.h. in die Form von Gesetzen gegossen, spiegeln sich jedoch in zahlreichen Regelungen wider:

- **Prinzip der Berücksichtigung der persönlichen Leistungsfähigkeit**: Jeder Steuerpflichtige soll nach seiner Leistungsfähigkeit an der Aufbringung des Steueraufkommens beteiligt werden. Umstritten ist, wie die Leistungsfähigkeit gemessen werden kann. Oft werden Indikatoren, wie Einkommen, Vermögen oder Konsum, herangezogen. Einigkeit besteht darüber, dass Steuerpflichtige in gleichen Positionen gleich besteuert werden sollen (**horizontale Gleichbehandlung**), während Steuerpflichtige in unterschiedlichen Positionen – der Eigenart des Unterschieds entsprechend – unterschiedlich behandelt werden sollen (**vertikale Ungleichbehandlung**).
- **Objektives Nettoprinzip**: Aufwendungen, die zur Erzielung der Einnahmen getätigt werden und die in direktem wirtschaftlichen Zusammenhang mit dieser Einnahmenerzielung stehen, mindern die steuerliche Bemessungsgrundlage. Auch Verluste finden bei der Einkommensermittlung Berücksichtigung, da sie die Leistungsfähigkeit des Steuerpflichtigen mindern. So sind Verluste aus einer Einkunftsart mit Einkünften anderer Einkunftsarten ausgleichsfähig. Der Ausdruck für die Verwirklichung des objektiven Nettoprinzips bei der Ermittlung des zu versteuernden Einkommens ist die Abzugsfähigkeit der Betriebsausgaben (§ 4 Abs. 4 EStG) und Werbungskosten (§§ 9, 9a EStG) sowie die Formen des Verlustausgleichs (§§ 2 Abs. 3, 10d EStG).
- **Subjektives Nettoprinzip**: Aufwendungen zum Erhalt der Existenz des Steuerpflichtigen sind von der Besteuerung freizustellen. Damit werden Merkmale, die allein in der Privatsphäre des Steuerpflichtigen liegen, berücksichtigt. Beispiele hierzu sind der im EStG kodifizierte Grundfreibetrag von derzeit 9.000 € sowie der zulässige Abzug von Sonderausgaben und von außergewöhnlichen Belastungen.

- **Prinzip der persönlichen Universalität**: Jede natürliche Person, welche die Voraussetzungen für die Steueranknüpfung erfüllt, wird ohne Rücksicht auf ihren gesellschaftlichen Stand, Status oder ihre Herkunft zur Besteuerung herangezogen. Ausnahmen, die in der Person des Steuerpflichtigen begründet sind (z.B. Bundespräsident, Adel etc.), gibt es nicht.
- **Prinzip der sachlichen Universalität**: Jeder Besteuerungsgegenstand ist, unabhängig von seiner Art oder Zusammensetzung (z.B. Immobilie, Kapitalvermögen, Wertpapiere, Geld), gleichmäßig zu besteuern. Unterschiede in der Besteuerung, die sich aufgrund der Art des Besteuerungsgegenstands ergeben, sind zu vermeiden. Dieses Prinzip wird allerdings zunehmend durchbrochen, z.B. hinsichtlich der Besteuerung der Kapitalerträge, die dem Privatvermögen einer natürlichen Person zufließen, mit der Abgeltungsteuer bzw. der Beschränkung bei der Verrechnung von Verlusten aus Kapitalvermögen gem. § 20 Abs. 6 EStG.
- **Prinzip der Progression der Einkommensteuer**: Die Progression des Steuertarifs ist Ausdruck des Leistungsfähigkeitsprinzips. Demnach soll eine größere Leistungsfähigkeit – gemessen an einem höheren Einkommen – auch zu einer überproportional höheren Steuerzahlung führen. Das Ziel der Ausgestaltung des Tarifs in progressiver Form ist die Einforderung des leistungsgerechten Beitrags zum Gemeinwesen.
- **Prinzip der Abschnittsbesteuerung**: Dieses Prinzip ist nicht Ausfluss des Leistungsfähigkeitsprinzips, sondern eine fiskalische Notwendigkeit. Das Leistungsfähigkeitsprinzip fordert als gerechte Bemessungsgrundlage das Lebenseinkommen, welches sich jedoch erst nach dem Tod des Steuerpflichtigen ermitteln lässt. Um die ihm zugewiesenen Aufgaben durchführen zu können, ist der Staat jedoch auf fortlaufende Steuereinnahmen angewiesen. Zur Sicherstellung eines gleichmäßigen Steueraufkommens ist der Einkommensteuertarif daher gem. § 32a EStG als Jahrestarif ausgestaltet. Vorgänge außerhalb des aktuellen Einkunftsermittlungszeitraums bleiben im betrachteten Veranlagungszeitraum (VZ) grundsätzlich unberücksichtigt. Dem Prinzip der Lebenseinkommensbesteuerung soll allerdings durch die Möglichkeit

eines Verlustvortrags und -rücktrags Rechnung getragen werden.

2.1.1.5 Die beiden Erhebungsformen der Einkommensteuer

Veranlagung vs. Abzug an der Quelle

Bei der Einkommensteuer ist zwischen zwei Erhebungsformen zu unterscheiden:

Abb. 9: *Erhebungsformen der Einkommensteuer*

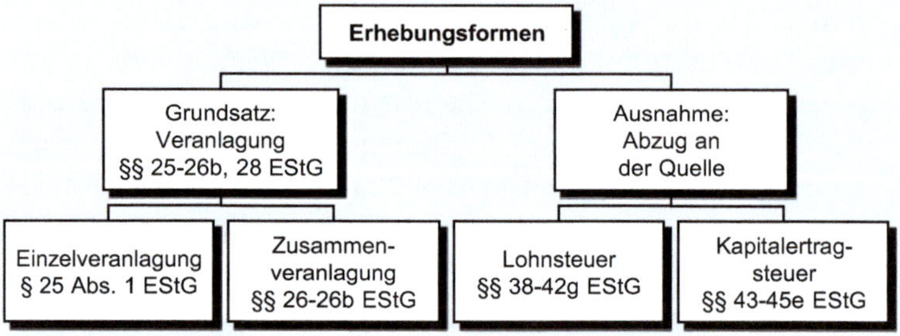

Die Veranlagung ist die grundsätzliche Erhebungsform, der Abzug an der Quelle ist hingegen die Ausnahme für bestimmte Arten von Einkünften.

Im Rahmen der Veranlagung hat der Steuerpflichtige die während des Kalenderjahres erwirtschafteten Einkünfte in einem Formular aufzulisten und zu erklären. Nach Überprüfung der abgegebenen Einkommensteuererklärung setzt das Finanzamt die Steuer in einem Steuerbescheid fest. Es wird zwischen der Einzelveranlagung und der Zusammenveranlagung differenziert. Grundsätzlich wird das kalenderjahrbezogene zu versteuernde Einkommen (z.v.E.) für jede natürliche Person einzeln berechnet (Einzelveranlagung, § 25 Abs. 1 EStG). Darunter fallen Ledige, Geschiedene, Verwitwete und dauernd getrennt Lebende. Bei der Zusammenveranlagung gem. § 26b EStG, die nur verheiratete Paare beantragen können, wird davon ausgegangen, dass jeder Ehegatte zur Hälfte am Einkommen des Partners beteiligt ist. Gem. § 32a Abs. 5 EStG beträgt im Falle einer Zusammenveranlagung die tarifliche Einkommensteuer das Doppelte

Merke

Kumulative Voraussetzungen für die Veranlagung in Form des Ehegattensplittings
- **nach bürgerlichem Recht verheiratet bzw. Heirat im Laufe des Kalenderjahres**
- **unbeschränkte Einkommensteuerpflicht beider Eheleute**
- **nicht dauernd getrennt lebend**

des Steuerbetrags, der sich für die Hälfte des gemeinsam zu versteuernden Einkommens ergibt. Dieses Verfahren wird als Ehegattensplitting bezeichnet.

Die Ausnahme von der Veranlagung ist der Abzug der Steuer an der Quelle der Einkommensentstehung. Die Abzugs- bzw. Quellensteuern sind nicht als eine eigene Steuerart zu betrachten, sondern stellen lediglich eine Vorauszahlung der Einkommensteuer dar, die nach Ermittlung der festzusetzenden Einkommensteuer auf diese angerechnet werden kann. Der Zweck der Abzugssteuern ist u.a. die Sicherung des Steueraufkommens für den Staat. So wird die Lohnsteuer bei Einkünften aus nichtselbständiger Arbeit vom Arbeitslohn durch den Arbeitgeber abgezogen und von diesem an das Finanzamt abgeführt. Im Falle der Kapitalertragsteuer erfolgt der Abzug und die Abführung an den Fiskus durch die auszahlende Gesellschaft (z.B. GmbH bei Gewinnausschüttung) bzw. durch das auszahlende Institut (z.B. Bank bei Zinsgutschrift). Eine Ausnahme stellt die sog. Abgeltungsteuer i.S.d. § 32d EStG dar. Kapitalerträge, die dem Privatvermögen einer natürlichen Person zufließen, sind i.d.R. mit einem ermäßigten Steuersatz i.H.v. 25 % zu besteuern. Die Steuerschuld ist in diesen Fällen bereits durch den Abzug der Kapitalertragsteuer abgegolten, und die Kapitalerträge müssen nicht mit den restlichen Einkünften des Steuerpflichtigen veranlagt werden (vgl. § 43 Abs. 5 EStG). Ist der Sondertarif des § 32d Abs. 1 EStG hingegen nicht anzuwenden, so behält die Kapitalertragsteuer ihren Charakter als Einkommensteuervorauszahlung.

Merke

Die Abzugs- bzw. Quellensteuer ist keine eigenständige Steuerart, sondern stellt lediglich eine besondere Erhebungsform zur Sicherung des Steueraufkommens dar. Dadurch hat sie den Charakter einer Vorauszahlung auf die Einkommensteuer.

Zusammenfassung

- Die Einkommensteuer zählt zu den Ertragsteuern. Sie ist zusammen mit der Umsatzsteuer die wichtigste Steuer (gemessen am gesamten Steueraufkommen).
- Es ist zwischen den beiden Erhebungsformen Veranlagung und Abzug an der Quelle zu unterscheiden.
- Wichtige Rechtsgrundlagen sind das Grundgesetz, die Abgabenordnung, das Einkommensteuergesetz sowie die Einkommensteuer- und Lohnsteuer-Durchführungsverordnung.
- Das Leistungsfähigkeitsprinzip ist oberster Grundsatz des Einkommensteuerrechts und wird zur Konkretisierung in mehrere Unterprinzipien untergliedert.

Fragen

1. Nennen Sie die wichtigsten Rechtsgrundlagen der Einkommensteuer.
2. Wodurch kann die Einkommensteuer von den anderen Ertragsteuern abgegrenzt werden?
3. Welche Bedeutung hat die Einkommensteuer?
4. Welche Erhebungsformen sind zu unterscheiden?
5. Auf welchen Haupt- und Unterprinzipien basiert das deutsche Einkommensteuerrecht?

Persönliche und sachliche Einkommensteuerpflicht

2.1.2

Zur Bestimmung der Einkommensteuerpflicht sind zwei Prüfungsschritte notwendig: Zunächst ist zu klären, welche Personen zur Entrichtung der Einkommensteuer herangezogen werden (**persönliche Einkommensteuerpflicht**). Im zweiten Schritt muss geprüft werden, welche Tatbestände von der Einkommensbesteuerung erfasst werden (**sachliche Einkommensteuerpflicht**).

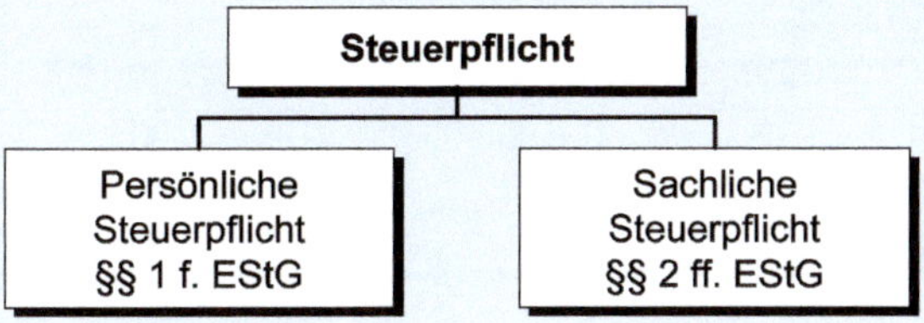

Abb. 10: *Persönliche und sachliche Einkommensteuerpflicht*

Persönliche Einkommensteuerpflicht

2.1.3

Natürliche Personen als Anknüpfungspunkt der Einkommensteuer

Die Einkommensteuer ist eine Personensteuer. Steuerpflichtig im Sinne des Einkommensteuergesetzes sind alle **natürlichen Personen** (§ 1 Abs. 1 Satz 1 EStG) und zwar unabhängig von Alter, Staatsbürgerschaft und Geschäftsfähigkeit. Daher sind auch Minderjährige oder sonst geschäftsunfähige Personen steuerpflichtig; ihre steuerlichen Pflichten werden durch ihre gesetzlichen Vertreter wahrgenommen. Im Gegensatz dazu unterliegen **juristische Personen** nicht der Einkommensteuer, sondern der Körperschaftsteuer. **Personengesellschaften** (insb. OHG und KG) – steuerlich als Mitunternehmerschaften bezeichnet – werden weder von der Einkommensteuer noch von der Körperschaftsteuer erfasst. Gewinne dieser Gesellschaften werden bei den einzelnen Gesellschaftern entsprechend der Höhe ihrer Beteiligung mit dem jeweiligen individuellen Steuersatz besteuert.

Die persönliche Steuerpflicht einer natürlichen Person beginnt mit ihrer Geburt und endet mit dem Tod. Von der Wiege bis zur Bahre!

Gemäß § 1 Abs. 1 und 4 EStG ist bei der Einkommensteuer zwischen der **unbeschränkten** und **beschränkten** Steuerpflicht zu unterscheiden. Diese Unterscheidung bezieht sich auf den

Umfang des zu versteuernden Einkommens. Die unbeschränkte Steuerpflicht differenziert zwischen der unbeschränkten, erweiterten unbeschränkten und fiktiv unbeschränkten Steuerpflicht. Die beschränkte Einkommensteuerpflicht gliedert sich in die allgemeine beschränkte und die erweiterte beschränkte Steuerpflicht.

Abb. 11: *Persönliche Einkommensteuerpflicht*

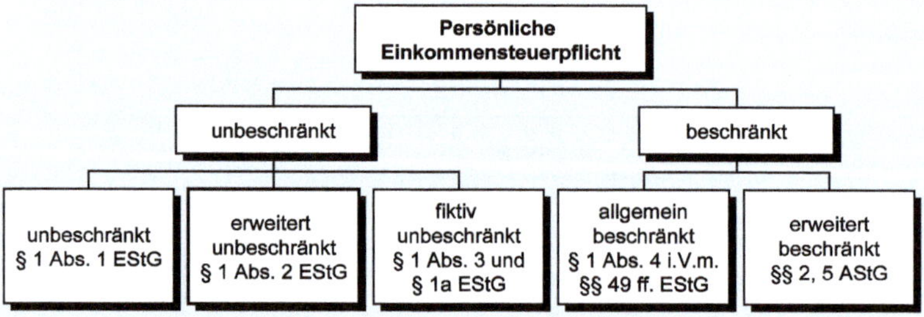

2.1.3.1 Arten der unbeschränkten Steuerpflicht

a) Unbeschränkte Steuerpflicht i.S.d. § 1 Abs. 1 EStG

§ 1 Abs. 1 Satz 1 EStG bestimmt: *„Natürliche Personen, die im Inland einen Wohnsitz oder ihren gewöhnlichen Aufenthalt haben, sind unbeschränkt einkommensteuerpflichtig."* Die Voraussetzungen für die Erfüllung der unbeschränkten Steuerpflicht sind somit:

- **Natürliche Personen**, d.h. alle lebenden Menschen von der Geburt bis zum Tod.
- **Inland**, d.h. das Gebiet der Bundesrepublik Deutschland inkl. dem Anteil am Festlandsockel gem. § 1 Abs. 1 Satz 2 EStG.
- **Wohnsitz**, definiert in § 8 AO. Die Voraussetzungen sind das Innehaben einer Wohnung sowie die Beibehaltungs- und Nutzungsabsicht des Steuerpflichtigen.
- **Gewöhnlicher Aufenthalt**, definiert in § 9 AO. Als gewöhnlicher Aufenthalt (im Gegensatz zum vorübergehenden Aufenthalt) wird ein zeitlich zusammenhängender Aufenthalt von mehr als sechs Monaten bezeichnet. Kurzfristige Unterbrechungen werden bei der Berechnung der Aufenthaltszeit nicht berücksichtigt.

Die **Staatsbürgerschaft** ist bei der Prüfung, ob eine unbeschränkte Steuerpflicht vorliegt, **irrelevant**.

Beispiel:
Armin ist türkischer Staatsangehöriger. Am 2. Mai reist er nach Deutschland ein, wo er keinen Wohnsitz begründet. Er fährt am 5. August für zwei Wochen in sein Heimatland, kommt jedoch danach wieder nach Deutschland zurück, wo er sich bis zum 23. Dezember aufhält.
Trotz der Unterbrechung des Aufenthalts durch die Rückkehr in die Türkei ist Armin während des gesamten Zeitraums vom 2. Mai bis 23. Dezember in Deutschland unbeschränkt steuerpflichtig. Der Inlandsaufenthalt betrug mehr als sechs Monate (§ 9 Satz 2 Hs. 1 AO). Die Heimfahrt bleibt gem. § 9 Satz 2 Hs. 2 AO unberücksichtigt. Die fehlende deutsche Staatsbürgerschaft von Armin spielt keine Rolle.

Welteinkommensprinzip

Im Rahmen der unbeschränkten Steuerpflicht unterliegen sämtliche in- und ausländischen Einkünfte – das sog. Welteinkommen – der deutschen Besteuerung (**Welteinkommensprinzip**).

b) Erweiterte unbeschränkte Steuerpflicht i.S.d. § 1 Abs. 2 EStG

Durch § 1 Abs. 2 EStG wird der Kreis der unbeschränkt steuerpflichtigen Personen des Abs. 1 erweitert auf diejenigen Personen, die

- deutsche Staatsbürger sind,
- im Inland weder Wohnsitz noch gewöhnlichen Aufenthalt haben,
- ein Dienstverhältnis zu einer inländischen juristischen Person des öffentlichen Rechts begründet haben und dafür aus einer inländischen öffentlichen Kasse Arbeitslohn beziehen und
- in ihrem Wohnsitz- bzw. Aufenthaltsstaat lediglich der beschränkten Steuerpflicht unterliegen.

Das Gleiche gilt für die zum selben Haushalt gehörenden Angehörigen, welche die deutsche Staatsangehörigkeit besitzen oder keine oder ausschließlich im Inland einkommensteuerpflichtige Einkünfte beziehen.

Merke

Deutsche Botschafter und Konsularbeamte sind in Deutschland erweitert unbeschränkt einkommensteuerpflichtig.

Beispiel:
Götz lebt mit seiner Frau Elisabeth in den USA, wo er als Botschafter Deutschland diplomatisch vertritt. Elisabeth bezieht keine Einkünfte.
Götz und Elisabeth sind deutsche Staatsangehörige, haben aber weder einen Wohnsitz noch ihren gewöhnlichen Aufenthaltsort in Deutschland. Götz steht als Botschafter in einem Dienstverhältnis mit dem Auswärtigen Amt und bezieht sein Gehalt aus einer deutschen öffentlichen Kasse.

Elisabeth erfüllt die Voraussetzungen des § 1 Abs. 2 Satz 1 Hs. 2 EStG. Beide Eheleute sind somit in Deutschland erweitert unbeschränkt einkommensteuerpflichtig.

c) Fiktive unbeschränkte Steuerpflicht i.S.d. § 1 Abs. 3 und § 1a EStG

Grenzpendler

Personen, die weder einen Wohnsitz noch ihren gewöhnlichen Aufenthalt im Inland haben, aber aus anderen Staaten (z.B. der Schweiz, Österreich, den Niederlanden, Polen oder Tschechien) zur Verrichtung ihrer Arbeit nach Deutschland einpendeln, nennt man **Grenzpendler**. Diese Personen sind mangels Erfüllung der Voraussetzungen des § 1 Abs. 1 EStG in Deutschland nur beschränkt und in ihrem Wohnsitzstaat unbeschränkt steuerpflichtig. In Deutschland können die persönlichen Verhältnisse der Steuerpflichtigen (Existenzminimum, Sonderausgaben etc.) nicht berücksichtigt werden, da dies im Rahmen der unbeschränkten Steuerpflicht – also im ausländischen Heimatstaat – erfolgen sollte. Grenzpendler erwirtschaften ihre Einkünfte aber überwiegend oder ausschließlich in Deutschland und erzielen dementsprechend in ihrem Wohnsitzstaat keine bzw. nur geringe Einkünfte. Sie können daher die persönlichen Aspekte auch im Ausland mangels zu versteuernden Einkommens nicht geltend machen. Aus diesem Grund laufen die Grenzpendler Gefahr, im Vergleich zu „normalen" Berufstätigen diskriminiert zu werden, da weder im Tätigkeitsstaat noch im Wohnsitzstaat ihre persönlichen Verhältnisse berücksichtigt werden. Aufgrund eines Urteils des EuGH vom 14.02.1995 (sog. Schumacker-Urteil), bei dem diese Diskriminierung Gegenstand der Klage war, werden die Grenzpendler nunmehr auf Antrag als unbeschränkt einkommensteuerpflichtig behandelt. Die unbeschränkte Steuerpflicht wird hierbei fingiert. Allerdings ist dies nur möglich, wenn (fast) ausschließlich Einkünfte bezogen werden, die der deutschen Einkommensteuer unterliegen.

Merke

Voraussetzungen der fiktiven unbeschränkten Steuerpflicht sind:

- **Antragstellung,**
- **mindestens 90 % der gesamten Einkünfte unterliegen der deutschen Einkommensteuer**

oder

- **die nicht in Deutschland steuerpflichtigen Einkünfte übersteigen nicht den Grundfreibetrag des § 32a Abs. 1 Satz 2 Nr. 1 EStG i.H.v. 9.000 €**
- **Bescheinigung des ausländischen Fiskus über die Höhe der ausländischen Einkünfte.**

Bei Vorliegen der Voraussetzungen können die Vergünstigungen für unbeschränkt Steuerpflichtige in Anspruch genommen werden. Dazu zählen: Sonderausgaben, außergewöhnliche Belastungen, Kindergeld bzw. -freibetrag und Grundfreibetrag.

Beispiel:
Karl, dessen einziger Wohnsitz sich in der Schweiz befindet, erzielt ausschließlich Einkünfte, die der deutschen ESt unterliegen. Die Voraussetzungen für den gewöhnlichen Aufenthalt in Deutschland liegen nicht vor. Die erforderliche Bescheinigung über die Höhe der im Heimatland erzielten Einkünfte wird vorgelegt.
Karl ist in Deutschland nicht unbeschränkt steuerpflichtig i.S.d. § 1 Abs. 1 EStG, da sich weder sein Wohnsitz noch sein gewöhnlicher Aufenthalt im Inland befinden. § 1 Abs. 2 EStG trifft ebenfalls nicht zu. Ohne Antrag ist Karl somit in Deutschland beschränkt einkommensteuerpflichtig (§ 1 Abs. 4 EStG). Da er einen Antrag stellt und ausschließlich deutsche Einkünfte erzielt, wird gem. § 1 Abs. 3 EStG nach Vorlage der schweizerischen Bescheinigung die unbeschränkte Steuerpflicht in Deutschland fingiert. Dies hat für Karl den Vorteil, dass er bspw. Sonderausgaben geltend machen kann, was bei beschränkter Steuerpflicht nicht möglich gewesen wäre (§ 50 Abs. 1 Satz 3 EStG).

Besondere Regelungen für Angehörige der EU bzw. des EWR

Es besteht jedoch das Problem, dass das deutsche EStG subjekt- bzw. familienbezogene Begünstigungen enthält, die nicht nur die unbeschränkte Steuerpflicht des Einkünfteerzielers selbst voraussetzen, sondern auch die unbeschränkte Steuerpflicht des Ehegatten. Gerade bei Grenzpendlern liegt Letzteres regelmäßig nicht vor, so dass ohne weitere Regelungen weder eine Zusammenveranlagung mit Splittingtabelle noch das sog. Realsplitting gewährt werden könnte. § 1a EStG beinhaltet daher eine zusätzliche Begünstigung im Rahmen der unbeschränkten Steuerpflicht sowie der fiktiven unbeschränkten Steuerpflicht, die allerdings nach dem Wortlaut der Vorschrift ausschließlich den Angehörigen der **EU** bzw. des **EWR** zugute kommt. Die EU hat mit der Schweiz im Jahr 1999 ein Abkommen geschlossen, das die Freizügigkeit zwischen der Schweiz und den EU-Staaten entsprechend der Ausgestaltung innerhalb der EU gewährleisten soll. Auf dieser Grundlage hat der EuGH im Urteil vom 28. Februar 2013 entschieden, dass gegen EU-Recht verstoßen wird, wenn die Zusammenveranlagung versagt wird, weil der Wohnsitz des Ehepartners in der Schweiz liegt. Die deutsche Finanzverwaltung folgt diesem Urteil und gewährt die Vergünstigung des § 1a Abs. 1 Nr. 2 EStG, wenn der Ehegatte den

Wohnsitz in der Schweiz hat. Dies gilt entsprechend für die Vergünstigung gem. § 1a Abs. 1 Nr. 1 EStG. Angehörige der EU bzw. des EWR und der Schweiz können das Ehegattensplitting und das Realsplitting in Anspruch nehmen,

- wenn bzgl. des Realsplittings der Empfänger der Leistungen i.S.d. § 10 Abs. 1a EStG nicht unbeschränkt steuerpflichtig ist, und seinen Wohnsitz oder gewöhnlichen Aufenthalt in der EU, im EWR bzw. der Schweiz hat und die Besteuerung der Leistung oder Zahlung beim Empfänger durch eine Bescheinigung der zuständigen ausländischen Steuerbehörde nachgewiesen wird

  oder
- bzgl. des Ehegattensplittings der nicht dauernd getrennt lebende Ehegatte ohne Wohnsitz oder gewöhnlichen Aufenthalt im Inland, seinen Wohnsitz oder gewöhnlichen Aufenthalt in der EU bzw. im EWR oder in der Schweiz hat und seinerseits die Besteuerung zur unbeschränkten Steuerpflicht beantragt. Sofern die Regelungen der fiktiven unbeschränkten Steuerpflicht in Anspruch genommen werden, ist auf die Einkünfte beider Ehegatten abzustellen und der Grundfreibetrag (§ 32a Abs. 1 Satz 2 Nr. 1 EStG) zu verdoppeln.

Beispiel:
Richard, österreichischer Staatsbürger, wohnt mit seiner Frau Silvia in Wien. Er pendelt täglich nach Deutschland ein, um dort seiner Arbeit nachzugehen. Die erforderliche Bescheinigung über die Höhe der im Heimatland erzielten Einkünfte wird vorgelegt.
Richard ist in Deutschland nicht unbeschränkt steuerpflichtig, da sich weder sein Wohnsitz noch sein gewöhnlicher Aufenthalt in Deutschland befinden. § 1 Abs. 2 EStG trifft nicht zu. Ohne Antrag ist Richard somit in Deutschland beschränkt einkommensteuerpflichtig (§ 1 Abs. 4 EStG). Da er einen Antrag stellt und ausschließlich Einkünfte in Deutschland erzielt, wird nach Vorlage der österreichischen Bescheinigung die unbeschränkte Steuerpflicht in Deutschland fingiert. Gem. § 1a Abs. 1 Nr. 2 EStG wird Richard als EU-Bürger zusätzlich die Anwendung des Splittingtarifs i.S.d. § 26 Abs. 1 Satz 1 EStG gewährt, da seine Ehefrau in Wien lebt. Silvia wird auf Antrag für die Anwendung des Splittingverfahrens in Deutschland ebenfalls als unbeschränkt steuerpflichtig behandelt. Wäre Richard kein EU/EWR-Bürger bzw. schweizerischer Staatsangehöriger, könnte er zwar z.B. Sonderausgaben in Deutschland geltend machen, nicht aber das Ehegattensplitting nutzen.

Tabelle 2: Grenzpendler und EU/EWR-Bürger

Besteuerung der Grenzpendler aus Drittstaaten (§ 1 Abs. 3 EStG)	Zusätzliche Privilegien für EU/EWR-Bürger (§ 1a EStG)
✓ Sonderausgaben ✓ Außergewöhnliche Belastungen ✓ Kindergeld/ Kinderfreibetrag ✓ Grundfreibetrag	✓ Zusammenveranlagung mit Splittingtarif (§ 26 Abs. 1 EStG) ✓ Realsplitting (§ 10 Abs. 1a Nr. 1 EStG) ✓ Abzug von Versorgungsleistungen an nicht unbeschränkt steuerpflichtigen Empfänger (§ 10 Abs. 1a Nr. 2 EStG) ✓ Abzug von Ausgleichszahlungen in Form von Kapitalzahlungen an nicht unbeschränkt steuerpflichtige Empfänger (§ 10 Abs. 1a Nr. 3 EStG)

Der Europäische Wirtschaftsraum (EWR) trat am 01.01.1994 in Kraft und umfasst die damals zwölf EU-Staaten (Belgien, Dänemark, Deutschland, Frankreich, Griechenland, Großbritannien, Irland, Italien, Luxemburg, Niederlande, Portugal und Spanien) sowie sechs der damals sieben EFTA-Staaten (Finnland, Island, Liechtenstein, Österreich, Norwegen und Schweden). Vom EU/EWR-Privileg werden daher heute sämtliche EU-Staaten zzgl. Island, Liechtenstein und Norwegen erfasst. Seit 2013 ist zudem der Wohnsitz in der Schweiz privilegiert.

Die Anwendungsbereiche des § 1 Abs. 3 sowie des § 1a EStG sollen noch einmal wie folgt veranschaulicht werden:

Tabelle 3: Anwendungskreis der fiktiven unbeschränkten Steuerpflicht

	Staatsangehörige von Drittstaaten	EU/EWR-Bürger
Anwendung von § 1 Abs. 3 EStG	✓	✓
Anwendung von §§ 1a EStG	- (mit Aushahme der Schweiz)	✓

2.1.3.2 Arten der beschränkten Steuerpflicht

a) Allgemein beschränkte Steuerpflicht i. S. d. § 1 Abs. 4 EStG

Hat eine natürliche Person weder ihren Wohnsitz noch ihren gewöhnlichen Aufenthalt im Inland und hat sie nicht für die fiktive unbeschränkte Steuerpflicht optiert, so ist sie beschränkt steuerpflichtig, wenn und soweit sie **inländische Einkünfte i. S. d. § 49 EStG** erzielt.

Merke

Voraussetzungen der beschränkten Steuerpflicht:
- **natürliche Person**
- **im Inland weder Wohnsitz noch gewöhnlicher Aufenthalt und keine Optierung**
- **Erzielung von inländischen Einkünften i. S. d. § 49 EStG**

Beispiel:
Die deutsche Staatsangehörige Juliane lebt in Australien. Sie bezieht aus Deutschland Einkünfte aus Vermietung und Verpachtung (§ 21 EStG). Juliane hat weder ihren Wohnsitz noch ihren gewöhnlichen Aufenthalt in Deutschland. Die Vermietungseinkünfte sind inländische Einkünfte i. S. d. § 49 Abs. 1 Nr. 6 EStG. Somit ist Juliane in Deutschland mit diesen Einkünften beschränkt steuerpflichtig. Sie kann im Gegenzug einkunftsbezogene Werbungskosten i. S. d. § 9 EStG geltend machen.

Tabelle 4: Anwendungskreis der beschränkten Steuerpflicht

Besteuerung von beschränkt Steuerpflichtigen (§ 50 Abs. 1 S. 1, 2 und 3 EStG)	Besteuerung von beschränkt Steuerpflichtigen, die Einkünfte i.S.d. § 49 Abs. 1 Nr. 4 EStG beziehen (Arbeitnehmer) (§ 50 Abs. 1 EStG)
✓ **Betriebsausgaben** ✓ **Werbungskosten** ✓ **Grundtarif ohne Grundfreibetrag**	✓ **Werbungskosten** ✓ **Grundtarif mit Grundfreibetrag** ✓ **Teilweise Sonderausgaben** (siehe § 50 Abs 1 Satz 4 EStG) ✓ **Altersentlastungsbetrag**

Quellenprinzip

Im Rahmen der beschränkten Steuerpflicht unterliegen nur die inländischen Einkünfte der deutschen Besteuerung (**Quellenprinzip**), nicht aber das Welteinkommen.

b) Erweiterte beschränkte Steuerpflicht i. S. d. §§ 2 und 5 AStG

Ziel: Vermeidung der Steuerflucht

Um eine rein steuerlich motivierte Verlegung des Wohnsitzes in ein Niedrigsteuerland (z. B. Monaco, Liechtenstein, bestimmte Kantone in der Schweiz) zu erschweren, unterliegen deutsche

Staatsangehörige nach ihrem Wegzug der erweiterten beschränkten Steuerpflicht in Deutschland. Die Voraussetzung hierfür ist allerdings, dass sie weiterhin wesentliche wirtschaftliche Interessen im Inland haben. Ein Niedrigsteuerland ist gem. § 2 Abs. 2 AStG dann gegeben, wenn die ausländische Belastung um mehr als ein Drittel niedriger ist als die vergleichbare deutsche Belastung. Wesentliche wirtschaftliche Interessen in Deutschland liegen gem. § 2 Abs. 3 AStG dann vor, wenn der Steuerpflichtige in Deutschland Unternehmer bzw. Mitunternehmer ist oder die in Deutschland erwirtschafteten Einkünfte bzw. das in Deutschland belegene Vermögen bestimmte Beträge oder Vermögensverhältnisse überschreitet. In den letzten zehn Jahren vor dem Wegzug aus Deutschland muss zudem mindestens fünf Jahre lang eine unbeschränkte Steuerpflicht in Deutschland bestanden haben. Der Personenkreis der erweitert beschränkt Steuerpflichtigen ist für den Zeitraum von zehn Jahren nach Wohnsitzverlagerung mit allen Einkünften, die nicht ausländische Einkünfte i.S.d. § 34d EStG sind, in Deutschland steuerpflichtig. Der Umfang dieser Einkünfte geht somit über die in § 49 EStG genannten inländischen Einkünfte hinaus (z.B. Erfassung von privaten Veräußerungsgeschäften i.S.d. § 23 Abs. 1 Nr. 2 EStG) und stellt daher eine Verschärfung der allgemeinen beschränkten Steuerpflicht dar.

Merke

Voraussetzungen der erweiterten beschränkten Steuerpflicht:
- **natürliche Person**
- **Auswanderung in ein Niedrigsteuerland**
- **in den letzten Jahren vor dem Wegzug als Deutscher mindestens fünf Jahre unbeschränkt steuerpflichtig**
- **wesentliche wirtschaftliche Interessen im Inland**

Beispiel:
Der deutsche Staatsbürger Karl, der von Geburt (10.02.1976) an in Deutschland lebt, verlegt Anfang 2018 seinen Wohnsitz nach Monaco. Er bleibt weiterhin Mitunternehmer der deutschen Stella-OHG.
Vor dem Wegzug aus Deutschland war Karl als deutscher Staatsangehöriger insgesamt 30 Jahre im Inland unbeschränkt steuerpflichtig. Durch seinen Wegzug verliert er seinen Wohnsitz bzw. seinen gewöhnlichen Aufenthalt in Deutschland, d.h. die Voraussetzungen für die unbeschränkte Steuerpflicht werden nicht erfüllt. Da sich der neue Wohnsitz in einem Niedrigsteuerland befindet und Karl (bedingt durch seine Mitunternehmerschaft) weiterhin wesentliche wirtschaftliche Interessen in Deutschland hat, wird er der erweiterten beschränkten Einkommensteuerpflicht

unterworfen. Behält er seinen Wohnsitz in Monaco bei, so besteht die erweiterte beschränkte Einkommensteuerpflicht bis zum Jahr 2028. Hätte Karl seinen Wohnsitz dagegen nicht in ein Niedrigsteuerland, sondern etwa nach Frankreich verlegt, würde er lediglich der beschränkten, nicht aber der erweiterten beschränkten Steuerpflicht unterliegen.

Die verschiedenen Möglichkeiten der Steuerpflicht in Deutschland sollen durch das Abfrageschema in Abb. 12 noch einmal zusammengefasst werden.

2.1.3.3 Problem der Doppelbesteuerung

Überschneidung steuerlicher Ansprüche verschiedener Staaten

Durch das Nebeneinander von beschränkter und unbeschränkter Steuerpflicht kommt es häufig zu Überschneidungen der Steueransprüche verschiedener Staaten, was zu einer mehrfachen steuerlichen Belastung derselben Einkünfte führen kann. Zur Reduzierung bzw. Vermeidung solcher Doppelbesteuerungen existieren sowohl unilaterale (nationale) Vorschriften als auch bilaterale Verträge (sog. Doppelbesteuerungsabkommen). Letztere sehen verschiedene Einschränkungen vom Grundsatz der Besteuerung des gesamten Welteinkommens bei unbeschränkter Steuerpflicht bzw. vom Grundsatz der Besteuerung des Inlandseinkommens bei beschränkter Steuerpflicht vor. Im Ergebnis werden dadurch im Idealfall die Besteuerungsrechte jedes Staates so weit durch die Schrankennormen eines Doppelbesteuerungsabkommens eingeschränkt, dass sich die Besteuerungsrechte nicht mehr überschneiden und sich keine Doppelbesteuerung ergibt.

2.1.4 Sachliche Einkommensteuerpflicht

Entstehung des deutschen Einkommensteuersystems

Für die Zwecke der Einkommensteuererhebung hat der Gesetzgeber zu definieren, was als Einkommen und damit als Bemessungsgrundlage für die Steuererhebung heranzuziehen ist. Diese Aufgabe erfüllt § 2 EStG. Da der deutsche Gesetzgeber 1946 von den Alliierten verpflichtet worden war, Spitzensteuersätze von 95 v.H. festzulegen, diese Steuersätze aber die sich langsam wieder regenerierende Wirtschaft absehbar erdrosselt hätten, konnte die Steuerbelastung nur durch eine entsprechende Durchlöcherung der steuerlichen Bemessungsgrundlage auf einem erträglichen Niveau gehalten werden. Das Ergebnis dieser Maßnahmen ist die bis heute herrschende Problematik der über-

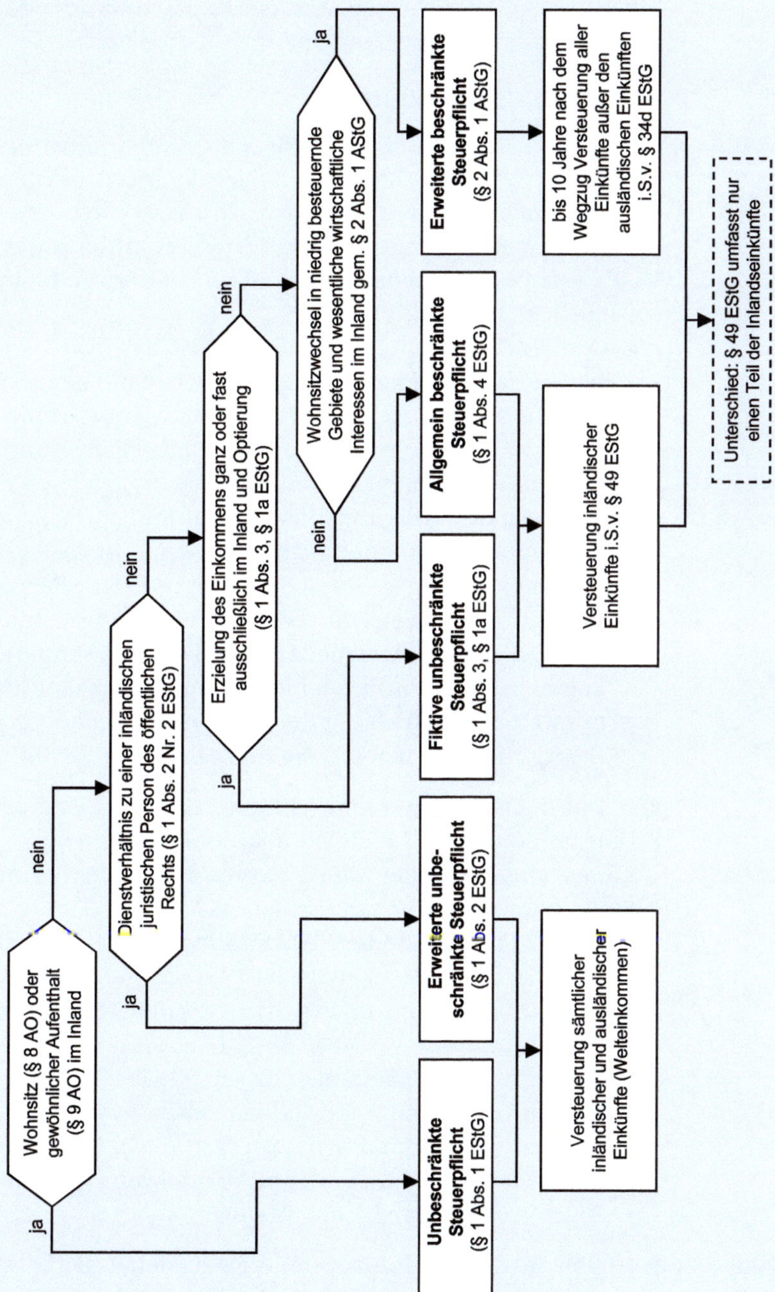

Abb. 12:
Unbeschränkte vs. beschränkte (persönliche) Steuerpflicht

höhten Steuersätze, die auf eine ausgedünnte Bemessungsgrundlage angewandt werden.

2.1.4.1 Die Einkunftsarten

Abschließende Aufzählung der sieben Einkunftsarten in § 2 Abs. 1 Satz 1 EStG

Die Bemessungsgrundlage für die Einkommensteuer ist das während des Kalenderjahres vom Steuerpflichtigen erwirtschaftete Einkommen. Dadurch wird dem Grundsatz der Abschnittsbesteuerung Rechnung getragen. Zur Bestimmung des Begriffs „Einkommen" bestehen im Wesentlichen zwei finanzwissenschaftliche Lehrmeinungen:

- **Quellentheorie**: Das Einkommen ist das, was dem Steuerpflichtigen aus einer ständig sprudelnden Einkommensquelle zufließt. Demnach gehören einmalige oder völlig unregelmäßig anfallende Einkünfte – bspw. Erbschaften und Lotteriegewinne – nicht zum Einkommen.
- **Reinvermögenszugangstheorie**: Das Einkommen ist der um die damit in Zusammenhang stehenden Ausgaben verminderte (reine) Vermögenszuwachs. Somit ist es unerheblich, ob es sich um wiederkehrende oder um einmalige Vorgänge handelt und aus welcher Quelle das Einkommen stammt. Der Einkommensbegriff ist bei der Reinvermögenszugangstheorie somit weiter gefasst als der Einkommensbegriff bei der Quellentheorie, der eine regelmäßig sprudelnde Quelle voraussetzt.

Das deutsche Einkommensteuergesetz hat keine der beiden Lehrmeinungen in Reinform übernommen, sondern hat einen Kompromiss zwischen den Theorien bei seiner Definition des Einkommensbegriffs geschlossen. § 2 Abs. 1 Satz 1 EStG bestimmt in **abschließender Aufzählung** die sieben Einkunftsarten, welche in den §§ 13 bis 24 EStG explizit geregelt sind:

- Einkünfte aus Land- und Forstwirtschaft (§ 13 EStG),
- Einkünfte aus Gewerbebetrieb (§ 15 EStG),
- Einkünfte aus selbständiger Arbeit (§ 18 EStG),
- Einkünfte aus nichtselbständiger Arbeit (§ 19 EStG),
- Einkünfte aus Kapitalvermögen (§ 20 EStG),
- Einkünfte aus Vermietung und Verpachtung (§ 21 EStG) sowie
- Sonstige Einkünfte i.S.d. § 22 EStG.

Gewinn-/Überschusseinkunftsarten

Obwohl das Einkommensteuergesetz den Begriff des Einkommens für seine Zwecke selbständig definiert, sind die finanzwissenschaftlichen Theorien im Hintergrund zu erkennen. Nach der Art der Einkunftsermittlung lassen sich gem. § 2 Abs. 2 EStG die einzelnen Einkunftsarten in **Gewinneinkunftsarten (alternativ: betriebliche Einkunftsarten)** (§ 2 Abs. 1 Satz 1 Nr. 1 bis 3 EStG) und **Überschusseinkunftsarten (alternativ: Haushaltseinkunftsarten)** (§ 2 Abs. 1 Satz 1 Nr. 4 bis 7 EStG) untergliedern:

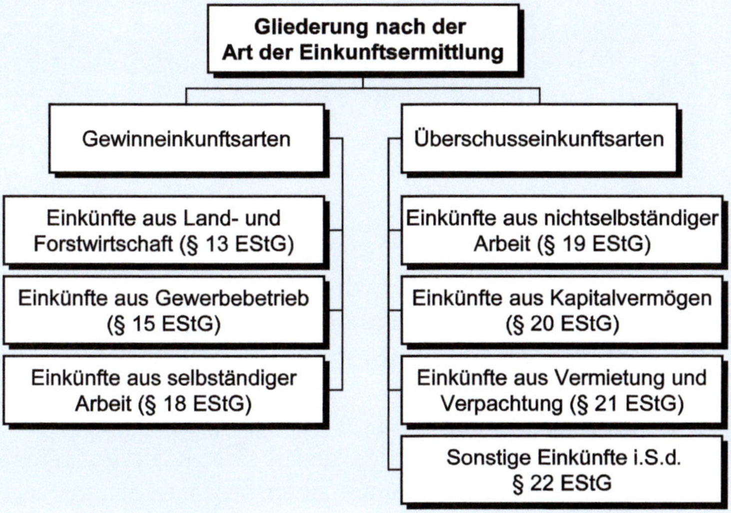

Abb. 13: *Gliederung der Einkünfte nach der Art der Einkunftsermittlung*

Grundsätzlich folgen die **Gewinneinkunftsarten** der **Reinvermögenszugangstheorie**, die **Überschusseinkunftsarten** dagegen der **Quellentheorie**.

Beispiel:
Wilhelm und Marianne besitzen je ein Grundstück in München und erzielen daraus Mieteinkünfte. Marianne hält das Grundstück in ihrem Privatvermögen, Wilhelm dagegen in seinem gewerblichen Betriebsvermögen. Beide haben ihre Grundstücke im Februar 2018 verkauft.
Die Mieteinkünfte stellen für Marianne Einkünfte aus Vermietung und Verpachtung (§ 21 EStG) dar. Bei Wilhelm dagegen liegen betriebliche Einnahmen im Rahmen der Einkünfte aus Gewerbebetrieb (§ 15 EStG) vor, da das Grundstück zum Betriebsvermögen gehört. Daraus ergibt sich für Wilhelm allerdings der Nachteil, dass der Veräußerungsgewinn bei ihm steuerpflichtig ist (= Reinvermögenszugangstheorie), wohingegen der Veräußerungsgewinn für Marianne grundsätzlich nicht steuerpflichtig ist (= Quellentheorie), da der Verkauf keine ständig sprudelnde Quelle darstellt.

Tab. 5 veranschaulicht die Einkunftsermittlungsschemata sowie die zugrunde liegenden Theorien und Normen beider Einkunftsarten:

Tabelle 5: Gewinn- vs. Überschusseinkunftsarten

	Gewinneinkünfte	Überschusseinkünfte
Definition der Einkünfte als	Betriebseinnahmen ./. Betriebsausgaben = **Gewinn**	Einnahmen ./. Werbungskosten = **Einkünfte**
Zugrunde liegende Normen	§§ 4 bis 7k EStG	§§ 8 bis 9a EStG
Zugrunde liegende Theorie	Reinvermögens-zugangstheorie	Quellentheorie
Einkunftsquelle	Betrieb	Arbeit, Kapital etc.

Der zuvor dargestellte Grundsatz wird jedoch zunehmend durchbrochen. Ein Beispiel hierfür ist die Abgeltungsteuer. Hierbei werden nicht wie bisher nur die laufenden Kapitalerträge, wie bspw. Zinsen und Dividenden, erfasst, sondern auch bestimmte Veräußerungsgewinne aus dem Verkauf von Kapitalanlagen. Im Gegenzug kann der Ausfall einer Kapitalforderung in der privaten Vermögenssphäre zu einem steuerlich anzuerkennenden Verlust führen, sofern feststeht, dass der Forderungsausfall endgültig ist.[1] Somit folgen die Einkünfte aus Kapitalvermögen sowohl der Quellen- als auch der Reinvermögenszugangstheorie.

Haupt-/Nebeneinkunftsarten

Darüber hinaus lassen sich die einzelnen Einkunftsarten bzgl. ihrer Rangordnung auch in **Haupteinkunftsarten** (§ 2 Abs. 1 Satz 1 Nr. 1 bis 4 EStG) und **Nebeneinkunftsarten** (§ 2 Abs. 1 Satz 1 Nr. 5 bis 7 EStG) unterscheiden. Die Nebeneinkunftsarten sind grundsätzlich subsidiär, d.h. wenn die Einkünfte sowohl einer der Haupt- als auch einer der Nebeneinkunftsarten zugeordnet werden können, geht die Haupteinkunftsart vor.

Beispiel:
Im vorstehenden Beispiel hatte Wilhelm ein Grundstück, das seinem Betriebsvermögen zuzurechnen ist, vermietet. Denkbar wären somit Einkünfte aus Gewerbebetrieb gem. § 15 EStG (= Haupteinkunftsart) sowie

1 Vgl. BFH, 24.10.2017, DStR 2017 S. 2801.

Einkünfte aus Vermietung und Verpachtung gem. § 21 EStG (= Nebeneinkunftsart). Da die Haupteinkunftsarten den Nebeneinkunftsarten vorgehen, erzielt Wilhelm Einkünfte aus Gewerbebetrieb gem. § 15 EStG.

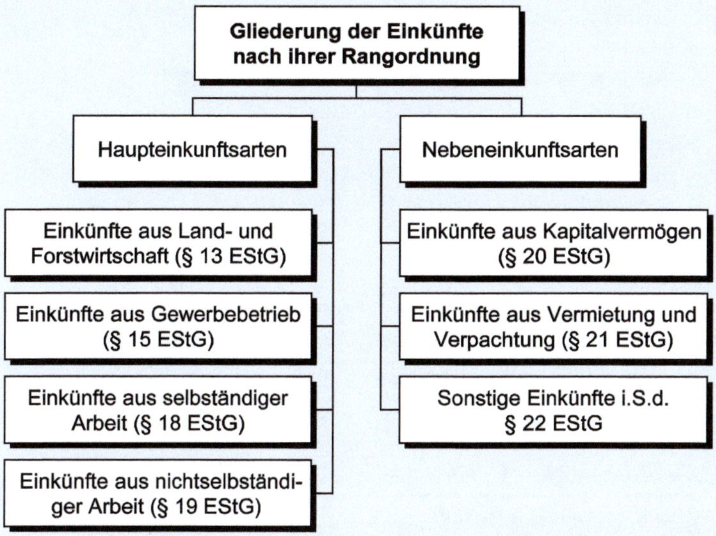

Abb. 14:
Gliederung der Einkünfte nach ihrer Rangordnung

Der Steuerpflichtige kann Einkünfte aus mehreren Einkunftsarten gleichzeitig beziehen. In diesem Fall setzt sich das Einkommen aus verschiedenen Einkunftsarten zusammen. Werden die Einkünfte zu *einem einheitlich zu versteuernden Einkommen* zusammengefasst, welches *als Ganzes* einem Steuertarif unterliegt, spricht man von einer sog. **synthetischen Einkommensteuer.** Dies entspricht auch der Grundsystematik des deutschen Einkommensteuersystems.

Wird hingegen jede Einkunftsart *separat* einem *gesonderten Tarif* unterworfen, so spricht man von einem sog. **Schedulensystem.** Diese Systematik ist bspw. in Großbritannien und in Lateinamerika sowie in Deutschland im Rahmen der Abgeltungsteuer anzutreffen.

Beispiel:
Hermann besitzt ein Haus, in dem er einen Friseursalon betreibt. Die beiden Wohnungen, die sich ebenfalls in dem Gebäude befinden und die nicht in das betriebliche Vermögen eingelegt wurden, vermietet Hermann an zwei Parteien zu Wohnzwecken.

Als Besitzer des Friseursalons bezieht Hermann Einkünfte aus Gewerbebetrieb (§ 15 Abs. 1 Satz 1 Nr. 1 EStG), als Vermieter Einkünfte aus Vermietung und Verpachtung (§ 21 EStG).

Abb. 15: *Synthetische Einkommensermittlung nach deutschem Recht*

1. Einkünfte aus Land- und Forstwirtschaft (§ 13)
2. Einkünfte aus Gewerbebetrieb (§ 15)
3. Einkünfte aus selbständiger Arbeit (§ 18)
4. Einkünfte aus nichtselbständiger Arbeit (§ 19)
5. Einkünfte aus Kapitalvermögen (§ 20)
6. Einkünfte aus Vermietung und Verpachtung (§ 21)
7. Sonstige Einkünfte im Sinne des § 22
= ***Summe der Einkünfte***
./. Altersentlastungsbetrag (§ 24a)
./. Entlastungsbetrag für Alleinerziehende (§ 24b)
./. Abzug für Land- und Forstwirte (§ 13 Abs. 3)
= ***Gesamtbetrag der Einkünfte (§ 2 Abs. 3)***
./. Verlustabzug (§ 10d)
./. Sonderausgaben (§§ 10, 10a, 10b, 10c)
./. Außergewöhnliche Belastungen (§§ 33, 33a, 33b)
= ***Einkommen (§ 2 Abs. 4)***
./. Kinderfreibetrag (§§ 31, 32 Abs. 6)
= ***Zu versteuerndes Einkommen (§ 2 Abs. 5)***

Zu versteuerndes Einkommen

Die Summe der Einkünfte, evtl. vermindert um den Altersentlastungsbetrag, den Entlastungsbetrag für Alleinerziehende und den Abzug nach § 13 Abs. 3 EStG, ergibt den Gesamtbetrag der Einkünfte (§ 2 Abs. 3 EStG). Nach dem Abzug von Sonderausgaben, einem eventuellen Verlustabzug und nach dem Abzug von außergewöhnlichen Belastungen erhält man das Einkommen (§ 2 Abs. 4 EStG). Das Einkommen, ggf. vermindert um den Kinderfreibetrag, bildet das zu versteuernde Einkommen. Dieses stellt als Ganzes die Bemessungsgrundlage für die tarifliche Einkommensteuer von Hermann dar (§ 2 Abs. 5 Satz 1 EStG). Es werden somit die Einkünfte aus Gewerbebetrieb und die Einkünfte aus Vermietung und Verpachtung nicht separat erfasst und besteuert.

Eine Besonderheit bei der Ermittlung des zu versteuernden Einkommens ergibt sich jedoch bei den Kapitaleinkünften, die der Abgeltungsteuer nach §§ 32d Abs. 1 und 43 Abs. 5 EStG unterliegen. Diese bleiben bei der Ermittlung des Gesamtbetrags der Einkünfte, des Einkommens sowie des zu versteuernden Einkommens in der Regel unberücksichtigt.

Kosten der privaten Lebensführung

Im Zusammenhang mit der Ermittlung der Einkünfte ist § 12 Nr. 1 EStG von großer Bedeutung, demzufolge Ausgaben der privaten Lebensführung bei den einzelnen Einkunftsarten nicht abgezogen werden dürfen.

Beispiel:
Ferdinand geht in seiner Freizeit häufig ins Kino und isst dort Kartoffelchips. Diese Ausgaben dürfen steuerlich nicht geltend gemacht werden (§ 12 Nr. 1 EStG), da sie nicht mit einer Einnahmeerzielung in Zusammenhang stehen, sondern privat veranlasst sind.

Wegen dieses Verbots werden häufig kostspielige Hobbys (z.B. privater Reitsport, Jagd oder Imkerei) als steuerpflichtige Gewerbebetriebe getarnt, um auf diese Weise die eindeutig privat verursachten Ausgaben (z.B. Unterhalt für die Pferde) in steuerwirksame Betriebsausgaben umzuwandeln, die von anderen positiven Einkünften abgezogen werden sollen. Solche Kosten, die im Rahmen der Ausübung eines Hobbys ohne eine Gewinnerzielungsabsicht anfallen, werden als sog. Liebhaberei bezeichnet und steuerlich nicht anerkannt. Sie mindern somit nicht das zu versteuernde Einkommen; korrespondierend dazu stellen Erträge, die durch eine Liebhabereitätigkeit entstehen, keine steuerpflichtigen Einnahmen dar.

Beispiel:
Ferdinand ist Arzt und erzielt Einkünfte aus selbständiger Arbeit. Seine Frau Margarete ist Hobbyreiterin und besitzt ein Pferd, für das Kosten i.H.v. 100.000 € p.a. anfallen. Margarete will nun 1 Stunde Reitunterricht pro Jahr (!) für 10 € geben, so dass grundsätzlich Betriebseinnahmen i.H.v. 10 € vorliegen, welche um die Ausgaben zu kürzen sind, die dann Betriebsausgaben darstellen. Dadurch entstünde ein betrieblicher Verlust i.H.v. 99.990 €, der mit den positiven Einkünften aus selbständiger Arbeit von Ferdinand verrechnet werden könnte.
ABER: Der Reitunterricht wird im Rahmen der Ausübung eines Hobbys von Margarete erteilt und ist offensichtlich nicht auf Gewinnerzielung ausgerichtet. Die Kosten für das Pferd können nicht als Betriebsausgaben geltend gemacht werden. Ebenso wenig werden die 10 € für die Reitstunde als Betriebseinnahme angesetzt, so dass insoweit auch keine Einkünfte vorliegen. Im Rahmen der Zusammenveranlagung kann Ferdinand

seine Einkünfte aus selbständiger Arbeit somit nicht um die Kosten des Reitsports seiner Ehefrau kürzen.

Einkünfte, die nicht unter eine der sieben Einkunftsarten fallen, sind nicht steuerbar und unterliegen somit nicht der Einkommensteuer (z.B. Lotteriegewinne, Erbschaften und Schenkungen). Die siebte Einkunftsart (Sonstige Einkünfte i.S.d. § 22 EStG) bildet dabei keinen Auffangtatbestand für Einkünfte, die nicht bereits unter die ersten sechs Einkunftsarten fallen. Unter diese Einkunftsart fallen vielmehr nur die explizit in § 22 EStG aufgezählten Bezüge.

Beispiel:
Alfons gewinnt bei einem Kreuzworträtsel einen Betrag i.H.v. 5.555 €. Der Gewinn lässt sich in keine der sieben Einkunftsarten einordnen und unterliegt somit nicht der Einkommensteuer. Wenn er diesen Betrag jedoch anschließend bei einer Bank Gewinn bringend anlegt und hieraus Zinsen erzielt, sind diese der Abgeltungsteuer gem. § 32d Abs. 1 EStG zu unterwerfen.

2.1.4.2 Ermittlung der Einkommensteuer

Tarifliche vs. festzusetzende Einkommensteuer

§ 2 Abs. 6 EStG differenziert zwischen der tariflichen und der festzusetzenden Einkommensteuer. Die tarifliche Einkommensteuer ergibt sich i.d.R. aus der Anwendung des Grundtarifs (§ 32a Abs. 1 EStG) bzw. für zusammenveranlagte Ehegatten aus

Abb. 16: *Ermittlung der Einkommensteuerschuld*

= ***Zu versteuerndes Einkommen (§ 2 Abs. 5)***

↓

Grundtarif / Splittingtarif (§ 32a Abs. 1, Abs. 5)

↓

= ***Tarifliche Einkommensteuer***
./. GewSt-Tarifentlastungsbetrag (§ 35)
./. 50 % der Zuwendungen an politische Parteien (§ 34g)
\+ Kindergeld, wenn KinderFB günstiger (§ 31 S. 4)
\+ Steuer nach § 32d Abs. 3 EStG (Pflichtveranlagung)
\+ Steuer nach § 32d Abs. 4 EStG (Veranlagungswahlrecht)

= ***Festzusetzende Einkommensteuer***
./. ESt-Vorauszahlungen (§ 36 Abs. 2 S. 1 Nr. 1)
./. Einbehaltene LSt und KapESt (§ 36 Abs. 2 S. 1 Nr. 2)

= ***Abschlusszahlung oder Erstattungsanspruch***

der Anwendung des Splittingtarifs (§ 32a Abs. 5 EStG) auf das zu versteuernde Einkommen. Nach Abzug bestimmter Steuerermäßigungen bzw. nach Hinzurechnung von Steuererhöhungen erhält man die festzusetzende Einkommensteuer (Jahressteuerschuld). Mit der Anrechnung von bereits entrichteten und einbehaltenen Beträgen (Einkommensteuervorauszahlung, entrichtete Lohnsteuer und Kapitalertragsteuer, § 36 Abs. 2 EStG) auf die festzusetzende Einkommensteuer ergibt sich die effektive Abschlusszahlung (Einkommensteuer-Schuld) bzw. der Erstattungsbetrag (Einkommensteuer-Guthaben).

2.1.4.3 Einteilung der Einnahmen und Ausgaben

Die **Einkünfte** aus einer Einkunftsart ergeben sich aus der Differenz zwischen den steuerpflichtigen **Einnahmen** und den abzugsfähigen **Ausgaben**. In die Berechnung des zu versteuernden Einkommens müssen jedoch bestimmte Einnahmen nicht einfließen. Umgekehrt dürfen sich auch nicht alle Ausgaben des Steuerpflichtigen steuermindernd auswirken.

Einkünfte:
– Überschuss der Einnahmen über die Werbungskosten oder
– Gewinn

a) Einnahmen

Einnahmen können sowohl als Betriebseinnahmen als auch als Einnahmen im nicht betrieblichen Bereich (Haushaltseinkünfte) bezogen werden. In beiden Fällen sind steuerfreie und steuerpflichtige Einnahmen zu unterscheiden.

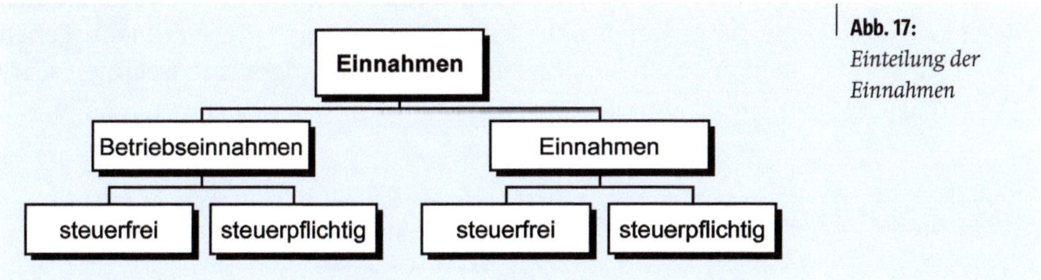

Abb. 17:
Einteilung der Einnahmen

- **Steuerfreie Einnahmen/Betriebseinnahmen:** Steuerfreie Einnahmen/Betriebseinnahmen sind aufgrund gesetzlicher Normen von der Besteuerung befreit. Die §§ 3 und 3b EStG listen die steuerfreien Einnahmen/Betriebseinnahmen abschließend auf. Beispiele hierfür sind: Gründerzuschuss, Arbeitslo-

Beispiel für steuerfreie Einnahmen: Arbeitslosengeld, Kindergeld

sengeld, Kindergeld sowie Zuschläge für Sonntags-, Feiertags- und Nachtarbeit unter den Voraussetzungen des § 3b Abs. 1 EStG. Der Hintergrund ist, dass es z.B. nicht sinnvoll ist, das vom Staat bezogene Arbeitslosengeld zu besteuern, da sonst Teile der erhaltenen Unterstützung wieder an die öffentliche Hand zurückfließen würden.

Beispiel für steuerpflichtige Einnahmen: Arbeitsentgelt, geldwerte Leistungen

- **Steuerpflichtige Einnahmen/Betriebseinnahmen** sind:
  Steuerpflichtige Einnahmen: Gem. § 8 Abs. 1 EStG sind Einnahmen *„alle Güter, die in Geld oder Geldeswert bestehen und dem Steuerpflichtigen im Rahmen der Überschusseinkünfte zufließen“*.
  Steuerpflichtige Betriebseinnahmen: Für den Begriff der Betriebseinnahmen existiert im Einkommensteuergesetz keine Legaldefinition. In Anlehnung an § 4 Abs. 4 EStG werden Betriebseinnahmen als *„Erträge, die durch den Betrieb veranlasst sind“* aufgefasst.

Beispiel:
Steuerberater Johann erhält von seinem Mandanten, dem Gärtner Martin, für seine beratende Tätigkeit 200 € in bar sowie drei Obstbäume. Die 200 € und der Geldwert der Obstbäume fließen Johann im Rahmen der Einkünfte aus selbständiger Arbeit (§ 18 EStG) zu und stellen somit Betriebseinnahmen dar.

b) Ausgaben

Die Ausgaben müssen eingeteilt werden in solche Ausgaben, die im Rahmen der Einkunftsermittlung als Betriebsausgaben oder als Werbungskosten abzugsfähig sind, und in solche Ausgaben, die nicht der Einkunftserzielung, sondern als Privatausgaben dem privaten Bereich eines Steuerpflichtigen zuzurechnen sind.

Abb. 18: *Einteilung der Ausgaben*

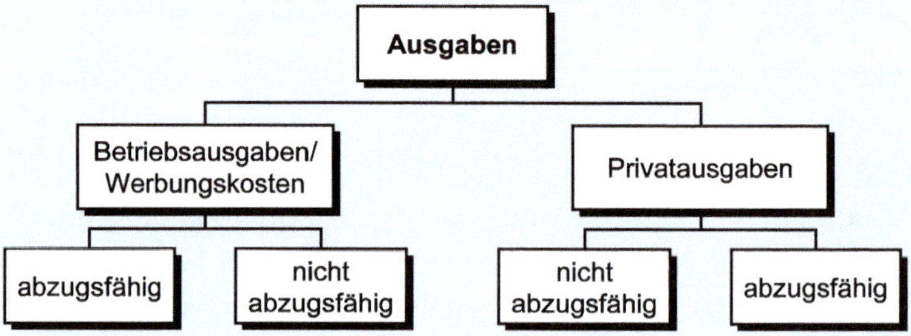

Grundsätzlich erfordert das objektive Nettoprinzip den Abzug von Betriebsausgaben und Werbungskosten:

Abzugsfähige Betriebsausgaben: Während eine Legaldefinition des Begriffs „Betriebseinnahmen" fehlt, sind die Betriebsausgaben durch § 4 Abs. 4 EStG definiert als *„Aufwendungen, die durch den Betrieb veranlasst sind"*. Sie fallen nur im Rahmen der Gewinneinkünfte an.

Abzugsfähige Werbungskosten: Werbungskosten sind im Allgemeinen solche Aufwendungen, die durch die auf Erzielung von steuerpflichtigen Einnahmen gerichtete Tätigkeit veranlasst sind (Veranlassungsprinzip). § 9 Abs. 1 Satz 1 EStG nennt als Voraussetzungen:

- Erwerbung,
- Sicherung und
- Erhaltung

der Einnahmen.

Die Werbungskosten sind im Rahmen der Überschusseinkunftsarten abzugsfähig. § 9 EStG listet nicht sämtliche Werbungskosten auf, sondern nur eine Auswahl der in der Praxis bedeutsamsten Werbungskosten.

Nicht abzugsfähige Betriebsausgaben bzw. Werbungskosten: Obwohl bestimmte Aufwendungen die Eigenschaften von Betriebsausgaben bzw. Werbungskosten aufweisen, dürfen sie bei der Ermittlung der Einkünfte nicht geltend gemacht werden. Es handelt sich hierbei in erster Linie um solche Aufwendungen, die eine gewisse Nähe zur privaten Lebensführung haben, aber auch um solche Ausgaben, die aus fiskalischen oder anderen Gründen nicht oder nur beschränkt abzugsfähig sind. Die entsprechenden Regelungen finden sich in den §§ 4 Abs. 5 bis 6, 9 Abs. 5 EStG. § 12 EStG gilt auch dann, wenn die oben genannten Ausgaben grundsätzlich betrieblich oder beruflich veranlasst sind.

Beispiel: Geldstrafen, Aufwendungen für Zwecke der „Liebhaberei"

Merke

- **Betriebsausgaben fallen im Rahmen von Gewinneinkünften an.**
- **Werbungskosten fallen im Rahmen von Überschusseinkünften an.**

Beispiel:

Zementhändler Hermann wurde wegen illegaler Preisabsprachen zu einer Geldstrafe von 100.000 € verurteilt. Obwohl die Geldstrafe betrieblich verursacht wurde, darf sie bei der Gewinnermittlung nicht abgezogen werden (§ 12 Nr. 4 EStG), da sonst der Strafcharakter abgemildert würde.

Tabelle 6: Ausgewählte, nicht abzugsfähige Betriebsausgaben

§ 4 Abs. 5	Inhalt	Grund für die Nichtabzugsfähigkeit
Nr. 1	Geschenke an Personen, die nicht Arbeitnehmer sind	Freigrenze i.H.v. 35 € pro Empfänger pro Jahr. Vermeidung des Abzugs zu hoher Aufwendungen.
Nr. 2	Bewirtungsaufwendungen aus geschäftlichem Anlass	30 % der Bewirtungskosten stellen nichtabzugsfähige Aufwendungen dar, da unterstellt wird, dass sie der eigenen Verpflegung dienen. Vermeidung des Spesenmissbrauchs.
Nr. 3	Aufwendungen für den Unterhalt von Gästehäusern, wenn die Nutzung nicht durch Arbeitnehmer des Steuerpflichtigen erfolgt	Vermeidung der privaten Nutzung von Gästehäusern bei gleichzeitigem Abzug als Betriebsausgabe.
Nr. 4	Aufwendungen für Jagd oder Fischerei, Segel- und Motorjachten	Aufwendungen, die eine starke Nähe zu einem privaten Hobby des Steuerpflichtigen aufweisen, sollen nicht als Betriebsausgaben abzugsfähig sein.
Nr. 5	Verpflegungsmehraufwendungen	Pauschbeträge bei Inlands- und Auslandsdienstreisen; Begrenzung des Abzugs bei doppelter Haushaltsführung auf 3 Monate.
Nr. 6b	Häusliches Arbeitszimmer	Abzugsfähig, wenn das Arbeitszimmer den Mittelpunkt der gesamten betrieblichen und beruflichen Betätigung bildet oder kein Arbeitsplatz zur Verfügung steht.
Nr. 7	Aufwendungen für die private Lebensführung	Grundsätzlich nicht abzugsfähig.
Nr. 8	Geldbußen, Ordnungsgelder und Verwarnungsgelder	Bei Abzugsfähigkeit würde der mit der Verhängung von Geldbußen verfolgte Strafcharakter abgemildert werden.
Nr. 10	Bestechungs- und Schmiergelder	Der Empfänger versteuert die erhaltenen Einnahmen nicht. Daher können sie vom Zahlenden nicht als BA abgezogen werden.
§ 4 Abs. 5b	Gewerbesteuer	Zur Vermeidung des Abzugs sowohl als Betriebsausgabe als auch gem. § 35 EStG ist der Abzug als Betriebsausgabe ab VZ 2008 nicht mehr zulässig. Stattdessen erfolgt ein erhöhter Pauschalabzug, begrenzt auf die tatsächliche Gewerbesteuerschuld.
§ 4 Abs. 9	Aufwendungen für ein Erststudium	Aufwendungen für eine erstmalige Ausbildung, soweit diese nicht im Rahmen eines Dienstverhältnisses stattfindet, werden dem privaten Lebensbereich zugeordnet.

In diesem Zusammenhang konnten auch Aufwendungen für ein häusliches Arbeitszimmer grundsätzlich nicht abgezogen werden, es sei denn, das Arbeitszimmer bildete den Mittelpunkt der gesamten betrieblichen und beruflichen Betätigung. Nach dem Beschluss des BVerfG[2], das diese Regelung für verfassungswidrig erklärte, wurde die Abzugsfähigkeit der Aufwendungen

2 BVerfG v. 06.07.2010, 2 BvL 13/09, BStBl II 2011, S. 318.

für ein häusliches Arbeitszimmer durch das JStG 2010 neu geregelt. Demnach sind in den Jahren ab 2007 Aufwendungen für ein häusliches Arbeitszimmer nunmehr auch dann abzugsfähig, wenn dem Steuerpflichtigen für die betriebliche oder berufliche Tätigkeit kein anderer Arbeitsplatz zur Verfügung steht. In diesem Fall ist der Abzugsbetrag aber auf 1.250 € begrenzt. Die Aufwendungen sind nur dann voll abzugsfähig, wenn das Arbeitszimmer den Mittelpunkt der gesamten betrieblichen oder beruflichen Betätigung bildet.

Beispiel:
Im Schulgebäude steht der Deutschlehrerin Christina kein Arbeitsplatz für Korrekturarbeiten zur Verfügung. Aus diesem Grund erledigt sie diese Tätigkeiten in ihrem häuslichen Arbeitszimmer. Die Aufwendungen für das häusliche Arbeitszimmer kann Christina bis zu einem Höchstbetrag von 1.250 € als Werbungskosten abziehen. Da der Mittelpunkt ihrer beruflichen Betätigung sich weiterhin in dem Schulgebäude befindet, ist ein voller Abzug der Aufwendungen nicht möglich.

Einkünfte im Zusammenhang mit steuerfreien Einkünften

Ausgaben, die in Zusammenhang mit steuerfreien Einkünften stehen, dürfen nicht als Betriebsausgaben oder Werbungskosten abgezogen werden (§ 3c EStG).

Beispiel:
Der arbeitslose Hans erhält Arbeitslosengeld. Da das Arbeitslosengeld gem. § 3 Nr. 2 EStG steuerfrei ist, kann Hans die Fahrtkosten zum Arbeitsamt gem. § 3c Abs. 1 EStG steuerlich nicht geltend machen.

Zinsschranke

Die Abzugsfähigkeit von Fremdkapitalzinsen beruht auf dem objektiven Nettoprinzip. Dieses Grundprinzip wird jedoch bei der Einkommensteuer durch die Vorschrift des § 4h EStG durchbrochen, der die Abzugsfähigkeit von Fremdkapitalzinsen unter bestimmten Voraussetzungen einschränkt. Für Kapitalgesellschaften gelten zudem die Sonderregelungen des § 8a KStG (vgl. Kapitel Körperschaftsteuer). Der Gesetzgeber wollte auf diese Weise eine übermäßige und vor allem aus steuerlichen Gesichtspunkten motivierte Finanzierung mit Fremdkapital steuerlich unattraktiver machen, da insbesondere Konzerne in der Vergangenheit auf diese Weise Gewinne ins Ausland verlagert haben. Die Grundsystematik wird im Kapitel Körperschaftsteuer detailliert erläutert. Darüber hinaus ist mit Wirkung ab 01.01.2018 die Vorschrift des § 4j neu in das EStG eingefügt worden, wodurch Aufwendungen für Rechteüberlassungen, die im

Ausland einer Niedrigbesteuerung unterliegen, in Deutschland nicht bzw. nur eingeschränkt als Betriebsausgaben abzugsfähig sein können (sog. Lizenzschranke).

Privatausgaben

Gem. § 12 Nr. 1 EStG dürfen Aufwendungen für die private Lebensführung nicht abgezogen werden. Darunter fallen die Ausgaben für Kleidung, Nahrung und Wohnung des Steuerpflichtigen. Diese Aufwendungen weisen keinen Bezug zur Einkunftserzielung auf und stellen weder Betriebsausgaben noch Werbungskosten dar. Das Abzugsverbot für die Privatausgaben ist vor dem Hintergrund einer Besteuerung nach der wirtschaftlichen Leistungsfähigkeit konsequent. Die Privatausgaben mindern nicht die Leistungsfähigkeit, sondern sind vielmehr ein Ausdruck der Leistungsfähigkeit. Zu den nach § 12 EStG nicht abzugsfähigen Aufwendungen gehören vor allem:

- Aufwendungen für den Haushalt und den Unterhalt der Familienangehörigen des Steuerpflichtigen (§ 12 Nr. 1 EStG),
- freiwillige Zuwendungen und Zuwendungen aufgrund einer freiwillig begründeten Rechtspflicht (§ 12 Nr. 2 EStG),
- Personensteuern (z.B. Einkommensteuer, Körperschaftsteuer, Solidaritätszuschlag) (§ 12 Nr. 3 EStG),
- Geldstrafen (nicht: Geldbußen) sowie sonstige Rechtsfolgen vermögensrechtlicher Art, bei denen der Strafcharakter überwiegt (§ 12 Nr. 4 EStG).

Sonderausgaben und Außergewöhnliche Belastungen stellen als Ausdruck des subjektiven Nettoprinzips eine Durchbrechung des Grundsatzes dar, dass Aufwendungen der privaten Lebensführung gem. § 12 Nr. 1 EStG nicht abziehbar sind. Die anzuerkennenden Aufwendungen sind in den §§ 10 bis 10c, 10e bis 10g EStG und §§ 33 bis 33b EStG abschließend aufgelistet.

2.1.5 | Zeitliche Zuordnung

2.1.5.1 Veranlagungszeitraum und Ermittlungszeitraum

Abschnittsbesteuerung

Die Einkommensteuer ist als Jahressteuer ausgestaltet (§ 2 Abs. 7 Satz 1 EStG) und trägt somit dem Prinzip der Abschnittsbesteuerung Rechnung. Gem. § 2 Abs. 7 Satz 2 EStG sind die Grundlagen für ihre Festsetzung jeweils für ein Kalenderjahr zu ermitteln. Außerhalb des Besteuerungszeitraums liegende Besteuerungsmerkmale bleiben bei der Ermittlung des zu versteuernden Einkommens grundsätzlich unberücksichtigt. Eine Ausnahme davon bilden bspw. der nach § 10d EStG zulässige Verlustvor- oder Verlustrücktrag.

Es ist grundsätzlich zwischen dem Veranlagungszeitraum und dem Ermittlungszeitraum zu differenzieren:

- **Veranlagungszeitraum:** Dies ist der Zeitraum, für den die Steuer festgesetzt wird. Bei der Einkommensteuer ist dieser Zeitraum stets das Kalenderjahr (§ 25 Abs. 1 EStG). Das Einkommen, das der Steuerpflichtige innerhalb eines Kalenderjahres bezogen hat, ist der Einkommensteuer zugrunde zu legen.
- **Ermittlungszeitraum:** Dies ist der Zeitraum, innerhalb dessen die Besteuerungsgrundlagen ermittelt werden (§ 2 Abs. 7 Satz 2 EStG). Die Grenzen des Ermittlungszeitraums werden durch die bilanzsteuerlichen Gewinnrealisierungsgrundsätze oder das Zufluss-Abfluss-Prinzip gezogen.

Beispiel:
Der Steuerpflichtige Franz erhält die Telefonrechnung für den Monat Dezember des Jahres 2017 am 15.01.2018 und bezahlt sie sofort per Banküberweisung. Das Geld wird am 17.01.2018 von seinem Konto abgebucht. Fraglich ist nun, welchem Monat die Telefonaufwendungen zuzurechnen sind. Das Prinzip der zeitlichen Zuordnung der Einnahmen bzw. Ausgaben ist davon abhängig, ob Gewinn- oder Überschusseinkünfte vorliegen. Demnach ist zwischen dem Zufluss-Abfluss-Prinzip einerseits und dem Realisationsprinzip andererseits zu differenzieren.

Realisationsprinzip bei Gewinneinkunftsarten

Die Ermittlung des Gewinns erfolgt bei den betrieblichen Einkunftsarten grundsätzlich durch den Betriebsvermögensvergleich. Dabei gilt das Realisationsprinzip (Prinzip der wirtschaftlichen Zurechnung). Das Realisationsprinzip besagt, dass die Gewinne bei dem Steuerpflichtigen in dem Jahr als erwirtschaftet gelten, in dem diese nach den steuerbilanziellen Grundsätzen realisiert wurden.

Zufluss-Abfluss-Prinzip bei Überschusseinkunftsarten

Für Überschusseinkünfte findet hingegen das Zufluss-Abfluss-Prinzip Anwendung. Beim Zufluss-Abfluss-Prinzip gelten die Einnahmen als in dem Kalenderjahr bezogen, in dem sie dem Steuerpflichtigen zugeflossen sind (§ 11 Abs. 1 Satz 1 EStG). Die Ausgaben sind für das Kalenderjahr anzusetzen, in dem sie geleistet wurden (§ 11 Abs. 2 Satz 1 EStG). Eine Ausnahme besteht jedoch bei regelmäßig wiederkehrenden Einnahmen und Ausgaben, die kurze Zeit – bis zu 10 Tage – vor Beginn oder nach Beendi-

Tabelle 7: Realisations- vs. Zufluss-Abfluss-Prinzip

	Realisationsprinzip	Zufluss-Abfluss-Prinzip
Anwendung	Gewinneinkünfte, bei denen der Gewinn durch Betriebsvermögensvergleich ermittelt wird (§§ 4 Abs. 1, 5 EStG)	Überschusseinkünfte, Sonderausgaben, außergewöhnliche Belastungen, Einnahmen-Überschuss-Rechnung (§ 4 Abs. 3 EStG)
Jahr der Zurechnung	Jahr der bilanziellen Realisation der Gewinne	Kalenderjahr (§ 11 EStG)
Ausnahmen		Regelmäßig wiederkehrende Einnahmen und Ausgaben (§ 11 Abs. 1 Satz 2, Abs. 2 Satz 2 EStG)

gung des Kalenderjahres, zu dem sie wirtschaftlich gehören, anfallen; diese sind dann dem Kalenderjahr zuzurechnen, zu dem sie wirtschaftlich gehören (§ 11 Abs. 1 Satz 2 und Abs. 2 Satz 2 EStG, H 11 „Allgemeines“ EStR).

Fortsetzung des Beispiels:

- *Gewinneinkünfte:* Nach den bilanzsteuerrechtlichen Gewinnrealisierungsgrundsätzen ist der Aufwand dem Monat zuzuordnen, in dem er entstanden ist bzw. dem er wirtschaftlich zuzurechnen ist. Dies wäre der Monat Dezember 2017, da in diesem Monat die Anrufe getätigt worden sind.
- *Überschusseinkünfte:* Nach dem Zufluss-Abfluss-Prinzip ist die wirtschaftliche Zugehörigkeit grundsätzlich irrelevant; entscheidend ist vielmehr der Zeitpunkt des Abflusses der liquiden Mittel. Wenn Franz nicht bilanziert, wäre der Aufwand demnach dem Monat Januar 2018 zuzurechnen und somit steuerlich ein Jahr später als nach den bilanzrechtlichen Grundsätzen zu berücksichtigen.

2.1.5.2 Wirtschaftsjahr

Gewinnermittlungszeitraum = Wirtschaftsjahr

Die Ermittlung der Einkünfte erfolgt bei den betrieblichen Einkunftsarten für das Wirtschaftsjahr. Der Gewinnermittlungszeitraum wird im Handelsrecht als Geschäftsjahr (§ 240 Abs. 2 HGB), im Steuerrecht (§ 4a Abs. 1 Satz 1 EStG) hingegen als Wirtschaftsjahr bezeichnet. Das Wirtschaftsjahr umfasst grundsätzlich ei-

Merke

Bei den Überschusseinkünften und bei Gewerbetreibenden, die ihren Gewinn nach § 4 Abs. 3 EStG ermitteln, stimmt das Wirtschaftsjahr zwingend mit dem Kalenderjahr überein (§ 4a Abs. 1 Nr. 3 EStG).

nen Zeitraum von 12 Monaten und deckt sich i.d.R. mit dem Kalenderjahr.

Die Gewerbetreibenden, deren Firma im Handelsregister eingetragen ist, können ein abweichendes Wirtschaftsjahr haben. Der Gewinn gilt als in dem Kalenderjahr erwirtschaftet, in dem das Wirtschaftsjahr **endet** (§ 4a Abs. 2 Nr. 2 EStG). Umfasst das Wirtschaftsjahr weniger als 12 Monate, spricht man von einem Rumpfwirtschaftsjahr. Ein Rumpfwirtschaftsjahr entsteht dann, wenn ein Betrieb während des Wirtschaftsjahres eröffnet, erworben, veräußert oder aufgegeben wird oder aber beim Wechsel des Gewinnermittlungszeitraums von einem Kalenderjahr auf ein abweichendes Wirtschaftsjahr und umgekehrt. Da dieser Wechsel steuerpolitisch entsprechend genutzt werden kann, ist die Umstellung des Wirtschaftsjahres auf einen vom Kalenderjahr abweichenden Zeitraum steuerlich nur dann wirksam, wenn sie im Einvernehmen mit dem Finanzamt vorgenommen wird (§ 4a Abs. 1 Satz 2 Nr. 2 EStG).

Merke

Möglichkeiten für abweichende Wirtschaftsjahre:
- **Land- und Forstwirte: Wirtschaftsjahr (= Erntejahr) dauert i.d.R. vom 01.07. bis 30.06. des darauffolgenden Jahres.**
- **Gewerbetreibende, die im Handelsregister eingetragen sind, können kalenderjahrgleiche oder -abweichende Wirtschaftsjahre haben.**

Beispiel:
Das Wirtschaftsjahr der im Handelsregister eingetragenen Anton-GmbH beginnt am 01.04. eines Jahres und endet am 31.03. des darauf folgenden Jahres. Im Wirtschaftsjahr 2017/2018 betrug der von der Anton-GmbH erzielte Gewinn 120.000 €.
Der von der Anton-GmbH erzielte Gewinn i.H.v. 120.000 € gilt gem. § 4a Abs. 2 Nr. 2 EStG als in demjenigen Kalenderjahr erwirtschaftet, in dem das Wirtschaftsjahr endet. Das Wirtschaftsjahr der Anton-GmbH endet in 2018, d.h. sie muss den Gewinn im Jahr 2018 versteuern.

Zusammenfassung

- Nur natürliche Personen können zur Entrichtung der Einkommensteuer herangezogen werden.
- Von der unbeschränkten Steuerpflicht wird das Welteinkommen erfasst, während bei der beschränkten Steuerpflicht nur die Inlandseinkünfte besteuert werden.
- Das EStG unterscheidet sieben Einkunftsarten. Einkünfte, die sich in keine Einkunftsart einordnen lassen, unterliegen nicht der Einkommensteuer.
- Es ist zwischen den steuerfreien und den steuerpflichtigen Einnahmen sowie zwischen den abzugsfähigen und den nicht abzugsfähigen Ausgaben zu unterscheiden.
- Das Prinzip der zeitlichen Zuordnung der Einnahmen bzw. Ausgaben ist davon abhängig, ob Gewinn- oder Überschusseinkünfte vorliegen. Demnach ist zwischen dem Realisationsprinzip und dem Zufluss-Abfluss-Prinzip zu differenzieren.
- Bei Gewerbetreibenden kann – muss aber nicht – das Wirtschaftsjahr vom Kalenderjahr abweichen.

Fragen

1. Wer ist in Deutschland unbeschränkt steuerpflichtig, und welche Folgen zieht die unbeschränkte Steuerpflicht nach sich?
2. Wie werden die Begriffe „Inland“, „Wohnsitz“ und „gewöhnlicher Aufenthalt“ definiert, und in welchen Normen sind sie jeweils geregelt?
3. Wer ist beschränkt steuerpflichtig, und welche Folgen resultieren daraus?
4. Weshalb kann es zu einer Doppelbesteuerung kommen und wie kann dieses Problem gelöst werden?
5. Wie wird das zu versteuernde Einkommen ermittelt und welche §§ regeln den Ermittlungsvorgang?
6. Was ist der Unterschied zwischen der tariflichen und der festzusetzenden Einkommensteuer?
7. Welche Systematisierungskriterien gibt es für die Einteilung der sieben Einkunftsarten? Welche Bezeichnungen werden dafür jeweils verwendet?
8. Welche Einnahmen und Ausgaben sind zu unterscheiden?
9. Nennen Sie Beispiele für nicht abzugsfähige Betriebsausgaben. Warum wurde die Abzugsfähigkeit vom Gesetzgeber eingeschränkt?
10. Weshalb dürfen Aufwendungen der privaten Lebensführung nicht geltend gemacht werden? Gibt es Ausnahmen?
11. Was besagen das Zufluss-Abfluss-Prinzip und das Realisationsprinzip, und von welchen Steuerpflichtigen sind sie jeweils zu beachten?
12. Was versteht man unter dem Veranlagungszeitraum, Ermittlungszeitraum und Wirtschaftsjahr?

13. „Das Wirtschaftsjahr stimmt mit dem Kalenderjahr überein." Stimmt diese Aussage? Wenn nein, begründen Sie Ihre Antwort.

Literatur

Gernot Brähler, Internationales Steuerrecht, Wiesbaden, 8. Aufl. 2014, S. 9–102.

Dietrich Grashoff, Florian Kleinmanns, Aktuelles Steuerrecht 2017, München, 13. Aufl. 2017, S. 17–30.

Wolfgang Jakob, Einkommensteuer, München, 4. Aufl. 2008, S. 24–72.

Dieter Schneeloch, Stephan Meyering, Guido Patek, Betriebswirtschaftliche Steuerlehre, Bd. 1: Grundlagen der Besteuerung, Ertragsteuern, München, 7. Aufl. 2016, S. 43–56.

Klaus Tipke, Joachim Lang, Steuerrecht, Köln, 22. Aufl. 2015, S. 283–300.

2.2 | Die Ermittlung des zu versteuernden Einkommens

Die Ermittlung des zu versteuernden Einkommens folgt dem oben dargestellten und in § 2 EStG kodifizierten Grundschema. Danach unterliegen der Einkommensteuer gem. § 2 Abs. 1 Satz 1 EStG die sieben bereits kurz vorgestellten Einkunftsarten. Die Einteilung der Einkunftsarten in Gewinneinkunftsarten und Überschusseinkunftsarten spiegelt nicht nur die ihnen zugrunde liegenden Einkommenstheorien wider, sondern bestimmt auch die Art der Ermittlung der in das zu versteuernde Einkommen einfließenden Einkünfte. Bevor die einzelnen sieben Einkunftsarten ausführlicher erläutert werden, sollen daher im folgenden Kapitel die für die einzelnen Einkünfte geltenden Einkunftsermittlungsarten veranschaulicht werden.

2.2.1 | Ermittlung der Einkünfte

2.2.1.1 Überblick über die Einkunftsermittlungsarten

Nach § 2 Abs. 1 und 2 EStG sind die Einkünfte der ersten drei Einkunftsarten der Gewinn und die Einkünfte aus den restlichen

Abb. 19:
Methoden der Einkunftsermittlung

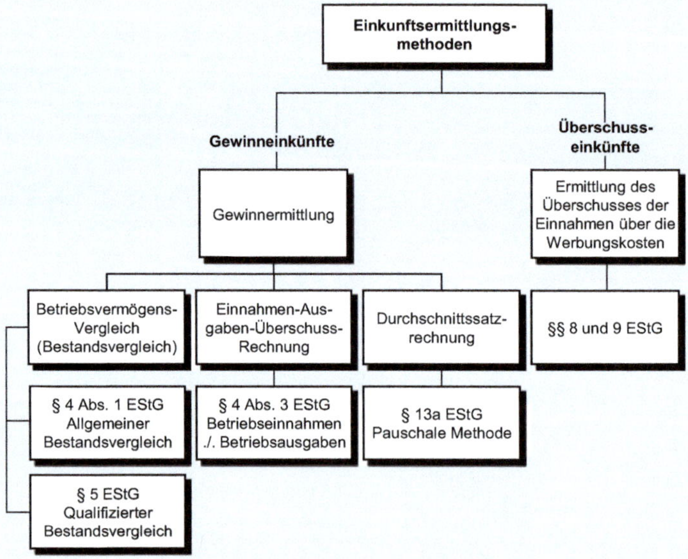

vier Einkunftsarten der Überschuss der Einnahmen über die Werbungskosten. Während die Ermittlung des Überschusses für alle vier Überschusseinkunftsarten einheitlich durch den Abzug der Ausgaben i.S.d. § 9 EStG von den Einnahmen i.S.d. § 8 EStG erfolgt, kann der Gewinn der Gewinneinkunftsarten auf drei Arten – durch den Betriebsvermögensvergleich, mittels der Einnahmen-Überschuss-Rechnung und für Land- und Forstwirte auch auf Basis der Durchschnittssatzrechnung – ermittelt werden.

2.2.1.2 Gewinnermittlung

a) Die Gewinnermittlungsmethoden

❑ **Betriebsvermögensvergleich gem. § 4 Abs. 1, § 5 EStG**

Gewinnbegriff des § 4 Abs. 1 Satz 1 EStG

Die bedeutendste und genaueste Methode der Gewinnermittlung ist der sog. Betriebsvermögensvergleich. Ihren Namen generiert diese Gewinnermittlungsmethode aus der Vorgehensweise bei der Ermittlung des Gewinns. Hierbei wird, wie in § 4 Abs. 1 Satz 1 EStG kodifiziert, der Gewinn als „*Unterschiedsbetrag zwischen dem Betriebsvermögen am Schluss des Wirtschaftsjahres und dem Betriebsvermögen am Schluss des vorangegangenen Wirtschaftsjahres, vermehrt um den Wert der Entnahmen und vermindert um den Wert der Einlagen*“ errechnet:

	Betriebsvermögen am Schluss des Wirtschaftsjahres
./.	Betriebsvermögen am Schluss des vorangegangenen Wirtschaftsjahres
+	Entnahmen
./.	Einlagen
=	Gewinn

Entnahmen

Die korrekte Erfassung des Gewinns verlangt die strikte Trennung der betrieblichen von der privaten Sphäre des Steuerpflichtigen. Aus diesem Grund dürfen **Entnahmen** aus dem Betriebsvermögen den steuerlichen Gewinn nicht mindern und dementsprechend Einlagen den Gewinn nicht erhöhen.

Gem. § 4 Abs. 1 Satz 2 EStG gilt: „*Entnahmen sind alle Wirtschaftsgüter (Barentnahmen, Waren, Erzeugnisse, Nutzungen und Leistungen), die der Steuerpflichtige dem Betrieb für sich, für seinen Haushalt oder für andere betriebsfremde Zwecke im Laufe des Wirtschaftsjahres entnommen hat.*“ Die Entnahmen werden folgendermaßen bewertet:

- Bei der Entnahme von **liquiden Mitteln** wird der Nominalwert angesetzt, sodass sich keine Bewertungsprobleme ergeben.
- **Sachentnahmen**, d.h. Entnahmen von Wirtschaftsgütern sowohl des Anlage- als auch des Umlaufvermögens, sind mit dem Teilwert anzusetzen (§ 6 Abs. 1 Nr. 4 EStG). Der Teilwert entspricht im Regelfall dem Verkehrswert oder dem Marktpreis.
- Eine **Aufwandsentnahme** erfolgt durch die betriebsfremde Nutzung betrieblicher Wirtschaftsgüter oder durch die Inanspruchnahme von betrieblichen Leistungen zu betriebsfremden Zwecken. Als Entnahmewert werden die anteiligen, auf die betriebsfremde Nutzungs- oder Leistungsinanspruchnahme entfallenden Betriebsausgaben angesetzt. Die Aufwendungen werden also insoweit neutralisiert, als sie nicht für betriebliche Zwecke angefallen sind. Es kann daher zu keiner Gewinnrealisierung kommen. Besondere Regelungen bestehen hinsichtlich der privaten Nutzung eines betrieblichen Kfz (§ 6 Abs. 1 Nr. 4 Satz 2 EStG).

Die eigene Arbeitskraft kann nicht entnommen werden. Erbringt der Steuerpflichtige persönlich für private Zwecke berufliche Leistungen, liegt keine Aufwandsentnahme vor.

Einlagen

Einlagen sind gem. § 4 Abs. 1 Satz 8 EStG *„alle Wirtschaftsgüter (Bareinzahlungen und sonstige Wirtschaftsgüter), die der Steuerpflichtige dem Betrieb im Laufe des Wirtschaftsjahres zugeführt hat“*. Analog zu den Entnahmen sind Bareinlagen, Sacheinlagen und Aufwandseinlagen zu unterscheiden.

- Eine **Bareinlage** liegt dann vor, wenn der Steuerpflichtige sein Unternehmen mit zusätzlichen liquiden Mitteln ausstattet. Bewertungsprobleme ergeben sich hierbei nicht, da diese mit dem Nominalwert angesetzt werden.
- **Sacheinlagen** liegen dann vor, wenn dem Betrieb sonstige Wirtschaftsgüter zugeführt werden. Grundsätzlich erfolgt die Bewertung zum Teilwert (§ 6 Abs. 1 Nr. 5 Satz 1 EStG). Damit soll verhindert werden, dass Wertsteigerungen im Privatvermögen, die nicht steuerbar sind, steuerpflichtig werden. Durch den Teilwertansatz werden steuerlich nur solche Wertveränderungen berücksichtigt, die sich während der Zeit der Zugehörigkeit zum Betriebsvermögen ergeben.

- Abweichend hiervon sind Einlagen **höchstens** mit den Anschaffungs- oder Herstellungskosten zu bewerten, wenn
  - das eingelegte Wirtschaftsgut innerhalb der letzten drei Jahre angeschafft oder hergestellt wurde (§ 6 Abs. 1 Nr. 5 Satz 1 Bst. a EStG),
  - das zugeführte Wirtschaftsgut eine mindestens 1 %-ige Beteiligung an einer Kapitalgesellschaft i. S. d. § 17 Abs. 1 Satz 1 EStG darstellt (§ 6 Abs. 1 Nr. 5 Satz 1 Bst. b EStG), oder
  - Wertpapiere i. S. d. § 20 Abs. 2 EStG betroffen sind (§ 6 Abs. 1 Nr. 5 Satz 1 Bst. c EStG).

Beispiel:
Gustav erwirbt im Jahr 2016 A-Aktien im Wert von 8.000 € und B-Aktien im Wert von 20.000 €. Diese legt er 2018 in sein Betriebsvermögen ein. Der Teilwert zum Zeitpunkt der Einlage beträgt bei den A-Aktien 6.000 € und bei den B-Aktien 25.000 €.
Die A-Aktien sind mit dem Teilwert von 6.000 € zu bewerten, da dieser geringer ist als die Anschaffungskosten. Die B-Aktien müssen hingegen mit den Anschaffungskosten in Höhe von 20.000 € angesetzt werden. Bei einer späteren Veräußerung müsste Gustav die im Privatvermögen entstandenen Wertsteigerungen versteuern.

Bei der Einlage von abnutzbaren Wirtschaftsgütern sind die Anschaffungs- oder Herstellungskosten um die Absetzung für Abnutzung zu kürzen (§ 6 Abs. 1 Nr. 5 Satz 2 EStG).

- Durch **Aufwandseinlagen** werden betrieblich veranlasste Aufwendungen berücksichtigt, die der Steuerpflichtige privat oder über einen anderen ihm gehörenden Betrieb getragen hat. Es dürfen nur die tatsächlich vom Steuerpflichtigen getragenen Aufwendungen berücksichtigt werden.

Merke

Das deutsche Einkommensteuerrecht unterscheidet zwischen dem
- **Betriebsvermögensvergleich i. S. d. § 4 Abs. 1 EStG und**
- **dem Betriebsvermögensvergleich i. S. d. § 5 EStG.**

Für beide gilt aber die Gewinndefinition des § 4 Abs. 1 EStG.

Pflicht zur doppelten Buchführung

Sowohl § 4 Abs. 1 EStG als auch § 5 EStG setzen die Pflicht zur doppelten Buchführung (Bilanz sowie Gewinn- und Verlustrechnung) voraus. Sie unterscheiden sich durch den adressierten Personenkreis und die rechtlichen Grundlagen, aus denen sie sich ableiten.

Die Pflicht zur Buchführung wird in den §§ 140 und 141 AO geregelt.

Derivative steuerliche Buchführungspflicht (§ 140 AO)

§ 140 AO normiert: „*Wer nach anderen Gesetzen als den Steuergesetzen Bücher und Aufzeichnungen zu führen hat, die für die Besteuerung von Bedeutung sind, hat die Verpflichtungen, die ihm nach den anderen Gesetzen obliegen, auch für die Besteuerung zu erfüllen.*“

Ein solches „anderes Gesetz als die Steuergesetze“ ist das Handelsgesetzbuch, in dem die handelsrechtliche Buchführungspflicht für Kaufleute geregelt ist. Der Ausgangspunkt der handelsrechtlichen Buchführungspflicht ist § 238 Abs. 1 Satz 1 HGB: „*Jeder Kaufmann ist verpflichtet, Bücher zu führen und in diesen seine Handelsgeschäfte und die Lage seines Vermögens nach den Grundsätzen ordnungsmäßiger Buchführung ersichtlich zu machen.*“

Durch das Zusammenspiel des § 238 Abs. 1 Satz 1 HGB, der die handelsrechtliche Buchführungspflicht kodifiziert, mit § 140 AO, der an diese Buchführungspflicht für steuerliche Zwecke anknüpft, ergibt sich, dass jeder, der nach dem HGB buchführungspflichtig ist, auch steuerrechtlich zur Buchführung verpflichtet ist. Das Steuerrecht leitet in diesem Fall seine Buchführungspflicht aus dem HGB ab. Aus diesem Grunde wird die Bestimmung in § 140 AO auch als sog. **derivative steuerliche Buchführungspflicht** bezeichnet.

Merke

Derivativ steuerlich buchführungspflichtig ist, wer typischerweise nach dem HGB schon buchführungspflichtig ist.

Für kleine Einzelkaufleute ist die Verknüpfung zwischen der Kaufmannseigenschaft und der handelsrechtlichen Buchführungs- und Bilanzierungspflicht teilweise aufgehoben; unter den Voraussetzungen des § 241a HGB können sie von den Pflichten gem. §§ 238 bis 241 HGB befreit werden. Einzelkaufleute, die in zwei aufeinanderfolgenden Geschäftsjahren kumulativ nicht mehr als 600.000 € Umsatzerlöse und 60.000 € Jahresüberschuss, sog. Schwellenwerte, aufweisen, können die Befreiung in Anspruch nehmen. Bei der Neugründung eines Unternehmens greift die Befreiung von der handelsrechtlichen Buchführungspflicht bereits bei der Unterschreitung der Schwellenwerte am ersten Abschlussstichtag. Die Werte des § 241a HGB wurden bewusst an § 141 AO angenähert, der hinsichtlich der Buchführungspflicht für gewerbliche Unternehmer und Landwirte entsprechende Merkmale für Umsatz und Gewinn vorsieht.

Originäre steuerliche Buchführungspflicht (§ 141 AO)

Um den verfassungsmäßigen Auftrag der Gleichmäßigkeit der Besteuerung zu garantieren, normiert § 141 AO eine **originäre steuerliche Buchführungspflicht**. Zu diesem Zweck werden in § 141 AO Größenkriterien angeführt, bei deren Überschreitung ebenfalls die Buchführungspflicht eintritt. Unter § 141 AO fallen Landwirte und Gewerbetreibende, die nicht schon nach § 238 HGB zur Buchführung verpflichtet sind. Selbständige i.S.d. § 18 EStG haben insofern eine Sonderstellung inne, als dass sie trotz betrieblicher Einkunftsart steuerlich weder nach § 140 noch nach § 141 AO zur Buchführung verpflichtet sind.

Merke

Originär steuerlich buchführungspflichtig ist, wer nicht derivativ buchführungspflichtig ist, aber die (Größen-)Kriterien des § 141 AO überschreitet.

Anwendungsbereich des Betriebsvermögensvergleichs

§ 5 EStG wendet sich ausschließlich an Gewerbetreibende, die aufgrund gesetzlicher Vorschriften (§§ 140 und 141 AO) oder freiwillig Bücher führen. Der Betriebsvermögensvergleich nach § 5 EStG wird auch als **qualifizierter Bestandsvergleich** bezeichnet, da über die steuerlichen Gewinnermittlungsvorschriften §§ 4–7i EStG hinaus die handelsrechtlichen Grundsätze ordnungsmäßiger Buchführung, insbesondere §§ 238 ff. HGB, beachtet werden müssen. Dabei sind gem. § 5 Abs. 1 Satz 1 EStG die GoB grundsätzlich anzuwenden, sofern dem keine zwingenden steuerlichen Vorschriften entgegenstehen (**Maßgeblichkeit der Handelsbilanz für die Steuerbilanz – Maßgeblichkeitsprinzip**). Diese Regelung gilt auch dann, wenn Gewerbetreibende aufgrund des HGB nicht zur Buchführung verpflichtet sind.

Für Steuerpflichtige, die nicht als Gewerbetreibende Bücher führen, gilt nicht § 5 EStG, sondern § 4 Abs. 1 EStG (allgemeiner Bestandsvergleich). Obwohl kein ausdrücklicher Hinweis auf die Anwendung der einschlägigen handelsrechtlichen Vorschriften, §§ 238, 240 bis 242 Abs. 1 HGB sowie §§ 243 bis 256 HGB, besteht, sind diese beim Bestandsvergleich nach § 4 Abs. 1 EStG anzuwenden. Der Maßgeblichkeitsgrundsatz ist jedoch nicht zu beachten. Von § 4 Abs. 1 EStG werden Selbständige i. S. d. § 18 EStG, die freiwillig Bücher führen, sowie Land- und Forstwirte erfasst.

Maßgeblichkeitsgrundsatz

Jedoch wurde das Maßgeblichkeitsprinzip nach § 5 Abs. 1 Satz 1 Hs. 2 EStG modifiziert, um für steuerliche Zwecke vom Handelsrecht abweichende Wertansätze berücksichtigen zu können. Demnach ist bei Gewerbetreibenden, die aufgrund gesetzlicher

Vorschriften verpflichtet sind, Bücher zu führen und regelmäßig Abschlüsse zu machen, für den Schluss des Wirtschaftsjahres das Betriebsvermögen anzusetzen, das nach den handelsrechtlichen Grundsätzen ordnungsmäßiger Buchführung auszuweisen ist, es sei denn, im Rahmen der Ausübung eines steuerlichen Wahlrechts wird oder wurde ein anderer Ansatz gewählt. Das Maßgeblichkeitsprinzip bezieht sich damit nur noch insoweit auf handelsrechtliche Aktivierungs- und Passivierungsgebote, als steuerrechtlich keine Ansatz- oder Bewertungsvorbehalte (§ 5 Abs. 6 EStG) bestehen. Hierbei kann es sich auch um steuerrechtliche Wahlrechte handeln, die nunmehr ungeachtet handelsrechtlicher Vorgaben ausgeübt werden dürfen. Eine Ausnahme existiert diesbezüglich gem. § 6 Abs. 1 Nr. 1b EStG im Zusammenhang mit der Berechnung der Herstellungskosten. Angemessene Teile der Kosten für die allgemeine Verwaltung sowie angemessene Aufwendungen für soziale Einrichtungen des Betriebs, für freiwillige soziale Leistungen und für die betriebliche Altersversorgung i.S.d. § 255 Abs. 2 Satz 3 HGB brauchen bei der Berechnung der Herstellungskosten nicht einbezogen zu werden, wenn dieses Wahlrecht in Übereinstimmung zur Handelsbilanz ausgeübt wird.

Beispiel:
Gem. § 6 Abs. 1 Nr. 2 Satz 2 EStG kann bei Wirtschaftsgütern des Umlaufvermögens der niedrigere Teilwert bei voraussichtlich dauernder Wertminderung angesetzt werden. Handelsrechtlich besteht in diesem Fall aufgrund des strengen Niederstwertprinzips gem. § 253 Abs. 4 HGB eine Abwertungspflicht. Im Geltungsbereich des Maßgeblichkeitsprinzips ergab sich daher auch steuerrechtlich eine Abwertungspflicht. Durch die Modifikation des Maßgeblichkeitsgrundsatzes besteht ein tatsächliches steuerrechtliches Wahlrecht, die Teilwertabschreibung vorzunehmen oder auf sie zu verzichten.

Die derivative steuerliche Buchführungspflicht gem. § 140 AO trifft für Selbständige i.S.d § 18 EStG nicht zu, da diese keine Kaufleute sind und daher das Handelsrecht für sie nicht anwendbar ist. Die originäre steuerliche Buchführungspflicht gem. § 141 AO findet ebenfalls keine Anwendung, da auch § 141 Abs. 1 Satz 1 AO nur für „gewerbliche Unternehmer" sowie Land- und Forstwirte Pflichten begründet. Für steuerliche Zwecke können Freiberufler sich **freiwillig** für das Führen von Büchern und damit für den Betriebsvermögensvergleich gem. § 4 Abs. 1 EStG entscheiden. Die Gewinnermittlung nach § 5 Abs. 1 EStG ist jedoch ausgeschlossen, da diese nur von Gewerbetreibenden i. S. d. § 15 Abs. 1 EStG vorzunehmen ist.

Da aber der Betriebsvermögensvergleich – auch derjenige nach § 4 Abs. 1 EStG – mit einem nicht unerheblichen Aufwand verbunden ist, der detaillierte buchungstechnische Kenntnisse erfordert, wenden Selbständige i. S. d. § 18 EStG und Gewerbetreibende, die gesetzlich nicht zur Buchführung verpflichtet sind, regelmäßig die nachfolgend erläuterte vereinfachte Gewinnermittlung nach **§ 4 Abs. 3 EStG** (= Einnahmen-Überschuss-Rechnung) an.

❑ Gewinnermittlung nach § 4 Abs. 3 EStG (Einnahmen-Überschuss-Rechnung)

Gewinnbegriff des § 4 Abs. 3 EStG

Die Gewinnermittlung nach § 4 Abs. 3 EStG (auch als § 4 Abs. 3-Rechnung oder Einnahmen-Überschuss-Rechnung bezeichnet) wird von

- Kleingewerbetreibenden (die weder handels- noch steuerrechtlich zur Buchführung verpflichtet sind und die auch nicht freiwillig Bücher führen) sowie von
- Selbständigen i. S. d. § 18 EStG (die nicht freiwillig Bücher führen) angewandt.

Im Unterschied zum Realisationsprinzip, das für die Gewinnermittlung durch Betriebsvermögensvergleich gilt, fußt die Einnahmen-Ausgaben-Rechnung auf dem Zufluss-Abfluss-Prinzip. Dabei werden die Betriebseinnahmen den Betriebsausgaben gegenüber gestellt und zwar im Zeitpunkt ihres Zu- oder Abflusses. Trotz dieser im Vergleich zur Bilanzierung vereinfachten Gewinnermittlung führt die Einnahmen-Überschuss-Rechnung über die gesamte Lebensdauer des Unternehmens zum gleichen Totalgewinn. Hinsichtlich der periodengerechten Gewinnabgrenzung können sich zwischen den einzelnen Perioden aber Differenzen im Vergleich der Gewinnermittlung nach § 4 Abs. 3 EStG und der Gewinnermittlung durch Betriebsvermögensvergleich (§§ 4 Abs. 1 und 5 EStG) ergeben, die sich spätestens bei Betriebsveräußerung oder -aufgabe (zwingender Übergang zur Bilanzierung) aufheben.

Abweichungen vom Zufluss-Abfluss-Prinzip

Abweichungen vom Zufluss-Abfluss-Prinzip ergeben sich bei:

- durchlaufenden Posten: Betriebseinnahmen und Betriebsausgaben, die im Namen und für Rechnung eines Dritten einbehalten und ausgezahlt werden, berühren die Gewinnermittlung nicht.

Beispiel:
Der Fahrlehrer Max vereinnahmt die TÜV-Prüfungsgebühr von seinem Fahrschüler Franz und leitet sie an den TÜV weiter. Da es sich lediglich um einen durchlaufenden Posten handelt, stellt die Einnahme der Gebühr keinen Ertrag und die Auszahlung der Gebühr an den TÜV keine Betriebsausgabe dar.

- Anschaffungskosten abnutzbarer Wirtschaftsgüter des Anlagevermögens (§ 4 Abs. 3 Satz 3 EStG): Die Anschaffungskosten von abnutzbaren Wirtschaftsgütern des Anlagevermögens wirken sich nur in Form jährlicher Abschreibungen Gewinn mindernd aus. Bei der Veräußerung solcher Wirtschaftsgüter ist der Restbuchwert als Betriebsausgabe abzusetzen.
- Anschaffungskosten nicht abnutzbarer Wirtschaftsgüter des Anlagevermögens (§ 4 Abs. 3 Satz 4 EStG): Erst im Veräußerungszeitpunkt werden die Anschaffungskosten als Betriebsausgaben berücksichtigt.
- Darlehen: Die Darlehensaufnahme/-gewährung ist weder als Betriebseinnahme noch als Betriebsausgabe zu erfassen, da es sich um keine erfolgswirksamen Zahlungen handelt. Gleiches gilt entsprechend für Darlehenstilgungen. Zinszahlungen sind dagegen Betriebsausgaben.
- Regelmäßig wiederkehrende Einnahmen und Ausgaben (§ 11 Abs. 1 Satz 2 und Abs. 2 Satz 2 EStG): Diese gelten als zu dem Kalenderjahr der wirtschaftlichen Verursachung gehörig, wenn sie innerhalb von bis zu 10 Tagen vor oder nach diesem Kalenderjahr zu- bzw. abgeflossen sind (H 11 „kurze Zeit“ EStR).

Merke

Bei der Einnahmen-Überschuss-Rechnung gilt das Zufluss-Abfluss-Prinzip des § 11 EStG. Sie kann von den folgenden Personengruppen angewandt werden:
- **Kleingewerbetreibenden,**
- **Selbständigen i. S. d. § 18 EStG, die nicht freiwillig Bücher führen,**
- **Landwirte, deren Betrieb die Größengrenzen des § 13a EStG überschreitet oder die freiwillig Betriebseinnahmen und -ausgaben aufzeichnen.**

Beispiel:
Mietaufwendungen für den Monat Dezember 2017, die erst am 01.01.2018 abfließen und somit eigentlich das Jahr des Abflusses, d. h.

2018, belasten sollten, gehören als wiederkehrende Ausgaben trotzdem zum Jahr 2017.

Der Vorteil der Gewinnermittlung nach § 4 Abs. 3 EStG besteht in der erleichterten buchungstechnischen Handhabung und der Möglichkeit, Gewinnbeeinflussungen durch die geschickte Wahl des Zahlungszeitpunkts vornehmen zu können.

❑ **Gewinnermittlung nach Durchschnittssätzen gem. § 13a EStG**

Land- und Forstwirte

Die hier nur der Vollständigkeit halber erwähnte Gewinnermittlung nach § 13a EStG ist ein pauschales Verfahren zur Schätzung des Gewinns bei Land- und Forstwirten in Abhängigkeit vom Hektarwert der landwirtschaftlichen Nutzung. Diese Gewinnermittlungsart führt zu einer Vereinfachung der Gewinnberechnung und begünstigt die Land- und Forstwirtschaft durch eine i. d. R. zu niedrige Bewertung.

Grundsätzlich wenden Land- und Forstwirte die Gewinnermittlung nach Durchschnittssätzen gem. § 13a EStG an. Werden die in § 13a Abs. 1 EStG genannten Grenzen überschritten, besteht jedoch die Notwendigkeit der Gewinnermittlung nach § 4 Abs. 1 EStG oder § 4 Abs. 3 EStG. Da Land- und Forstwirte keinen Gewerbebetrieb i. S. d. § 15 Abs. 1 EStG unterhalten, kommt die Gewinnermittlung nach § 5 Abs. 1 EStG nicht infrage.

b) Anwendungsbereiche der Gewinnermittlungsmethoden

Nicht jede der drei Gewinnermittlungsmethoden steht somit jedem Unternehmer offen. Werden sämtliche die Art der Gewinnermittlung bestimmenden handels- und steuerrechtlichen Vorschriften zusammengefasst, ergibt sich das Grundschema auf S. 80 oben.

2.2.1.3 Ermittlung der Überschusseinkünfte

Einkünfte = Einnahmen ./. Werbungskosten

Die Überschuss- bzw. Haushaltseinkünfte ermitteln sich als Überschuss der Einnahmen über die Werbungskosten:

	Einnahmen
./.	Werbungskosten
=	Einkünfte

Tabelle 8: Methoden der Gewinnermittlung

		Gewinnermittlungsmethoden			
		§ 4 Abs. 1 EStG	§ 5 EStG	§ 4 Abs. 3 EStG	§ 13a EStG
Anwender	Gewerbetreibende	nie	handelsrechtl. buchführungspfl. § 140 AO steuerrechtl. buchführungspfl. § 141 AO freiwillig buchführend	wenn nicht § 5 EStG	nie
	Selbständige	freiwillig buchführend	nie	wenn nicht § 4 Abs. 1 EStG	nie
	Landwirte	handelsrechtl. buchführungspfl. § 140 AO steuerrechtl. buchführungspfl. § 141 AO	nie	Betriebsgröße überschreitet die Grenzen des § 13a Abs. 1 EStG freiwillig Betriebsausgaben und -einnahmen aufzeichnend	wenn nicht § 4 Abs. 1 EStG und nicht § 4 Abs. 3 EStG

Gem. § 8 Abs. 1 EStG gilt: „*Einnahmen sind alle Güter, die in Geld oder Geldeswert bestehen und dem Steuerpflichtigen im Rahmen einer der Einkunftsarten des § 2 Abs. 1 Satz 1 Nr. 4 bis 7 EStG zufließen.*" Etwaige Wertsteigerungen des Vermögens bleiben dabei grundsätzlich unberücksichtigt. Eine Ausnahme bilden die Veräußerungsgewinne der §§ 17, 23 und 20 Abs. 2 i.V.m. Abs. 4 EStG. Für den Zufluss der Einnahmen (§ 11 EStG) ist die Erlangung der wirtschaftlichen Verfügungsmacht ausschlaggebend (z.B. Zahlung, Bankgutschrift oder Entgegennahme eines Schecks).

Werbungskosten i.S.d. § 9 Abs. 1 Satz 1 EStG sind „*Aufwendungen zur Erwerbung, Sicherung und Erhaltung der Einnahmen.*" § 9 Abs. 1 Satz 3 EStG enthält eine beispielhafte Aufzählung von Aufwendungen, die als Werbungskosten anerkannt sind. Andere als die dort genannten Aufwendungen können insoweit geltend gemacht werden, als sie durch die Erzielung von Überschusseinkünften veranlasst sind (**Veranlassungsprinzip**). Die Werbungskosten sind von den Kosten für die private Lebensführung zu trennen (§ 12 EStG). Sind Aufwendungen entstanden, ohne dass bereits Einnahmen erzielt wurden (oder für fehlgeschlagene Projekte), können diese abgezogen werden, wenn ein unmittelbarer Zusammenhang zu den beabsichtigten Einnahmen erkennbar ist (z.B. Aufwendungen für Stellengesuche, wie Zeitungsinserate und Bewerbungskosten), sog. vorweggenommene Werbungskosten. Gleiches gilt auch für nachträgliche Werbungskosten. Rückerstattete, aber bereits geltend gemachte Werbungskosten sind wie Einnahmen zu behandeln, bspw. Erstattungen des Arbeitgebers.

Merke

Für den Abzug von Werbungskosten gilt das Veranlassungsprinzip, d. h. es können nur diejenigen Aufwendungen durch den Steuerpflichtigen geltend gemacht werden, die durch die Erzielung von Überschusseinkünften veranlasst sind.

Beispiel:
Der Wohnungseigentümer Ferdinand vermietete im Jahr 2017 seine 2-Zimmer-Wohnung in Ilmenau an einen Studenten. Im Januar 2018 verkauft Ferdinand diese Wohnung. Zuvor hatte er das Bad im Juni 2017 noch aufwendig renoviert. Hierfür nahm er einen Kredit über 2 Jahre auf. Nach finaler Definition (§ 9 Abs. 1 i.V.m. § 11 EStG) wären die Zinsen keine Werbungskosten, da die Einnahmenerzielung in der Vergangenheit liegt. Gleichwohl sind die Zinsaufwendungen durch die auf Einnahmenerzielung gerichtete Tätigkeit veranlasst. Aufgrund der herrschenden kausalen Auslegung des § 9 EStG kann Ferdinand die Zinsen dennoch im Jahr 2018 als nachträgliche Werbungskosten absetzen, da die Badrenovierung als sofort abziehbarer Erhaltungsaufwand im Rahmen von Vermietungseinkünften für das Jahr 2017 beurteilt werden konnte. Voraussetzung ist hierfür allerdings, dass der Veräußerungserlös zur Tilgung des Darlehens verwendet wurde.

Übersteigen die Ausgaben für ein abnutzbares bewegliches Wirtschaftsgut des Anlagevermögens den Wert von 800 € netto nicht und erfüllt das Wirtschaftsgut zugleich die Voraussetzungen eines GWG, können die Ausgaben sofort abgeschrieben werden (§ 9 Abs. 1 Satz 1 Nr. 7 Satz 2 i.V.m. § 6 Abs. 2 EStG). Sind diese Voraussetzungen nicht kumulativ erfüllt, ist das Wirtschaftsgut auf die Nutzungsdauer laut AfA-Tabelle verteilt abzuschreiben. Darüber hinaus besteht die Möglichkeit, die sog. Pool-AfA gem. § 6 Abs. 2a EStG in Anspruch zu nehmen.

Beispiel:
Die Lehrerin Leonore kauft im Jahr 2018 einen Computer für 1.500 €, um damit nachmittags ihre Lehrveranstaltungen vorzubereiten. Die Kosten für diesen Computer kann Leonore nur über drei Jahre verteilt i. H.v. jeweils 500 € pro Jahr als Werbungskosten ansetzen.

Werbungskosten-Pauschbeträge

Der Verwaltungs- und Aufzeichnungsvereinfachung dienen die **Werbungskosten-Pauschbeträge**. Diese sind dann anzusetzen, wenn der Steuerpflichtige keine oder geringere Werbungskosten als die in § 9a EStG genannten Beträge nachweist. Es ist zu unterscheiden zwischen Pauschbeträgen für bestimmte Einkunftsarten, für bestimmte Anlässe und für bestimmte Berufsgruppen:

- Pauschbeträge für bestimmte Einkunftsarten:
  - § 9a Satz 1 Nr. 1: Für Einkünfte aus nichtselbständiger Arbeit (§ 19 EStG) der sog. Arbeitnehmer-Pauschbetrag i.H.v. 1.000 € (bzw. 102 € bei Einkünften in Form von Versorgungsbezügen).
  - § 9a Satz 1 Nr. 3: Für Einkünfte i.S.v. § 22 Nr. 1, 1a und 5 EStG i.H.v. 102 €.
  - § 20 Abs. 9 Satz 1: Für Einkünfte aus Kapitalvermögen (§ 20 EStG) ein sog. Sparer-Pauschbetrag i.H.v. 801 €. Ein Abzug der tatsächlichen Werbungskosten ist in diesem Fall aber ausgeschlossen.
- Pauschbeträge für bestimmte Anlässe, wie Verpflegungsmehraufwand, Entfernungspauschale, Umzugskosten etc.

Der Abzug der Werbungskosten-Pauschbeträge kann zu keinen negativen Einkünften führen (§ 9a Satz 2 EStG). Weist der Steuerpflichtige jedoch explizit höhere Werbungskosten gem. § 9 Abs. 1 EStG nach, werden die Verluste anerkannt.

Beispiel:
Alfons erzielt Einnahmen aus nichtselbständiger Arbeit (§ 19 EStG) i.H.v. 900 €. Er weist:

a) keine Werbungskosten nach. Alfons kann lediglich den Arbeitnehmer-Pauschbetrag anteilig i.H.v. 900 € nutzen, sodass die Einkünfte aus nichtselbständiger Arbeit 0 € betragen. Die restlichen 100 € des Arbeitnehmer-Pauschbetrags bleiben ungenutzt, da durch einen Pauschbetrag kein Verlust entstehen darf.
b) Werbungskosten i.H.v. 1.500 € nach. Alfons weist höhere tatsächliche Werbungskosten (als der Pauschbetrag) nach. Die (negativen) Einkünfte aus nichtselbständiger Arbeit betragen damit ./. 600 € (= 900 € ./. 1.500 €), d.h. Alfons erwirtschaftet einen Verlust i.H.v. 600 €.

2.2.2 | Die sieben Einkunftsarten

Während im vorangegangenen Kapitel auf die grundlegenden Gemeinsamkeiten und die Unterschiede der Einkünfte bzgl. der Gewinn- und Überschussermittlung eingegangen wurde, werden die sieben Einkunftsarten nun einzeln dargestellt. Hierbei wird der Verständlichkeit halber zwischen den Gewinn- und den Überschusseinkunftsarten differenziert.

2.2.2.1 Die Gewinneinkunftsarten

a) Gemeinsame Grundmerkmale

Die drei Gewinneinkunftsarten

Die nachfolgenden, in § 15 Abs. 2 Satz 1 EStG expressis verbis genannten und in den R 15.1–15.4 EStR beschriebenen Grundmerkmale müssen als Tatbestandsvoraussetzungen bei **allen** betrieblichen Einkunftsarten vorhanden sein:

- **Selbständigkeit (R 15.1 EStR)**
  Das Merkmal der Selbständigkeit ist die Übernahme eigener Unternehmerinitiative und das Tragen des eigenen Unternehmerrisikos; d.h. ein Selbständiger handelt auf eigene Rechnung bzw. Gefahr und trägt das Risiko für den Erfolg oder Misserfolg des Unternehmens. Das Merkmal dient der Abgrenzung zur Unselbständigkeit, die bei den Einkünften aus nichtselbständiger Arbeit (§ 19 EStG) gegeben ist. Entscheidend ist letztlich das Gesamtbild der Verhältnisse. Indizien für die Einordnung können sein (vgl. Tabelle 9).

Tabelle 9: Abgrenzung der Selbständigkeit von der Unselbständigkeit

Indizien	Selbständigkeit	Unselbständigkeit
Ist die Vergütung erfolgs- oder zeitabhängig?	Höhe der Einnahmen ist abhängig von der Intensität der eigenen Tätigkeit.	Vergütung wird in einem Vertrag üblicherweise zeitabhängig vereinbart. Sie darf nur zum Teil erfolgsabhängig sein.
Besteht Weisungsgebundenheit bzgl. Ort, Zeit und Inhalt der Tätigkeit?	Der Selbständige bestimmt selbst über seine Arbeitszeit. Er kann Aufgaben an evtl. vorhandene Arbeitnehmer delegieren.	Der Unselbständige ist an die Weisungen seiner Vorgesetzten gebunden.
Besteht Anspruch auf Lohnfortzahlung im Krankheitsfall, Urlaubsanspruch oder Anspruch auf weitere Sozialleistungen?	Der Selbständige muss sich eigenständig gegen diese Risiken versichern.	Ein Unselbständiger kann die genannten Sozialleistungen in Anspruch nehmen.
Wird die Tätigkeit durch Einsatz von eigenem Kapital unterstützt?	Der Einsatz von eigenem Kapital ist ein Merkmal der Selbständigkeit.	Ein Unselbständiger setzt üblicherweise kein eigenes Kapital zur Unterstützung des Betriebes seines Arbeitgebers ein.

- **Nachhaltigkeit (H 15.2 EStR)**
  Nachhaltigkeit ist dann gegeben, wenn die Tätigkeit mit der Absicht der regelmäßigen Wiederholung ausgeübt wird und geplant ist, aus der Tätigkeit eine ständige Erwerbsquelle zu machen. Auch eine einmalige Tätigkeit kann dann nachhaltig sein, wenn sie mit Wiederholungsabsicht ausgeübt wird oder ein innerer Zusammenhang zwischen mehreren Einzeltätigkeiten besteht (bspw. der Bau eines Tunnels).

  Beispiel:
  Johann ist Mitarbeiter der Automobilfirma Audi-AG. Als solcher erhält er alle zwei Jahre einen Pkw zum Vorzugspreis. Das Fahrzeug veräußert Johann jeweils nach Ablauf von zwei Jahren mit Gewinn. Der Veräußerungsgewinn ist nicht einkommensteuerpflichtig. Es ist keine Nachhaltigkeit gegeben, da Johann nur alle zwei Jahre einen Umsatz tätigt.

- **Gewinnerzielungsabsicht (H 15.3 EStR)**
  Des Weiteren ist erforderlich, dass ein Überschuss der Betriebseinnahmen über die Betriebsausgaben und damit eine Betriebsvermögensmehrung in Gestalt eines Totalgewinns angestrebt wird. Soll die Tätigkeit lediglich zu einer Minderung der Steuern vom Einkommen führen, indem Verluste im Wege des Verlustausgleichs bzw. Verlustabzugs mit anderen Einkünften saldiert werden, wird keine Gewinnerzielungsabsicht unterstellt (§ 15 Abs. 2 Satz 2 EStG). Die Gewinnerzielungsabsicht muss anhand objektiver Umstände nachvollziehbar sein. Entscheidend ist in diesem Zusammenhang, ob der Betrieb nach seiner Wesensart und der Art seiner Bewirtschaftung geeignet ist, von der Gründung bis zur Aufgabe einen Totalgewinn zu erzielen. Dabei ist nicht entscheidend, ob tatsächlich Gewinne erzielt werden, sondern dass Maßnahmen ersichtlich sind, die auf die Absicht, Gewinn zu erzielen, schließen lassen. Das Merkmal der Gewinnerzielungsabsicht ist in Form der Überschusserzielungsabsicht auch bei den Haushaltseinkünften erforderlich. Fehlt es an der Gewinnerzielungsabsicht, liegen steuerlich irrelevante Liebhabereitätigkeiten vor (§ 12 EStG).

- **Beteiligung am allgemeinen wirtschaftlichen Verkehr (H 15.4 EStR)**
  Diese liegt dann vor, wenn sich der Steuerpflichtige mit seiner Tätigkeit an eine (auch beschränkte) Allgemeinheit wen-

det und dieser seine Leistungen gegen Entgelt anbietet. Eine bestimmte Anzahl an Abnehmern ist nicht erforderlich. Ausreichend ist bereits, wenn der Unternehmer für nur einen Vertragspartner bzw. für einen bestimmten Kundenkreis tätig wird. Wichtig ist aber, dass die Tätigkeit nach außen hervortritt. Die Produktion für den Eigenbedarf bildet daher keine steuerbare Tätigkeit.

Beispiel:
Maximilian wäscht jede Woche für 30 € das Auto seiner Frau Maria. Es liegt keine Beteiligung am allgemeinen wirtschaftlichen Verkehr vor, da Maximilian für den Eigenbedarf tätig wird.

Merke

Die vier Positivkriterien der Gewinneinkunftsarten sind:
- **Selbständigkeit**
- **Nachhaltigkeit**
- **Gewinnerzielungsabsicht**
- **Teilnahme am allgemeinen wirtschaftlichen Verkehr**

b) Einkünfte aus Land- und Forstwirtschaft (§ 13 EStG)

Allgemeine Voraussetzungen für das Vorliegen land- und forstwirtschaftlicher Tätigkeit sind die Erfüllung der allgemeinen Positivmerkmale der Gewinneinkunftsarten (§ 15 Abs. 2 Satz 1 EStG) sowie eine Tätigkeit i.S.d. § 13 EStG. Unter der Land- und Forstwirtschaft ist die planmäßige Nutzung der natürlichen Kräfte des Bodens zur Erzeugung und Verwertung von Pflanzen und Tieren (Urproduktion) zu verstehen. Das Einkommensteuergesetz enthält keine explizite Definition des Begriffs „Land- und Forstwirtschaft", sondern listet in § 13 Abs. 1 und 2 EStG die Einkünfte auf, welche den Einkünften aus Land- und Forstwirtschaft zuzuordnen sind. Zu den Einkünften aus Land- und Forstwirtschaft gehören insbesondere:

1.	**Einkünfte aus Land- und Forstwirtschaft (§ 13)**
2.	Einkünfte aus Gewerbebetrieb (§ 15)
3.	Einkünfte aus selbständiger Arbeit (§ 18)
4.	Einkünfte aus nichtselbständiger Arbeit (§ 19)
5.	Einkünfte aus Kapitalvermögen (§ 20)
6.	Einkünfte aus Vermietung und Verpachtung (§ 21)
7.	Sonstige Einkünfte im Sinne des § 22
=	***Summe der Einkünfte***
./.	Altersentlastungsbetrag (§ 24a)
./.	Entlastungsbetrag für Alleinerziehende (§ 24b)
./.	Abzug für Land- und Forstwirte (§ 13 Abs. 3)
=	***Gesamtbetrag der Einkünfte (§ 2 Abs. 3)***
./.	Verlustabzug (§ 10d)
./.	Sonderausgaben (§§ 10, 10a, 10b, 10c)
./.	Außergewöhnliche Belastungen (§§ 33, 33a, 33b)
=	***Einkommen (§ 2 Abs. 4)***
./.	Kinderfreibetrag (§§ 31, 32 Abs. 6)
=	***Zu versteuerndes Einkommen (§ 2 Abs. 5)***

- Einkünfte aus Land- und Forstwirtschaft, Wein- und Gartenbau sowie Tierzucht und Tierhaltung (innerhalb der Grenzen des § 13 Abs. 1 Nr. 1 EStG),
- Einkünfte aus der Jagd, wenn ein Zusammenhang zum land- oder forstwirtschaftlichen Betrieb gegeben ist,
- Einkünfte aus einem land- und forstwirtschaftlichen Nebenbetrieb; d.h.
  - aus Nebenleistungen,
  - aus land- und forstwirtschaftlichen Nebenbetrieben oder
  - aus einer Produktionsaufgaberente,
- Einkünfte aus der Veräußerung eines land- und forstwirtschaftlichen Betriebs, eines Teilbetriebs oder eines Anteils an einem land- und forstwirtschaftlichen Vermögen (§ 14 i.V.m. § 14a bzw. § 16 EStG).

Land- und Forstwirte, die gem. § 140 oder § 141 Abs. 1 AO zur Buchführung verpflichtet sind, ermitteln ihren Gewinn durch Betriebsvermögensvergleich gem. § 4 Abs. 1 EStG. Bei steuerpflichtigen Land- und Forstwirten, die nicht der Buchführungspflicht unterliegen, erfolgt die Gewinnermittlung grundsätzlich nach Durchschnittssätzen (§ 13a EStG). Besteht weder die Pflicht zur Buchführung noch zur Durchschnittssatzrechnung, so kann der Gewinn auch durch die Einnahmen-Überschuss-Rechnung (§ 4 Abs. 3 EStG) ermittelt werden. Zu den Vergünstigungen, die Land- und Forstwirten zustehen, zählen:

- Freibetrag für Land- und Forstwirte i.H.v. 900 € bei einer Summe der Einkünfte von höchstens 30.700 € (§ 13 Abs. 3 EStG),
- Keine Gewerbesteuerpflicht.

Merke

Voraussetzungen für das Vorliegen von Einkünften aus Land- und Forstwirtschaft:
- **Erfüllung der allgemeinen Positivmerkmale des § 15 Abs. 2 EStG**
- **Einkünfte i.S.d. § 13 Abs. 1 und 2 EStG**

c) Einkünfte aus Gewerbebetrieb (§ 15 EStG)

Positiv- und Negativmerkmale von Einkünften aus Gewerbebetrieb

Ebenso wie bei der Land- und Forstwirtschaft und der selbständigen Arbeit i.S.d. § 18 EStG müssen auch hier die allgemeinen Positivmerkmale der betrieblichen Einkunftsarten erfüllt sein. Allerdings werden die Einkünfte aus Land- und Forstwirtschaft und selbständiger Arbeit i.S.d. § 18 EStG gem. § 15 Abs. 2 Satz 1 EStG explizit ausgeschlossen (negative Tatbestandsmerkmale).

1. Einkünfte aus Land- und Forstwirtschaft (§ 13)
2. Einkünfte aus Gewerbebetrieb (§ 15)
3. Einkünfte aus selbständiger Arbeit (§ 18)
4. Einkünfte aus nichtselbständiger Arbeit (§ 19)
5. Einkünfte aus Kapitalvermögen (§ 20)
6. Einkünfte aus Vermietung und Verpachtung (§ 21)
7. Sonstige Einkünfte im Sinne des § 22

= ***Summe der Einkünfte***
./. Altersentlastungsbetrag (§ 24a)
./. Entlastungsbetrag für Alleinerziehende (§ 24b)
./. Abzug für Land- und Forstwirte (§ 13 Abs. 3)

= ***Gesamtbetrag der Einkünfte (§ 2 Abs. 3)***
./. Verlustabzug (§ 10d)
./. Sonderausgaben (§§ 10, 10a, 10b, 10c)
./. Außergewöhnliche Belastungen (§§ 33, 33a, 33b)

= ***Einkommen (§ 2 Abs. 4)***
./. Kinderfreibetrag (§§ 31, 32 Abs. 6)

= ***Zu versteuerndes Einkommen (§ 2 Abs. 5)***

Hieraus hat die Rechtsprechung in Anlehnung an § 14 AO das dritte Negativmerkmal „keine bloße Vermögensverwaltung“ entwickelt.

Durch das Tatbestandsmerkmal „keine bloße Vermögensverwaltung“ sollen private Handlungen, die auf die reine Verwaltung des eigenen Vermögens gerichtet sind, aus den gewerblichen Einkünften eliminiert werden. Auch der private Vermieter erfüllt die allgemeinen Positivmerkmale der gewerblichen Einkünfte. Wegen der Subsidiarität der Vermietungseinkünfte gegenüber den gewerblichen Einkünften gem. § 21 Abs. 3 EStG würde der Vermieter ohne dieses ungeschriebene Tatbestandsmerkmal Einkünfte aus Gewerbebetrieb erzielen. Die Unter-

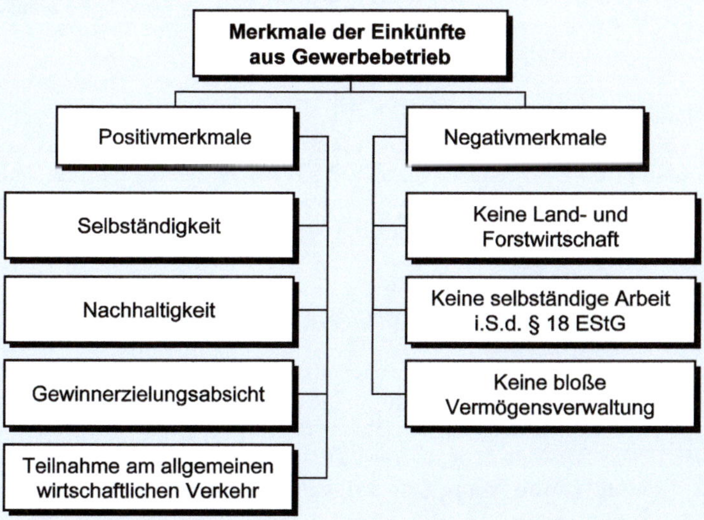

Abb. 20: *Merkmale der Einkünfte aus Gewerbebetrieb*

scheidung zwischen der reinen Vermögensverwaltung und einer gewerblichen Tätigkeit kann sich im Einzelfall als sehr kompliziert erweisen. Einerseits stellen der An- und der Verkauf von Wirtschaftsgütern grundsätzlich eine gewerbliche Tätigkeit dar. Andererseits umfasst die private Vermögensverwaltung ebenso das Umschichten des Vermögens. Zur Abgrenzung lässt sich festhalten: Eine private Vermögensverwaltung liegt dann vor, wenn die Tätigkeit in einer reinen Administration des eigenen Vermögens bei entsprechender Fruchtziehung besteht und die Vermögensumschichtung dabei nicht im Vordergrund steht. Demgegenüber liegen gewerbliche Einkünfte dann vor, wenn die Verwertung des Vermögens durch Umschichtung entscheidend zur Gewinnerzielung beiträgt (R 15.7 EStR).

Tabelle 10: Abgrenzung der Vermögensverwaltung von der gewerblichen Tätigkeit

	Bloße Vermögensverwaltung	Gewerbliche Tätigkeit
Umfang der Tätigkeit	Reine Verwaltung des eigenen Vermögens	Vermögensumschichtung steht im Vordergrund
Folgen für die Besteuerung	Nur Früchte der Nutzung des eigenen Vermögens werden besteuert	Sowohl die Früchte der Nutzung als auch die Realisierung von Wertsteigerungen des Vermögens werden besteuert

Beispiel:
Alfons ist auf den Erwerb vermieteter Wohnungen spezialisiert. Wenn die Mieter ihr Mietverhältnis gekündigt haben, werden die Wohnungen von ihm umfassend renoviert und weiterveräußert. Auf diese Weise werden durchschnittlich vier Wohnungen pro Jahr erworben und veräußert.
Nach gegebenem Sachverhalt muss von einem gewerblichen Grundstückshandel ausgegangen werden. Die erworbenen Wohnungen sollen in erster Linie durch Weiterveräußerung und nicht durch Vermietung genutzt werden. Infolge der Qualifikation als gewerbliche Einkünfte sind nicht nur die Mieteinkünfte steuerpflichtig, sondern auch die Gewinne aus den Veräußerungsgeschäften. Die erzielten Gewinne unterliegen neben der Einkommensteuer zusätzlich der Gewerbesteuer.

Die folgende Abbildung zeigt den Umfang der Einkünfte aus Gewerbebetrieb.

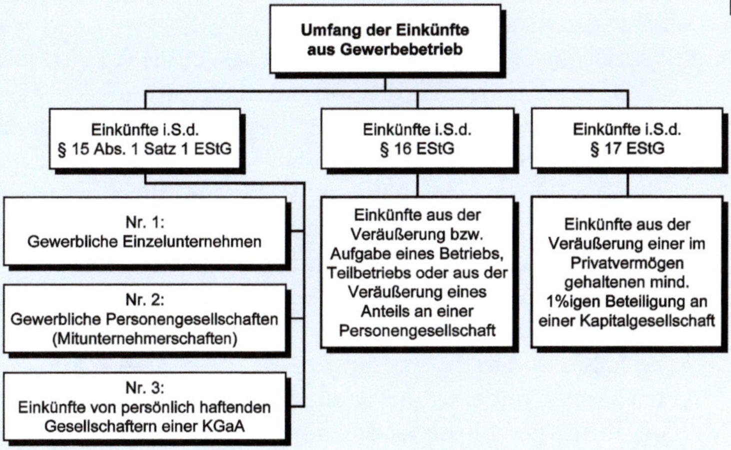

Abb. 21: *Umfang der Einkünfte aus Gewerbebetrieb*

Gewerbliche Einzelunternehmen

Beim gewerblichen Einzelunternehmen ist nicht das Einzelunternehmen Steuersubjekt der Einkommensteuer, sondern der dahinterstehende Inhaber als natürliche Person.

Gewerbliche Personengesellschaften (Mitunternehmerschaften)

Eine Personengesellschaft als ein Zusammenschluss von Personen besitzt nur die Teilrechtsfähigkeit und ist daher nicht einkommensteuerpflichtig. Die Gesellschafter sind in diesem Fall die Steuersubjekte i.S.d. § 15 Abs. 1 Satz 1 Nr. 2 EStG. Hierbei beziehen sie Einkünfte aus Gewerbebetrieb anteilig in Höhe ihrer Beteiligung, wenn die Personengesellschaft selbst einen Gewerbebetrieb unterhält (= **Gewerbebetrieb kraft gewerblicher Betätigung**) oder wenn eine oder mehrere Kapitalgesellschaften – bei fehlender gewerblicher Betätigung – alleinige persönlich haftende Gesellschafter der Personengesellschaft sind und nur diese oder Nichtgesellschafter zur Geschäftsführung berechtigt sind (= **Gewerbebetrieb kraft gewerblicher Prägung**). Darüber hinaus muss der Gesellschafter als Mitunternehmer anzusehen sein. Dies ist dann der Fall, wenn er Unternehmerrisiko trägt und Unternehmerinitiative entfaltet.

Merke

Sowohl bei Einzelunternehmen als auch bei Personengesellschaften erfolgt die Versteuerung der Einkünfte über den Inhaber bzw. Gesellschafter als natürliche Personen im Rahmen der privaten Einkommensteuerveranlagung.

Veräußerung des Gewerbebetriebs

Nach § 16 EStG werden folgende Veräußerungsgeschäfte eines Betriebs unterschieden:

1. *Veräußerung eines ganzen Gewerbebetriebs (§ 16 Abs. 1 Nr. 1 Satz 1 EStG):* Hierbei werden die wesentlichen Grundlagen des Betriebs unter Aufrechterhaltung des geschäftlichen Organismus entgeltlich auf den Erwerber übertragen. Die tatsächliche Fortführung des Betriebs ist hierbei nicht erforderlich (R 16 Abs. 1 EStR). Unschädlich ist auch das Zurückbehalten von Wirtschaftsgütern, die nicht zu den wesentlichen Betriebsgrundlagen gehören, um sie später bei einer sich bietenden Gelegenheit zu verkaufen.
2. *Veräußerung eines Teilbetriebs (§ 16 Abs. 1 Nr. 1 EStG):* Ein Teilbetrieb ist ein mit einer gewissen Selbständigkeit ausgestatteter, organisch geschlossener Teil des Gesamtbetriebs, der für sich allein lebensfähig ist (z.B. Gastwirtschaft, die zu einer Brauerei gehört). Als Teilbetrieb gilt auch eine Beteiligung an einer Kapitalgesellschaft, die das gesamte Nennkapital der Gesellschaft umfasst.
3. *Veräußerung des gesamten Mitunternehmeranteils oder Komplementäranteils (§ 16 Abs. 1 Nr. 2 und 3 EStG).*
4. *Aufgabe des Gewerbebetriebs oder eines Anteils i.S.d. § 16 Abs. 1 Nr. 2 und 3 EStG).*

Beispiel: Veräußerung des ganzen Gewerbebetriebs
Hermann veräußert seine Kfz-Werkstatt für 500.000 € an Dorothea. Er überträgt die Forderungen und Verbindlichkeiten sowie das gesamte Inventar der Werkstatt auf die Erwerberin.

Der Veräußerungsgewinn ermittelt sich gem. § 16 Abs. 2 EStG wie folgt:

	Veräußerungspreis
./.	Veräußerungskosten
./.	Steuerlicher Buchwert des Eigenkapitals (Betriebsvermögen nach §§ 4 Abs. 1 oder 5 EStG)
=	Veräußerungsgewinn (-verlust)

Merke

Veräußert ein Mitunternehmer einer Personengesellschaft nur einen Teil seiner Beteiligung, so ist gem. § 16 Abs. 1 Satz 2 EStG der hieraus erzielte Veräußerungsgewinn ein laufender Gewinn i.S.v. § 15 EStG und kein begünstigter Gewinn i.S.v. § 16 EStG.

Begünstigung des Veräußerungsgewinns

Die steuerliche Begünstigung von Veräußerungsgewinnen bezweckt, den zusammengeballten Gewinn aus der Realisierung **aller** stillen Reserven am Ende der unternehmerischen Tätigkeit steuerlich zu entlasten. Dies geschieht durch zwei Begünstigungsvorschriften:

- Gewährung eines **Freibetrags** gem. § 16 Abs. 4 EStG. Demnach erhält ein Steuerpflichtiger, der sein 55. Lebensjahr vollendet hat oder dauernd berufsunfähig ist, auf Antrag einen Freibetrag i.H.v. 45.000 €. Dieser Freibetrag kann nur einmal (im Leben) vom Steuerpflichtigen in Anspruch genommen werden. Er verringert sich jedoch um den Betrag, um den der Veräußerungsgewinn 136.000 € übersteigt. Insbesondere kleinere Veräußerungsgewinne werden somit von der steuerlichen Belastung zur Gänze ausgenommen.
- Der verbleibende Veräußerungsgewinn wird mit einem **ermäßigten Steuersatz** i.S.d. § 34 Abs. 1 EStG („Fünftelregelung") oder stattdessen – auf Antrag des Steuerpflichtigen – unter bestimmten Voraussetzungen mit dem **Sondertarif** des § 34 Abs. 3 EStG („reduzierter Durchschnittssteuersatz") besteuert.

Merke

Kumulative Voraussetzungen für die Inanspruchnahme des Veräußerungsfreibetrags:
- **Betriebsveräußerung oder -aufgabe i.S.d. § 16 EStG**
- **55. Lebensjahr vollendet oder dauernd berufsunfähig**
- **Freibetrag noch nie in Anspruch genommen**

Beispiel: Veräußerung des ganzen Gewerbebetriebs

Wilhelm veräußert seinen ganzen Gewerbebetrieb zum 31.12.2018 für 420.000 € an Friedrich. Im Zusammenhang mit dem Verkauf fallen Beratungskosten i.H.v. 5.000 € an. Die Bilanz des Gewerbebetriebs weist im Veräußerungszeitpunkt folgende Positionen aus:

Aktiva	Bilanz zum 31.12.2018		*Passiva*
Anlagevermögen	275.000 €	Eigenkapital	250.000 €
Umlaufvermögen	125.000 €	Verbindlichkeiten	150.000 €
Bilanzsumme	400.000 €	Bilanzsumme	400.000 €

Wilhelm bezieht Einkünfte gem. § 16 Abs. 1 Satz 1 Nr. 1 EStG, da er seinen ganzen Gewerbebetrieb mit Gewinn an Friedrich veräußert hat. Der Veräußerungsgewinn berechnet sich gem. § 16 Abs. 2 EStG wie folgt:

	Veräußerungspreis		420.000 €
./.	Veräußerungskosten		./. 5.000 €
./.	Buchwert des Eigenkapitals		./. 250.000 €
=	Veräußerungsgewinn		= 165.000 €
./.	Freibetrag (§ 16 Abs. 4 EStG)	45.000 €	
	Kürzung (165.000 € ./. 136.000 €)	./. 29.000 €	
		16.000 €	./. 16.000 €
=	steuerpflichtiger Veräußerungsgewinn		= 149.000 €

Der Veräußerungsgewinn i.H.v. 149.000 € stellt gem. § 34 Abs. 2 Nr. 1 EStG außerordentliche Einkünfte i. S. d. § 34 EStG dar. Demzufolge wird der Gewinn mit dem ermäßigten Steuersatz des § 34 Abs. 1 EStG („Fünftelregelung") oder wahlweise – auf Antrag und wenn die Voraussetzungen gegeben sind – mit dem Sondertarif des § 34 Abs. 3 EStG („reduzierter Durchschnittssteuersatz") weiter steuerlich begünstigt.

Beispiel: Veräußerung eines Mitunternehmeranteils

An der Teufel-OHG sind Heinrich, Margarete und Valentin zu gleichen Teilen beteiligt. Zum 31.12.2018 veräußert Heinrich seinen Anteil an Lieschen für 800.000 €. Untenstehende Bilanz zeigt die Buchwerte und die tatsächlichen Werte der einzelnen Posten:

Aktiva Bilanz zum 31.12.2018 der Teufel-OHG (T€) *Passiva*

	Buchwert	**tats. Wert**		**Buchwert**	**tats. Wert**
Firmenwert	–	300	Kapital Heinrich	600	800
Grund u. Boden	300	600	Kapital Margarete	600	800
Gebäude	600	600	Kapital Valentin	600	800
Waren	900	900			
Bilanzsumme	1.800	2.400	Bilanzsumme	1.800	2.400

Merke

Bei der Veräußerung eines Mitunternehmeranteils entspricht dessen Buchwert dem Kapitalkonto des Mitunternehmers und seinem etwaigen Sonderbetriebsvermögen.

Heinrich veräußert seine Anteile an den einzelnen Wirtschaftsgütern nicht zu den Bilanzwerten, sondern zu den tatsächlichen Werten an Lieschen. Da die stillen Reserven aufgedeckt werden, erzielt Heinrich einen begünstigten Veräußerungsgewinn nach § 16 Abs. 1 Satz 1 Nr. 2 EStG. Der Veräußerungspreis ermittelt sich gem. § 16 Abs. 2 EStG wie folgt:

	Veräußerungspreis		800.000 €
./.	Veräußerungskosten		./. 0 €
./.	Buchwert des Eigenkapitals		./. 600.000 €
=	Veräußerungsgewinn		= 200.000 €
./.	Freibetrag (§ 16 Abs. 4 EStG)	45.000 €	
	Kürzung (200.000 € ./. 136.000 €)	./. 64.000 €	
			= ./. 0 €
=	steuerpflichtiger Veräußerungsgewinn		= 200.000 €

Der Veräußerungsgewinn i. H.v. 200.000 € stellt außerordentliche Einkünfte i. S. d. § 34 Abs. 2 Nr. 1 EStG dar. Demzufolge wird der Gewinn mit dem ermäßigten Steuersatz des § 34 Abs. 1 EStG („Fünftelregelung") oder wahlweise – auf Antrag und wenn die Voraussetzungen gegeben sind – mit dem Sondertarif des § 34 Abs. 3 EStG („reduzierter Durchschnittssteuersatz") weiter steuerlich begünstigt.

Merke

Erfolgt die Veräußerung nicht zum Ende des Wirtschaftsjahres, ist die Aufstellung eines Zwischenabschlusses erforderlich.

Veräußerung von Beteiligungen an einer Kapitalgesellschaft

Die Besteuerung von Gewinnen aus der Veräußerung von Beteiligungen an einer Kapitalgesellschaft ist danach zu unterscheiden, ob sie im Privat- oder Betriebsvermögen gehalten werden.

- Im **Betriebsvermögen** liegen, unabhängig von der Höhe der Beteiligung und der Behaltefrist, Einkünfte aus Gewerbebetrieb gem. § 15 EStG vor. Etwaige Veräußerungsgewinne unterliegen dem individuellen Steuertarif unter Anwendung des Teileinkünfteverfahrens gem. § 3 Nr. 40 Bst. a EStG.
- Beim **Privatvermögen** ist zunächst die Höhe der Beteiligung festzustellen:
  - Bei einer Beteiligung **unter 1%** liegen unabhängig von der Behaltefrist Einkünfte aus Kapitalvermögen gem. § 20 Abs. 2 EStG vor, welche der Abgeltungsteuer nach § 32d EStG unterliegen.
  - War hingegen die Beteiligungshöhe zu irgendeinem Zeitpunkt innerhalb der letzten fünf Jahre **größer als 1%**, so werden unabhängig von der Behaltefrist Einkünfte aus Gewerbebetrieb nach § 17 EStG erzielt. Diese werden mit dem individuellen Steuertarif unter Anwendung des Teileinkünfteverfahrens gem. § 3 Nr. 40 Bst. c EStG versteuert.

Die unterschiedliche Besteuerung der Veräußerungsgeschäfte wird in der folgenden Abbildung veranschaulicht.

Abb. 22: *Veräußerung von Anteilen an Kapitalgesellschaften*

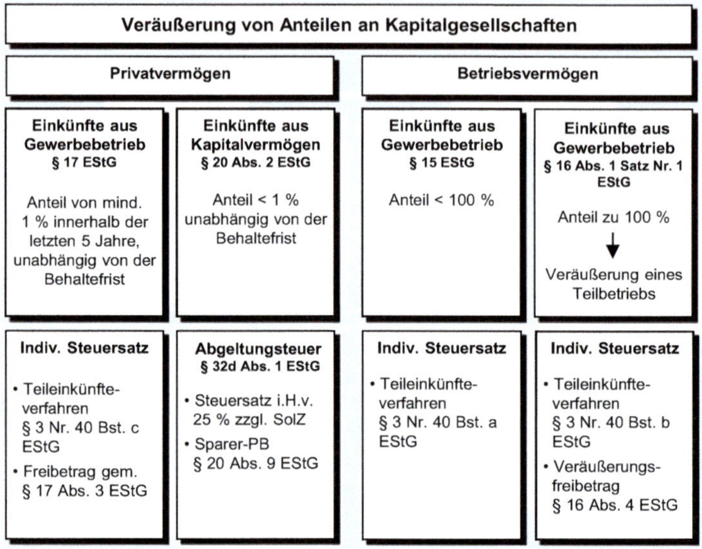

Veräußerung von im Privatvermögen gehaltenen Anteilen an einer Kapitalgesellschaft

Gewinne aus der Veräußerung von im **Privatvermögen** gehaltenen Anteilen an einer Kapitalgesellschaft zählen gem. § 17 EStG zu den Einkünften aus Gewerbebetrieb, wenn der Veräußerer **innerhalb der letzten fünf Jahre** vor der Veräußerung zu irgendeinem Zeitpunkt am Kapital der Gesellschaft **zu mindestens 1%** beteiligt war. Ursprünglich (bis 1998) betrug diese Beteiligungsgrenze 25%. Eine Beteiligung in dieser Höhe wertete der Gesetzgeber als einem Mitunternehmer ähnliches unternehmerisches Engagement und rechtfertigte damit die Besteuerung der stillen Reserven in der Beteiligung. Im Zeitraum vom 01.01.1999 bis zum 31.12.2001 betrug die Beteiligungsgrenze 10%. Mit der Absenkung dieser Grenze auf 1% seit dem Jahr 2002 ist diese Argumentation nicht mehr stichhaltig, sodass die Zuordnung des § 17 EStG zu den Einkünften aus Gewerbebetrieb sehr kritisch zu sehen ist.

Beispiel: Beteiligung i. S. d. § 17 EStG
Therese ist seit Jahren mit 5 % an der Meister-AG beteiligt. Am 12.08.2018 veräußerte sie die Hälfte ihrer Anteile (= 2,5 % an der Meister-AG), die sie im Privatvermögen hält. Therese war innerhalb der letzten fünf Jahre zu mindestens 1% an der Meister-AG beteiligt. Somit stellt der Veräußerungsgewinn Einkünfte aus Gewerbebetrieb dar und ist nach § 17 Abs. 1

und 3 i.V.m. § 3 Nr. 40 Bst. c EStG zu versteuern. Hält Therese hingegen 0,5 % an der Meister-AG in ihrem Privatvermögen, so erzielt Therese bei einem Verkauf unabhängig von der Behaltefrist, Einkünfte aus Kapitalvermögen gem. § 20 EStG. Die Versteuerung erfolgt in diesem Fall durch die Abgeltungsteuer nach § 32d Abs. 1 EStG.
Darüber hinaus ist zu beachten, dass laufende Einkünfte aus im Privatvermögen gehaltenen Beteiligungen an Kapitalgesellschaften Kapitaleinkünfte i. S. d. § 20 Abs. 1 EStG darstellen. Nur wenn Anteile i. S. d. § 17 EStG veräußert werden, liegen nicht Einkünfte i. S. d. § 20 Abs. 2 EStG, sondern Einkünfte aus Gewerbebetrieb vor.

Merke

Die Veräußerung von Anteilen im Sinne des § 17 EStG führt zu Einkünften aus Gewerbebetrieb. Die laufenden Kapitalerträge aus solchen Anteilen (= Dividenden) führen aber zu Einkünften im Sinne des § 20 EStG.

Teileinkünfteverfahren für Beteiligungen i. S. d. § 17 EStG

Veräußerungsgewinne i. S. d. § 17 EStG unterliegen nicht der Abgeltungsteuer, sondern werden nach den Grundsätzen des sog. Teileinkünfteverfahrens besteuert. Gem. § 3 Nr. 40 Bst. c EStG unterliegen lediglich 60 % des Veräußerungsgewinns der Besteuerung mit dem individuellen Steuersatz. Im Gegenzug dürfen gem. § 3c Abs. 2 Satz 1 Hs. 1 EStG auch nur 60 % der Veräußerungs- und Anschaffungskosten bei der Ermittlung des Veräußerungsgewinns abgezogen werden.

Veräußerungsfreibetrag

Der Veräußerungsgewinn wird durch den Freibetrag gem. § 17 Abs. 3 EStG gemindert. Die Höhe des Freibetrags richtet sich danach, welcher Anteil am gesamten Nennkapital veräußert wird. Werden sämtliche Gesellschaftsanteile veräußert, beträgt der Freibetrag 9.060 €. Die Höhe der Begünstigung ermäßigt sich dann entsprechend, wenn nur ein Teil der Gesellschaftsanteile veräußert wird. Wird z. B. eine 25 %ige Beteiligung verkauft, beträgt der Freibetrag folglich 2.265 € (25 % von 9.060 €). § 17 Abs. 3 Satz 2 EStG schränkt den Freibetrag dadurch weiter ein, dass er sich um den Betrag, um den der Veräußerungsgewinn den Teil von 36.100 € übersteigt, der dem veräußerten Anteil an der Kapitalgesellschaft entspricht, verringert. Aufgrund der bereits ermäßigten Besteuerung durch das Teileinkünfteverfahren wird der Veräußerungsgewinn nicht zusätzlich durch § 34 EStG begünstigt. In § 34 Abs. 2 EStG werden Gewinne i. S. d. § 17 EStG daher nicht genannt.

Beispiel:
Margarete erwirbt eine 30 %ige Beteiligung an der Friedrich-AG für 128.000 € am 07.08.2017. Einige Zeit später veräußert sie die Anteile, die sie im Privatvermögen hält, für 153.000 €. Die Veräußerungskosten be-

laufen sich auf 3.000 €. Wie hoch ist der steuerpflichtige Veräußerungsgewinn für den Fall, dass sie die Anteile am 24.01.2018 veräußert?

Margarete erzielt Einkünfte aus § 17 EStG, da sie innerhalb der letzten fünf Jahre vor der Veräußerung unmittelbar zu 30 % an der Friedrich-AG beteiligt war. Die Behaltefrist ist hierbei nicht von Bedeutung. Der Veräußerungsgewinn unterliegt dem Teileinkünfteverfahren gem. § 3 Nr. 40 Bst. c i.V.m. § 3c Abs. 2 EStG. Die Begünstigung des § 17 EStG kann hierbei in Anspruch genommen werden:

	60 % des Veräußerungspreises (§ 3 Nr. 40 Bst. c EStG)		91.800 €
./.	60 % der Veräußerungskosten (§ 3c Abs. 2 EStG)		./. 1.800 €
./.	60 % der Anschaffungskosten (§ 3c Abs. 2 EStG)		./. 76.800 €
=	Veräußerungsgewinn		= 13.200 €
./.	Freibetrag (§ 17 Abs. 3 EStG):		
	Möglicher Freibetrag (30 % × 9.060 €)	2.718 €	
	Ermäßigungsbetrag		
	(13.200 € ./. 30 % × 36.100 €)	./. 2.370 €	
	verbleibender Freibetrag	348 €	./. 348 €
=	steuerpflichtiger Veräußerungsgewinn		= 12.852 €

Der durch das Teileinkünfteverfahren begünstigte Veräußerungsgewinn i.S.d. § 17 EStG beträgt 12.852 €. Eine weitere Begünstigung durch die Abgeltungsteuer ist nicht möglich.

1. Einkünfte aus Land- und Forstwirtschaft (§ 13)
2. Einkünfte aus Gewerbebetrieb (§ 15)
3. Einkünfte aus selbständiger Arbeit (§ 18)
4. Einkünfte aus nichtselbständiger Arbeit (§ 19)
5. Einkünfte aus Kapitalvermögen (§ 20)
6. Einkünfte aus Vermietung und Verpachtung (§ 21)
7. Sonstige Einkünfte im Sinne des § 22

= *Summe der Einkünfte*

./. Altersentlastungsbetrag (§ 24a)

./. Entlastungsbetrag für Alleinerziehende (§ 24b)

./. Abzug für Land- und Forstwirte (§ 13 Abs. 3)

= *Gesamtbetrag der Einkünfte (§ 2 Abs. 3)*

./. Verlustabzug (§ 10d)

./. Sonderausgaben (§§ 10, 10a, 10b, 10c)

./. Außergewöhnliche Belastungen (§§ 33, 33a, 33b)

= *Einkommen (§ 2 Abs. 4)*

./. Kinderfreibetrag (§§ 31, 32 Abs. 6)

= *Zu versteuerndes Einkommen (§ 2 Abs. 5)*

d) Einkünfte aus selbständiger Arbeit (§ 18 EStG)

Damit Einkünfte aus selbständiger Arbeit vorliegen, müssen folgende drei Voraussetzungen erfüllt sein:

1. Erfüllung der allgemeinen Positivmerkmale des § 15 Abs. 2 Satz 1 EStG sowie
2. eine Tätigkeit i.S.d. § 18 Abs. 1 EStG,
3. die auf Dauer ausgelegt ist; sie darf zwar vorübergehend oder nebenberuflich, aber nicht nur gelegentlich sein (§ 18 Abs. 2 EStG). Eine gelegentliche Tätigkeit fällt unter § 22 Nr. 3 EStG.

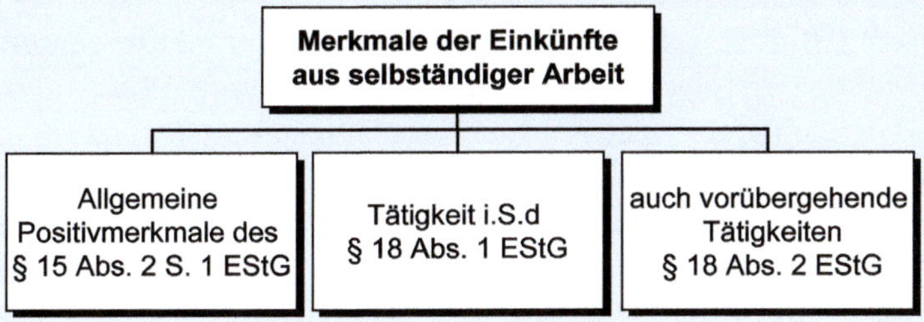

Abb. 23: *Merkmale der Einkünfte aus selbständiger Arbeit*

Der Einsatz von Kapital bzw. Betriebsvermögen tritt bei einer selbständigen Tätigkeit gegenüber der persönlichen (geistigen und körperlichen) Arbeitskraft des Steuerpflichtigen in den Hintergrund, da die Tätigkeit auf der Ausbildung und dem Können des Berufsträgers beruht. Hierbei können die Einkünfte aus selbständiger Arbeit sowohl von einzelnen Personen als auch von Personenzusammenschlüssen erzielt werden. Hat der Steuerpflichtige zur Mithilfe bei der Verrichtung seiner freien Berufstätigkeit geschulte Arbeitskräfte angestellt und übernimmt er die Verantwortung und Leitung gegenüber seinen Mitarbeitern, ist seine Tä-

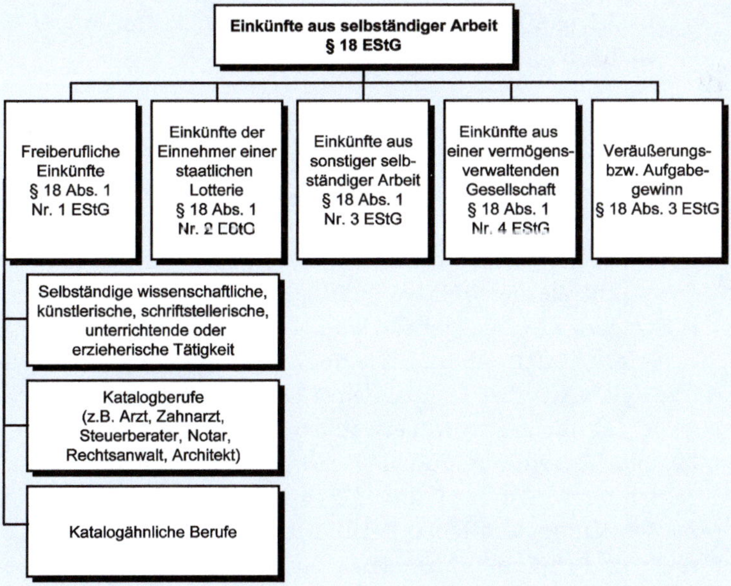

Abb. 24: *Umfang der Einkünfte aus selbständiger Arbeit*

tigkeit weiterhin als eine selbständige Tätigkeit zu klassifizieren (§ 18 Abs. 1 Nr. 1 Satz 3 und 4 EStG). Das Einkommensteuergesetz differenziert zwischen den vier grafisch dargestellten, unterschiedlichen Gruppen selbständiger Tätigkeiten (s. Abb. 24).

Die wichtigste Gruppe bilden die freiberuflichen Einkünfte gem. § 18 Abs. 1 Nr. 1 EStG. Die Kennzeichen der ersten Unterkategorie (selbständige wissenschaftliche, künstlerische, schriftstellerische, unterrichtende oder erzieherische Tätigkeit) sind:

- **Wissenschaftlich** arbeitend sind solche Personen, die forschend tätig sind und ihre Arbeit nach wissenschaftlichen Methoden verrichten.
- **Künstlerisch** tätig sind die Personen, die eigenschöpferische Leistungen erbringen und die in ihren Werken eine gewisse künstlerische Gestaltungshöhe erreichen.
- **Schriftstellerisch** tätig sind diejenigen Personen, die ihre eigenen Gedanken und Ideen in schriftlichen Werken veröffentlichen.
- **Unterrichtend** tätig sind solche Personen, die an andere Personen Fähigkeiten und Wissen weitergeben (z.B. Sprach-, Fahr- oder Tanzlehrer).
- **Erzieherisch** tätig sind diejenigen Personen, die planmäßig auf die (geistige und körperliche) Entwicklung junger Menschen einwirken.

Die in der zweiten Unterkategorie aufgelisteten Katalogberufe sind beispielhaft, d.h. nicht nur die in § 18 Abs. 1 Nr. 1 EStG erwähnten Berufe zählen zu den Katalogberufen. Es werden dabei v.a. die Heilberufe, die wirtschafts- und rechtsberatenden sowie technischen Berufe erfasst, bei denen die persönliche Ausbildung und die persönliche qualifizierte Arbeitsleistung des Berufsträgers ausschlaggebend sind.

Aufgrund der sich im Laufe der Zeit wandelnden Berufsbilder und -felder wurde § 18 Abs. 1 Nr. 1 EStG um die dritte Unterkategorie („ähnliche Berufe“) erweitert. Dabei müssen die zugrunde liegende Ausbildung und die berufliche Tätigkeit mit einem einzelnen oder mehreren aufgeführten Berufen vergleichbar sein. Zu den katalogähnlichen Berufen zählen z.B. Hebammen, Masseure und Diplom-Informatiker. Aufgrund der fehlenden Legaldefinition der freiberuflichen Tätigkeit ist die Abgrenzung zur

Gewerblichkeit in der Praxis oftmals nicht eindeutig, z.B. sind Mode- und Werbefotografen nicht künstlerisch tätig und üben somit ein Gewerbe aus. H 15.6 „Abgrenzung selbständige Arbeit/Gewerbebetrieb“ EStR listet beispielhaft selbständige und gewerbliche Tätigkeiten auf.

Merke

Die Einkünfte aus selbständiger Tätigkeit umfassen:

1. **die Katalogberufe**
2. **staatliche Lotterieeinnehmer**
3. **Testamentsvollstrecker, Vermögensverwalter, Aufsichtsratsmitglieder**
4. **Einnahmen aus Beteiligungen an vermögensverwaltenden Gesellschaften**

Die Aufzählung der in § 18 Abs. 1 Nr. 3 EStG genannten Einkünfte aus sonstiger selbständiger Arbeit (Vergütungen für Testamentsvollstreckungen, für Vermögensverwaltung und Aufsichtsratstätigkeiten) ist ebenfalls nur beispielhaft. Darunter sind alle Arten einer verwaltenden Tätigkeit zu verstehen, wenn sie nicht im Rahmen eines Gewerbebetriebs ausgeübt werden.

Gewerbliche vs. Selbständige Tätigkeit

Die Unterscheidung, ob eine selbständige oder aber eine gewerbliche Tätigkeit vorliegt, ist von grundlegender Bedeutung, da bei einer Selbständigkeit die Einkünfte u.a. von der Gewerbesteuerpflicht befreit sind. Außerdem haben Gewerbetreibende grundsätzlich umfangreichere Buchführungs- und Bilanzierungspflichten zu erfüllen.

Eine selbständige Tätigkeit liegt nur dann vor, wenn sie § 18 EStG entspricht. Wird neben einer freiberuflichen eine gewerbliche Tätigkeit ausgeübt, sind gem. H 15.6 „gemischte Tätigkeit“ EStR die beiden Tätigkeiten steuerlich entweder getrennt oder einheitlich zu behandeln. Hierbei ist grundsätzlich zu unterscheiden, ob ein Einzelunternehmen oder eine Personengesellschaft betrachtet wird. Personengesellschaften können nur gewerbliche Einkünfte **oder** Einkünfte aus freiberuflicher Tätigkeit erzielen. Im Gegensatz dazu können Einzelunternehmen **sowohl** eine freiberufliche **als auch** eine gewerbliche Tätigkeit nebeneinander ausüben.

Einzelunternehmen

Die getrennte Behandlung ist bei Einzelunternehmen dann der Fall, wenn die natürliche Person sowohl eine gewerbliche als auch eine selbständige Tätigkeit ausübt und zwischen den beiden Tätigkeiten kein oder nur ein gewisser sachlicher und wirtschaftlicher Zusammenhang besteht. Somit werden nebeneinander Einkünfte aus Gewerbebetrieb (§ 15 EStG) und selbständiger

Arbeit (§ 18 EStG) erzielt, handelt es sich um eine **sog. trennbar gemischte Tätigkeit**.[3]

Beispiel:
Silvia ist Rechtsanwältin und erzielt hiermit Einkünfte aus § 18 EStG. Gleichzeitig hat sie auf ihrem Familienhaus eine Photovoltaikanlage installiert und erzielt hieraus Einkünfte aus Gewerbebetrieb gem. § 15 EStG.

Lassen sich Einkünfte aus verschiedenen Erwerbsquellen nicht trennen, da eine Trennung eine innerlich zusammenhängende Tätigkeit zerreißen würde, liegt eine **untrennbar gemischte Tätigkeit** vor. Entsprechend dem Schwerpunkt der Tätigkeit liegt letztendlich eine Selbständigkeit i.S.d. § 18 EStG oder Einkünfte gem. § 15 EStG vor. Ausschlaggebend hierbei ist das Gesamtbild der Tätigkeit. Ein Gewerbe wird dann angenommen, wenn die Tätigkeit nach der Verkehrsauffassung als eine Einheit anzusehen ist und die Freiberuflichkeit eine untergeordnete Rolle spielt. Entscheidend ist hier nicht das relative Verhältnis von Umsatz oder Gewinn, sondern welche Einkunftsquelle die Gesamttätigkeit prägt.[4] Spielen im umgekehrten Fall bei Einzelunternehmen die gewerblichen Einkünfte eine untergeordnete Rolle, so sind die Einkünfte insgesamt freiberuflich.

Beispiel:
Alfons ist Steuerberater und übernimmt für seine Mandanten neben der Aufstellung der Jahresbilanz und der Erstellung der Steuererklärung auch die Buchführung.
Die Buchführung im Auftrag des Mandanten stellt dem Grunde nach eine gewerbliche Tätigkeit gem. § 15 EStG dar.[5] Hingegen ist die Steuerberatung und die Bilanzaufstellung eine freiberufliche Tätigkeit i.S.d. § 18 Abs. 1 Nr. 1 EStG. Es liegt aber eine untrennbar gemischte Tätigkeit vor, da die Tätigkeiten sich gegenseitig bedingen und derartig miteinander verflochten sind, dass der ganze Betrieb nach der Verkehrsauffassung als einheitlich anzusehen ist, d.h. das Ergebnis der einen Tätigkeit ist ohne die andere Tätigkeit unbrauchbar.[6] Da aber die Buchführung in der Regel im steuerlichen Betreuungsvertrag von untergeordneter Bedeutung ist, ist die gesamte Tätigkeit hieraus als freiberufliche Tätigkeit anzusehen.

3 Vgl. BFH, 11.07.1991, BStBl. 1992 II, S. 353.
4 Vgl. BFH, 02.10.2003, BStBl. 2004 II, S. 363.
5 Vgl. BFH, 28.06.2001, BStBl. 2002 II, S. 338.
6 Vgl. BFH, 27.06.1974, BStBl. 1975 II, S. 147.

Personengesellschaft

Üben mehrere Personen eine freiberufliche Tätigkeit i.S.d. § 18 EStG gemeinsam in Form einer Personengesellschaft aus, erzielt jeder Gesellschafter Einkünfte aus einem freien Beruf. Ein Beispiel hierfür wäre ein Zusammenschluss von drei Ärzten zu einer Gemeinschaftspraxis.

Übt die Personengesellschaft allerdings zusätzlich zu der freiberuflichen eine gewerbliche Tätigkeit aus, erfolgt die Einteilung in selbständige oder gewerbliche Einkünfte durch die Geprägetheorie oder die Abfärbe- bzw. Infektionstheorie gem. § 15 Abs. 3 EStG. Hiernach ist es Personengesellschaften grundsätzlich nicht möglich, freiberuflich und zugleich gewerblich tätig zu sein.

Geprägetheorie

Die Geprägetheorie geht der Frage nach, ob die Tätigkeit einer Personengesellschaft gewerblich oder freiberuflich ist. Bei einer tatsächlich land- und forstwirtschaftlichen oder freiberuflichen Personengesellschaft wird nach § 15 Abs. 3 Nr. 2 EStG eine ausgeübte Tätigkeit insgesamt als gewerblich angesehen, wenn der persönlich haftende Gesellschafter (Komplementär) eine oder mehrere Kapitalgesellschaften sind und nur diese oder ein Nicht-Gesellschafter zur Geschäftsführung befugt sind. In diesem Fall handelt es sich dabei um eine sog. **gewerblich geprägte Personengesellschaft**, z.B. eine GmbH & Co. KG.

Abfärbe- bzw. Infektionstheorie

Im Gegensatz zum Einzelunternehmen kann eine gemischte Tätigkeit der Personengesellschaft nicht in zwei Einkunftsarten aufgeteilt werden. Erzielt eine Personengesellschaft auch nur geringfügig gewerbliche Einkünfte, so färbt die gewerbliche Einkunftsart auf alle anderen Tätigkeitsbereiche ab. Sie erzielt daher regelmäßig insgesamt und in vollem Umfang gewerbliche Einkünfte (§ 15 Abs. 3 Nr. 1 EStG).

Zu einer Infizierung kommt es ausnahmsweise dann nicht, wenn

- die gewerblichen Nettoumsatzerlöse eine Bagatellgrenze i.H.v. 3 % der Gesamtnettoumsätze der Gesellschaft und
- darüber hinaus den Höchstbetrag von 24.500 € im Veranlagungszeitraum nicht überschreiten.[7]

7 BFH v. 27.08.2014, BStBl. 2015 II, S. 996.

Beispiel:
Der Architekt Achim nimmt als Gesellschafter in seine Praxis den berufsfremden Kaufmann Bert auf, der die geschäftlichen Belange des Betriebs wahrnimmt. Da Bert ein berufsfremder Teilhaber ist, beziehen beide Gesellschafter Einkünfte aus Gewerbebetrieb.[8]

Merke

Die Prägetheorie hat Vorrang vor der Abfärbetheorie.

Die Abfärbetheorie gilt nur für Personengesellschaften, da sich eine klare Trennung der verschiedenen Einkunftsarten bei einer Vielzahl von Mitunternehmern als schwieriger erweist als bei Einzelunternehmen. Zudem wird Mitunternehmerschaften die Möglichkeit eingeräumt, durch steuerliche Gestaltung, insbesondere durch Gründung einer weiteren Personengesellschaft, die Anwendung der Abfärberegelung zu vermeiden.

Die vier Überschusseinkunftsarten

2.2.2.2 Die Überschusseinkunftsarten

a) Einkünfte aus nichtselbständiger Arbeit (§ 19 EStG)

Einkünfte aus einem bestehenden oder früheren Dienstverhältnis

Arbeitnehmer beziehen Einkünfte aus nichtselbständiger Arbeit i. S. d. § 19 EStG. § 1 Abs. 1 LStDV definiert Arbeitnehmer als „*Personen, die in öffentlichem oder privatem Dienst angestellt oder beschäftigt sind oder waren und die aus diesem Dienstverhältnis oder einem früheren Dienstverhältnis Arbeitslohn beziehen. Arbeitnehmer sind auch die Rechtsnachfolger dieser Personen, soweit sie Arbeitslohn aus dem früheren Dienstverhältnis ihres Rechtsvorgängers beziehen.*“ Ein Dienstverhältnis liegt dann vor, wenn der Angestellte dem Arbeitgeber seine Arbeitskraft derart schuldet, dass er in der Betätigung seines geschäftlichen Willens unter der Leitung des Arbeitgebers steht oder im geschäftlichen Organismus des Arbeitgebers dessen Weisungen zu folgen verpflichtet ist (§ 1 Abs. 2 LStDV).

Merke

Einkünfte i. S. d. § 19 EStG umfassen:
- **Laufende und einmalige Bar- und Sachbezüge**
- **aus einem früheren oder bestehenden Dienstverhältnis eines Arbeitnehmers**
- **bestimmte Zahlungen des Arbeitgebers an betriebliche Versorgungssysteme**

§ 19 EStG umfasst alle laufenden und einmaligen Zahlungen, die einem Arbeitnehmer oder seinem Rechtsnachfolger anlässlich eines bestehenden oder früheren öffentlichen oder privaten

8 Vgl. BFH, 22.08.1961, HFR, S. 274.

1. Einkünfte aus Land- und Forstwirtschaft (§ 13)
2. Einkünfte aus Gewerbebetrieb (§ 15)
3. Einkünfte aus selbständiger Arbeit (§ 18)
4. Einkünfte aus nichtselbständiger Arbeit (§ 19)
5. Einkünfte aus Kapitalvermögen (§ 20)
6. Einkünfte aus Vermietung und Verpachtung (§ 21)
7. Sonstige Einkünfte im Sinne des § 22

= ***Summe der Einkünfte***
./. Altersentlastungsbetrag (§ 24a)
./. Entlastungsbetrag für Alleinerziehende (§ 24b)
./. Abzug für Land- und Forstwirte (§ 13 Abs. 3)

= ***Gesamtbetrag der Einkünfte (§ 2 Abs. 3)***
./. Verlustabzug (§ 10d)
./. Sonderausgaben (§§ 10, 10a, 10b, 10c)
./. Außergewöhnliche Belastungen (§§ 33, 33a, 33b)

= ***Einkommen (§ 2 Abs. 4)***
./. Kinderfreibetrag (§§ 31, 32 Abs. 6)

= ***Zu versteuerndes Einkommen (§ 2 Abs. 5)***

Dienstverhältnisses zufließen. Dabei können die Zahlungen sowohl in Geld als auch in Sachleistungen (sog. Sachbezüge) bestehen.

Sachbezüge i.S.d. § 8 Abs. 2 EStG sind bspw. freie Wohnung, Kost, die private Nutzung eines Dienstwagens oder Waren und Dienstleistungen. Sie stellen lediglich einen abgekürzten Zahlungsweg dar und gehören somit zu den Einkünften aus nichtselbständiger Arbeit. Die dabei erhaltenen Vergünstigungen bilden einen geldwerten Vorteil und unterliegen als Arbeitslohn grundsätzlich dem Lohnsteuerabzug. Die Sachbezüge sind mit den üblichen Endpreisen am Abgabeort, d.h. mit dem Einzelhandelspreis inkl. Umsatzsteuer, zu bewerten. Davon sind 4 % Bewertungsabschlag abzuziehen. Der verbleibende Betrag ist um das tatsächlich gezahlte Entgelt des Arbeitnehmers zu kürzen. Danach ist der sog. Rabattfreibetrag i.H.v. 1.080 € (§ 8 Abs. 3 Satz 2

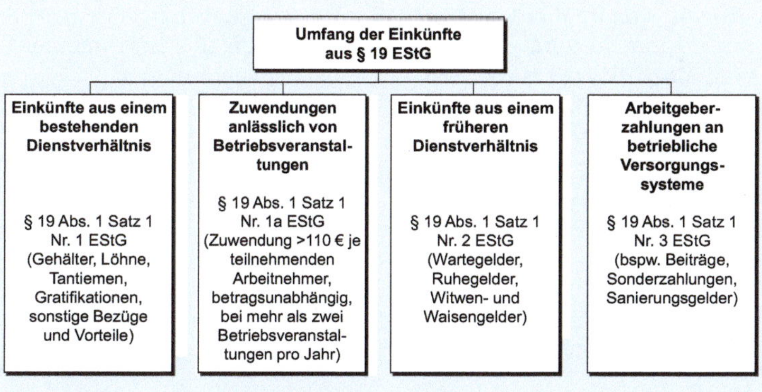

Abb. 25:
Umfang der Einkünfte aus nichtselbständiger Arbeit

EStG) abzuziehen. Der Restbetrag ist als Arbeitslohn i.S.d. § 19 EStG zu versteuern. Als verkaufsüblicher Endpreis wird regelmäßig der Angebotspreis angenommen. Nach neuester Rechtsprechung sind die üblichen Preisnachlässe bei der Besteuerung von Belegschaftsrabatten zu berücksichtigen, da in einigen Branchen die tatsächlich gezahlten Preise häufig deutlich unter den ausgezeichneten Preisen liegen. Vom Angebotspreis kann laut BFH immer dann abgewichen werden, wenn nach den Gepflogenheiten im allgemeinen Geschäftsverkehr tatsächlich ein niedrigerer Preis gefordert wird, z.B. in der Automobilbranche.[9] Der steuerpflichtige Arbeitslohn in Form von Sachbezügen wird somit wie folgt ermittelt:

	Angebotspreis
./.	üblicher Rabatt für Privatkunden
=	verkaufsüblicher Endpreis
./.	4 % des verkaufsüblichen Endpreises
=	verbleibender Endpreis
./.	tatsächlich gezahltes Entgelt des Arbeitnehmers
=	Arbeitslohn (geldwerter Vorteil)
./.	Rabattfreibetrag (1.080 €)
=	steuerpflichtiger Arbeitslohn (zu versteuernder geldwerter Vorteil)

Beispiel:
Albert ist Arbeitnehmer der Audi-AG, die Automobile herstellt. In der Automobilbranche wird ein Privatkundenrabatt von 10 % angenommen. Er kauft einen Pkw der Marke Audi mit folgender Rechnung:

	Pkw-Listenpreis	25.000 €
./.	Personalrabatt 20 %	./. 5.000 €
=	Verkaufspreis	= 20.000 €

9 Vgl. BFH, 17.06.2009, VI R 18/07, DStR 2009, S. 1803.

Der steuerpflichtige Arbeitslohn von Albert berechnet sich wie folgt:

	Angebotspreis	25.000 €
./.	üblicher Preisnachlass	2.500 €
=	verkaufsüblicher Endpreis	22.500 €
./.	4 % des verkaufsüblichen Endpreises	./. 900 €
=	verbleibender Endpreis	= 21.600 €
./.	tatsächlich gezahltes Entgelt des Arbeitnehmers	./. 20.000 €
=	Arbeitslohn (geldwerter Vorteil)	= 1.600 €
./.	Rabattfreibetrag	./. 1.080 €
=	steuerpflichtiger Arbeitslohn (zu versteuernder geldwerter Vorteil)	= 520 €

Albert muss den Betrag von 520 € als Einkünfte aus nichtselbständiger Arbeit versteuern.

Ob und inwieweit Zuwendungen aus Anlass von Betriebsveranstaltungen zu Arbeitslohn führen, ist mit Wirkung vom 1.1.2015 erstmals gesetzlich in § 19 Abs. 1 Nr. 1a EStG geregelt. Demnach führen Zuwendungen aus Anlass einer Betriebsveranstaltung grundsätzlich zu Arbeitslohn. Dies gilt nicht für Zuwendungen bis zu 110 € je Betriebsveranstaltung und je teilnehmenden Arbeitnehmer und für bis zu zwei Betriebsveranstaltungen jährlich.

Beamtenpensionen und Betriebsrenten = Versorgungsbezüge

Zu den Einkünften aus einem früheren Dienstverhältnis i.S.d. § 19 Abs. 1 Nr. 2 EStG zählen insbesondere Beamtenpensionen und Betriebsrenten (= Versorgungsbezüge) – nicht jedoch Rentenbezüge von einem Versicherungsträger (z.B. Sozialversicherungsrenten). Diese zählen zu den sonstigen Einkünften i.S.d. § 22 EStG.

Bis einschließlich Veranlagungszeitraum 2004 waren Versorgungsbezüge grundsätzlich voll steuerpflichtig, während Sozialversicherungsrenten als sonstige Einkünfte i.S.d. § 22 Nr. 1 EStG nur mit ihrem Ertragsanteil besteuert wurden. Um diesen steuerlichen Vorteil der Sozialversicherungsrenten auszugleichen, gab es bereits seit Langem den sog. **Versorgungs-Freibetrag** nach § 19 Abs. 2 EStG, der bis zu 40 % der Versorgungsbezüge steuerfrei gestellt hat.

Durch das Alterseinkünftegesetz, welches zum 01.01.2005 in Kraft getreten ist, erfolgt nun jedoch eine schrittweise Anpassung der Besteuerung der Renten aus der gesetzlichen Rentenversicherung an die nachgelagerte Besteuerung von Beamtenpensionen. Damit einhergehend werden auch die Vergünstigungen des Versorgungs-Freibetrags nach und nach über einen Zeitraum bis 2040 vollständig **abgeschmolzen**. Dabei wird der Prozentsatz, der für die Höhe des Freibetrags maßgeblich ist, zunächst in Schritten von jeweils 1,6 Prozentpunkten p.a. (ausgehend von 40 % der Versorgungsbezüge bei einem Versorgungsbeginn bis einschließlich 2005) abgesenkt. Ab dem Jahr 2021 erfolgt die Abschmelzung in 0,8-Prozentpunkt-Schritten. Parallel dazu wird der **Höchstbetrag** von 3.000 € (für Bestandsfälle und den Pensionärsjahrgang 2005) bis zum Jahr 2040 schrittweise auf 0 € herabgesetzt.

Die Ermittlung des tatsächlich gewährten Versorgungs-Freibetrags richtet sich dabei nach dem jeweiligen Jahr des Versorgungsbeginns. Fällt dieses in einen Zeitraum vor 2005, ist auf das Zwölffache des Versorgungsbezugs für Januar 2005 als Bemessungsgrundlage abzustellen. Bei einem späteren Versorgungsbeginn sind die zwölffachen Bezüge des ersten vollen Monats heranzuziehen (§ 19 Abs. 2 Satz 4 EStG). Zu beachten bleibt, dass der einmal ermittelte Freibetrag gem. § 19 Abs. 2 Satz 8 EStG grundsätzlich – d.h. wenn es zu keinen unregelmäßigen Anpassungen, wie z.B. Einkommensanrechnungen, kommt – für die gesamte Laufzeit des Versorgungsbezugs festgeschrieben wird.

Beispiel:
Der 35-jährige Armin verlor bei einem Autounfall im März 2017 sein Sehvermögen. Seinen Beruf als Beamter kann Armin daher nicht mehr ausüben. Seit April desselben Jahres erhält er Beamtenpensionszahlungen i.H.v. 1.000 € pro Monat. In welcher Höhe kann Armin im Jahr 2018 den Versorgungs-Freibetrag geltend machen?
Die Beamtenpensionen stellen gem. § 19 Abs. 2 Satz 2 Nr. 1 Bst. a EStG Versorgungsbezüge dar. Die Ermittlung des Freibetrags richtet sich nach dem Jahr des Versorgungsbeginns (2017). Bemessungsgrundlage ist das Zwölffache des Versorgungsbezugs des ersten vollen Monats (12 × 1.000 € = 12.000 €). Nach § 19 Abs. 2 Satz 3 EStG sind 20,8 % der Bezüge – d.h. 2.496 € – steuerfrei. Armin kann aber maximal 1.560 € als Versorgungs-Freibetrag ansetzen.

Zukunftssicherungsleistungen

Zu den Einkünften aus nichtselbständiger Arbeit gehören auch sog. Zukunftssicherungsleistungen. Dies sind Ausgaben eines Arbeitgebers, *„um einen Arbeitnehmer oder diesem nahestehende Personen für den Fall der Krankheit, des Unfalls, der Invalidität, des Alters oder des Todes abzusichern"* (§ 2 Abs. 2 Nr. 3 Satz 1 LStDV). § 19 Abs. 1 Nr. 3 EStG ergänzt diese Vorschrift und stellt klar, welche Zahlungen des Arbeitgebers an betriebliche Versorgungssysteme zu den Einkünften aus nichtselbständiger Tätigkeit zählen. Hierzu gehören bspw. Beiträge und Sonderzahlungen für eine nicht kapitalgedeckte Altersversorgung.

Arbeitnehmer-Pauschbetrag

Von den Einnahmen i. S. d. § 19 EStG können neben dem Versorgungs-Freibetrag Werbungskosten abgezogen werden. § 9 Abs. 1 Satz 3 EStG listet wichtige beruflich veranlasste Aufwendungen beispielhaft auf. Dazu gehören insbesondere:

- Beiträge zu Berufsverbänden (z. B. Gewerkschaftsbeiträge),
- Aufwendungen für den Weg bzw. die Fahrt zwischen Wohnung und Arbeitsstätte,
- Aufwendungen für Arbeitsmittel (z. B. Berufskleidung, Werkzeuge),
- Absetzung für Abnutzung (z. B. für PC, Drucker) und
- Kontoführungsgebühren (pauschal werden 16 € anerkannt).

Liegen die tatsächlichen Werbungskosten des Steuerpflichtigen unter dem Arbeitnehmer-Pauschbetrag (§ 9a Satz 1 Nr. 1 EStG), so wird dieser an deren Stelle gewährt. Übersteigen die tatsächlichen Aufwendungen den Pauschbetrag, können diese als Werbungskosten angesetzt werden, wenn ein entsprechender Nachweis (z. B. Rechnungen, Kontoauszüge etc.) erbracht wird. Der Arbeitnehmer-Pauschbetrag beläuft sich dabei grundsätzlich auf 1.000 €. Bei Einnahmen aus nichtselbständiger Arbeit in Form von Versorgungsbezügen i. S. d. § 19 Abs. 2 EStG wird jedoch lediglich eine Werbungskosten-Pauschale von 102 € gewährt. Der weitgehende Wegfall des als Kompensationselement bislang auch für Versorgungsbezüge gewährten Pauschbetrags erklärt sich aus der Angleichung der Besteuerung von Renten und Pensionen. In der Übergangsphase wird die Wirkung dieser Maßnahme allerdings gemildert, indem in den betreffenden Fällen ein Zuschlag zum Versorgungs-Freibetrag gewährt wird. Dieser wird – in Einklang mit den korrespondierenden Regelungen – von 900 € bei einem Versorgungsbeginn bis 2005 auf 0 € für den Pensionsjahrgang 2040 abgeschmolzen und zusammen mit dem Versorgungs-Freibetrag für die gesamte Versorgungsdauer festgeschrieben.

Fortsetzung des Beispiels:
Da Armin als Bezieher von Versorgungsbezügen lediglich einen Werbungskosten-Pauschbetrag i. H. v. 102 € ansetzen kann, wird ihm ein Zu-

schlag zum Versorgungs-Freibetrag gewährt. Dieser beläuft sich laut der Tabelle zu § 19 Abs. 2 EStG auf 486 € und richtet sich wiederum nach dem Jahr des Versorgungsbeginns (2017). Insgesamt bleiben somit 2.028 € (1.560 € + 468 €) steuerfrei. Dieser Betrag wird grundsätzlich für die gesamte Dauer des Versorgungsbezugs festgeschrieben.
Somit ergeben sich 2018 für Armin folgende Einkünfte aus nichtselbständiger Arbeit:

	Einnahmen (12 × 1.000 €)	12.000 €
./.	Versorgungs-Freibetrag (mit Zuschlag)	./. 2.028 €
./.	Werbungskosten-Pauschbetrag	./. 102 €
=	Einkünfte aus nichtselbständiger Arbeit	= 9.870 €

Die Einkünfte aus nichtselbständiger Arbeit berechnen sich somit wie folgt:

	Bruttoarbeitslohn aus bestehenden und früheren Dienstverhältnissen i. S. d. § 19 Abs. 1 Nr. 1 und 2 EStG
+	vom Arbeitgeber gezahlte sog. Zukunftssicherungsleistungen i. S. d. § 19 Abs. 1 Nr. 3 EStG
./.	Versorgungs-Freibetrag (zzgl. Zuschlag) bei Empfängern von Versorgungsbezügen nach § 19 Abs. 2 EStG
./.	tatsächliche Werbungskosten oder Arbeitnehmer-Pauschbetrag §§ 9, 9a Satz 1 Nr. 1 Bst. a oder b EStG
=	Einkünfte aus nichtselbständiger Arbeit i. S. d. § 19 EStG

Merke

- **Der Versorgungs-Freibetrag für Pensionen und alle übrigen von § 19 Abs. 2 EStG erfassten Versorgungsbezüge wird bis 2040 auf 0 € abgeschmolzen.**
- **Der Werbungskosten-Pauschbetrag beträgt bei Einnahmen aus nichtselbständiger Arbeit in Form von Versorgungsbezügen lediglich 102 € (sonst: 1.000 €). Zum Ausgleich wird während des Übergangs zur steuerlichen Gleichbehandlung der gesetzlichen Renten und Pensionen ein Zuschlag zum Versorgungs-Freibetrag gewährt.**

b) Einkünfte aus Kapitalvermögen (§ 20 EStG)

§ 20 EStG regelt die Besteuerung der Kapitaleinkünfte und listet in Abs. 1 und 2 deren Umfang auf.

Einkünfte aus Kapitalvermögen

In Tabelle 11 werden ausgewählte Einkünfte aus Kapitalvermögen gezeigt. Neben den laufenden Einnahmen aus Kapitalvermögen gem. § 20 Abs. 1 EStG werden durch § 20 Abs. 2 EStG auch die Veräußerungstatbestände erfasst. Dies betrifft insbesondere Gewinne aus der Veräußerung von Wertpapieren, die nach dem 31.12.2008 angeschafft wurden.

Abb. 26 veranschaulicht die Grundsystematik der Besteuerung von Dividenden und Zinserträgen. Entscheidend ist die Zuordnung der Kapitalerträge zum Privat- oder Betriebsvermögen.

1. Einkünfte aus Land- und Forstwirtschaft (§ 13)
2. Einkünfte aus Gewerbebetrieb (§ 15)
3. Einkünfte aus selbständiger Arbeit (§ 18)
4. Einkünfte aus nichtselbständiger Arbeit (§ 19)
5. Einkünfte aus Kapitalvermögen (§ 20)
6. Einkünfte aus Vermietung und Verpachtung (§ 21)
7. Sonstige Einkünfte im Sinne des § 22

= ***Summe der Einkünfte***
./. Altersentlastungsbetrag (§ 24a)
./. Entlastungsbetrag für Alleinerziehende (§ 24b)
./. Abzug für Land- und Forstwirte (§ 13 Abs. 3)

= ***Gesamtbetrag der Einkünfte (§ 2 Abs. 3)***
./. Verlustabzug (§ 10d)
./. Sonderausgaben (§§ 10, 10a, 10b, 10c)
./. Außergewöhnliche Belastungen (§§ 33, 33a, 33b)

= ***Einkommen (§ 2 Abs. 4)***
./. Kinderfreibetrag (§§ 31, 32 Abs. 6)

= ***Zu versteuerndes Einkommen (§ 2 Abs. 5)***

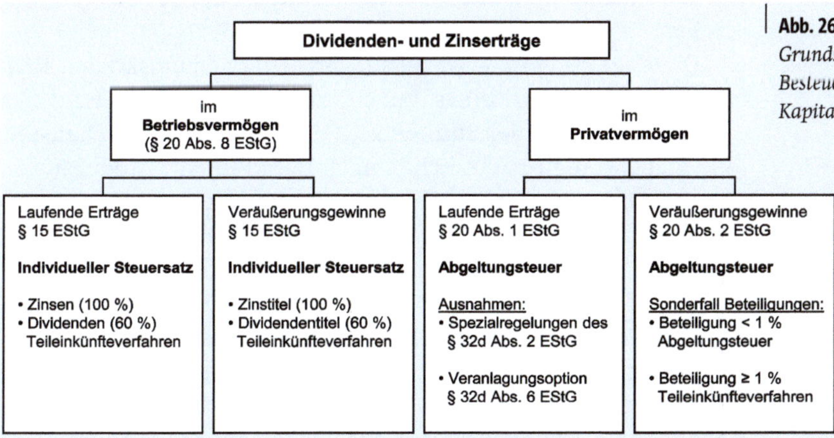

Abb. 26: *Grundsystematik der Besteuerung von Kapitalerträgen*

Tabelle 11: Umfang der Einkünfte aus Kapitalvermögen

	Umfang der Einkünfte aus Kapitalvermögen	
	Laufende Erträge § 20 Abs. 1 EStG	Veräußerungsgewinne § 20 Abs. 2 EStG
Nr. 1	Dividenden und verdeckte Gewinnausschüttungen	Aktien und GmbH-Anteile mit Beteiligung < 1 %, Genussrechte
Nr. 2	Bezüge bei Liquidation der Gesellschaft oder Kapitalherabsetzung	Dividendenscheine und Zinsscheine
Nr. 3	Investmenterträge nach dem InvestmentStG	Private Termingeschäfte
Nr. 4	Gewinnanteil des typisch stillen Gesellschafters und aus partiarischen Darlehen	Veräußerung einer stillen Beteiligung oder partiarischen Darlehen
Nr. 5	Zinsen aus Hypotheken und Grundschulden	Veräußerung von Hypotheken und Grundschulden
Nr. 6	Erträge aus Kapitallebens-versicherungen	Veräußerung von Versicherungsansprüchen
Nr. 7	Erträge aus sonstigen Kapitalforderungen, insb. Zinsen	Veräußerung von sonstigen Kapitalforderungen einschließlich Stückzinsen, z.B. festverzinsliche Wertpapiere
Nr. 11	Stillhalterprämien bei Optionsgeschäften	-

Höhe der Besteuerung

Die Art und Höhe der Besteuerung ist abhängig von der Zuordnung der Kapitalerträge zum Privat- oder Betriebsvermögen. Zunächst wird aber eine einheitliche KapESt i.H.v. 25 % erhoben.

Privatvermögen

Die Abgeltung im Privatvermögen erfolgt grundsätzlich schedulenhaft in Form eines gesonderten Steuertarifs i.H.v. 25 % zzgl. SolZ, d.h. in der Summe 26,375 %. Im Fall der Kirchensteuerpflicht werden zusätzlich je nach Bundesland 8 % oder 9 % erhoben. Unter Berücksichtigung der Kirchensteuer als Sonderausgabe ergibt sich hieraus eine Abgeltungsteuer i.H.v. von 27,82 % bzw. 27,99 % (§ 32d Abs. 1 Satz 3 EStG).

Betriebsvermögen

Sind die Kapitalerträge hingegen den Einkünften aus Land- und Forstwirtschaft, aus Gewerbebetrieb, aus selbständiger Arbeit oder aus Vermietung und Verpachtung zuzuordnen, greift die Subsidiaritätsregel des § 32d Abs. 1 Satz 1 EStG i.V.m. § 20 Abs. 8 EStG. Dividenden unterliegen in diesen Fällen gem. § 3

Nr. 40 Bst. d EStG dem Teileinkünfteverfahren, wonach lediglich 60 % der Bezüge steuerpflichtig sind. Im Gegenzug können auch nur 60 % der Betriebsausgaben, die mit den Einnahmen in einem wirtschaftlichen Zusammenhang stehen, geltend gemacht werden (§ 3c Abs. 2 EStG). Zinsen, die dem Betriebsvermögen zufließen, werden hingegen nicht durch das Teileinkünfteverfahren begünstigt und sind in voller Höhe mit dem individuellen Einkommensteuersatz zu versteuern. In beiden Fällen fungiert die KapESt als Einkommensteuervorauszahlung. Tabelle 12 verdeutlicht nochmals die unterschiedlichen steuerlichen Konsequenzen einer Zuordnung der Kapitalerträge zum Privat- oder Betriebsvermögen eines Steuerpflichtigen.

Die Abgeltungsteuer gem. § 32d EStG

Gem. § 32d EStG werden Kapitaleinkünfte, die dem Privatvermögen zufließen, grundsätzlich einer Abgeltungsteuer i.H.v. 25 % unterworfen. In diesem Fall verliert die Kapitalertragsteuer ihren Charakter als Einkommensteuervorauszahlung, und die

Tabelle 12: Steuerliche Konsequenzen aus der Zuordnung der Kapitalerträge zum Privat- oder Betriebsvermögen

	Zurechnung der Kapitalerträge zum	
	Privatvermögen	Betriebsvermögen
Steuertarif	Abgeltungssteuer	Normaltarif
Steuerpflichtiger Anteil		
– Zinsen	100 %	100 %
– Dividenden und Veräußerungsgewinne	100 %	60 %
Abzug von Werbungskosten bzw. Betriebsausgaben	• Grds. kein Abzug • Beschränkung auf den Sparer-Pauschbetrag 801 € (1.602 €) (§ 20 Abs. 9 EStG)	• bei Zinsen zu 100 % • bei Dividenden und Veräußerungsgewinnen zu 60 % möglich (§ 3c Abs. 2 EStG)
Steuersatz	25 % zzgl. SolZ	bis zu 45 % zzgl. SolZ
Ausnahmen	• Veräußerungsgewinne von Beteiligungen ≥ 1 % gem. § 17 EStG (Teileinkünfteverfahren) • Kapitalerträge i.S.d. § 32d Abs. 2 EStG • Veranlagungsoption § 32d Abs. 6 EStG	

Steuerschuld ist mit dem pauschalen Steuerabzug an der Quelle abgegolten (§ 43 Abs. 5 Satz 1 EStG). Von diesem Grundsatz gibt es jedoch zahlreiche Ausnahmen (vgl. Abb. 27). Der Schuldner der KapESt bleibt gem. § 44 Abs. 1 Satz 1 EStG auch weiterhin der Gläubiger der Erträge. Die Steuer entsteht zu dem Zeitpunkt, zu dem die Kapitalerträge dem Gläubiger zufließen (§ 44 Abs. 1 Satz 2 EStG). Die ausschüttende Kapitalgesellschaft (z.B. bei inländischen Dividenden) oder die auszahlende Stelle der Kapitalerträge (= Depotbank) sind zum Abzug der Kapitalertragsteuer verpflichtet (z.B. bei ausländischen Dividenden, Zinszahlungen oder steuerpflichtigen Kursgewinnen [§ 44 Abs. 1 EStG]).

Veranlagungsoption

Der Steuerpflichtige ist jedoch nicht in jedem Fall an den Abgeltungsteuersatz gebunden, sondern hat gem. § 32d Abs. 6 EStG die Möglichkeit, die tarifliche Veranlagung zu wählen (sog. Veranlagungsoption). Dies ist immer dann vorteilhaft, wenn der persönliche Grenzsteuersatz des Steuerpflichtigen unter 25 % liegt, z.B. bei geringen Einkünften, hohen Werbungskosten, Sonderausgaben, außergewöhnlichen Belastungen oder bei Verlusten aus anderen Einkunftsarten. Möchte der Steuerpflichtige die Veranlagungsoption in Anspruch nehmen, so kann er sich von seinem Kreditinstitut eine Steuerbescheinigung i.S.d. § 45a Abs. 2 EStG über die Kapitalerträge ausstellen lassen. Auf Antrag des Steuerpflichtigen prüft das Finanzamt anhand dieser Bescheinigung von Amts wegen, ob die tarifliche Veranlagung zu einer niedrigeren Steuer führt (sog. Günstigerprüfung). Der An-

Abb. 27: *Systematik des § 32d EStG*

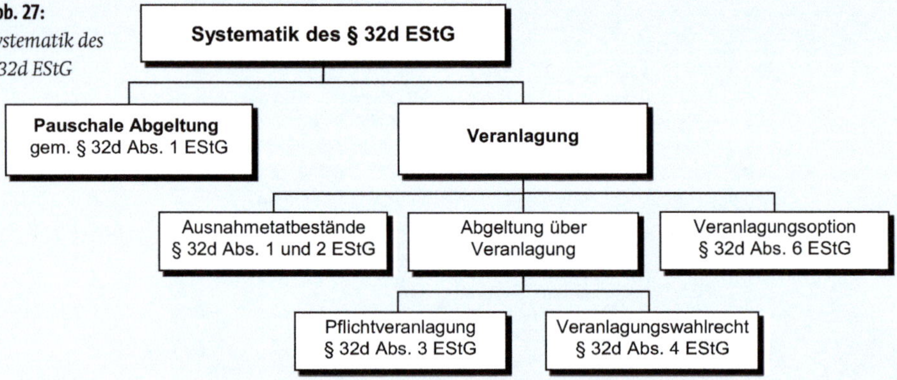

trag kann jedoch gem. § 32d Abs. 6 Satz 3 und 4 EStG für den jeweiligen Veranlagungszeitraum nur einheitlich für sämtliche Kapitaleinkünfte des Steuerpflichtigen und bei zusammenveranlagten Ehegatten nur für sämtliche Kapitalerträge beider Ehegatten gestellt werden. Die Einkünfte aus Kapitalvermögen fließen dann in die Summe der Einkünfte mit ein und unterliegen somit dem persönlichen Einkommensteuersatz des Steuerpflichtigen. Wird zur Veranlagung optiert, können positive Einkünfte aus Kapitalvermögen mit Verlusten aus anderen Einkunftsarten verrechnet werden. Eine Verrechnung negativer Einkünfte aus Kapitalvermögen ist jedoch auf diese Weise nicht möglich.

Beispiel:
Hans ist Rentner und unterliegt einem Grenzsteuersatz von 20 %. Von einem Sparbuch erhält er Zinseinnahmen i. H.v. 2.000 €. Da seine Zinseinkünfte jedoch der Abgeltungsteuer i. H.v. 25 % unterliegen, rät ihm sein Steuerberater dazu, die sog. Veranlagungsoption des § 32d Abs. 6 EStG auszuüben und beim Finanzamt zu beantragen, seine Kapitaleinkünfte zusammen mit den restlichen Einkünften zu veranlagen. Dazu benötigt Hans jedoch eine Steuerbescheinigung, die er gem. § 45a Abs. 2 EStG bei seinem Kreditinstitut beantragen muss. Anhand der Bescheinigung prüft das Finanzamt von Amts wegen, ob die Anwendung der allgemeinen einkommensteuerlichen Regelungen zu einer niedrigeren Steuerfestsetzung führt (sog. Günstigerprüfung). Sollte dies nicht der Fall sein, so gilt der Antrag als nicht gestellt.

Merke

Der Steuerpflichtige kann durch die Antragstellung gem. § 32d Abs. 6 EStG nicht schlechter gestellt werden, da das Finanzamt lediglich die Vorteilhaftigkeit des Antrags für den Steuerpflichtigen zu prüfen hat.

Abgeltung über die Veranlagung

Bei der sog. Abgeltung über die Veranlagung gem. § 32d Abs. 3 und 4 EStG sind zwei Fälle zu unterscheiden, in denen der Abgeltungsteuersatz erst im Wege der Veranlagung zur Anwendung kommt.

1. Bei der Pflichtveranlagung nach § 32d Abs. 3 EStG hat der Steuerpflichtige diejenigen Kapitalerträge, auf die bisher keine Kapitalertragsteuer erhoben wurde, in seiner Einkommensteuererklärung anzugeben (z. B. Erträge aus ausländischen Depots und Konten, Zinsen zwischen Privatpersonen, Veräußerung von GmbH-Anteilen bei nicht wesentlicher Beteiligung). Diese Kapitalerträge unterliegen ebenfalls dem Sonder-

tarif des § 32d EStG i.H.v. 25 %. Da keine Kapitalertragsteuer einbehalten wurde, erhöht sich die tarifliche Einkommensteuer um 25 % der entsprechenden Einkünfte (§ 32d Abs. 3 Satz 2 i.V.m. § 2 Abs. 6 Satz 1 EStG).

Beispiel:
Karl ist seit dem 02.01.2018 Kleingesellschafter der IN-GmbH. Seine Beteiligung beträgt weniger als 1 %. Die Anschaffungskosten betragen 5.000 €. Ende 2018 verkauft er die Beteiligung mit einem Veräußerungserlös i.H.v. 15.000 €. Zudem hat Karl 2.000 € Veräußerungskosten zu tragen. Karls Sparer-Pauschbetrag ist bereits durch andere Kapitalerträge ausgeschöpft. Der Veräußerungsgewinn gehört gem. § 20 Abs. 2 Nr. 1 EStG zu den Einkünften aus Kapitalvermögen und ermittelt sich gem. § 20 Abs. 4 Satz 1 EStG durch den Abzug der Anschaffungs- und Veräußerungskosten von den Einnahmen aus der Veräußerung:

	Einnahmen aus der Veräußerung	15.000 €
./.	Anschaffungskosten	./. 5.000 €
./.	Veräußerungskosten	./. 2.000 €
=	Veräußerungsgewinn i.S.d. § 20 Abs. 4 EStG	= 8.000 €

Da der Veräußerungsgewinn als steuerpflichtiger Kapitalertrag nicht der Abgeltungsteuer unterlegen hat, ist dieser in Karls Einkommensteuererklärung anzugeben (§ 32d Abs. 3 EStG). Die tarifliche Einkommensteuer erhöht sich ohne Berücksichtigung des SolZ um (25 % × 8.000 € =) 2.000 € (§§ 32d Abs. 3 Satz 2 i.V.m. 2 Abs. 6 Satz 1 EStG).

2. Eine weitere Form der Abgeltung über die Veranlagung stellt das Veranlagungswahlrecht des § 32d Abs. 4 EStG dar. Dieses kommt immer dann zur Anwendung, wenn einerseits Kapitalertragsteuer erhoben wurde, andererseits jedoch steuermindernde Tatbestände unberücksichtigt geblieben sind. § 32d Abs. 4 EStG listet hierzu eine nicht abschließende Reihe von Tatbeständen auf, die es dem Steuerpflichtigen ermöglichen, nicht berücksichtigte steuermindernde Sachverhalte nachträglich geltend zu machen. Zudem ist eine Überprüfung des Steuereinbehalts dem Grunde oder der Höhe nach möglich. Aufgrund dieser Regelung kann der Steuerpflichtige bspw. einen nicht berücksichtigten Verlust oder einen noch nicht vollständig ausgeschöpften Sparer-Pauschbetrag im

Rahmen der Veranlagung nutzen. Um dies zu erreichen, erfolgt in einem ersten Schritt gem. § 32d Abs. 3 Satz 2 EStG eine Erhöhung der tariflichen Einkommensteuer um 25 % der nun durch die Tatbestände geminderten Einkünfte. In einem zweiten Schritt ist die bereits einbehaltene KapESt auf die Einkommensteuerschuld gem. § 36 Abs. 2 Nr. 2 EStG anzurechnen. Dies ist notwendig, da die bereits einbehaltene KapESt ohne Berücksichtigung der steuermindernden Tatbestände erhoben wurde und somit höher ist als der bei der Steuerfestsetzung zugrunde gelegte Betrag.

Beispiel:
Josef hat bei der Bank A einen Freistellungsauftrag i.H.v. 801 € gestellt. Darüber hinaus erzielte er Verluste aus der Veräußerung von Aktien i.H.v. 1.000 €. Bei der Bank B erzielt er hingegen Gewinne aus der Veräußerung von Aktien i.H.v. 2.000 €. Die Bank B behält daraufhin gem. §§ 44 Abs. 1 i.V.m. 43a Abs. 1 Nr. 1 EStG 25 % Kapitalertragsteuer i.H.v. 500 € ein.
Die von der Bank B einbehaltene Kapitalertragsteuer hat grundsätzlich abgeltende Wirkung (§ 43 Abs. 5 Satz 1 EStG). Jedoch wurden weder der Sparer-Pauschbetrag noch der gem. §§ 43a Abs. 3 Satz 2 i.V.m. 20 Abs. 6 Satz 5 EStG verrechenbare Verlust im Rahmen des Kapitalertragsteuerabzugs berücksichtigt. Josef kann daher gem. § 32d Abs. 4 EStG i.V.m. § 43 Abs. 5 Satz 3 EStG die Berücksichtigung dieser Tatbestände im Rahmen seiner Veranlagung beantragen.

	Einkünfte aus Kapitalvermögen	2.000 €
./.	Verrechenbare Verluste gem. §§ 43 Abs. 3 Satz 3 i.V.m. 20 Abs. 6 Satz 5 EStG	./. 1.000 €
=	Summe der Einkünfte aus Kapitalvermögen	= 1.000 €
./.	Sparer-Pauschbetrag gem. § 20 Abs. 9 EStG	./. 801 €
=	Steuerbemessungsgrundlage des Sondertarifs gem. § 32d Abs. 1 EStG Steuersatz 25 %	= 199 €
=	Steuerbelastung	= 50 €
./.	Einbehaltene KapESt	./. 500 €
=	Steuererstattung	= ./. 450 €

Nach Berücksichtigung aller steuermindernden Umstände ergibt sich für Josef eine Steuererstattung i.H.v. 450 €. Diese resultiert daraus, dass sich die tarifliche Einkommensteuer gem. § 2 Abs. 6 Satz 1

EStG um 50 € erhöht (§ 32d Abs. 4 EStG). Im Gegenzug wird jedoch die einbehaltene Kapitalertragsteuer i.H.v. 500 € gem. § 36 Abs. 2 Nr. 2 EStG auf die Einkommensteuerschuld angerechnet.

Ausnahmen von der Abgeltungsteuer gem. § 32d EStG

Bei der Veranlagungsoption bzw. der sog. Abgeltung über die Veranlagung, bei denen die Kapitalerträge zwar grundsätzlich unter den Sondertarif des § 32d EStG fallen, der Steuerpflichtige jedoch gezielt die Veranlagung wählt, um so eine niedrigere Steuerbelastung zu erreichen (Ausnahme der Höhe nach), entfällt die abgeltende Wirkung der KapESt. Darüber hinaus findet die Abgeltungsteuer keine Anwendung bei Kapitalerträgen, die einer Haupteinkunftsart zugerechnet werden können oder die unter die Ausnahmetatbestände gem. § 32d Abs. 2 EStG fallen (Ausnahmen dem Grunde nach).

Abb. 28: *Ausnahmen vom Sondertarif des § 32d EStG*

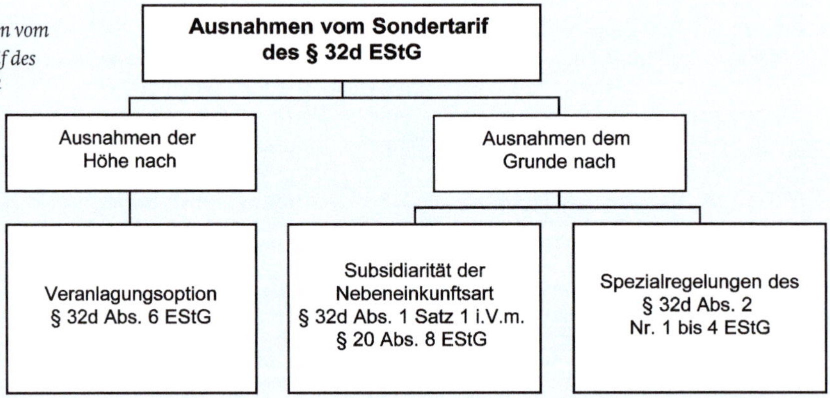

1. Subsidiarität der Nebeneinkunftsart

§ 32d Abs. 1 Satz 1 EStG bestimmt i.V.m. § 20 Abs. 8 EStG, dass Kapitalerträge nicht unter die Abgeltungsteuer fallen, sofern sie den Einkünften aus Land- und Forstwirtschaft, aus Gewerbebetrieb, aus selbständiger Arbeit oder aus Vermietung und Verpachtung zugeordnet werden können. Aufgrund dieser Zuordnung ist eine Verrechnung mit anderen Einkunftsarten möglich.

Beispiel:
Franz betreibt ein Kaffeehaus in der Saarbrücker Innenstadt und ist zu 20 % an der Kaiser-GmbH beteiligt. Auf seinem Bankkonto werden ihm im Jahr 2018 Gewinnausschüttungen i. H.v. 75.000 € gutgeschrieben. Zur Finanzierung der Anteile hat Franz ein Darlehen aufgenommen, die Finanzierungskosten betragen 30.000 €. Zudem werden Franz 3.000 € Zinsen aus einem Geldmarktkonto gutgeschrieben, das er bei der Max-Bank unterhält. Wie stellt sich die steuerliche Behandlung der Einkünfte dar, wenn die GmbH-Anteile und das Geldmarktkonto

a) dem Privatvermögen
b) dem Einzelunternehmen

von Franz zuzuordnen sind und er einem Steuersatz von 40 % unterliegt? Der Sparer-Pauschbetrag wird vernachlässigt.

a) Sowohl die Gewinnanteile als auch die Zinszahlungen stellen Einkünfte aus Kapitalvermögen gem. § 20 Abs. 1 Nr. 1 bzw. Nr. 7 EStG dar und können keiner Haupteinkunftsart zugerechnet werden. Somit unterliegen sie dem Sondertarif des § 32d EStG i. H.v. 25 %. Die KapESt, die gem. § 43 Abs. 1 Satz 1 Nr. 1 und Nr. 7 i.V.m. § 43a Abs. 1 Nr. 1 EStG erhoben wurde, hat gem. § 43 Abs. 5 EStG abgeltende Wirkung. Ein Abzug der tatsächlich entstandenen Werbungskosten ist hingegen ausgeschlossen (§ 20 Abs. 9 Satz 1 EStG).

	Netto-Einnahmen aus Kapitalvermögen	78.000 €
+	einbehaltene KapESt	+ 26.000 €
=	Bruttoeinnahmen aus Kapitalvermögen	= 104.000 €
	Abgeltungsteuer 25 %	
=	Steuerbelastung	= 26.000 €

b) Da die Kapitalerträge dem Betriebsvermögen zuzuordnen sind, greift die Ausnahmeregelung des § 32d Abs. 1 Satz 1 EStG i.V.m. § 20 Abs. 8 EStG. Die einbehaltene KapESt hat somit keine abgeltende Wirkung (§ 43 Abs. 5 Satz 2 EStG), sondern behält ihren Charakter als Einkommensteuervorauszahlung und kann auf die Einkommensteuerschuld von Franz angerechnet werden. Folglich ist auch der Betrag, der als KapESt einbehalten wurde, den Einkünften hinzuzurechnen (§§ 43a Abs. 2 Satz 1, 36 Abs. 2 Nr. 2 EStG). Die ausgeschütteten Gewinne der GmbH sind gem. § 3 Nr. 40 Bst. d EStG zu 40 % steuerfrei. Die Finanzierungskosten stellen Betriebsausgaben dar, die mit den Ausschüttungen in wirtschaftlichem Zusammenhang stehen, und können gem. § 3c Abs. 2 EStG zu 60 % abgezogen werden. Die Zinsen sind in vollem Umfang steuerpflichtig. Die steuerpflichtigen Einkünfte und die Einkommensteuerschuld ermitteln sich wie folgt:

	GmbH-Gewinnausschüttung		
	Netto-Einnahmen aus Kapitalvermögen	75.000 €	
+	anrechenbare KapESt (§§ 43a Abs. 2 Satz 1, 36 Abs. 2 Nr. 2 EStG)	+ 25.000 €	
=	Brutto-Einnahmen aus Kapitalvermögen	= 100.000 €	
	davon 60 % (§ 3 Nr. 40 Bst. d EStG)	= 60.000 €	
./.	Werbungskosten 60 % v. 30.000 € (§ 3c Abs. 2 EStG)	./. 18.000 €	
=	Einkünfte aus Kapitalvermögen	= 42.000 €	= 42.000 €
	Zinsen		
	Netto-Einnahmen aus Kapitalvermögen	3.000 €	
+	anrechenbare KapESt (§§ 43a Abs. 2 Satz 1, 36 Abs. 2 Nr. 2 EStG)	+ 1.000 €	
=	Brutto-Einnahmen aus Kapitalvermögen	= 4.000 €	= 4.000 €
=	steuerpflichtige Einkünfte gem. § 20 EStG		= 46.000 €
	Einkommensteuersatz 40 %		
=	Steuerbelastung (Tarifliche Einkommensteuer)		= 18.400 €
./.	anrechenbare KapESt (§§ 43a Abs. 1 Nr. 1, 36 Abs. 2 Satz 2 Nr. 2 EStG)		./. 26.000 €
=	Steuererstattung		= 7.600 €

Franz ist daher zu raten, seine GmbH-Beteiligung im Betriebsvermögen zu halten, um einen Abzug der Finanzierungskosten als Betriebsausgaben zu ermöglichen (Steuerersparnis: 100.000 € × 25 % ./. 42.000 € × 40 % = 8.200 €). Die Zinseinkünfte sollten jedoch möglichst dem Privatvermögen zufließen, um in den Genuss der Abgeltungsteuer zu kommen (Steuerersparnis: 4.000 € × 40 % ./. 4.000 € × 0,25 % = 600 €).

2. Ausnahmeregelungen des § 32d Abs. 2 EStG

§ 32d Abs. 2 EStG listet eine Reihe von Kapitalerträgen auf, bei denen die Abgeltungsteuer nicht zur Anwendung kommt, sondern welche gemeinsam mit den anderen Einkunftsarten veranlagt werden (vgl. Tabelle 13).

a) Durch die Einführung der pauschalen Abgeltungsteuer sah der Gesetzgeber die Gefahr, dass betriebliche Gewinne durch gestalterische Maßnahmen (insbesondere Gesellschafterdar-

Tabelle 13: Ausnahmetatbestände des § 32d Abs. 2 EStG

	§ 32d Abs. 2 Nr. 1 EStG	§ 32d Abs. 2 Nr. 2 EStG	§ 32d Abs. 2 Nr. 3 EStG	§ 32d Abs. 2 Nr. 4 EStG
Sachlicher Anwendungsbereich	Erträge aus • der Beteiligung als stiller Gesellschafter • Kapitalforderungen	Kapitalerträge aus Lebensversicherungen i.S.d. § 20 Abs. 1 Nr. 6 EStG	Gewinnausschüttungen i.S.d. § 20 Abs. 1 Nr. 1 EStG	• Verdeckte Gewinnausschüttungen i.S.d. § 20 Abs. 1 Nr. 1 S. 2 EStG • Einnahmen i.S.d. § 20 Abs. 1 Nr. 9 S. 1, 2. HS EStG
Voraussetzungen	• Gläubiger und Schuldner sind nahestehende Personen • Gesellschafter-fremdfinanzierung • Bestimmte "Back-to-Back-Finanzierungen"		• Antrag des Gesellschafters • Beteiligung ≥ 25 % oder • Beteiligung ≥ 1 % und berufliches Engagement	Verdeckte Gewinnausschüttung unterlag auf Ebene der leistenden Gesellschaft der KSt
Steuerliche Folgen	• Allgemeiner ESt-Tarif • WK-Abzug möglich	Individueller Steuersatz, jedoch hälftige Steuerfreistellung i.S.d. § 20 Abs. 1 Nr. 6 Satz 2 EStG	• Teileinkünfteverfahren • WK-Abzug zu 60 % möglich	Individueller ESt-Tarif

lehen) aus den Unternehmen „abgesaugt" werden und Eigenkapital zunehmend durch Fremdkapital ersetzt wird. § 32d Abs. 2 Nr. 1 EStG erfasst insbesondere Fremdkapitalzinsen, die von der Gesellschaft an nahestehende Personen oder Gesellschafter fließen, die zu mehr als 10 % an der Kapitalgesellschaft beteiligt sind. Sind die Voraussetzungen des § 32d Abs. 2 Nr. 1 EStG erfüllt, unterliegen die Kapitalerträge nicht der Abgeltungsteuer, sondern werden in voller Höhe zusammen mit den restlichen Einkünften des Steuerpflichtigen veranlagt. Im Gegenzug gelten für diese Einkünfte jedoch auch die allgemeinen einkommensteuerrechtlichen Regelungen zum Verlustausgleich und zum Werbungskostenabzug (§ 32d Abs. 2 Nr. 1 Satz 2 EStG).

b) § 32d Abs. 2 Nr. 2 EStG betrifft Leistungen aus bestimmten Lebensversicherungen i.S.d. § 20 Abs. 1 Nr. 6 Satz 2 EStG. Diese werden bereits dadurch begünstigt, dass nur die Hälfte des Unterschiedsbetrags zwischen der Versicherungsleistung und den geleisteten Beiträgen als Ertrag anzusetzen ist. Eine nochmalige Begünstigung durch die Abgeltungsteuer soll vermieden werden. Der steuerpflichtige Ertrag wird daher ebenfalls mit den restlichen Einkünften veranlagt.

c) Die Regelung des § 32d Abs. 2 Nr. 3 EStG trägt dem Umstand Rechnung, dass der Erwerb von Beteiligungen an Kapitalgesellschaften durch Privatpersonen oftmals unternehmerisch bedingt ist und nicht nur als reine Kapitalanlage eingestuft werden kann. Ist der Steuerpflichtige zu mindestens
   - 25 % an der Kapitalgesellschaft beteiligt oder
   - 1 % an der Kapitalgesellschaft beteiligt und beruflich für diese tätig,

   so steht ihm ein Wahlrecht zu, die Gewinnausschüttungen nicht der Abgeltungsteuer zu unterwerfen, sondern sie unter Anwendung des Teileinkünfteverfahrens zusammen mit seinen restlichen Einkünften zu veranlagen. Der Vorteil dieser Regelung besteht darin, dass auf diese Weise ein Abzug von Werbungskosten (z. B. für die Fremdfinanzierung der Beteiligung) zu 60 % gem. § 3c Abs. 2 EStG ermöglicht wird.

Beispiel:
Andreas und Christina gründen eine GmbH zum Betrieb eines Optikgeschäfts. Als Existenzgründer bringen sie das Stammkapital je zur Hälfte durch Bareinlagen auf. Während Christina ihr erspartes Privatkapital einbringen kann, muss Andreas bei der Bank einen Kredit aufnehmen, um seine Bareinlage leisten zu können. Hierfür fallen Darlehenszinsen an, die Andreas gerne steuerlich geltend machen möchte. Im Rahmen der Abgeltungsteuer ist ein Werbungskostenabzug für die Zinsen jedoch ausgeschlossen, da der Sparer-Pauschbetrag keinen sonstigen Werbungskostenabzug zulässt. Andreas optiert daher nach § 32d Abs. 2 Nr. 3 EStG zum Teileinkünfteverfahren und kann so zumindest 60 % der Darlehenszinsen in seiner privaten Steuererklärung geltend machen.

Merke

Kapitaleinkünfte i. S. d. § 32d Abs. 2 EStG werden zusammen mit den restlichen Einkünften des Steuerpflichtigen veranlagt. Insoweit sind die allgemeinen Regelungen zum Verlustausgleich und Werbungskostenabzug anzuwenden (§§ 32d Abs. 2 Satz 2 i.V.m. 20 Abs. 6 und 9 EStG). Ein Abzug des Sparer-Pauschbetrags kommt nicht in Betracht!

d) § 32d Abs. 2 Nr. 4 EStG betrifft Bezüge hinsichtlich verdeckter Gewinnausschüttungen i. S. d. § 20 Abs. 1 Nr. 1 Satz 2 EStG und Einnahmen i. S. d. § 20 Abs. 1 Nr. 9 S. 1 2. HS EStG. Einnahmen durch verdeckte Gewinnausschüttungen führen grundsätzlich zu Einnahmen aus Kapitalvermögen und unterliegen damit der Abgeltungsteuer. Jedoch findet die Abgeltungsteuer nur Anwendung, wenn die verdeckte Gewinnausschüttung bereits auf Ebene der leistenden Gesellschaft der Körperschaftsteuer unterlag. Für den Fall, dass die verdeckte Gewinnausschüttung das Einkommen der leistenden Körperschaft tatsächlich gemindert hat und damit nicht der Körperschaftsteuer unterlag, erfolgt die Besteuerung mit dem individuellen Einkommensteuersatz.

Werbungskosten/ Sparer-Pauschbetrag

Zwar gehören die Einkünfte aus Kapitalvermögen auch weiterhin systematisch zu den Überschusseinkunftsarten, jedoch ist bei Anwendung der Abgeltungsteuer ein Abzug der tatsächlich entstandenen Werbungskosten nicht mehr möglich. Besonders betroffen sind hiervon die Kosten für die Finanzierung der Anschaffung von Kapitalvermögen. Stattdessen gewährt § 20 Abs. 9 EStG dem Steuerpflichtigen den Sparer-Pauschbetrag i.H.v. 801 € bzw. 1.602 € bei zusammenveranlagten Ehegatten. Dieser gilt sowohl für laufende Erträge gem. § 20 Abs. 1 EStG als auch für Veräußerungsgeschäfte nach § 20 Abs. 2 EStG. Der Sparer-Pauschbetrag ist auf beide Ehegatten in gleichen Teilen aufzuteilen, wobei die Übertragung eines nicht ausgeschöpften Pauschbetrags auf den anderen Ehegatten gem. § 20 Abs. 9 Satz 3 EStG zulässig ist.

Ein uneingeschränkter Werbungskostenabzug ist nur für solche Kapitalerträge möglich, die von der Abgeltungsteuer gem. §§ 20 Abs. 8 und 32d Abs. 2 EStG ausgenommen sind. Abb. 29 verdeutlicht, inwieweit ein Werbungskostenabzug möglich ist oder lediglich der Sparer-Pauschbetrag Anwendung findet.

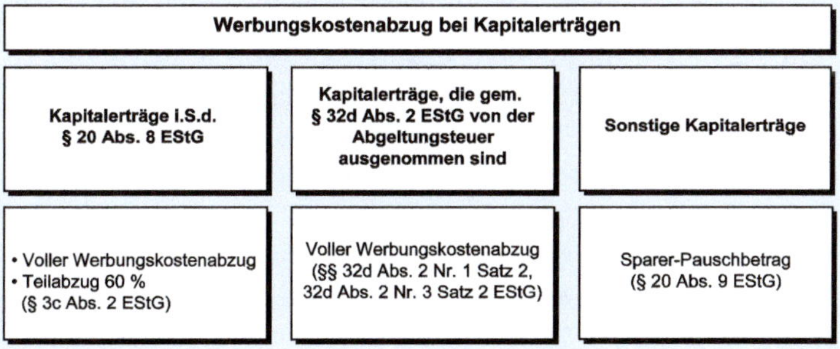

Abb. 29: *Werbungskosten bei Kapitalerträgen*

Veräußerungsgeschäfte

Für die in § 20 Abs. 2 EStG hinzugekommenen Kapitalerträge aus Veräußerungsgeschäften ist der Gewinn nach den Vorgaben des § 20 Abs. 4 EStG zu ermitteln. Demnach werden von den Veräußerungseinnahmen die Anschaffungskosten und die unmittelbar mit der Veräußerung zusammenhängenden Aufwendungen abgezogen.

Die Vorschrift lehnt sich hierbei an die vergleichbaren Regelungen zur Ermittlung der Bemessungsgrundlage in den Veräußerungsfällen der §§ 17 und 23 EStG an.

	Einnahmen aus der Veräußerung
./.	Anschaffungskosten
./.	Veräußerungskosten
=	Veräußerungsgewinn i.S.d. § 20 Abs. 4 EStG

Verlustabzug

Verluste mindern die wirtschaftliche Leistungsfähigkeit des Steuerpflichtigen. Nach einer Entscheidung des BFH vom 24.10.2017 (DStR 2017, S. 2801) führt der endgültige Ausfall einer Kapitalforderung i.S.d. § 20 Abs. 1 Nr. 7 EStG in der privaten Vermögenssphäre auch nach der Einführung der Abgeltungsteuer zu einem steuerlich anzuerkennenden Verlust nach § 20 Abs. 2 Satz 1 Nr. 7, Satz 2, Abs. 4 EStG. Dem objektiven Nettoprinzip entsprechend müssen sie daher grundsätzlich auch mit positiven Einkünften ausgleichsfähig sein. Diesem Grundsatz wird im deutschen Einkommensteuerrecht durch den intraperiodischen (§ 2 Abs. 3 EStG) und interperiodischen Verlustausgleich (§ 10d Abs. 1 und 2 EStG) Rechnung getragen. Eine Durchbrechung dieses Grundsatzes erfolgt jedoch durch die Einschränkung der Verrechnung von Verlusten aus Kapitalvermögen mit positiven Einkünften aus anderen Einkunftsarten und der Beschränkung der Verrechnung von positiven Einkünften aus Kapitalvermögen mit Verlusten aus anderen Einkunftsarten. § 20 Abs. 6 EStG normiert dazu zwei geschlossene Verrechnungskreise: Den Verrechnungskreis der Einkünfte aus Kapitalvermögen und den Verrechnungskreis der restlichen Einkunftsarten. Beide Verrechnungskreise sind strikt voneinander zu trennen, da für sie jeweils unterschiedliche Steuersätze gelten. Für Einkünfte aus Kapitalvermögen i.S.d. § 20 EStG gilt die begünstigende 25 %ige Abgeltungsteuer, für alle anderen Einkünfte i.S.d. § 2 Abs. 1 Nr. 1 bis 4, 6 und 7 EStG der normale Tarif. Durch die Trennung der Verrechnungskreise soll ausgeschlossen werden, dass die nicht begünstigten Einkunftsarten mit der begünstigten Einkunftsart des § 20 EStG verrechnet werden.

Innerhalb der Einkünfte aus Kapitalvermögen i. S. d. § 20 EStG gibt es aber zwei unterschiedliche Ebenen, auf denen positive und negative Einkünfte verrechnet werden können: Die Ebene der „auszahlenden Stelle" – üblicherweise ein Kreditinstitut – und die Ebene des Steuerpflichtigen. Da Einkünfte aus Kapitalvermögen auf Ebene der auszahlenden Stelle anfallen, geht die Verrechnung der Einkünfte auf Ebene dieser auszahlenden Stelle i. S. d. § 43a Abs. 3 EStG der Verrechung der Einkünfte auf Ebene des Steuerpflichtigen i. S. d. § 20 Abs. 6 EStG vor. § 20 Abs. 6 Satz 1 EStG regelt hierzu durch Verweis auf § 43a Abs. 3 EStG das Vorrangverhältnis.

Die auszahlende Stelle hat bei ihr anfallende negative Kapitalerträge (einschließlich gezahlter Stückzinsen) bis zur Höhe der bei ihr anfallenden positiven Kapitalerträge auszugleichen. Bei Ehegatten mit gemeinsamem Freistellungsauftrag gilt dies konten- bzw. depotübergreifend. Hierdurch werden anfallende negative Kapitalerträge bereits auf Ebene der auszahlenden Stelle im Umfang der dort anfallenden positiven Kapitalerträge verrechnet.

Beispiel:
Die Ehegatten Birgit und Martin haben bei der X-Bank jeweils ein eigenes Depot. Birgit und Martin haben bei dieser Bank einen gemeinsamen Freistellungsauftrag in Höhe von 500 € gestellt. Birgit erzielt bei der X-Bank positive Kapitalerträge i.H.v. 1.500 €, Martin negative Kapitalerträge i.H.v. ./. 1.000 €. Durch den gemeinsamen Freistellungsauftrag i. S. d. § 43a Abs. 3 Satz 2 EStG werden die Kapitalerträge nun zunächst auf Ebene der Bank depotübergreifend unter den Ehegatten verrechnet. Die danach verbleibenden positiven Kapitalerträge i.H.v. 500 € (= 1.500 € ./. 1.000 €) sind durch den gemeinsamen Freistellungsauftrag i.H.v. 500 € von der Abgeltungsteuer befreit.

Bei der Verrechnung auf Ebene der auszahlenden Stelle ist jedoch zu beachten, dass die auszahlende Stelle gem. § 43a Abs. 3 Satz 2 EStG zwei Verlustverrechnungstöpfe pro Steuerpflichtigem zu führen hat. Den Topf der Verluste aus Aktienverkäufen und den Topf der Verluste aus Verkäufen des anderen Kapitalvermögens. Beide Topfarten dürfen nicht miteinander verrechnet werden.

Beispiel:
Die Ehegatten Sabine und Doni haben bei der X-Bank ebenfalls jeweils ein eigenes Depot. Sabine und Doni haben bei dieser Bank einen gemeinsamen Freistellungsauftrag in Höhe von 500 € gestellt. Sabine erzielt bei der X-Bank positive Kapitalerträge aus Anleihenverkäufen i.H.v. 1.500 €, Doni negative Kapitalerträge aus Verkäufen von Aktien i.H.v. ./. 1.000 €. Durch den gemeinsamen Freistellungsauftrag i.S.d. § 43a Abs. 3 Satz 2 EStG würden die Kapitalerträge nun zunächst auf Ebene der Bank depotübergreifend unter den Ehegatten verrechnet. Die danach verbleibenden positiven Kapitalerträge i.H.v. 500 € (= 1.500 € ./. 1.000 €) wären durch den gemeinsamen Freistellungsauftrag i.H.v. 500 € von der Abgeltungsteuer befreit. Da jedoch die Verluste von Doni aus Aktienverkäufen stammen, die nur mit Gewinnen aus Aktienverkäufen verrechnet werden können, muss Sabine auf die den Freistellungsauftrag übersteigenden Kapitalerträge Abgeltungsteuer zahlen, während Doni die Verluste aus Aktienverkäufen vortragen muss, bis er in der Zukunft Gewinne aus Aktienverkäufen erzielen wird.

Verbleiben nach der Verrechnung auf Ebene der auszahlenden Stelle in den Töpfen positive Einkünfte, unterliegen diese dort der Abgeltungsteuer.

Verbleiben nach der Verrechnung auf Ebene der auszahlenden Stelle in einem oder beiden Töpfen negative Einkünfte aus Kapitalvermögen, besteht für den Steuerpflichtigen ein Wahlrecht. Er kann diese Verluste nun auf Ebene der auszahlenden Stelle stehen lassen, damit sie in weiteren Jahren dort mit positiven Kapitalerträgen topfartbezogen verrechnet werden.

Er kann jedoch die Verluste auf Antrag nach § 43a Abs. 3 Satz 4 EStG unter Ausstellung einer Bescheinigung auch topfartbezogen zur weiteren Verrechnung auf die Ebene des Steuerpflichtigen übertragen. Dies ist notwendig, um bspw. im Rahmen des Veranlagungswahlrechts gem. § 32d Abs. 4 EStG die Verluste mit positiven Einkünften aus Kapitalvermögen bei einer anderen auszahlenden Stelle ausgleichen zu können. Ein Ausgleich mit positiven Einkünften aus anderen Einkunftsarten ist jedoch gem. § 20 Abs. 6 Satz 1 EStG nicht erlaubt (Schedulensystem; kein vertikaler Verlustausgleich). Ebenso ist gem. § 20 Abs. 6 Satz 1 Hs. 2 EStG auch kein Ausgleich mit anderen Einkunftsarten über § 10d EStG zulässig. Zudem unterliegen die ne-

Merke

Kein Ausgleich von Verlusten aus Kapitalvermögen mit Verlusten aus anderen Einkunftsarten möglich

gativen Einkünfte aus dem Verkauf von Aktien innerhalb der Einkünfte aus Kapitalvermögen auch auf Ebene des Steuerpflichtigen der speziellen Abzugsbeschränkung und dürfen auch hier nur mit Gewinnen aus dem Verkauf von Aktien (z.B. bei einer anderen auszahlenden Stelle) verrechnet werden. Ziel dieser Regelung ist es, im Falle von sinkenden Börsenkursen eine Verlustverrechnung mit anderen Einkünften aus Kapitalvermögen (z.B. Zinsen und Dividenden) zu verhindern und so ein drastisches Absinken des Steueraufkommens zu vermeiden. Die jeweiligen Verluste können aber innerhalb ihrer Verrechnungskreise sinngemäß nach § 10d Abs. 4 EStG in künftige Veranlagungszeiträume vorgetragen werden, um sie dort mit späteren Gewinnen zu verrechnen (§ 20 Abs. 6 Satz 2 und 3 EStG). Ein Verlustrücktrag ist jedoch ausgeschlossen.

c) Einkünfte aus Vermietung und Verpachtung (§ 21 EStG)

§ 21 Abs. 1 Satz 1 EStG listet abschließend die Einnahmen aus Vermietung und Verpachtung auf

Steuerpflichtig i.S.d. § 21 EStG sind diejenigen Personen, die mit den Rechten und Pflichten eines Vermieters bzw. Verpächters nicht in Geld bestehende, zum **Privatvermögen** gehörende Sachen und Rechte an Dritte zur Nutzung überlassen. § 21 Abs. 3 EStG weist auf das Subsidiaritätsprinzip der Nebeneinkunftsarten hin. Danach sind Einkünfte nur dann § 21 EStG zu subsumieren, wenn sie nicht bereits einer der anderen Einkunftsarten zuzurechnen sind. Die Abgrenzung zwischen den Einkünften aus Vermietung und Verpachtung und den Einkünften aus Gewerbebetrieb ist in der Praxis jedoch oft schwierig. Die Einnahmen, welche zu den Einkünften aus Vermietung und Verpachtung gehören, listet § 21 Abs. 1 Satz 1 EStG abschließend auf. Als Einnahmen sind grundsätzlich die

1. Einkünfte aus Land- und Forstwirtschaft (§ 13)
2. Einkünfte aus Gewerbebetrieb (§ 15)
3. Einkünfte aus selbständiger Arbeit (§ 18)
4. Einkünfte aus nichtselbständiger Arbeit (§ 19)
5. Einkünfte aus Kapitalvermögen (§ 20)
6. **Einkünfte aus Vermietung und Verpachtung (§ 21)**
7. Sonstige Einkünfte im Sinne des § 22

= ***Summe der Einkünfte***
./. Altersentlastungsbetrag (§ 24a)
./. Entlastungsbetrag für Alleinerziehende (§ 24b)
./. Abzug für Land- und Forstwirte (§ 13 Abs. 3)

= ***Gesamtbetrag der Einkünfte (§ 2 Abs. 3)***
./. Verlustabzug (§ 10d)
./. Sonderausgaben (§§ 10, 10a, 10b, 10c)
./. Außergewöhnliche Belastungen (§§ 33, 33a, 33b)

= ***Einkommen (§ 2 Abs. 4)***
./. Kinderfreibetrag (§§ 31, 32 Abs. 6)

= ***Zu versteuerndes Einkommen (§ 2 Abs. 5)***

Bruttomietzahlungen – d.h. der Mietzins inkl. Nebenkosten – anzusetzen.

Die Einkünfte aus Vermietung und Verpachtung umfassen:

- Einkünfte aus Vermietung und Verpachtung von unbeweglichem Vermögen, z.B. Grundstücken, Gebäuden und Gebäudeteilen (§ 21 Abs. 1 Satz 1 Nr. 1 EStG).
- Einkünfte aus Vermietung und Verpachtung von Sachinbegriffen (§ 21 Abs. 1 Satz 1 Nr. 2 EStG). Unter Sachinbegriffen ist eine Vielzahl an beweglichen Sachen, die wirtschaftlich eine Einheit bilden (z.B. Büroeinrichtung, Bibliothek, Mobiliar eines Zimmers), zu verstehen. Die Vermietung einzelner beweglicher Wirtschaftsgüter führt hingegen nicht zu Einkünften aus Vermietung und Verpachtung, sondern zu sonstigen Einkünften i.S.d. § 22 Nr. 3 EStG.
- Einkünfte aus zeitlich begrenzter Überlassung von Rechten, z.B. von Urheberrechten (§ 21 Abs. 1 Satz 1 Nr. 3 EStG). Hingegen sind Einkünfte aus der Überlassung solcher Rechte durch den Urheber oder Erfinder selbst freiberufliche Einkünfte i.S.d. § 18 EStG.
- Einkünfte aus der Veräußerung von Miet- und Pachtzinsforderungen (§ 21 Abs. 1 Satz 1 Nr. 4 EStG).

Abb. 30: *Umfang der Einkünfte aus Vermietung und Verpachtung*

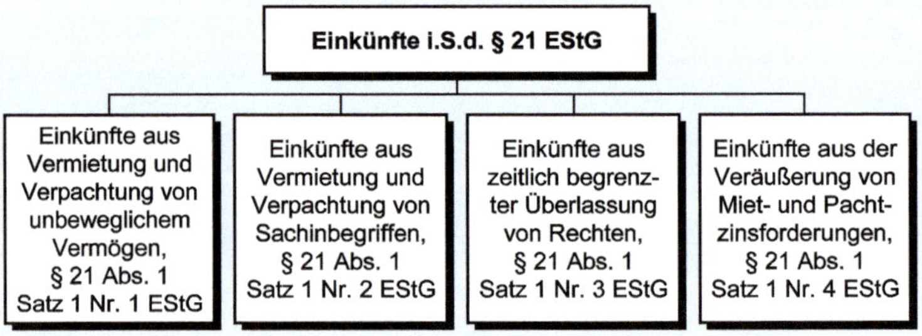

Werbungskosten im Zusammenhang mit § 21 EStG

Von den Einnahmen sind die Werbungskosten, die in Zusammenhang mit den Einkünften i.S.d. § 21 EStG stehen, abziehbar. Dabei müssen die Aufwendungen durch den Steuerpflichtigen stets einzeln nachgewiesen werden. Ein Werbungskosten-Pauschbetrag (wie z.B. bei Einkünften aus nichtselbständiger Arbeit oder aus Kapitalvermögen) existiert bei den Einkünften aus Vermietung und Verpachtung nicht. Werbungskosten sind z.B.:

- Schuldzinsen,
- Erhaltungsaufwendungen (R 21.1 EStR),
- Absetzung für Abnutzung (AfA) (§ 7 Abs. 4 und 5 EStG) sowie
- sonstige Werbungskosten (z.B. Grundsteuer, Kosten für den Hausmeister und die Hausverwaltung, Warmwasser-, Heizungskosten, Müllabfuhrgebühren, Versicherungen, Öltank-Kontrollkosten).

Die Einkünfte aus Vermietung und Verpachtung werden wie folgt ermittelt:

	Einnahmen
./.	Werbungskosten
=	Einkünfte i.S.d. § 21 EStG

Beispiel:
Karl hat im Jahr 2005 auf seinem Grundstück ein Dreifamilienhaus errichten lassen (Grund und Boden waren bereits vorhanden). Die Herstellungskosten beliefen sich auf 1.000.000 €. Alle drei Wohnungen sind gleich groß. Die Dachgeschosswohnung (DG) nutzt Karl zu eigenen Wohnzwecken, die anderen Wohnungen (EG und 1. OG) werden zu jeweils 600 € monatlich an Privatleute vermietet. Für das Gebäude sind im Jahr 2018 folgende Aufwendungen entstanden: laufende Aufwendungen i.H.v. 6.000 € und Schuldzinsen i.H.v. 12.000 €.
Für den von Karl selbst genutzten und bewohnten Teil des Dreifamilienhauses wird keine Miete vereinnahmt. Kosten, die auf diesen Teil des Gebäudes entfallen, können somit nicht als Werbungskosten abgezogen werden. Die Einnahmen aus Vermietung und Verpachtung werden wie folgt ermittelt:

EG:	600 € × 12	7.200 €
1.OG:	600 € × 12	7.200 €
DG:	0 €	0 €
Einnahmen aus Vermietung und Verpachtung		= 14.400 €

Die Aufwendungen des Jahres 2018 müssen zu je 1/3 auf die drei Wohnungen aufgeteilt werden. Die Werbungskosten für die vermieteten Wohnungen werden wie folgt berechnet:

Laufende Aufwendungen	EG:	1/3 × 6.000 €	= 2.000 €	
	1. OG:	1/3 × 6.000 €	= 2.000 €	
				4.000 €
Schuldzinsen	EG:	1/3 × 12.000 €	= 4.000 €	
	1. OG:	1/3 × 12.000 €	= 4.000 €	
				8.000 €
AfA degressiv	EG:	1/3 × 0,025 × 1 Mio. €	= 8.333 €	
(§ 7 Abs. 5 Satz 1	1. OG:	1/3 × 0,025 × 1 Mio. €	= 8.333 €	
Nr. 3 Bst. c EStG)				16.667 €
= Werbungskosten gesamt				= 28.667 €

Die Einkünfte ermitteln sich somit folgendermaßen:

	Einnahmen	14.400 €
./.	Werbungskosten	./. 28.667 €
=	Verlust aus Vermietung und Verpachtung	= ./. 14.267 €

d) Sonstige Einkünfte (§ 22 EStG)

Sonstige Einkünfte = keine Auffangvorschrift

Unter § 22 EStG fallen diejenigen Einkünfte, die nicht bereits einer der ersten sechs Einkunftsarten i.S.d. § 2 Abs. 1 Satz 1 EStG zu subsumieren sind, aber dennoch einer Besteuerung unterliegen. Dabei bildet § 22 EStG allerdings keinen Auffangtatbestand. Vielmehr werden lediglich die in § 22 EStG abschließend aufgezählten Einkünfte erfasst. Es lassen sich acht Arten von Einkünften nach § 22 EStG unterscheiden:

❑ Einkünfte aus wiederkehrenden Bezügen (§ 22 Nr. 1 EStG)

„*Wiederkehrende Bezüge sind als sonstige Einkünfte nach § 22 Nr. 1 Satz 1 EStG zu erfassen, wenn sie nicht zu anderen Einkunftsarten gehören und soweit sie sich bei wirtschaftlicher Betrachtung nicht als Kapitalrückzahlungen, z.B. Kaufpreisraten, darstellen. Wiederkehrende Bezüge setzen voraus, dass sie auf einem einheitlichen Entschluss oder einem einheitlichen Rechtsgrund beruhen und mit einer gewissen Regelmäßigkeit wiederkehren. Sie brauchen jedoch nicht stets in derselben Höhe geleistet zu werden.*“ (R 22.1 EStR). Zu unterscheiden sind Renten (z.B. Zeit- und Leibrenten, Bezüge aufgrund dauernder Lasten und sonstige wiederkehrende Bezüge). Zeitrenten haben eine genau vordefinierte Laufzeit. Leibrenten sind abhängig von der Lebensdauer des Rentenberechtigten, d.h. sie enden mit dem Tod des Empfängers.

1. Einkünfte aus Land- und Forstwirtschaft (§ 13)
2. Einkünfte aus Gewerbebetrieb (§ 15)
3. Einkünfte aus selbständiger Arbeit (§ 18)
4. Einkünfte aus nichtselbständiger Arbeit (§ 19)
5. Einkünfte aus Kapitalvermögen (§ 20)
6. Einkünfte aus Vermietung und Verpachtung (§ 21)
7. Sonstige Einkünfte im Sinne des § 22

= ***Summe der Einkünfte***
./. Altersentlastungsbetrag (§ 24a)
./. Entlastungsbetrag für Alleinerziehende (§ 24b)
./. Abzug für Land- und Forstwirte (§ 13 Abs. 3)

= ***Gesamtbetrag der Einkünfte (§ 2 Abs. 3)***
./. Verlustabzug (§ 10d)
./. Sonderausgaben (§§ 10, 10a, 10b, 10c)
./. Außergewöhnliche Belastungen (§§ 33, 33a, 33b)

= ***Einkommen (§ 2 Abs. 4)***
./. Kinderfreibetrag (§§ 31, 32 Abs. 6)

= ***Zu versteuerndes Einkommen (§ 2 Abs. 5)***

Dauernde Lasten (wiederkehrende Geld- oder Sachleistungen) unterscheiden sich von Renten durch ihre in der Höhe nicht gleichbleibenden und unregelmäßig zufließenden Zahlungen.

Insbesondere die steuerliche Behandlung von Leibrenten wurde aufgrund der demografischen Entwicklungen und der verfassungsrechtlichen Vorgaben durch das Alterseinkünftegesetz (AltEinkG)[10] zum 1. Januar 2005 signifikant geändert. Seit seiner Einführung werden die Alterseinkünfte zunehmend nachgelagert besteuert. Im Gegenzug wird der Steuerpflichtige entlastet, indem die Vorsorgeaufwendungen weitgehend und nur durch großzügig gewählte Höchstbeträge begrenzt als Sonderausgaben abgezogen werden können.

Leibrenten

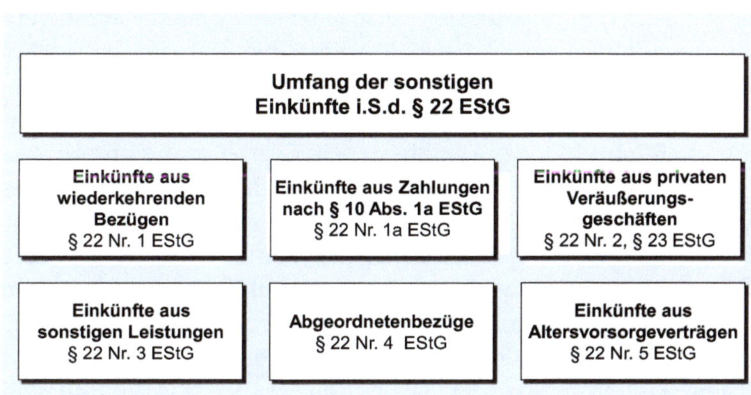

Abb. 31: *Umfang der sonstigen Einkünfte*

10 Vgl. BStBl. II 2009, S. 296.

Bis einschließlich des Veranlagungszeitraums 2004 unterlagen die Renten nur mit ihrem Ertragsanteil, also mit dem Zinsertrag aus dem Rentenrecht, der Einkommensteuer. Im Gegenzug war aber auch nur ein Teil der Vorsorgeaufwendungen als Sonderausgaben abziehbar. Damit sind die neuen Regelungen mit ihrem erhöhten Sonderausgabenabzug für den Steuerpflichtigen i.d.R. mit einer Entlastung verbunden. Aufgrund der Minderung der Bemessungsgrundlage kommt es im Vergleich zur alten Rechtslage zu einem Progressionsvorteil.

Unter den Anwendungsbereich des § 22 Nr. 1 Satz 3 Bst. a DBst. aa EStG fallen dabei:

Leibrenten aus der gesetzlichen Rentenversicherung, den landwirtschaftlichen Alterskassen, den berufsständischen Versorgungseinrichtungen sowie den kapitalgedeckten Leibrentenversicherungen ab 2005 i.S.d. § 10 Abs. 1 Nr. 2 Bst. b EStG.

Steuerpflichtiger Anteil von Altersbezügen

Da das AltEinkG eine schrittweise Freistellung der Altersvorsorgeaufwendungen gem. § 10 Abs. 3 EStG vorsieht, erfolgt auch der Übergang zur Besteuerung der Altersbezüge damit korrespondierend nicht sofort in vollem Umfang. Vielmehr hat der Gesetzgeber für alle Renten, die im Veranlagungszeitraum 2005 bereits bestanden (sog. Bestandsrenten) bzw. in diesem Jahr erstmalig gewährt wurden, einen **steuerpflichtigen Anteil von 50%** festgelegt. Dieser **Besteuerungsanteil erhöht sich** zunächst für jede neue „Rentenkohorte" – also jeden neu hinzugekommenen Rentnerjahrgang – um zwei Prozentpunkte. Ab dem Jahr 2020 sind dann Sprünge von jeweils einem Prozentpunkt p.a. vorgesehen, sodass bei der Kohorte, die 2040 erstmals die Rente erhält, schließlich 100% der Altersbezüge der Besteuerung unterliegen werden. Der Besteuerungsanteil ist allein abhängig vom Jahr des Renteneintritts.

Ist der steuerpflichtige Anteil der Rente bestimmt, folgt die Ermittlung des **Rentenfreibetrags** als Differenz zwischen dem Jahresbetrag der Rente und dem Besteuerungsanteil. Dieser Freibetrag wird gesondert festgestellt. Dabei ist zu beachten, dass gem. § 22 Nr. 1 Satz 3 Bst. a DBst. aa Satz 5 EStG grundsätzlich (d.h. falls im Zeitablauf keine unregelmäßigen Rentenanpassungen, wie Einkommensanrechnungen, erfolgen) eine betragsmäßige **Festschreibung des Freibetrags für die gesamte Laufzeit der Rente** erfolgt. I.d.R. wird der Steuerpflichtige in seinem Renteneintrittsjahr jedoch keine volle Jahresrente erhalten, weil der Tag des Rentenbeginns selten auf den 1. Januar fällt. Aus diesem Grunde erfolgt die Ermittlung des Rentenfreibetrags stets erst im Folgejahr des Renteneintritts.

Beispiel:
Eduard bezieht ab dem 01.08.2018 eine Altersrente aus der gesetzlichen Rentenversicherung i. H.v. 2.000 € pro Monat.
Gem. § 22 Nr. 1 Satz 3 Bst. a DBst. aa EStG beträgt der Besteuerungsanteil der Rente 76 %. Die sonstigen Einkünfte berechnen sich damit folgendermaßen:

2018

	Brutto-Rente (5 Monate × 2.000 €)	10.000 €
	Besteuerungsanteil (76 % × 10.000 €)	7.600 €
./.	Werbungskosten-Pauschbetrag gem. § 9a Satz 1 Nr. 3 EStG	./. 102 €
=	Sonstige Einkünfte i. S. d. § 22 EStG	= 7.498 €

2019

	Brutto-Rente (12 Monate × 2.000 €)	24.000 €
	Besteuerungsanteil (76 % × 24.000 €)	18.240 €
./.	Werbungskosten-Pauschbetrag gem. § 9a Satz 1 Nr. 3 EStG	./. 102 €
=	Sonstige Einkünfte i. S. d. § 22 EStG	= 18.138 €

2019 ist das Folgejahr des Renteneintritts. Daher wird erst hier der **Rentenfreibetrag i. H.v. 5.760** € für die Zukunft festgeschrieben:

	Jahresbetrag der Rente	24.000 €
./.	Besteuerungsanteil	./. 18.240 €
=	**Rentenfreibetrag**	= 5.760 €

2020

	Brutto-Rente (12 Monate × 2.000 €)	24.000 €
./.	**Rentenfreibetrag**	./. 5.760 €
./.	Werbungskosten-Pauschbetrag gem. § 9a Satz 1 Nr. 3 EStG	./. 102 €
=	Sonstige Einkünfte i. S. d. § 22 EStG	= 18.138 €

❑ Einkünfte aus Zahlungen nach § 10 Abs. 1a EStG (§ 22 Nr. 1a EStG)

2015 wurden in § 10 EStG die Abzugstatbestände in Abs. 1a restrukturiert. § 22 Nr. 1a EStG ist das Gegenstück zu § 10 Abs. 1a EStG. Die gesetzliche Verknüpfung zwischen diesen Vorschriften stellt sicher, dass einem Sonderausgabenabzug bzgl. der Zahlungen nach § 10 Abs. 1a EStG beim Geber eine Versteuerung als sonstige Einkünfte beim Empfänger folgt. Inhaltlich haben diese Zahlungen vor allem Unterhaltsleistungen, wiederkehrende Versorgungsleistungen und Ausgleichszahlungen im Rahmen des Versorgungsausgleichs zum Gegenstand. Unterhaltsleistungen sind beim Unterhaltsempfänger als sonstige Einkünfte zu versteuern, wenn sie der leistende geschiedene oder dauernd getrennt lebende Ehegatte – im beiderseitigen Einvernehmen – als Sonderausgaben gem. § 10 Abs. 1a Nr. 1 EStG abzieht. Die Höhe des Betrags, der als Sonderausgaben abgezogen wird, entspricht der Höhe des Betrags, der als sonstige Einkünfte zu versteuern ist. Er ist jedoch auf maximal 13.805 € begrenzt. Werden darüber hinaus Beiträge zur Kranken- und Pflegeversicherung für den getrennt lebenden oder geschiedenen Ehepartner übernommen, so können diese ab dem VZ 2010 zusätzlich geltend gemacht werden (§ 10 Abs. 1a Nr. 1 Satz 2 EStG). Die Durchführung dieses sog. **Realsplittings** führt zu steuerlichen Vorteilen, wenn der Leistende (z. B. der geschiedene Ehemann) einem höheren Steuersatz unterliegt als der Empfänger (z. B. die geschiedene Ehefrau).

Merke

- **Korrespondierend mit der schrittweisen Freistellung der Altersvorsorgeaufwendungen, erfolgt der Übergang zur nachgelagerten Besteuerung von Leibrenten nicht sofort in vollem Umfang.**
- **Der Rentenfreibetrag, der im Folgejahr des Renteneintritts gebildet wird, behält seine Gültigkeit grundsätzlich für die gesamte Laufzeit der Rente.**

Seit der Einführung dieser Norm im VZ 2008 sind die Einkünfte aus Versorgungsleistungen auf Seiten des Leistungsempfängers zu versteuern, wenn sie vom Zahlungspflichtigen als Sonderausgaben gem. § 10 Abs. 1a Nr. 2 EStG geltend gemacht werden.

Hauptanwendungsfall ist die Vermögensübergabe gegen Versorgungsleistungen im Rahmen der sog. vorweggenommenen Erbfolge, bei der bspw. die Eltern zu Lebzeiten einen Betrieb auf ihre Kinder übertragen. Diese verpflichten sich im Gegenzug zu monatlichen Geldleistungen, die sich am Versorgungsbedürfnis der Eltern orientieren. Eine kaufmännische Abgewogenheit der Leistungen liegt dabei nicht vor, d. h. die wiederkehrenden Leistungen werden unabhängig vom Wert des zu übertragenden Vermögens allein nach dem Versorgungsbedürfnis des Berechtigten und nach der wirtschaftlichen Leistungsfähigkeit des Verpflichteten bemessen. In dem Vorgang wird daher ertragsteuerlich eine unentgeltliche Vermögensübergabe gesehen.

Der Begriff „schuldrechtlicher Versorgungsausgleich" stammt aus dem Familienrecht (§ 1587 ff. BGB). Ehegatten erwerben während der Ehezeit Anwartschaften oder Aussichten auf verschiedene Versorgungsansprüche (z.B. Altersversorgung, Renten wegen verminderter Erwerbsfähigkeit). Übersteigen die während der Ehe erworbenen Anrechte des einen Partners diejenigen des anderen Partners, so steht im Falle der Scheidung dem Ehegatten mit dem niedrigeren Saldo die Hälfte der Differenz zu (sog. Zugewinnausgleich). Der Ausgleich erfolgt entweder durch einen sog. öffentlich-rechtlichen oder einen schuldrechtlichen Versorgungsausgleich. Die schuldrechtliche Lösung stellt dabei einen Transfer von steuerbaren und steuerpflichtigen Einkünften von einem Ehepartner zum anderen dar. Der berechtigte Ehepartner hat die Leistung gem. § 22 Nr. 1a EStG zu versteuern, sofern der zum Ausgleich verpflichtete Ehepartner die geleisteten Zahlungen als Sonderausgaben gem. § 10 Abs. 1a Nr. 4 EStG abzieht. 2015 wurden die Abzugstatbestände in § 10 Abs. 1a EStG um einen weiteren Tatbestand ergänzt. Ausgleichszahlungen zur Vermeidung eines Versorgungsausgleichs nach Ehescheidung bzw. Auflösung einer Lebenspartnerschaft sind als Sonderausgaben gem. § 10 Abs. 1a Nr. 3 EStG abzugsfähig, sofern diese beim Ausgleichsempfänger der Besteuerung gem. § 22 Nr. 1a EStG unterliegen.

❑ **Einkünfte aus privaten Veräußerungsgeschäften i.S.d. § 23 EStG (§ 22 Nr. 2 EStG)**

Als weitere Ausnahme von der Quellentheorie sind neben den §§ 17 und 20 Abs. 2 EStG auch private Veräußerungsgeschäfte steuerpflichtig. § 23 EStG listet hierbei die nur zum Privatvermögen gehörenden Veräußerungsgeschäfte auf. Zu diesen gehören ausschließlich Veräußerungsgewinne von Wirtschaftsgütern, die im Privatvermögen gehalten werden und bei denen der Zeitraum zwischen Anschaffung und Veräußerung

- bei Grundstücken und grundstücksgleichen Rechten nicht mehr als zehn Jahre beträgt oder
- bei anderen Wirtschaftsgütern (nicht Wertpapiere!) nicht mehr als ein Jahr beträgt. Dieser Zeitraum erhöht sich auf zehn Jahre, sofern das Wirtschaftsgut als Einkunftsquelle dient.

Eine spekulative Absicht ist nicht erforderlich.

Der BFH entschied mit Urteil vom 22.04.2008[11], dass die Steuerverstrickung bei einem Verkauf innerhalb eines Jahres nach der Anschaffung auch für Gegenstände des täglichen Gebrauchs gilt. So konnten u.a. Verluste aus der Veräußerung eines privaten Pkws steuermindernd geltend gemacht werden. Um die durch dieses Urteil befürchteten Steuerausfälle zu verhindern, wurde durch das Jahressteuergesetz 2010 die Veräußerung von Gegenständen des täglichen Gebrauchs als steuerlich nicht relevant erklärt (§ 23 Abs. 1 S. 1 Nr. 2 EStG).

Beispiel:
Der Steuerpflichtige Emanuel kaufte am 01.01.2017 einen Gebrauchtwagen für 36.500 €. Bereits im August des Folgejahres veräußert er diesen für 29.000 €. Er kann den Verlust. i.H.v. 7.500 € steuerlich nicht geltend machen. Dabei ist zudem zu berücksichtigen, dass auch ein etwaiger Gewinn aus der Veräußerung des Pkw steuerfrei ist.
Eine Ausnahme würde jedoch eine Veräußerung von Antiquitäten darstellen.

Fortsetzung Beispiel:
Im August 2017 erwarb Emanuel einen Oldtimer. Diesen veräußerte er jedoch bereits im Februar 2018. Einen etwaigen Verlust aus diesem Veräußerungsgeschäft könnte er mit Gewinnen aus anderen Veräußerungsgeschäften des Jahres 2018 verrechnen, da die Gesetzgebung hierbei von einer Gewinnerzielungsabsicht des Steuerpflichtigen ausgeht.

Veräußerungsgewinne von Wirtschaftsgütern, die im Privatvermögen gehalten werden

Der Veräußerungsgewinn ermittelt sich folgendermaßen:

	Veräußerungspreis
./.	fortgeführte Anschaffungskosten (AK + Anschaffungsnebenkosten + nachträgliche AK ./. AfA)
./.	Werbungskosten (durch die Veräußerung veranlasst)
=	Veräußerungsgewinn i.S.d. § 23 EStG

Beispiel:
Anton beteiligt sich am 01.10.2018 an einem Container-Leasing-Modell. Er erwirbt von einer Anlagegesellschaft einen Container für ein Frachtschiff, den er für
a) 11 Jahre
b) 5 Jahre

11 Vgl. BGBl. I S. 1427.

gegen Entgelt vermietet. Anton versteuert die Miete abzüglich AfA als Einkünfte aus sonstigen Leistungen. Die Anlagegesellschaft muss den Container nach Ende des Mietvertrags zu einem vorher vereinbarten Preis zurückkaufen.

a) Anton nutzt das Container-Leasing-Modell als Einkunftsquelle, die Behaltefrist verlängert sich somit auf 10 Jahre. Der Veräußerungsgewinn ist für Anton trotzdem steuerfrei, da der Verkauf außerhalb der 10-Jahresfrist erfolgt.
b) Auch hier gilt die 10-Jahresfrist, denn Anton erzielt durch den Container Einnahmen. Die Veräußerung ist steuerpflichtig, da Anton den Container bereits nach 5 Jahren wieder verkauft.

Merke

Übersteigt der Gesamtgewinn aus allen Veräußerungsgeschäften im Kalenderjahr nicht die Freigrenze i.H.v. 600 €, so bleibt er gem. § 23 Abs. 3 Satz 5 EStG steuerfrei. Bei Überschreiten dieser Freigrenze ist der Veräußerungsgewinn in voller Höhe einkommensteuerpflichtig. Private Veräußerungsverluste dürfen gem. § 23 Abs. 3 Satz 7 EStG nur mit Gewinnen aus privaten Veräußerungsgeschäften ausgeglichen werden. Ein Verlustabzug nach § 10d EStG ist ausgeschlossen.

❑ Einkünfte aus sonstigen Leistungen (§ 22 Nr. 3 EStG)

„Leistung im Sinne des § 22 Nr. 3 EStG ist jedes Tun, Dulden oder Unterlassen, das Gegenstand eines entgeltlichen Vertrags sein kann und das eine Gegenleistung auslöst“ (H 22.8 EStR). Dazu zählen z.B. die Vermietung **einzelner beweglicher** Wirtschaftsgüter oder gelegentliche Vermittlungen. Betragen die Einkünfte aus sonstigen Leistungen weniger als 256 € im Kalenderjahr, so bleiben sie gem. § 22 Nr. 3 Satz 2 EStG steuerfrei. Bei Überschreiten dieser **Freigrenze** sind die Einkünfte zur Gänze einkommensteuerpflichtig.

❑ Einkünfte aufgrund von Abgeordnetengesetzen, vergleichbare Bezüge (§ 22 Nr. 4 EStG)

Zu diesen Einkünften zählen nur die nach einem Abgeordnetengesetz gezahlten Bezüge an Abgeordnete des Europäischen Parlaments, des Bundestages sowie der Landtage. Als Werbungskosten können ausschließlich durch das Mandat verursachte Aufwendungen angesetzt werden, die nicht durch Aufwandsentschädigungen abgegolten werden (§ 22 Nr. 4 Satz 2 EStG) oder die keine Wahlkampfkosten darstellen (§ 22 Nr. 4 Satz 3 EStG).

❑ Leistungen aus Altersvorsorgeverträgen (§ 22 Nr. 5 EStG)

§ 22 Nr. 5 EStG ist anzuwenden bei Leistungen aus Altersvorsorgeverträgen i.S.d. § 82 EStG (sog. Riester-Rente), bei Leistungen aus Pensionsfonds (§ 4e EStG), Pensionskassen (§ 4c EStG) und Direktversicherungen (§ 4b EStG). Die abschließend aufgezählten Altersvorsorgeprodukte unterliegen der sog. nachgelagerten Besteuerung, d.h. Altersbezüge werden in der Auszahlungsphase als sonstige Einkünfte i.S.d. § 22 Nr. 5 EStG besteuert, während für Beiträge, Zahlungen, Erträge und Wertsteigerungen in der Anzahlungsphase Steuerfreiheit gewährt wird. Für den Umfang der Besteuerung ist entscheidend, inwieweit die Beiträge in der Ansparphase von der Besteuerung ausgenommen wurden (§ 3 Nr. 63 und 66 EStG), durch Sonderausgabenabzug (§ 10a EStG) und Altersvorsorgezulage (§§ 79 ff. EStG) gefördert worden sind oder durch steuerfreie Zuwendungen nach § 3 Nr. 56 EStG erworben wurden. Die Beiträge sind gem. § 10a Abs. 2 EStG als Sonderausgaben nur dann abzugsfähig, wenn dies günstiger ist als die Gewährung der Altersvorsorgezulage. Die Günstigerprüfung wird von Amts wegen vorgenommen.

Riester-Rente

Von den in § 22 Nr. 5 EStG abschließend aufgezählten Vorsorgeprodukten hat die sog. **Riester-Rente** eine zentrale Bedeutung. Deren Einführung stellt eine Reaktion auf die Kürzungen der Leistungen aus der gesetzlichen Rentenversicherung dar und soll einen Anreiz zur Bildung einer freiwilligen privaten oder betrieblichen kapitalgedeckten Altersvorsorge bieten. Die Förderung erfolgt dabei durch einen progressionswirksamen Sonderausgabenabzug (§ 10a EStG), eine progressionsunabhängige Altersvorsorgezulage (§ 83 EStG) bzw. durch die steuerliche Freistellung von Vorsorgebeiträgen gem. § 3 Nr. 63 und 66 EStG.

Damit steht diese spezielle Möglichkeit der Altersvorsorge neben den steuerlichen Begünstigungen, die sich bei Abschluss einer privaten Leibrentenversicherung i.S.d. § 10 Abs. 1 Nr. 2 Bst. b EStG im Rahmen der Basis-Rente **(sog. Rürup-Rente)** ergeben.

Entrichtet der Steuerpflichtige während seiner Erwerbsphase Beiträge für einen eigens für die Riester-Rente zertifizierten Altersvorsorgevertrag einer Versicherungsgesellschaft, erwächst ihm ein Anspruch auf die staatliche Förderung. Ein evtl. gewährter Sonderausgabenabzug nach § 10a EStG wirkt sich insofern nicht auf die Höchstbeträge gem. § 10 Abs. 3 EStG aus.

2.2.2.3 Entschädigungen und Einkünfte aus einer ehemaligen Tätigkeit (§ 24 EStG)

Bezüge in Form von Entschädigungen oder Einkünften aus einer ehemaligen Tätigkeit können in allen sieben Einkunftsarten anfallen. Von den §§ 13 bis 23 EStG werden jedoch ausschließlich laufende Einkünfte erfasst, sodass Entschädigungen und Einkünfte aus einer ehemaligen Tätigkeit nicht der jeweiligen Einkunftsart zugerechnet werden können.

Merke

Die Bezüge i. S. d. § 24 EStG stellen keine eigene Einkunftsart dar. § 24 EStG ergänzt lediglich die Vorschriften der §§ 13 bis 23 EStG.

Zu den Einkünften i. S. d. § 24 EStG zählen:

❑ **Entschädigungen (§ 24 Nr. 1 EStG)**

- Entschädigungen als Ersatz für entgangene oder entgehende Einnahmen (§ 24 Nr. 1 Bst. a EStG). Solche liegen dann vor, wenn eine Abfindung wegen Auflösung eines Dienstverhältnisses gezahlt wird und die Beendigung dieses Dienstverhältnisses durch den Arbeitgeber erfolgte.
- Bei Entschädigungen für die Nichtausübung einer Tätigkeit (§ 24 Nr. 1 Bst. b EStG) kann die Beendigung des Dienstverhältnisses auch freiwillig durch den Arbeitnehmer veranlasst worden sein.
- Ausgleichszahlungen an Handelsvertreter nach § 89b HGB (§ 24 Nr. 1 Bst. c EStG).

Diese Entschädigungsbezüge sind jeweils derjenigen Einkunftsart zuzurechnen, unter welche die entgangenen Bezüge subsumiert würden, wenn sie tatsächlich erzielt worden wären. Gem. § 34 Abs. 2 Nr. 2 EStG zählen die Bezüge i. S. d. § 24 Nr. 1 EStG zu den außerordentlichen Einkünften. Auf sie kann damit der ermäßigte Steuersatz i. S. d. § 34 Abs. 1 EStG (Fünftelregelung) angewandt werden, der den entstehenden Progressionsnachteil durch die Zusammenballung von Einkünften ausgleichen soll.

Beispiel:
Fernfahrer Georg hat bei Abschluss seines Arbeitsvertrags mit seinem Arbeitgeber das Wahlrecht vereinbart, nach dem vollendeten 45. Lebensjahr aus dem Unternehmen auszuscheiden. Für den Fall der Ausübung

würde ihm eine Abfindung i. H.v. 20.000 € gezahlt werden. Übt Georg das Wahlrecht aus, so ist die Abfindung als Entschädigung i. S. d. § 24 Nr. 1 Bst. b EStG anzusehen. Die Bezüge sind den Einkünften aus nichtselbständiger Arbeit i. S. d. § 19 EStG zu subsumieren.

❑ Einkünfte aus einer ehemaligen Tätigkeit (§ 24 Nr. 2 EStG)

Einkünfte aus einer ehemaligen Tätigkeit (§ 24 Nr. 2 EStG), auch wenn die Bezüge nicht dem ursprünglich Tätigen, sondern seinem Rechtsnachfolger zufließen. Diese Einkünfte unterliegen dem normalen Einkommensteuertarif.

Beispiel:
Maler Richard verstirbt. Er hinterlässt seinem Sohn Ferdinand einige Bilder, die von Ferdinand verkauft werden. Obwohl Ferdinand selbst nie als Maler tätig war, führt der Bilderverkauf bei ihm zu nachträglichen Einkünften aus selbständiger (künstlerischer) Tätigkeit i. S. d. § 18 Abs. 1 Nr. 1 i. V. m. § 24 Nr. 2 EStG.

❑ Nutzungsvergütungen für die Inanspruchnahme von Grundstücken (§ 24 Nr. 3 EStG)

Wie die Einkünfte i. S. d. § 24 Nr. 1 EStG gehören auch diese Einkünfte zu den außerordentlichen Einkünften (§ 34 Abs. 2 Nr. 3 EStG), soweit sie für einen Zeitraum von mehr als 3 Jahren nach-

Abb. 32: *Umfang der Bezüge i. S. d. § 24 EStG*

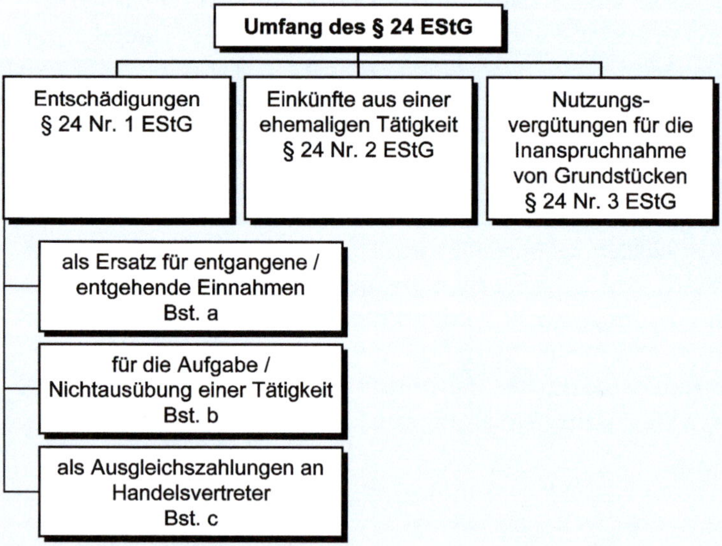

gezahlt werden, und unterliegen damit dem ermäßigten Steuersatz des § 34 Abs. 1 EStG (Fünftelregelung).

Ermittlung des Gesamtbetrags der Einkünfte 2.2.3

2.2.3.1 Altersentlastungsbetrag

Abschmelzung des Altersentlastungsbetrages

Der Altersentlastungsbetrag nach § 24a EStG wurde ursprünglich für Steuerpflichtige eingeführt, die das 64. Lebensjahres vollendet haben und keine Renten- oder Pensionszahlungen erhalten, sondern bspw. Einkünfte, die aus einer aktiven Tätigkeit des Steuerpflichtigen oder einer anderweitigen Quelle stammen. Dieser soll die Begünstigungen u.a. der Sozialversicherungsrenten (Besteuerung nur des Ertragsanteils) und der Versorgungsbezüge nach § 19 Abs. 2 EStG (Gewährung eines Versorgungs-Freibetrags) ausgleichen (§ 24 a Satz 2 Nr. 1–5 EStG). Zusammen mit dem schrittweisen Übergang zu einer nachgelagerten Besteuerung werden jedoch genau diese Begünstigungen nach und nach abgebaut. Korrespondierend dazu wird auch der Altersentlastungsbetrag reduziert, bis er schließlich im Veranlagungszeitraum 2040 komplett entfällt. Dieser kann bis zur endgültigen Abschmelzung vom Gesamtbetrag der Einkünfte in Form eines jährlich fallenden Prozentsatzes (Kohortenprinzip), aber begrenzt durch den Höchstbetrag, abgezogen werden. Seine Abzugsfähigkeit ist allerdings an bestimmte persönliche und sachliche Voraussetzungen geknüpft (Tab. 14).

1.	Einkünfte aus Land- und Forstwirtschaft (§ 13)
2.	Einkünfte aus Gewerbebetrieb (§ 15)
3.	Einkünfte aus selbständiger Arbeit (§ 18)
4.	Einkünfte aus nichtselbständiger Arbeit (§ 19)
5.	Einkünfte aus Kapitalvermögen (§ 20)
6.	Einkünfte aus Vermietung und Verpachtung (§ 21)
7.	Sonstige Einkünfte im Sinne des § 22
=	***Summe der Einkünfte***
./.	Altersentlastungsbetrag (§ 24a)
./.	Entlastungsbetrag für Alleinerziehende (§ 24b)
./.	Abzug für Land- und Forstwirte (§ 13 Abs. 3)
=	***Gesamtbetrag der Einkünfte (§ 2 Abs. 3)***
./.	Verlustabzug (§ 10d)
./.	Sonderausgaben (§§ 10, 10a, 10b, 10c)
./.	Außergewöhnliche Belastungen (§§ 33, 33a, 33b)
=	***Einkommen (§ 2 Abs. 4)***
./.	Kinderfreibetrag (§§ 31, 32 Abs. 6)
=	***Zu versteuerndes Einkommen (§ 2 Abs. 5)***

Die Bemessungsgrundlage für den Altersentlastungsbetrag ermittelt sich in einem zweistufigen Verfahren. Gem. § 24a Satz 1 i.V.m. Satz 2 EStG setzt sich die Bemessungsgrundlage aus dem Bruttoarbeitslohn (nicht zu verwechseln mit den Einkünften aus nichtselbständiger Arbeit!) – ohne Versorgungsbezüge – und der positiven Summe der Einkünfte aus den übrigen Einkunftsarten (§ 2 Abs. 1 Satz 1 Nr. 1 bis 3 und 5 bis 7 EStG) – ohne die in § 24a Satz 2 EStG aufgezählten Bezüge – zusammen. Die ausgeschlossenen Alterseinkünfte sind bereits durch die oben genannten Maßnahmen privilegiert und dürfen daher nicht in die Bemessungsgrundlage mit einfließen. Die Ermittlung der Bemessungsgrundlage stellt sich wie folgt dar:

	BMG Teil 1:		Arbeitslohn (ohne Versorgungsbezüge)
+	BMG Teil 2:	+	Positive Summe der übrigen Einkunftsarten (ohne die in § 24a Satz 2 EStG aufgezählten Bezüge)
=	Bemessungsgrundlage für den Altersentlastungsbetrag		

Festschreibung des Altersentlastungsbetrags auf Dauer

Ebenso wie bei der Ermittlung des Renten- und des Versorgungs-Freibetrags erfolgt auch hier eine gesonderte Feststellung und Festschreibung des Altersentlastungsbetrages für die restliche Lebensdauer des Steuerpflichtigen. Der Zeitpunkt dieser Festschreibung ist das auf die Vollendung des 64. Lebensjahres folgende Kalenderjahr.

Tabelle 14: Voraussetzungen für den Abzug des Altersentlastungsbetrags

Persönliche Voraussetzungen § 24a Satz 3 EStG	Sachliche Voraussetzungen § 24a Satz 2 EStG
Vollendung des 64. Lebensjahres vor Beginn des Veranlagungszeitraums	**Andere Einkünfte als** • **Versorgungsbezüge i.S.d. § 19 Abs. 2 EStG** • **Leibrenten i.S.d. § 22 Nr. 1 Satz 3 Bst.a EStG** • **Abgeordnetenversorgungsbezüge** (§ 22 Nr. 4 Satz 4 Bst. b EStG) • **Leistungen eines Pensionsfonds i.S.d. § 22 Nr. 5 Satz 1 EStG** • **Renten i.S.d. § 22 Nr. 5 Satz 2 Bst. a EStG**

Im Gegensatz zu den oben genannten Freibeträgen bezieht sich die Festschreibung des Altersentlastungsbetrags nicht auf absolute Größen. Vielmehr wird aufgrund der starken Schwankungen, denen die zugrunde liegenden Einkünfte unterworfen sein können, auf einen konstanten Prozentsatz der Einkünfte i.S.d. § 24a EStG abgestellt. Andernfalls (also dann, wenn doch eine betragsmäßige Fixierung erfolgen würde) ergäbe sich bei in den Folgejahren sinkenden Einkünften ein Altersentlastungsbetrag, der sich relativ zu diesen Einkünften erhöhen, statt wie gewünscht, verringern würde.

Zu beachten ist schließlich, dass gem. § 24a Satz 4 EStG bei Zusammenveranlagung jedem Ehegatten ein eigener Altersentlastungsbetrag zusteht.

Beispiel:
Der 66-jährige Martin hat im VZ 2018 folgende Einnahmen bzw. Einkünfte bezogen:

• Arbeitslohn	29.000 €
• davon Versorgungsbezüge:	3.000 €
• Einnahmen aus Kapitalvermögen:	3.000 €
• Einkünfte aus Vermietung und Verpachtung:	./. 4.000 €

Der Altersentlastungsbetrag von Martin ermittelt sich wie folgt:

Bemessungsgrundlage Teil 1:	
Arbeitslohn	29.000 €
./. Versorgungsbezüge	./. 3.000 €
= BMG Teil 1	= 26.000 €

Bemessungsgrundlage Teil 2:	
Einnahmen aus Kapitalvermögen	3.000 €
Sparer-Pauschbetrag	./. 801 €
= Einkünfte aus Kapitalvermögen	= 2.199 €
Einkünfte aus Vermietung und Verpachtung	./. 4.000 €
BMG Teil 1:	26.000 €
+ BMG Teil 2: (negative Summe nicht möglich):	+ 0 €
= Bemessungsgrundlage	= 26.000 €

Der maßgebende Prozentsatz des Altersentlastungsbetrags wurde für Martin in demjenigen Jahr festgeschrieben, das auf die Vollendung seines 64. Lebensjahres folgte (2017; aus der Tabelle in § 24a EStG folgt: Prozentsatz = zeitlebens 20,8 %, Höchstbetrag = zeitlebens 988 €). Der Altersentlastungsbetrag für 2018 beträgt also 20,8 % von 26.000 € (= 5.408 €), maximal jedoch 988 €. Martin kann von der Summe der Einkünfte den Altersentlastungsbetrag i. H.v. 988 € abziehen (§ 2 Abs. 3 Satz 1 EStG).

2.2.3.2 Entlastungsbetrag für Alleinerziehende

Im Rahmen des Haushaltsbegleitgesetzes 2004 wurde die Regelung des § 32 Abs. 7 EStG a. F., der sog. **Haushaltsfreibetrag**, gestri-

Ziel: Abgeltung höherer Kosten für eigene Lebens- bzw. Haushaltsführung von Alleinerziehenden

chen und durch einen **Entlastungsbetrag für Alleinerziehende** in § 24b EStG ersetzt. Demnach können **allein stehende Steuerpflichtige** einen Entlastungsbetrag i.H.v. **1.908 €** im Kalenderjahr von der Summe der Einkünfte abziehen, wenn zu ihrem Haushalt ein Kind gehört, für das ihnen der sog. Kinderfreibetrag i.S.d. § 32 Abs. 6 EStG oder Kindergeld zustehen. Für jedes weitere Kind i.S.d. § 24b Abs. 1 EStG erhöht sich der vorgenannte Betrag um 240 €. Die Haushaltszugehörigkeit umfasst die Verantwortung für das materielle (z.B. Versorgung, Unterhaltsgewährung) und immaterielle Wohl (z.B. Fürsorge und Betreuung) des Kindes und ist dann anzunehmen, wenn das Kind in der Wohnung des allein stehenden Steuerpflichtigen gemeldet ist. Als allein stehend i.S.d. Vorschrift sind grundsätzlich diejenigen Steuerpflichtigen anzusehen, die nicht die Voraussetzungen für die Anwendung des Splitting-Verfahrens nach § 26 Abs. 1 EStG erfüllen oder verwitwet sind und keine Haushaltsgemeinschaft mit einer anderen volljährigen Person bilden. Der Sinn des Entlastungsbetrags für Alleinerziehende ist demnach, einen Ausgleich für den allein stehenden Steuerpflichtigen nicht zugänglichen Splitting-Tarif zu schaffen.

1.	Einkünfte aus Land- und Forstwirtschaft (§ 13)
2.	Einkünfte aus Gewerbebetrieb (§ 15)
3.	Einkünfte aus selbständiger Arbeit (§ 18)
4.	Einkünfte aus nichtselbständiger Arbeit (§ 19)
5.	Einkünfte aus Kapitalvermögen (§ 20)
6.	Einkünfte aus Vermietung und Verpachtung (§ 21)
7.	Sonstige Einkünfte im Sinne des § 22
=	***Summe der Einkünfte***
./.	Altersentlastungsbetrag (§ 24a)
./.	Entlastungsbetrag für Alleinerziehende (§ 24b)
./.	Abzug für Land- und Forstwirte (§ 13 Abs. 3)
=	***Gesamtbetrag der Einkünfte (§ 2 Abs. 3)***
./.	Verlustabzug (§ 10d)
./.	Sonderausgaben (§§ 10, 10a, 10b, 10c)
./.	Außergewöhnliche Belastungen (§§ 33, 33a, 33b)
=	***Einkommen (§ 2 Abs. 4)***
./.	Kinderfreibetrag (§§ 31, 32 Abs. 6)
=	***Zu versteuerndes Einkommen (§ 2 Abs. 5)***

2.2.3.3 Abzug für Land- und Forstwirte

Nur der Vollständigkeit halber soll der Abzug für Land- und Forstwirte gem. § 13 Abs. 3 EStG erwähnt werden. Dieser kürzt die Einkünfte aus Land- und Forstwirtschaft um 900 € unter der Voraussetzung, dass die Summe der Einkünfte 30.700 € nicht übersteigt.

Zusammenfassung

- Es wird zwischen der Gewinnermittlung (bei den betrieblichen Einkunftsarten) und der Ermittlung des Überschusses der Einnahmen über die Werbungskosten (bei den Haushaltseinkunftsarten) differenziert.
- Der Gewinn ist grundsätzlich durch den Betriebsvermögensvergleich nach § 4 Abs. 1 bzw. § 5 EStG zu ermitteln. Unter bestimmten Voraussetzungen kann die Einnahmen-Überschuss-Rechnung gem. § 4 Abs. 3 EStG durchgeführt werden.
- Im Rahmen bestimmter Überschusseinkunftsarten ist der Abzug eines Werbungskosten-Pauschbetrags möglich.
- Die gemeinsamen Merkmale der betrieblichen Einkunftsarten sind: Selbständigkeit, Nachhaltigkeit, Gewinnerzielungsabsicht und Beteiligung am allgemeinen wirtschaftlichen Verkehr.
- Die Einkünfte aus Gewerbebetrieb weisen neben den allgemeinen Positivmerkmalen zusätzlich drei Negativmerkmale (keine Land- und Forstwirtschaft, keine selbständige Arbeit und keine bloße Vermögensverwaltung) auf.
- Die den Einkünften aus Land- und Forstwirtschaft zuzurechnenden Einkünfte sind in § 13 Abs. 1 und 2 EStG aufgelistet.
- Einkünfte i.S.d. §§ 15 Abs. 1 Satz 1, 16 und 17 EStG sind den Einkünften aus Gewerbebetrieb zu subsumieren.
- Einkünfte aus selbständiger Arbeit setzen eine Tätigkeit i.S.d. § 18 Abs. 1 EStG voraus. Es kann sich dabei um freiberufliche Einkünfte, Einkünfte der Einnehmer einer staatlichen Lotterie, Einkünfte aus sonstiger selbständiger Arbeit sowie um Veräußerungs- bzw. Aufgabegewinne handeln.
- Einkünfte aus nichtselbständiger Arbeit können grundsätzlich nur von Arbeitnehmern bezogen werden. Sie umfassen Einkünfte aus bestehenden und früheren Dienstverhältnissen. Handelt es sich um Versorgungsbezüge, kann der Versorgungs-Freibetrag abgezogen werden.
- Die Einkünfte aus Kapitalvermögen umfassen sowohl die laufenden Erträge als auch die Veräußerungsgewinne aus Kapitalvermögen. Die Besteuerung von Einkünften aus Kapitalvermögen, welches im Privatvermögen gehalten wird, ist grundsätzlich mit der Abgeltungsteuer i.H.v. 25 % abgegolten. Ein Betrag i.H.v. 801 € bzw. 1.602 € (Sparer-Pauschbetrag) bleibt steuerfrei.
- Steuerpflichtige, deren individueller Steuersatz unter 25 % liegt, können im Rahmen der sog. Veranlagungsoption beantragen, dass ihre Einkünfte aus Kapitalvermögen zusammen mit ihren restlichen Einkünften der tariflichen Veranlagung unterworfen werden. Ein Abzug der tatsächlich entstandenen Werbungskosten ist jedoch auch in diesem Fall ausgeschlossen (§ 20 Abs. 9 EStG).

- Durch das Veranlagungswahlrecht des § 32d Abs. 4 EStG kann der Steuerpflichtige steuermindernde Tatbestände, die nicht im Rahmen des Kapitalertragsteuerabzugs berücksichtigt wurden, nachträglich in seiner Steuererklärung geltend machen.
- Einkünfte aus der Vermietung und Verpachtung von unbeweglichem Vermögen, aus der Vermietung von Sachinbegriffen, aus der zeitlich begrenzten Überlassung von Rechten und aus der Veräußerung von Miet- und Pachtzinsforderungen stellen Einkünfte aus Vermietung und Verpachtung i. S. d. § 21 EStG dar.
- Die sonstigen Einkünfte umfassen nur die explizit in § 22 EStG genannten Einkünfte: Einkünfte aus wiederkehrenden Bezügen (Basis-Rente), aus Versorgungsleistungen, aus Leistungen aufgrund eines schuldrechtlichen Versorgungsausgleichs, aus privaten Veräußerungsgeschäften, aus sonstigen Leistungen, aus Unterhaltsleistungen sowie Leistungen aufgrund von Abgeordnetengesetzen und aus Altersvorsorgeverträgen.
- In Folge des Alterseinkünftegesetzes erfolgt ein schrittweiser Übergang zu einer nachgelagerten Besteuerung der Leibrenten aus der gesetzlichen Rentenversicherung bzw. vergleichbaren privaten Rentenversicherungen.
- Für nach dem 01.01.2009 erworbene Beteiligungen an Kapitalgesellschaften i. H. v. mind. 1 % ist § 23 EStG nicht mehr vorrangig vor § 17 EStG anzuwenden. Veräußerungsgewinne stellen dann unabhängig von der Behaltefrist Einkünfte aus Gewerbebetrieb i. S. d. § 17 EStG dar.
- Die in § 24 EStG aufgezählten Einkünfte sind der Einkunftsart zuzurechnen, zu der sie gehören würden, wenn sie als laufende Einkünfte erzielt worden wären. § 24 EStG stellt somit keine eigene (neue) Einkunftsart dar.
- Der Abzug des Altersentlastungsbetrags soll der privilegierten Stellung von Sozialversicherungsrenten und Versorgungsbezügen entgegenwirken. Er wird bis VZ 2040 schrittweise abgebaut.
- Der Abzug des Entlastungsbetrags für Alleinerziehende soll der privilegierten Stellung von Ehegatten entgegenwirken.

Fragen

1. Weshalb ist die Zuordnung der Einkünfte zu den einzelnen Einkunftsarten von großer Bedeutung?
2. Nennen und erläutern Sie die Grundmerkmale aller betrieblichen Einkunftsarten.
3. Wie können die Einkünfte aus Gewerbebetrieb charakterisiert werden und welche Einkünfte fallen unter § 15 EStG?
4. Welche Einkünfte werden von den Einkünften aus selbständiger Arbeit erfasst?

5. Wer erzielt Einkünfte aus nichtselbständiger Arbeit? Wie berechnen sich diese Einkünfte? Gibt es Besonderheiten bei der Einkunftsermittlung?
6. Welche Erträge werden von den Einkünften aus Kapitalvermögen erfasst? Inwieweit und in welcher Form wird Kapitalertragsteuer erhoben? Beschreiben Sie die Grundsystematik der Besteuerung von Kapitalerträgen in Abhängigkeit davon, ob die Erträge dem Privat- oder Betriebsvermögen zugeordnet werden können.
7. Welche Einkünfte werden von den Einkünften aus Vermietung und Verpachtung erfasst? Wie berechnen sich diese Einkünfte?
8. Welche Einkünfte werden als sonstige Einkünfte erfasst?
9. Welche Einkunftsermittlungsarten sind zu unterscheiden?
10. Erklären Sie kurz die Gewinnermittlung mittels Betriebsvermögensvergleich und durch Einnahmen-Überschussrechnung.
11. Wie werden die Haushaltseinkünfte ermittelt? Welchem Prinzip wird dabei Rechnung getragen?
12. Welche Einkünfte werden durch § 24 EStG erfasst?
13. Welcher Zweck wird durch den Abzug des Altersentlastungsbetrags verfolgt? Welche Voraussetzungen müssen erfüllt sein? Wie ermittelt sich die Bemessungsgrundlage für den Altersentlastungsbetrag? Was ist bei der Zusammenveranlagung von Ehegatten zu beachten?

2.2.4 Die steuerliche Behandlung von Verlusten

Objektives Nettoprinzip

Dem objektiven Nettoprinzip entsprechend mindern Aufwendungen, die zur Erzielung von Einkünften getätigt werden und in direktem wirtschaftlichem Zusammenhang mit der Erzielung der Einnahmen stehen, die Steuerbemessungsgrundlage. Verwirklicht wird dieses Prinzip durch § 2 Abs. 2 EStG, der als Einkünfte nur die Nettogrößen normiert und damit die grundsätzliche Abzugsfähigkeit der Betriebsausgaben und Werbungskosten impliziert. Aber auch Verluste müssen mit positiven Einkünften ausgleichsfähig sein, da sie ebenso die Leistungsfähigkeit des Steuerpflichtigen beeinträchtigen.

Dabei ist jedoch zwischen dem intraperiodischen Verlustausgleich (§ 2 Abs. 3 EStG) und dem interperiodischen Verlustabzug mit Verlustrücktrag (§ 10d Abs. 1 EStG) und Verlustvortrag (§ 10d Abs. 2 EStG) zu unterscheiden.

2.2.4.1 Verlustausgleich

Intraperiodischer Ausgleich von Verlusten

Unter Verlustausgleich versteht man die Saldierung positiver Einkünfte mit negativen Einkünften desselben Steuerpflichtigen **im gleichen Veranlagungsjahr**. Unterschieden wird zwischen dem horizontalen und dem vertikalen Verlustausgleich. Dabei können gem. § 2 Abs. 3 EStG positive und negative Einkünfte im laufenden Jahr sowohl innerhalb einer Einkunftsart als auch zwischen verschiedenen Einkunftsarten **uneingeschränkt** verrechnet werden.

Merke

Beim intraperiodischen Verlustausgleich i. S. d. § 2 Abs. 3 EStG werden positive und negative Einkünfte desselben Veranlagungszeitraums in unbegrenzter Höhe ausgeglichen.

Abb. 33: *Verlustausgleich*

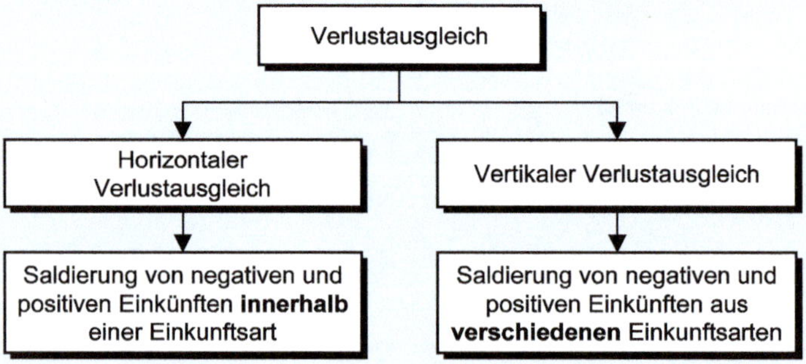

Beispiel:
Franz betreibt ein Bauunternehmen. Im Wirtschaftsjahr 2018 hat er einen Verlust i.H.v. ./. 200.000 € erwirtschaftet. Gleichzeitig unterhält er einen Getränkemarkt, aus dem er im selben Wirtschaftsjahr einen Gewinn i.H.v. + 150.000 € erzielt hat. Zusätzlich hat Franz Einkünfte aus Vermietung und Verpachtung i.H.v. 62.000 € erzielt. Sonderausgaben sowie außergewöhnliche Belastungen werden aus Vereinfachungsgründen nicht berücksichtigt.

Merke

Der Verlustausgleich hat Vorrang vor dem Verlustabzug!

Horizontaler Ausgleich	Verlust aus § 15 Abs. 1 Satz 1 Nr. 1 EStG (Bauunternehmen)	./. 200.000 €
	Gewinn aus § 15 Abs. 1 Satz 1 Nr. 1 EStG (Getränkemarkt)	+ 150.000 €
	Summe Einkünfte aus Gewerbebetrieb	./. 50.000 €
Vertikaler Ausgleich	Einkünfte aus § 21 Abs. 1 Satz 1 EStG (V & V)	+ 62.000 €
	Summe der Einkünfte	**= 12.000 €**

2.2.4.2 Verlustabzug

Interperiodischer Abzug von Verlusten

Negative Einkünfte, die beim intraperiodischen Verlustausgleich nicht verrechnet werden können, sind vom Gesamtbetrag der Einkünfte in einem anderen Veranlagungszeitraum vorrangig vor Sonderausgaben, außergewöhnlichen Belastungen und sonstigen Abzugsbeträgen abzuziehen. Dies erfolgt zum einen durch den Verlustrücktrag gem. § 10d Abs. 1 EStG und zum anderen durch den Verlustvortrag nach § 10d Abs. 2 EStG.

1.	Einkünfte aus Land- und Forstwirtschaft (§ 13)
2.	Einkünfte aus Gewerbebetrieb (§ 15)
3.	Einkünfte aus selbständiger Arbeit (§ 18)
4.	Einkünfte aus nichtselbständiger Arbeit (§ 19)
5.	Einkünfte aus Kapitalvermögen (§ 20)
6.	Einkünfte aus Vermietung und Verpachtung (§ 21)
7.	Sonstige Einkünfte im Sinne des § 22
=	***Summe der Einkünfte***
./.	Altersentlastungsbetrag (§ 24a)
./.	Entlastungsbetrag für Alleinerziehende (§ 24b)
./.	Abzug für Land- und Forstwirte (§ 13 Abs. 3)
=	***Gesamtbetrag der Einkünfte (§ 2 Abs. 3)***
./.	Verlustabzug (§ 10d)
./.	Sonderausgaben (§§ 10, 10a, 10b, 10c)
./.	Außergewöhnliche Belastungen (§§ 33, 33a, 33b)
=	***Einkommen (§ 2 Abs. 4)***
./.	Kinderfreibetrag (§§ 31, 32 Abs. 6)
=	***Zu versteuerndes Einkommen (§ 2 Abs. 5)***

a) Verlustrücktrag § 10d Abs. 1 EStG

Höchstbetrag 1.000.000 €

Ist ein Verlustausgleich mit Einkünften desselben Jahres nicht möglich, so kann der Steuerpflichtige gem. § 10d Abs. 1 Satz 1 EStG den Verlust bis zu einem **Höchstbetrag von 1.000.000 €** rückwirkend mit dem positiven Gesamtbetrag der Einkünfte des **Vorjahres** ausgleichen. Bei zusammenveranlagten Ehegatten verdoppelt sich der Höchstbetrag auf 2.000.000 €.

Gem. § 10d Abs. 1 Satz 5 und 6 EStG kann auf Antrag des Steuerpflichtigen ganz oder teilweise von der Anwendung des § 10d Abs. 1 Satz 1 EStG abgesehen werden, d.h. es besteht ein **Wahlrecht**, ob und inwieweit ein Verlustrücktrag vorzunehmen ist. Der Verlustrücktrag sollte der Höhe nach immer soweit beschränkt werden, dass sich Sonderausgaben, außergewöhnliche Belastungen und sonstige Abzugsbeträge noch steuerlich auswirken können. Auf diese Weise minimiert der Steuerpflichtige seine Steuerbelastung. Nach Ausübung des Verlustrücktrags sind gem. § 10d Abs. 1 Satz 3 und 4 EStG bereits erlassene Steuerbescheide zu ändern.

Merke

Stellt der Steuerpflichtige keinen anders lautenden Antrag, so erfolgt im Rahmen des Verlustrücktrags gem. § 10d Abs. 1 EStG ein Ausgleich mit dem positiven Gesamtbetrag der Einkünfte bis zu einem Höchstbetrag von 1.000.000 €.

Beispiel:
Max hat im Kalenderjahr 2018 mit seinem Geflügelzuchtbetrieb einen Verlust i.H.v. 2.000.000 € erzielt. Darüber hinaus vermietet Max noch mehrere Eigentumswohnungen und erzielt Einkünfte aus Vermietung und Verpachtung i.H.v. 50.000 €. Im Jahr 2017 hatte der Gesamtbetrag der Einkünfte 1.100.000 € betragen.

1.	**Intraperiodischer Verlustausgleich gem. § 2 Abs. 3 EStG**		**VZ 2018**
	Verlust aus § 15 Abs. 1 Satz 1 Nr. 1 EStG	./.	2.000.000 €
+	Einkünfte aus § 21 EStG	+	50.000 €
=	**Summe der Einkünfte**	./.	1.950.000 €

Somit stehen 1.950.000 € zunächst für einen Verlustrücktrag zur Verfügung.

2.	**Verlustrücktrag gem. § 10d Abs. 1 EStG**		**VZ 2017**
	Gesamtbetrag der Einkünfte		1.100.000 €
./.	Verlustrücktrag (max. 1.000.000 €)	./.	1.000.000 €
=	Einkommen	=	100.000 €

Da Max keinen Antrag gem. § 10d Abs. 1 Satz 5 und 6 EStG gestellt hat, wird beim Verlustrücktrag automatisch der Höchstbetrag von 1.000.000 € ausgeschöpft. Zum 31.12.2018 verbleibt damit für das Jahr 2019 und weitere Jahre ein vortragsfähiger Verlust i.H.v. 950.000 €. Dieser ist gem. § 10d Abs. 4 EStG getrennt nach Einkunftsarten gesondert festzustellen.

b) Verlustvortrag § 10d Abs. 2 EStG

Soweit negative Einkünfte weder durch einen Verlustausgleich noch durch einen Verlustrücktrag verrechnet wurden, können sie gem. § 10d Abs. 2 Satz 1 EStG in den **folgenden Veranlagungszeiträumen** vom Gesamtbetrag der Einkünfte abgezogen werden.

Der Verlustvortrag ist dabei zeitlich unbefristet, d.h. verbleibende Verluste, die aus nachfolgend zu beschreibenden Beschränkungen nicht unmittelbar in den Veranlagungszeitraum nach ihrer Entstehung vorgetragen werden können, sind auch in den danach folgenden Jahren noch vortragsfähig, müssen aber frühestmöglich ausgeglichen werden.

> **Merke**
>
> **Ist der Verlustrücktrag nicht möglich oder wird er auf Antrag nicht durchgeführt, so sind die Verluste in den folgenden Veranlagungszeiträumen bis zu einem Gesamtbetrag der Einkünfte von 1.000.000 € unbeschränkt, darüber hinaus bis zu 60 % des diesen Sockelbetrag übersteigenden Gesamtbetrags der Einkünfte abzuziehen.**

Betragsmäßige Beschränkung des Verlustvortrags

Einschränkungen ergeben sich aber in betragsmäßiger Hinsicht: Nicht ausgeglichene negative Einkünfte, die nicht nach § 10d Abs. 1 EStG (Verlustrücktrag) abgezogen worden sind, sind gem. § 10d Abs. 2 EStG in den folgenden Veranlagungszeiträumen bis zu einem Gesamtbetrag der Einkünfte von **1.000.000 € unbeschränkt** (sog. Sockelbetrag), darüber hinaus bis zu **60% des 1.000.000 € übersteigenden Gesamtbetrags der Einkünfte** vorrangig vor Sonderausgaben, außergewöhnlichen Belastungen und sonstigen Abzugsbeträgen abzuziehen. Bei zusammenveranlagten Eheleuten beträgt der Sockelbetrag 2.000.000 €.

Mindestbesteuerung/ Minimum tax

Die Einschränkung des Verlustvortrags ist v.a. auf das große Vortragspotenzial auf Unternehmensseite zurückzuführen. Durch das zeitliche Strecken der Abzugsmöglichkeit (d.h. das durch die betragsmäßige Beschränkung erreichte Vortragen überschaubarer Beträge in nachfolgende Veranlagungszeiträume) wird die Kalkulierbarkeit des Steueraufkommens erhöht und gleichzeitig eine **Mindestbesteuerung** sichergestellt. Dabei ist zu beachten, dass kein Verlustpotenzial endgültig verlorengeht. Der am Schluss eines Veranlagungszeitraums verbleibende

Verlustvortrag ist gem. § 10d Abs. 4 EStG getrennt nach Einkunftsarten gesondert festzustellen.

Beispiel:
Im Kalenderjahr 2018 beläuft sich der Gesamtbetrag der Einkünfte von Max auf 2.200.000 €.
Gem. § 10d Abs. 4 EStG wurde zum 31.12.2017 ein verbleibender Verlustvortrag i.H.v. 2.000.000 € gesondert festgestellt.

3.	**Verlustvortrag gem. § 10d Abs. 2 EStG**		**VZ 2018**
	Gesamtbetrag der Einkünfte		2.200.000 €
./.	Sockelbetrag (uneingeschränkter Verlustvortrag)	./.	1.000.000 €
./.	60 % × 1.200.000 €, max. 1.000.000 € restlicher Verlust (eingeschränkter Verlustvortrag)	./.	720.000 €
=	Einkommen		480.000 €

Der zum 31.12.2017 festgestellte Verlustvortrag von 2.000.000 € konnte im VZ 2018 lediglich i.H.v. 1.720.000 € abgezogen werden. Somit ist zum 31.12.2018 ein Verlustvortrag i.H.v. 280.000 € gesondert festzustellen. Der Sinn dieser Regelung besteht darin, einen bestimmten Betrag der Einkünfte des Steuerpflichtigen sofort zu besteuern. Ohne Berücksichtigung der Mindestbesteuerung bzw. der minimum tax hätte sich ein Einkommen i.H.v. 200.000 € ergeben.

Abb. 34 zeigt abschließend die Funktionsweise der Verlustverrechnung zur Gänze.

Abb. 34:
Die steuerliche Behandlung von Verlusten

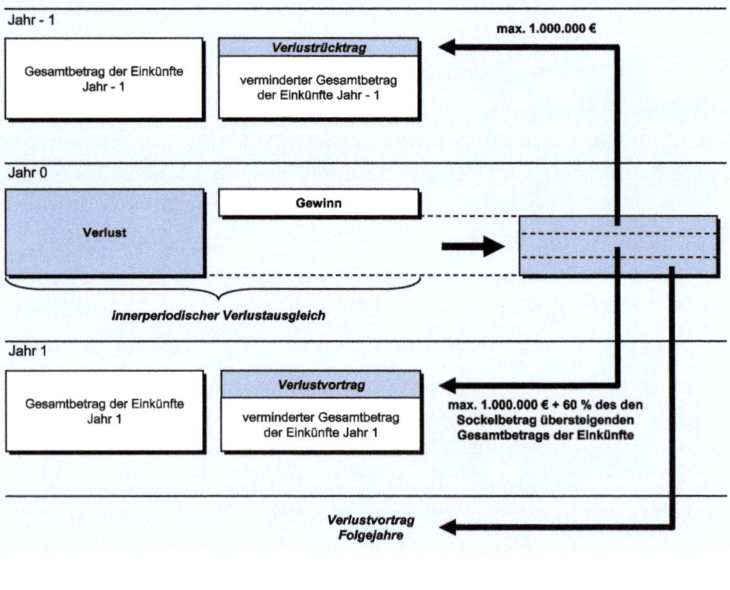

Zusammenfassung

- Durch den Verlustausgleich i.S.d. § 2 Abs. 3 EStG werden die positiven und negativen Einkünfte desselben Veranlagungszeitraums in unbegrenzter Höhe ausgeglichen. Es ist zwischen dem horizontalen und vertikalen Verlustausgleich zu unterscheiden.
- Ist der Verlustausgleich mit den Einkünften desselben Jahres nicht möglich, so ist der Gesamtbetrag der Einkünfte anderer Veranlagungszeiträume um den Verlust zu mindern (Verlustabzug). Hierbei ist zwischen dem Verlustrücktrag und dem Verlustvortrag zu unterscheiden.
- Im Rahmen des Verlustrücktrags ist der Verlust bis zu einem Maximalbetrag von 1.000.000 € (bei zusammenveranlagten Ehegatten 2.000.000 €) mit dem positiven Gesamtbetrag der Einkünfte des Vorjahres auszugleichen.
- Ist der Verlustrücktrag nicht möglich oder wird er auf Antrag nur zum Teil oder vollständig nicht durchgeführt, so sind die Verluste in den folgenden Veranlagungszeiträumen vom Gesamtbetrag der Einkünfte abzuziehen. Für einen Gesamtbetrag der Einkünfte ab einem Sockelbetrag von 1.000.000 € (bei zusammenveranlagten Ehegatten 2.000.000 €) ergibt sich eine Mindestbesteuerung.

Fragen

1. Welche Verlustausgleichsmöglichkeiten sind zu unterscheiden?
2. Welche Verlustabzugsmöglichkeiten sind zu unterscheiden?
3. Erläutern Sie die Vorgehensweise beim Verlustrücktrag.
4. Erläutern Sie die Vorgehensweise beim Verlustvortrag.
5. Was verstehen Sie unter dem Begriff „Mindestbesteuerung"?
6. Durch welche Vorschriften wird in Deutschland zurzeit eine Mindestbesteuerung verwirklicht?

2.2.5 | Sonderausgaben

2.2.5.1 Begriff der Sonderausgaben

Sonderausgaben mindern das zu versteuernde Einkommen

Im Gegensatz zu den Werbungskosten und Betriebsausgaben findet sich keine Legaldefinition des Begriffs Sonderausgaben im Einkommensteuergesetz. Eine Definition lässt sich nur aufgrund der erschöpfenden Aufzählungen in den §§ 10, 10a, 10b EStG erschließen (Enumerationsprinzip).

1. Einkünfte aus Land- und Forstwirtschaft (§ 13)
2. Einkünfte aus Gewerbebetrieb (§ 15)
3. Einkünfte aus selbständiger Arbeit (§ 18)
4. Einkünfte aus nichtselbständiger Arbeit (§ 19)
5. Einkünfte aus Kapitalvermögen (§ 20)
6. Einkünfte aus Vermietung und Verpachtung (§ 21)
7. Sonstige Einkünfte im Sinne des § 22
= ***Summe der Einkünfte***
./. Altersentlastungsbetrag (§ 24a)
./. Entlastungsbetrag für Alleinerziehende (§ 24b)
./. Abzug für Land- und Forstwirte (§ 13 Abs. 3)
= ***Gesamtbetrag der Einkünfte (§ 2 Abs. 3)***
./. Verlustabzug (§ 10d)
./. Sonderausgaben (§§ 10, 10a, 10b, 10c)
./. Außergewöhnliche Belastungen (§§ 33, 33a, 33b)
= ***Einkommen (§ 2 Abs. 4)***
./. Kinderfreibetrag (§§ 31, 32 Abs. 6)
= ***Zu versteuerndes Einkommen (§ 2 Abs. 5)***

Privat veranlasste Aufwendungen (§ 12 EStG) dürfen grundsätzlich nicht vom Gesamtbetrag der Einkünfte abgezogen werden, da sie keinen Zusammenhang mit den erzielten Einkünften aufweisen. Dieses Prinzip wird jedoch durch die Abzugsfähigkeit der Sonderausgaben durchbrochen. Somit sind bestimmte Aufwendungen der privaten Lebensführung, die den Steuerpflichtigen wirtschaftlich belasten und vom Gesetzgeber aus wirtschafts-, sozial- und kulturpolitischen Gründen zur Minderung der Steuerbemessungsgrundlage zugelassen sind, abzugsfähig. Weiterhin können Aufwendungen des Steuerpflichtigen nur dann als Sonderausgaben behandelt werden, wenn sie weder Werbungskosten noch Betriebsausgaben sind, auf einer eigenen Verpflichtung des Steuerpflichtigen beruhen und von ihm tatsächlich geleistet werden. Die Vorschriften zu den Sonderausgaben haben somit gegenüber dem Abzugsverbot privater Ausgaben Vorrang.

Beispiel:
Ferdinand zahlt im Veranlagungsjahr Beiträge an eine private Haftpflichtversicherung. Wie sind diese Ausgaben steuerlich zu behandeln?
Um das Existenzminimum zu sichern, hat der Gesetzgeber Beiträge für bestimmte Versicherungen, zu denen auch private Haftpflichtversiche-

rungen zählen, (beschränkt) abzugsfähig gestaltet (§ 10 Abs. 1 Nr. 2, 3 und 3a EStG). Daher sind die Versicherungsbeiträge als Sonderausgaben zu berücksichtigen und können grundsätzlich vom Gesamtbetrag der Einkünfte abgezogen werden (subjektives Nettoprinzip).

Sonderausgaben können nur insoweit geltend gemacht werden, wie die jeweiligen Einzelvorschriften dies vorsehen. Letztlich wirkt sich Einkommen, welches durch Sonderausgaben negativ wird, steuerlich nicht aus, weil nur negative Einkünfte im Rahmen der Regelungen zum Verlustabzug berücksichtigt werden können. Sie werden unterteilt in **unbeschränkt abzugsfähige** und **beschränkt abzugsfähige** Aufwendungen.

- Unbeschränkt abzugsfähige Aufwendungen unterliegen keinerlei Abzugsbeschränkung und können in voller Höhe geltend gemacht werden.
- Beschränkt abzugsfähige Sonderausgaben dürfen nur im Rahmen von Höchstbeträgen abgesetzt werden.

Sonderausgaben sind nur in demjenigen Kalenderjahr abzugsfähig, in dem sie gezahlt werden. Es gilt das Zufluss-Abfluss-Prinzip gem. § 11 EStG.

Merke

Merkmale von Sonderausgaben:
- **Wirtschaftliche Belastung des Steuerpflichtigen**
- **Weder Werbungskosten noch Betriebsausgaben**
- **Persönliche Verpflichtung des Steuerpflichtigen**
- **Tatsächliche Zahlung bzw. Leistung des Abzugsberechtigten**
- **Abzug vom Gesamtbetrag der Einkünfte**
- **Es gilt das Zufluss-Abfluss-Prinzip gem. § 11 EStG**

2.2.5.2 Unbeschränkt abzugsfähige Sonderausgaben

a) Versorgungsleistungen

Der Hauptanwendungsfall des § 10 Abs. 1a Nr. 2 EStG sind lebenslange und wiederkehrende Versorgungsleistungen, die im Rahmen der sog. vorweggenommenen Erbfolge geleistet werden. Dabei soll die Übertragung von land- und forstwirtschaftlichen Betrieben, Gewerbebetrieben und Betriebsvermögen Selbständiger begünstigt werden. Neben Einzelunternehmen und Anteilen an Personengesellschaften ist auch die Übertragung von 50 % der Anteile an einer GmbH begünstigt, sofern der Übergeber als Geschäftsführer tätig war und der Übernehmer diese Tätigkeit fortführt. Durch diese Regelung sollen Mitnahmeeffekte und missbräuchliche Gestaltungen verhindert werden. Daher

Abb. 35:
Die verschiedenen Arten der Sonderausgaben

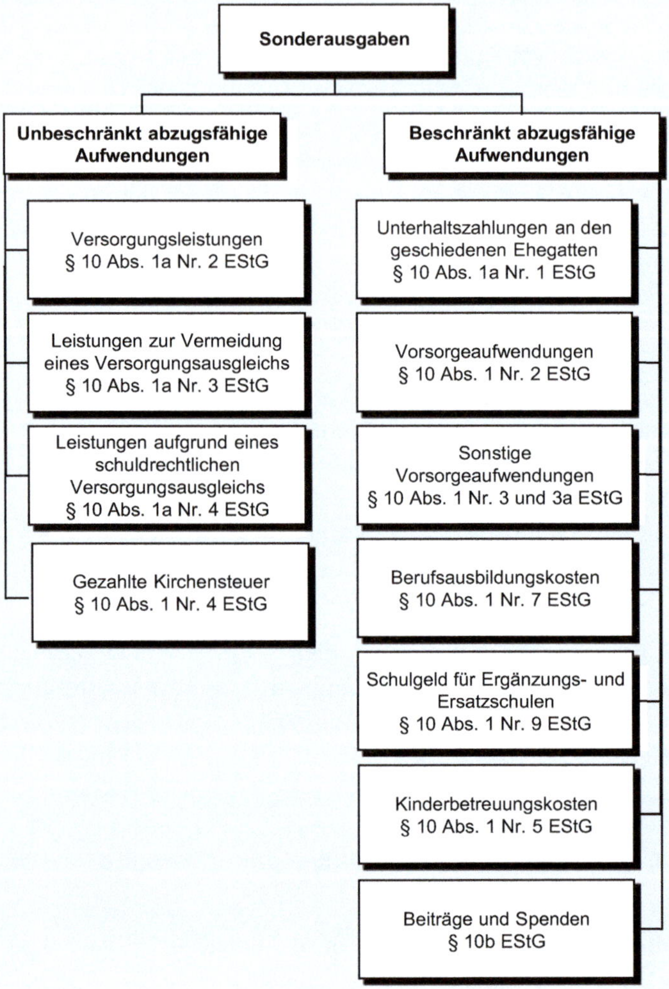

wurde die begünstigte Übertragung von Privatvermögen, insbesondere von Geldvermögen, Wertpapieren, typisch stillen Beteiligungen und selbst genutztem Wohneigentum, ausgenommen.

Die Versorgungsleistungen können beim Zahlungsverpflichteten in vollem Umfang als Sonderausgaben abgezogen werden, wenn der Leistungsempfänger unbeschränkt einkommensteuerpflichtig ist und die Versorgungsleistungen seinerseits in vollem Umfang als sonstige Einkünfte i.S.d. § 22 Nr. 1a EStG versteuert (sog. Korrespondenzprinzip). Hiervon abweichend ist ein Sonderausgabenabzug auch dann zu gewähren, wenn der Empfänger der Leistung nicht unbeschränkt steuerpflichtig ist, jedoch seinen Wohnsitz oder gewöhnlichen Aufenthalt im Hoheitsgebiet eines anderen EU- bzw. EWR- Mitgliedstaates hat und somit als fiktiv unbeschränkt steuerpflichtig behandelt wird (§ 1a Abs. 1 Nr. 1a EStG).

Beispiel:
Wilhelm bekommt gegen die Zusage einer geringen Rente, entsprechend dem Versorgungsbedürfnis des Vaters und der wirtschaftlichen Leistungsfähigkeit von Wilhelm, von seinem Vater dessen Einzelunternehmen geschenkt. Da die Rente nicht als ein angemessenes Entgelt für das übertragene Unternehmen anzusehen ist, sondern auf freiwilliger Basis zur Versorgung des ehemaligen Inhabers geleistet wird, kann sie gem. § 10 Abs. 1a Nr. 2 EStG als Sonderausgabe geltend gemacht werden, sofern das Abzugsverbot des § 12 Nr. 2 EStG nicht greift.

b) Leistungen zur Vermeidung eines Versorgungsausgleichs

Bislang war durch die Gerichte noch nicht abschließend geklärt, ob und inwieweit Ausgleichszahlungen zur Vermeidung eines Versorgungsausgleichs als Einkünfte beim Empfänger zu versteuern sind. Dies hat der Gesetzgeber seit 2015 geklärt. Entsprechende Zahlungen sind beim Geber als Sonderausgaben abzugsfähig, soweit der Verpflichtete dies mit Zustimmung des Berechtigten beantragt und der Berechtigte unbeschränkt einkommensteuerpflichtig ist. Gleichzeitig wurde das Korrespondenzprinzip auch für diese Leistungen gesetzlich festgeschrieben. Der Abzugsberechtigung nach § 10 Abs. 1a Nr. 3 EStG steht gesetzlich die Steuerpflicht nach § 22 Nr. 1a EStG gegenüber.

c) Leistungen aufgrund eines schuldrechtlichen Versorgungsausgleichs

Leistungen aufgrund eines schuldrechtlichen Versorgungsausgleichs können grundsätzlich ebenfalls in voller Höhe als Sonderausgaben abgezogen werden. § 10 Abs. 1 Nr. 4 EStG folgt daher ebenfalls dem Korrespondenzprinzip, d.h. ein Sonderausgabenabzug ist beim Ausgleichsverpflichteten nur in dem Umfang möglich, in dem der Ausgleichsempfänger die Leistungen als sonstige Einkünfte gem. § 22 Nr. 1a EStG der Besteuerung unterwirft. Vergleichbares gilt für Ausgleichszahlungen zur Vermeidung eines Versorgungsausgleichs gem. § 10 Abs. 1a Nr. 3 EStG.

Die Besteuerung erfolgt beim Empfänger ebenfalls nach dem Korrespondenzprinzip gem. § 22 Nr. 1a EStG).

Beispiel:
Liegt dem schuldrechtlichen Versorgungsausgleich eine Leibrente zugrunde, die beim Empfänger gem. § 22 Nr. 1a EStG nur mit dem Ertragsanteil versteuert werden muss, so ist ein Sonderausgabenabzug für den Zahlungspflichtigen gem. § 10 Abs. 1a Nr. 4 EStG auch nur in Höhe des Ertragsanteils möglich. Beruht die Leistung hingegen bspw. auf Versorgungsbezügen, die beim Ausgleichsverpflichteten gem. § 19 EStG grundsätzlich in vollem Umfang zu versteuern sind, so ist ein Abzug der Ausgleichszahlung als Sonderausgaben gem. § 10 Abs. 1a Nr. 4 EStG in vollem Umfang möglich.

d) Kirchensteuer

Nach § 10 Abs. 1 Nr. 4 EStG ist die gezahlte Kirchensteuer grundsätzlich als Sonderausgabe abzugsfähig. Für den Ansatz als Sonderausgabe ist es dabei unbeachtlich, ob es sich um Abschlusszahlungen, Vorauszahlungen oder um eine einbehaltene Kirchensteuer bei Lohnzahlungen handelt. Die als Sonderausgabe anzusetzende Kirchensteuer ist um die Kirchensteuererstattungen, die im Laufe des Kalenderjahres zugeflossen sind, zu kürzen.

Beispiel:
Charlotte überweist im Kalenderjahr 2018 laut Kirchensteuerbescheid 480 € an das Kirchensteueramt. Ihr wird im selben Jahr eine Erstattung der Kirchensteuer in Höhe von 120 € überwiesen. Diese Erstattung bezog sich auf die Veranlagung 2017. Charlotte kann als Sonderausgaben 360 € (= 480 € ./. 120 €) im Jahr 2018 berücksichtigen.
Es spielt dabei keine Rolle, auf welches Kalenderjahr die Erstattung der Kirchensteuer zurückzuführen ist.

Eine Ausnahme ergibt sich im Rahmen der Abgeltungsteuer, wonach die Kirchensteuer nicht als Sonderausgabe geltend gemacht werden kann, da bei der Berechnung des Steuersatzes der Abgeltungsteuer bereits der Sonderausgabenabzug berücksichtigt wurde. Da die steuermindernde Wirkung der Kirchensteuer bereits auf diese Weise geltend gemacht wurde, ist ein Abzug der Kirchensteuer im Rahmen der Einkommensteuerveranlagung insoweit ausgeschlossen.

e) Kinderbetreuungskosten

Seit VZ 2012 können nachgewiesene Kosten für die Betreuung von Kindern gem. § 10 Abs. 1 Nr. 5 EStG ohne Angabe von besonderen Umständen als Sonderausgaben abgesetzt werden. Voraussetzung hierfür ist, dass das Kind das 14. Lebensjahr noch nicht vollendet hat oder aufgrund einer vor Vollendung des 25. Lebensjahres eingetretenen Behinderung außerstande ist, sich selbst zu versorgen. Ein Sonderausgabenabzug ist aber nur in Höhe von zwei Drittel der angefallenen Betreuungskosten, jedoch maximal 4.000 € pro Kind, möglich.

Nicht begünstigt sind Aufwendungen für Unterricht, die Vermittlung besonderer Fähigkeiten oder für sportliche oder andere Freizeitbeschäftigungen.

Beispiel:
Die verheiratete Mutter Judith geht an zwei Nachmittagen der Woche in ein Fitnessstudio. In dieser Zeit kümmert sich ein Babysitter für 900 € um ihre fünfjährige Tochter Chrissi. Judith meint zudem, ihr Kind solle musikalisch gefördert werden. Eine entsprechend ausgebildete Pädagogin erhält hierfür weitere 1.500 €.
Die Kosten für den Babysitter können gem. § 10 Abs. 1 Nr. 5 EStG als Sonderausgaben i.H.v. (2/3 × 900 € =) 600 € abgezogen werden. Ein Abzug der Kosten für den Musikunterricht ist dagegen nicht möglich.

Merke

Kinder sind an vielen Stellen des Steuerrechts begünstigt, insbesondere:
1. Elterngeld
2. Kindergeld, Kinderfreibetrag
3. Kinderbetreuungskosten
4. Freibetrag für Alleinerziehende
5. Bestimmte Schul-/Ausbildungskosten

f) Steuerberatungskosten

§ 10 Abs. 1 Nr. 6 EStG wurde im Veranlagungszeitraum 2006 gestrichen, sodass private Steuerberatungskosten nicht mehr als Sonderausgaben abgezogen werden können. Steuerberatungskosten, die im Zusammenhang mit einer Einkunftsart stehen und somit als Betriebsausgaben bzw. Werbungskosten berücksichtigt werden können, sind dagegen weiterhin abzugsfähig. Folglich sind nur diejenigen Beratungs- und Erstellungsleistungen, die nicht mit Einkünften im Zusammenhang stehen, von dem Abzugsverbot betroffen.

Beispiel:
Einzelunternehmerin A erzielt im VZ 2018 Einkünfte aus Gewerbebetrieb. Daneben ist sie als Teilzeitkraft in einem Friseursalon angestellt. Aus dieser Tätigkeit erzielt sie Einkünfte aus nichtselbständiger Arbeit. A hat ein Kind und außerdem Aufwendungen für Altersvorsorge und Krankheitskosten.

Ihre Steuererklärung lässt A von Steuerberater B anfertigen. Dieser rechnet folgende Vorgänge ab:

- Ausfüllen des Mantelbogens (Sonderausgaben, außergewöhnliche Belastungen)
- Ausfüllen der Anlage K (Kind)
- Ausfüllen der Anlage G (gewerbliche Einkünfte)
- Ausfüllen der Anlage N (nichtselbständige Arbeit)

Die Kosten für das Ausfüllen der Anlage G stellen Betriebsausgaben dar, diejenigen für das Ausfüllen der Anlage N Werbungskosten. Die Kosten für das Ausfüllen des Mantelbogens und der Anlage Kind sind hingegen steuerlich nicht berücksichtigungsfähig. Zur Vereinfachung der Steuerermittlung ist ein Abzug von Steuerberatungskosten bis zu 100 € stets in vollem Umfang zulässig.

g) Sonderausgaben-Pauschbetrag

Falls keine höheren tatsächlich angefallenen Kosten nachgewiesen werden, steht dem Steuerpflichtigen gem. § 10c Abs. 1 EStG ein Pauschbetrag i. H.v. 36 € bzw. 72 € bei Ehegattenveranlagung zu. Dieser deckt die Sonderausgaben i. S. d. §§ 10 Abs. 1 Nr. 4, 5, 7, 9 sowie Abs. 1a und 10b EStG ab.

2.2.5.3 Beschränkt abzugsfähige Sonderausgaben

a) Unterhaltszahlungen an den Ehegatten

Unterhaltszahlungen an den geschiedenen oder dauernd getrennt lebenden, unbeschränkt steuerpflichtigen Ehegatten sind abzugsfähig als:

- *Sonderausgaben* gem. § 10 Abs. 1a Nr. 1 EStG (sog. Realsplitting)
  Wählt der Steuerpflichtige die Möglichkeit des Sonderausgabenabzugs, so kann er einen Höchstbetrag von 13.805 € im Kalenderjahr abziehen. Werden darüber hinaus Beiträge zur Kranken- und Pflegeversicherung für den getrennt lebenden oder geschiedenen Ehepartner übernommen, so können diese zusätzlich geltend gemacht werden. Beim Empfänger unterliegt gem. § 22 Nr. 1a EStG der Unterhalt in gleicher Höhe der Besteuerung. Die Voraussetzungen für den Sonderausgabenabzug sind ein Antrag des Leistenden und die Zustimmung des Empfängers der Unterhaltszahlungen. Zudem ist die erteilte Identifikationsnummer (§ 139b AO) der unterhaltenen Person in der Steuererklärung des Unterhaltsleistenden anzugeben, wenn die unterhaltene Person der beschränkten oder unbeschränkten Steuerpflicht unterliegt.

- *Außergewöhnliche Belastungen* gem. § 33a Abs. 1 EStG
  Entscheidet sich der Steuerpflichtige für den Abzug der Unterhaltszahlungen als außergewöhnliche Belastung, so kann er diese bis zu einer Höhe von 9.000 € absetzen. Auch hier können die Kranken- und Pflegeversicherungsbeiträge zusätzlich geltend gemacht werden, wenn die unterhaltene Person kein oder nur ein geringes Einkommen hat. Die Zahlungen bleiben beim Empfänger steuerfrei. Voraussetzung für den Abzug der Aufwendungen ist die Angabe der erteilten Identifikationsnummer (§ 139b AO) der unterhaltenen Person in der Steuererklärung des Unterhaltsleistenden, wenn die unterhaltene Person der unbeschränkten oder beschränkten Steuerpflicht unterliegt.

Übersteigen die Zahlungen den jeweiligen Höchstbetrag von 9.000 € bzw. 13.805 €, so kann der Mehrbetrag nicht darüber hinaus als Sonderausgaben bzw. außergewöhnliche Belastung geltend gemacht werden.

b) Vorsorgeaufwendungen

Übergang zur nachgelagerten Besteuerung

Mit der Umsetzung des Alterseinkünftegesetzes (AltEinkG)[12] zum 01.01.2005 werden die Leibrenten nicht mehr ausschließlich mit ihrem Ertragsanteil der Einkommensteuer unterworfen, sondern schrittweise nachgelagert besteuert. Zum Ausgleich können die Vorsorgeaufwendungen (unabhängig davon, ob für die gesetzliche Rentenversicherung oder vergleichbare private Versicherungen geleistet), im Gegensatz zur vorherigen Regelung weitgehend und nur durch großzügig gewählte Höchstbeträge begrenzt als Sonderausgaben abgezogen werden.

Der Übergang zu dieser **nachgelagerten Besteuerung** – also der Besteuerung der Alterseinkünfte in der Auszahlungsphase bei korrespondierender Steuerfreiheit der Beiträge für die Altersvorsorge in der Erwerbsphase – ist aus aufkommenspolitischen Gründen jedoch nicht in einem Schritt voll-

Merke

Seit dem Veranlagungszeitraum 2005 sind Alterseinkünfte in der Auszahlungsphase des Steuerpflichtigen grundsätzlich in vollem Umfang zu versteuern. Damit korrespondierend bleiben Beiträge zur Altersvorsorge in der Erwerbsphase weitgehend steuerfrei (Prinzip der nachgelagerten Besteuerung).

12 BGBl. I S. 1427.

ziehbar. Deshalb ist eine Reihe von **Übergangsregelungen** zu beachten. Diese betreffen sowohl die Altersvorsorgeaufwendungen als auch die sog. sonstigen Altersvorsorgeaufwendungen, deren getrennte Betrachtung sich als unmittelbare Folge der Änderungen des Alterseinkünftegesetzes ergibt.

In der nachfolgenden Abbildung werden die unterschiedlichen Formen der Altersversorgung und deren steuerliche Behandlung veranschaulicht. Die Basisversorgung wird anschließend genauer erläutert.

Abb. 36: *Formen der Altersversorgung und deren Besteuerung*

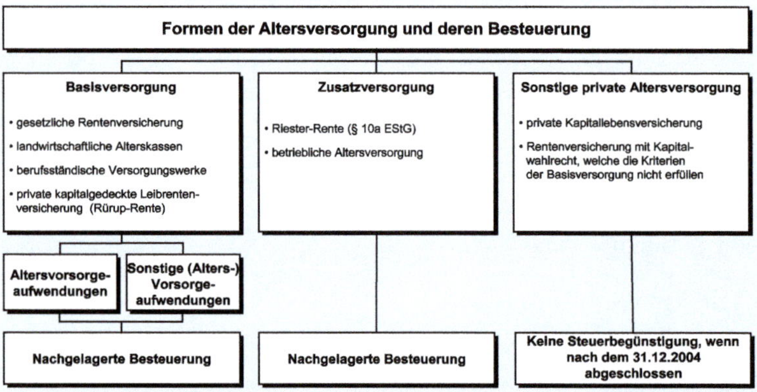

Kapitallebensversicherungen sind nicht privilegiert i. S. d. § 10 Abs. 1 Nr. 2 EStG

Ausdrücklich nicht in die Reihe der privilegierten Vorsorgemaßnahmen gehören die Kapitallebensversicherungen. Die Beiträge, die auf Kapitallebensversicherungsverträgen beruhen, deren Laufzeit nach dem 31.12.2004 beginnt, sind in keiner Weise begünstigt. Liegen Altverträge vor (Laufzeitbeginn vor dem 31.12.2004), so können die in diesem Kontext geleisteten Beiträge wiederum im Rahmen der sonstigen Altersvorsorgeaufwendungen angesetzt werden.

❑ Altersvorsorgeaufwendungen gem. § 10 Abs. 1 Nr. 2 EStG

Basis-Rente

Zu den Altersvorsorgeaufwendungen, der sog. Basisversorgung, gehören alle in § 10 Abs. 1 Nr. 2 EStG aufgezählten Versicherungsbeiträge. Die wichtigsten sind:

- Beiträge zu den gesetzlichen Rentenversicherungen gem. § 10 Abs. 1 Nr. 2 Bst. a EStG.
- Beiträge zu privaten kapitalgedeckten Leibrentenversicherungen (Rürup-Rente) gem. § 10 Abs. 1 Nr. 2 Bst. aa EStG, deren

vertragliche Ausgestaltung allerdings bestimmte, in Abb. 37 dargestellte Voraussetzungen erfüllen muss.

Abb. 37: *Voraussetzungen der Berücksichtigung einer privaten Alterszusatzversorgung*

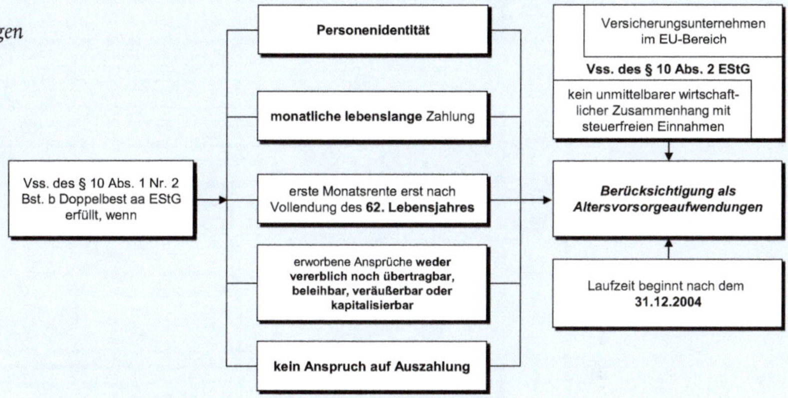

Dabei ist stets auf den Laufzeitbeginn des jeweiligen privaten Vorsorgevertrags zu achten. Nur jene Altersvorsorgebeiträge i.S.d. § 10 Abs. 1 Nr. 2 Bst. aa EStG können berücksichtigt werden, die auf Verträgen beruhen, deren **Laufzeit nach dem 31.12.2004** beginnt. Zahlungen für private Rentenversicherungen, die aus sog. Altverträgen resultieren, können nur im Rahmen der sonstigen Altersvorsorgeaufwendungen angesetzt werden.

Eine wichtige Ausnahme ergibt sich im Hinblick auf die geforderte Personenidentität. Für die Begünstigung der Altersvorsorgebeiträge ist es bei Verheirateten nicht von Bedeutung, wenn der Beitragszahler und die versicherte Person nicht identisch sind. Eine Absicherung der Altersversorgung von Kindern ist hingegen nicht begünstigt.

Zusatzversicherungen (Berufs- oder Erwerbsunfähigkeit sowie Hinterbliebenenversorgung), welche die private Altersversorgung nach § 10 Abs. 1 Nr. 2 Bst. b Doppelbst. aa EStG ergänzen, sind grundsätzlich nicht schädlich. Allerdings müssen sie die oben dargestellten Bedingungen ebenfalls erfüllen. Zudem hat mehr als die Hälfte der Beiträge auf die eigene Altersvorsorge des Steuerpflichtigen zu entfallen. Sowohl die Altersversorgung als auch die ergänzenden Absicherungen müssen in einem einheitlichen Vertrag geregelt sein. Andernfalls handelt es sich

Abb. 38:
Ermittlung der als Sonderausgaben abzugsfähigen Altersvorsorgeaufwendungen

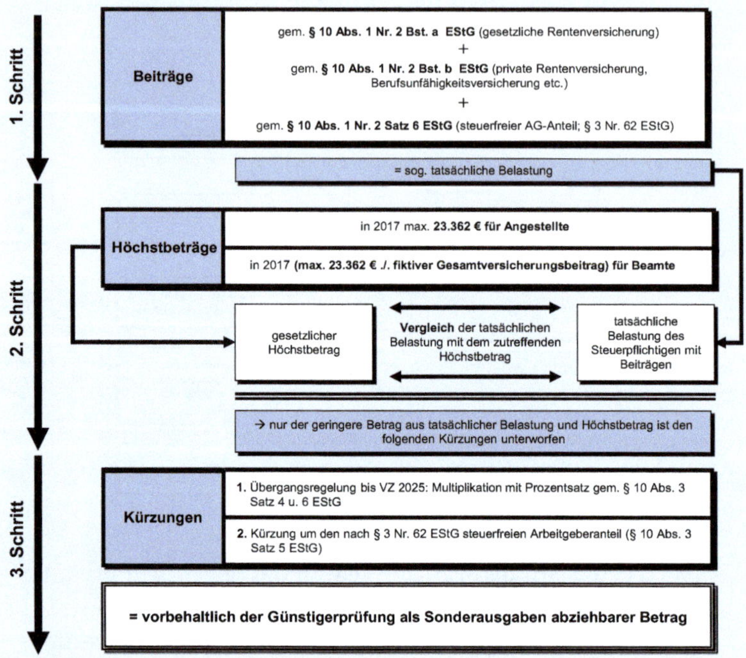

nicht um ergänzende Absicherungen zu einem Basisrentenvertrag, sondern um eigenständige Versicherungen.

Damit ist ausschließlich die Absicherung gegen den Eintritt der Berufsunfähigkeit oder der verminderten Erwerbsfähigkeit Vertragsgegenstand, nicht aber eine lebenslange Altersrente. § 10 Abs. 1 Nr. 2 Bst. b Doppelbst bb EStG ermöglicht unter den dort genannten Voraussetzungen ebenfalls für solche Absicherungen einen Sonderausgabenabzug.

Ermittlung der abzugsfähigen Sonderausgaben

1. Schritt:
Bei der Ermittlung der als Sonderausgaben abzugsfähigen Vorsorgeaufwendungen ist zunächst die tatsächliche Belastung durch Addition der geleisteten Beiträge i.S.d. § 10 Abs. 1 Nr. 2 EStG festzustellen.

2. Schritt:
Zu beachten ist jedoch, dass § 10 Abs. 3 Satz 1 EStG dabei einen **Höchstbetrag** bestimmt, welcher sich im Falle einer Zusammenveranlagung von Ehegatten verdoppelt. Der Höchstbetrag (bis

2014 jeweils absolut 20.000 €) für einzelveranlagte Steuerpflichtige zugunsten einer Basisversorgung im Alter wird seit 2015 dynamisch an die Beitragsbemessungsgrenze zur knappschaftlichen Rentenversicherung (West) gekoppelt. Die begünstigten Beiträge sind daher 2017 i.H.v. 23.362 € (Beitragsbemessungsgrenze Rentenversicherung 94.200 € × Beitragssatz Rentenversicherung 24,80 %; vor 2015 20.000 €) als Sonderausgaben abziehbar. Für 2018 erhöht sich der Betrag aufgrund veränderter Berechnungsdaten (Beitragssatz 24,7 % bzw. Beitragsbemessungsgrenze 96.000 €) auf 23.712 €.

Dieser Höchstbetrag wird nochmals gem. § 10 Abs. 3 Satz 3 EStG bei

- Beamten und sonstigen Arbeitnehmern, die einen Anspruch auf Altersversorgung ganz oder teilweise ohne eigene Beitragsleistung erworben haben (z. B. Berufssoldaten),
- beherrschenden Gesellschafter-Geschäftsführern einer GmbH und Vorstandsmitgliedern von Aktiengesellschaften unter bestimmten Voraussetzungen sowie
- Abgeordneten, die Einkünfte i.S.d. § 22 Nr. 4 EStG beziehen und einen Anspruch auf Altersversorgung ganz oder teilweise ohne eigene Beitragsleistung erworben haben,

um einen **fiktiven Gesamtversicherungsbeitrag**, der dem Arbeitgeber- und Arbeitnehmeranteil zur gesetzlichen Rentenversicherung entspricht, **gekürzt**. Dieser ergibt sich durch die Multiplikation der Einnahmen aus dem Bruttoarbeitslohn (aus Vereinfachungsgründen zugunsten des Steuerpflichtigen begrenzt auf die Beitragsbemessungsgrenze: Ost 2018: 69.600 €) mit dem Rentenbeitragssatz (2017: 18,7 %; 2018: 18,6 %). Der maximale Kürzungsbetrag beläuft sich somit auf 12.946 €.

Beispiel:
Der Beamte B hat 2017 Einnahmen aus dem Beamtenverhältnis i.H.v. 50.000 €.
Der Höchstbetrag von 23.362 (94.200 × 24,80 %) ist gem. § 10 Abs. 3 Satz 3 EStG um einen fiktiven Gesamtversicherungsbeitrag zu kürzen.

	Bruttoarbeitsentgelt	50.000 €
×	Beitragssatz gesetzliche Rentenversicherung	× 18,7 %
=	**Fiktiver Gesamtversicherungsbeitrag**	**= 9.350 €**

Maximal würde ein Kürzungsbetrag von 12.946 € abgezogen werden.

Übergangsregelung

3. Schritt:

Aufgrund der schrittweisen Umstellung auf die nachgelagerte Besteuerung wird in § 10 Abs. 3 Satz 4 und 6 EStG der Sonderausgabenabzug für die Basisversorgung während eines Übergangszeitraums gekürzt. Im Jahr 2013 waren deshalb zunächst 76% des geringeren Betrags aus tatsächlicher Belastung und Höchstbetrag (maximal also 12.000 €) abzugsfähig. Dieser Anteil erhöht sich gem. § 10 Abs. 3 Satz 6 EStG seit dem Jahr 2006 um 2% p.a., so dass erst ab dem Veranlagungszeitraum 2025 100% des ermittelten Betrags (maximal 20.000 €) anzusetzen sind.

Kürzung um den steuerfreien Arbeitgeberanteil

Bei rentenversicherungspflichtigen Arbeitnehmern ist der abzugsfähige Anteil anschließend gem. § 10 Abs. 3 Satz 5 EStG um den steuerfreien Arbeitgeberanteil zur gesetzlichen Rentenversicherung nach § 3 Nr. 62 EStG oder einem diesen gleichgestellten steuerfreien Zuschuss des Arbeitgebers zu kürzen. Damit wird berücksichtigt, dass die betreffenden Arbeitnehmer eine Vergünstigung bereits in Form des steuerfreien Arbeitgeberanteils erhalten haben, sodass sich das Abzugsvolumen um den entsprechenden Betrag zu verringern hat.

Der verbleibende Betrag stellt die vorbehaltlich der Günstigerprüfung des § 10 Abs. 4a EStG als Sonderausgaben abziehbaren Altersvorsorgeaufwendungen dar.

Beispiel:
Der ledige rentenversicherungspflichtige Arbeitnehmer A fragt bei seinem Steuerberater B nach, ob er eine private Rentenversicherung abschließen soll. Dabei möchte er „den Sonderausgabenabzug in 2017 von 23.362 € voll ausschöpfen". Deshalb möchte er exakt diese Summe in Vorsorgeprodukte investieren. 2017 erhält er ein Brutto-Gehalt i.H.v. 60.000 €.

Was hat A nicht bedacht?

Der Höchstbetrag i.H.v. 23.362 € ist gem. § 10 Abs. 1 Nr. 2 Bst. a und Satz 6 EStG um den Arbeitgeber- und Arbeitnehmeranteil zur gesetzlichen Rentenversicherung zu subtrahieren:

Im Fall von A bedeutet dies:

	Höchstbetrag (10 Abs. 3 Satz 1 EStG)	23.362 €
./.	AG-Beitrag (50 % von 18,7 %)	./. 5.610 €
./.	AN-Beitrag (50 % von 18,7 %)	./. 5.610 €
=	**Spielraum für private Zusatzversorgung**	**= 12.142 €**

Bei einem Bruttogehalt i.H.v. 60.000 € bleibt A nach Berücksichtigung der gesetzlichen Beiträge noch ein Spielraum für private Altersvorsorge i.H.v. 12.142 €. Somit hat ihn B über seinen ersten Denkfehler aufzuklären: Der Höchstbetrag von 23.362 € schließt AG- und AN-Beitrag ein! Doch auch dann, wenn A Verträge über private Zusatzversorgungen i.H.v. 12.142 € abschließt, heißt dies nicht, dass er im Jahr 2017 den Betrag von 23.362 € als Sonderausgaben abziehen kann.

	Veranlagungszeitraum	*2017*	*2025*
	Höchstbetrag gem. § 10 Abs. 3 Satz 4 u. 6 EStG	84 % × 23.362 € = 19.624 €	100 % × 23.362 € = 23.362 €
./.	AG-Beitrag (§ 10 Abs. 3 Satz 5 EStG)	./. 5.610 €	./. 5.610 €
=	tatsächlich abzugsfähiger Betrag	= 14.014 €	= 17.715 €

Investiert A 2017 insgesamt 23.362 € in seine Altersvorsorge, so sind lediglich 14.014 € als Sonderausgaben abziehbar. Zusammen mit dem AG-Anteil (bereits befreit nach § 3 Nr. 62 EStG) bleiben somit 19.624 € steuerfrei. Der zweite Denkfehler des A besteht also darin, dass er die Vorschrift des § 10 Abs. 3 Satz 4 und 6 EStG nicht bedacht hat. Erst 2025 fällt diese Kürzung des geringeren Betrags aus tatsächlicher Belastung und Höchstbetrag endgültig weg. Wird unrealistischerweise unterstellt, dass sich der Höchstbetrag bis 2025 nicht ändert, ergibt sich das Folgende. Dann erst steht auch tatsächlich ein Höchstbetrag von 23.362 € zur Verfügung. Allerdings darf A auch künftig nicht außer Acht lassen, dass in dieser Summe die gesetzlichen Beiträge enthalten sind und der steuerfreie AG-Anteil stets zu subtrahieren ist, um zu dem tatsächlich abzugsfähigen Betrag zu kommen.

Merke

- **Als Sonderausgaben können nur Vorsorgeaufwendungen i.S.d. § 10 Abs. 1 Nr. 2 EStG berücksichtigt werden.**
- **§ 10 Abs. 3 Satz 1 EStG bestimmt einen Höchstbetrag von 23.362 €, der dynamisch an die Beitragsbemessungsgrenze zur knappschaftlichen Rentenversicherung (West) gekoppelt ist.**
- **Der Höchstbetrag ist gem. § 10 Abs. 3 Satz 3 EStG bei bestimmten Berufsgruppen um einen fiktiven Gesamtversicherungsbeitrag zu kürzen.**
- **In einer Übergangszeit bis zum Jahr 2025 ist nur ein Teil der ermittelten Vorsorgeaufwendungen anzusetzen.**
- **Der AG-Anteil stellt bereits eine steuerfreie Vergünstigung dar (§ 3 Nr. 62 EStG). Er muss deshalb abgezogen werden, um die tatsächlich abzugsfähigen Sonderausgaben zu erhalten.**

❑ Sonstige Vorsorgeaufwendungen gem. § 10 Abs. 1 Nr. 3 und 3a EStG

Sonstige Vorsorgeaufwendungen dienen nicht der Altersvorsorge

Die in § 10 Abs. 1 Nr. 3 und 3a EStG genannten Beiträge dienen nicht der Altersvorsorge und gehören zu den sonstigen Vorsorgeaufwendungen. Von Bedeutung sind hier vor allem:

a) Aufwendungen gem. § 10 Abs. 1 Nr. 3 EStG
   - für Krankenversicherung und
   - Pflegeversicherung.

b) Aufwendungen gem. § 10 Abs. 1 Nr. 3a EStG
   - gegen Arbeitslosigkeit,
   - für Erwerbs- und Berufsunfähigkeitsversicherungen, die ein nicht ergänzender Bestandteil einer Leibrentenversicherung i. S. d. § 10 Abs. 1 Nr. 2 Bst. b EStG sind (§ 10 Abs. 1 Nr. 3a EStG),
   - für Unfall- und Haftpflichtversicherung,
   - für (reine) Risikolebensversicherungen, die nur für den Todesfall eine Leistung vorsehen,
   - für Rentenversicherungen i. S. d. § 10 Abs. 1 Nr. 2 Bst. b EStG (Altverträge) und
   - für Kapitallebensversicherungen (Altverträge), falls die Laufzeit der jeweiligen Verträge vor dem 01.01.2005 begonnen hat und die Beitragszahlungen schon vor diesem Zeitpunkt stattgefunden haben. In diesen Fällen ist § 10 Abs. 1 Nr. 2 Satz 2 bis 6 und Abs. 2 Satz 2 EStG in der bis zum 31.12.2004 geltenden Fassung weiter anzuwenden.

Beiträge zur Krankenversicherung

Ab dem VZ 2010 können die Beiträge zu einer Krankenversicherung unbegrenzt als Sonderausgaben geltend gemacht werden, sofern die Versicherungsleistung in Art, Umfang und Höhe mit denen der gesetzlichen Krankenversicherung vergleichbar ist. Damit hat der Gesetzgeber auf die vom Bundesverfassungsgericht beanstandete Ungleichbehandlung und die begrenzte Abzugsfähigkeit von gesetzlichen und privaten Krankenversicherungsbeiträgen reagiert. Aufgrund der Neuregelung sind sowohl (Pflicht-)Beiträge (Arbeitnehmeranteil) zur gesetzlichen Krankenversicherung, der sog. Basiskrankenversicherung, als auch private Krankenversicherungsbeiträge nach Abzug steuerfreier Zuschüsse, die der Basiskrankenversicherung entsprechen, in unbegrenzter Höhe als Sonderausgaben abzugsfähig. Allerdings dürfen Beiträge für eine Zusatzversorgung (z.B. Krankengeld, Chefarztbehandlung) nicht berücksichtigt werden. Entsprechend sind die abzugsfähigen Bestandteile der privaten Krankenversicherungsbeiträge aus dem Gesamtbetrag heraus zu rechnen. Beinhaltet der Krankenversicherungsbeitrag einen Krankengeldanspruch oder eine vergleichbare Leistung, so ist der Beitrag pauschal um 4 % zu vermindern (§ 10 Abs. 1 Nr. 3 Bst. a EStG). Ebenfalls abzugsfähig sind gem. § 10 Abs. 1 Nr. 3 Bst. b EStG Beiträge zur gesetzlichen Pflegeversicherung.

Den eigenen Aufwendungen des Steuerpflichtigen gleichgestellt und letztlich in unbegrenzter Höhe abzugsfähig (rein technisch im Fall des sog. Realsplittings durch die Erhöhung des Höchstbetrages gem. § 10 Abs. 1a Nr. 2 Satz 2 EStG bzw. gem. § 33a Abs. 1 Satz 2 EStG) sind die Beiträge für:

- mitversicherte Kinder,
- Ehe- oder eingetragener Lebenspartner,
- zusätzlich zu den Unterhaltsleistungen an den geschiedenen oder dauernd getrennt lebenden, unbeschränkt einkommensteuerpflichtigen Ehegatten geleistete Beiträge im Rahmen des sog. Realsplittings (§ 10 Abs. 1a Nr. 1 EStG), und
- übernommene Beiträge für gesetzlich unterhaltsberechtigte Personen i. S. d. § 33a Abs. 1 EStG.

Die geleisteten Beiträge sind im Fall des Realsplittings vom Unterhaltsempfänger als sonstige Einkünfte i.S.d § 22 Nr. 1a EStG zu versteuern.

Höchstbeträge

Zusammen mit der Neuregelung des Sonderausgabenabzugs wurden die Höchstbeträge für die Steuerpflichtigen, welche die Aufwendungen für ihre Krankenversicherung und Krankheitskosten vollständig aus eigenen Mitteln tragen (insbesondere Selbständige), auf 2.800 € erhöht. Für Steuerpflichtige, die ganz oder teilweise ohne eigene Aufwendungen einen Anspruch auf vollständige oder teilweise Erstattung oder Übernahme von Krankheitskosten haben oder für deren Krankenversicherung Leistungen i. S. d. §§ 3 Nr. 62 oder 3 Nr. 14 EStG erbracht werden (also z. B. sozialversicherungspflichtige Arbeitnehmer, für die der Arbeitgeber steuerfreie Beiträge zur Krankenversicherung leistet oder in der gesetzlichen Krankenversicherung ohne eigene Beiträge familienversicherte Angehörige), wurde ein Höchstbetrag von 1.900 € festgesetzt (§ 10 Abs. 4 EStG).

Bei zusammenveranlagten Ehegatten wird gem. § 10 Abs. 4 Satz 3 EStG ein gemeinsamer Höchstbetrag gebildet, der sich aus den jeweiligen Höchstbeträgen beider Partner zusammensetzt.

Vorrangig werden die Kranken- und Pflegeversicherungsbeiträge berücksichtigt. Sofern die Kranken- und Pflegeversicherungsaufwendungen den Höchstbetrag nicht ausschöpfen (z.B. bei Geringverdienern), kann mit anderen sonstigen Vorsorgeaufwendungen „aufgefüllt" werden. Übersteigen bereits die Kranken- und Pflegeversicherungsbeiträge den Höchstbetrag, können die Beiträge ab dem VZ 2010 trotzdem in vollem Umfang abgezogen werden (§ 10 Abs. 4 Satz 4 EStG). Ein weiterer Abzug sonstiger Vorsorgeaufwendungen i.S.d. § 10 Abs. 1 Nr. 3a EStG ist dann allerdings ausgeschlossen.

Beispiel:
Gustav ist lediger Arbeitnehmer und privat krankenversichert. Er zahlt im Jahr einen Krankenversicherungsbeitrag i.H.v. 1.600 €, worin 10 % für eine Zusatzversorgung enthalten sind. Der Anteil für die Basiskrankenversicherung beträgt somit 1.440 €. Für die gesetzliche Pflegeversicherung hat er 200 € gezahlt und andere sonstige Vorsorgeaufwendungen i.H.v. 600 € getätigt. Der Höchstbetrag gem. § 10 Abs. 4 Satz 2 EStG i.H.v. 1.900 € wird durch die Kranken- und Pflegeversicherungsbeiträge von 1.640 € nicht voll ausgeschöpft. Die anderen sonstigen Vorsorgeaufwendungen können zusätzlich i.H.v. 260 € angesetzt werden.
Würde Gustav für seine private Krankenversicherung 2.300 € bezahlen, worin wiederum 10 % für die Zusatzversorgung enthalten sind, beliefe sich der Anteil für die Basiskrankenversicherung auf 2.070 €. Für die gesetzliche Pflegeversicherung wendet er auch diesmal 200 € auf. Die weiteren sonstigen Vorsorgeaufwendungen betragen analog zum obigen Beispiel 600 €.
Bereits mit den Kranken- und Pflegeversicherungsbeiträgen überschreitet Gustav den Höchstbetrag von 1.900 €. Gem. § 10 Abs. 4 Satz 4 EStG ist jedoch ein Abzug in vollem Umfang möglich. Die Berücksichtigung weiterer sonstiger Vorsorgeaufwendungen ist jedoch ausgeschlossen. Somit kann Gustav einen Sonderausgabenabzug i.H.v. 2.270 € (= 2.070 € + 200 €) geltend machen.

Merke

- **Ab VZ 2010 sind sowohl die gesetzlichen als auch die privaten Krankenversicherungsbeiträge grundsätzlich in unbegrenzter Höhe abzugsfähig (§ 10 Abs. 1 Nr. 3 Bst. a i.V.m. Abs. 4 EStG).**
- **Die gesetzliche Pflegeversicherung ist ebenfalls in vollem Umfang absetzbar (§ 10 Abs. 1 Nr. 3 Bst. b i.V.m. Abs. 4 EStG).**
- **Eine „Auffüllung" mit sonstigen Vorsorgeaufwendungen i.S.d. § 10 Abs. 1 Nr. 3a EStG ist zulässig, wenn der Höchstbetrag nicht überschritten wurde.**
- **Der Höchstbetrag für Arbeitnehmer beträgt 1.900 € und für Selbständige 2.800 € (§ 10 Abs. 4 EStG).**

❑ Günstigerprüfung

Vergleichsrechnung mit der im VZ 2004 geltenden Rechtslage

Bei manchen Steuerpflichtigen kann es aufgrund der neuen Rechtslage, die das Alterseinkünftegesetz mit sich bringt, zu Schlechterstellungen im Vergleich zu den noch im Veranlagungszeitraum 2004 geltenden Regelungen kommen. Aus diesem Grunde sieht § 10 Abs. 4a EStG eine Günstigerprüfung für alle Versicherten von Amts wegen bis zum Veranlagungszeitraum 2019 vor.

Merke

- **In einer Übergangszeit von 2005 bis 2019 ist zu überprüfen, ob die Regelungen hinsichtlich der Höhe der als Sonderausgaben abzugsfähigen Vorsorgeaufwendungen in der alten, am 31.12.2004 geltenden Fassung des Einkommensteuergesetzes für den Steuerpflichtigen günstiger sind als die ab 2005 gültigen Normen.**
- **Der Vorwegabzug wird dabei von 2013 bis 2020 von 2.100 € (bei zusammenveranlagten Ehegatten 4.200 €) auf Null abgeschmolzen.**

Zusammenfassende Übersicht: Steuerliche Behandlung eines Arbeitnehmers

Berechnung der monatlichen Abzüge (VZ 2018)

Arbeitnehmer (AN)

3.500 €	monatl. Bruttolohn	Einnahmen aus nichtselbständiger Arbeit
./. 326 €	Rentenversicherung (9,3 %)	beschränkt abzugsfähige Sonderausgaben (§ 10 Abs. 1 Nr. 2, 3 und 3a EStG) 20,575 % von 3.500 € **= 720 € (AN-Anteil)**
./. 287 €	Krankenversicherung (8,2 %)*	
./. 53 €	Arbeitslosenversicherung (1,5 %)	
./. 53 €	Pflegeversicherung (1,525 %)*	
./. 557 €	Lohnsteuer 2017	nicht abzugsfähig § 12 Nr. 3 EStG
./. 50 €	Kirchensteuer (8 %)	abzugsfähig § 10 Abs. 1 Nr. 4 EStG
./. 31 €	SolZ (5,5 %)	nicht abzugsfähig § 12 Nr. 3 EStG
2.143 €	monatlicher Nettolohn	wird an den AN ausbezahlt

Der **Arbeitgeber (AG)** bezahlt die andere Hälfte der Sozialversicherungsbeiträge:
326 € (RV) + 255 € (KV) + 53 € (AV) + 45 € (PV) steuerfrei gem. § 3 Nr. 62 EStG
= 679 € (AG-Anteil)

* Seit dem 01.07.2005 hat der **Arbeitnehmer** einen **Zuschlag** zur Krankenversicherung (0,9 %) und einen Kinderlosenzuschlag zur Pflegeversicherung (0,25 %) zu entrichten.

Mit Wirkung zum 01.01.2010 wurde die Vorsorgepauschale i.S.d § 10c EStG abgeschafft, da im Rahmen des Sonderausgabenabzugs nur noch die tatsächlich geleisteten Vorsorgeaufwendungen berücksichtigt werden. Die Vorsorgepauschale wird neuerdings im Rahmen des Lohnsteuerverfahrens angewandt (§ 39b EStG).

Berechnung der jährlichen Einkommensteuer des Arbeitnehmers

42.000 €	Jährlicher Bruttolohn	Einnahmen aus nichtselbständiger Tätigkeit
./. 1.000 €	Arbeitnehmer-Pauschbetrag	Abzugsfähig § 9a Satz 1 Nr. 1 EStG
./. **3.824** €	**Sonderausgabenabzug Altersvorsorge**	**§ 10 Abs. 1 Nr. 2 EStG**
./. **3.958** €	**Sonderausgabenabzug sonstige Vorsorge**	**§ 10 Abs. 1 Nr. 3 u. Nr. 3a EStG**
./. 600 €	gezahlte Kirchensteuer	12 Monate × 50 €
32.618 €	zu versteuerndes Einkommen 2018	
= 6.174 €	Tarifliche Einkommensteuer 2018	§ 32a EStG
./. 6.684 €	Lohnsteuervorauszahlungen	12 Monate × 557
510 €	Guthaben	Erstattung vom Finanzamt

d) Berufsausbildungs- und Weiterbildungskosten

Erstmalige Berufsausbildung bzw. Erststudium ≠ Werbungskosten → beschränkt abzugsfähige Sonderausgaben

Gem. § 4 Abs. 9 und § 9 Abs. 6 EStG stellen die Aufwendungen für die **erstmalige Berufsausbildung** oder ein **Erststudium**, das zu gleich eine Erstausbildung vermittelt, keine Werbungskosten oder Betriebsausgaben dar. Sie dienen der Vorsorge für die persönliche Existenz und sind deshalb der privaten Lebensführung zuzurechnen. Eine Ausnahme ergibt sich lediglich dann, wenn die Bildungsmaßnahme im Rahmen eines Dienstverhältnisses stattfindet, bspw. im Rahmen eines dualen Ausbildungssystems oder eines berufsbegleitenden Erststudiums, wenn die Maßnahme also beruflich veranlasst ist.

Aufwendungen für die eigene Berufsausbildung, die nicht als Werbungskosten oder Betriebsausgaben abziehbar sind, können nach § 10 Abs. 1 Nr. 7 EStG als Sonderausgaben **bis zu einer Höhe von 6.000** € je Kalenderjahr abgezogen werden. Unter Berufsausbildung ist das Erwerben erstmaliger Kenntnisse und Fertigkeiten zu verstehen, also der Erwerb von Grundlagenkenntnissen für den künftigen Beruf mit der erkennbaren Absicht der späteren Berufsausübung. Der Gesetzgeber hat in § 9 Abs. 6 Sätze 2 ff. EStG diesbezüglich Konkretisierungen vorgenommen. Eine Berufsausbildung als Erstausbildung liegt demnach vor, wenn eine geordnete Ausbildung mit einer Mindestdauer von 12 Monaten bei vollzeitiger Ausbildung und mit einer Abschlussprüfung durchgeführt wird. Eine geordnete Ausbildung liegt vor, wenn sie auf der Grundlage von Rechts- oder Verwaltungsvorschriften oder internen Vorschriften eines Bildungsträgers durchgeführt wird. Ist eine Abschlussprüfung nach dem Ausbildungsplan nicht vorgesehen, gilt die Ausbildung mit der tatsächlichen planmäßigen Beendigung als abgeschlossen. Eine Berufsausbildung als Erstausbildung hat auch abgeschlossen, wer die Abschlussprüfung einer durch Rechts- oder Verwaltungsvorschriften geregelten Berufsausbildung mit einer Mindestdauer von 12 Monaten bestanden hat, ohne dass er zuvor die entsprechende Berufsausbildung durchlaufen hat. Davon wird auch ein Erststudium erfasst, da die von Hochschulen angebotenen Studiengänge gem. § 10 Abs. 1 Satz 1 HRG i.d.R. zu einem berufsqualifizierenden Abschluss führen. Zu den als Sonderausgaben abziehbaren Aufwendungen gehören u.a.:

- Lehrgangs-, Schul- oder Studiengebühren, Arbeitsmittel, Fachliteratur,
- Fahrten zwischen Wohnung und Ausbildungs- bzw. Arbeitsort,
- Mehraufwendungen für Verpflegung,
- Mehraufwendungen wegen auswärtiger Unterbringung und
- Kosten für ein häusliches Arbeitszimmer.

Nach der Rechtsprechung können die Kosten für ein Erststudium als vorweggenommene Werbungskosten angesetzt werden, wenn diesem eine bereits abgeschlossene Berufsausbildung vorausgegangen ist, auch wenn dieses in keinem Zusammenhang mit der erstmaligen Ausbildung steht. Hierzu hat der BFH in einem Urteil aus dem Jahr 2009 eindeutig Stellung genommen.[13] Als Grund führte der BFH den Zusammenhang mit späteren Einnahmen aus der angestrebten Tätigkeit auf. Somit

13 Vgl. BFH, 18.06.2009, VI R 14/07. BFN/NV 2009, S. 1875.

seien die Aufwendungen beruflich veranlasst und als vorab entstandene Werbungskosten abziehbar, auch wenn sie nicht im Rahmen eines Dienstverhältnisses erfolgen.

Seit 2004 sind aus fiskalischen Gründen die Aufwendungen für eine Erstausbildung oder ein Erststudium nur als Sonderausgabenabzug möglich, obwohl diese eigentlich in einem hinreichend konkreten, objektiv feststellbaren Zusammenhang mit künftigen steuerpflichtigen Einnahmen aus der angestrebten beruflichen Tätigkeit stehen und somit beruflich veranlasst wären. Der BFH hat im Jahr 2011 in zwei Urteilen entschieden, dass die Begrenzung des Abzugs von Aufwendungen für die erstmalige Berufsausbildung und ein Erststudium aufgrund der bis zu diesem Zeitpunkt geltenden gesetzlichen Formulierung ins Leere läuft und entsprechende Aufwendungen daher unbegrenzt als Werbungskosten abzugsfähig sein müssen.[14] Ende 2011 wurden die Vorschriften allerdings (leider) durch den Gesetzgeber überarbeitet. Damit wird die alte Rechtslage erneut festgeschrieben, nach der Aufwendungen für eine erstmalige Berufsausbildung und ein Erststudium nur begrenzt als Sonderausgaben abzugsfähig sind.

Zur Klarstellung: Ein vortragsfähiger Verlust i.S.d. § 10d Abs. 2 EStG kann durch Werbungskosten, nicht aber durch Sonderausgaben geschaffen werden. Aus diesem Grund ist die Qualifikation der Bildungskosten als Werbungskosten oder Sonderausgaben von erheblicher praktischer Relevanz.

Fort- oder Weiterbildungskosten können (vorweggenommene) Werbungskosten bzw. Betriebsausgaben sein

Entschließt sich ein Steuerpflichtiger hingegen nach einer abgeschlossenen Berufsausbildung oder einem abgeschlossenem Erststudium zu einer beruflichen **Fort- oder Weiterbildung**, deren Kosten er selbst trägt, so stellen die dafür anfallenden Aufwendungen Werbungskosten (bei Arbeitnehmern) oder Betriebsausgaben (bei Selbständigen) dar. Entscheidend dabei ist, dass die Aufwendungen beruflich veranlasst sind und somit in einem hinreichend konkreten, objektiv feststellbaren Zusammenhang mit künftigen steuerpflichtigen Einnahmen aus der ange-

Merke

Fortbildung ist die berufliche Weiterbildung in einem ausgeübten Beruf, die nicht auf den Wechsel in einen anderen Beruf ausgerichtet ist. Es muss dabei ein objektiver Zusammenhang zu dem ausgeübten Beruf bestehen und die Fortbildung muss der Förderung dieses Berufs dienen.

14 BFH, v. 28.7.2011 – VI R 5/10, DStR 2011, S. 1745; BFH, v. 28.7.2011 – VI R 7/10, DStR 2011, S. 1559.

strebten beruflichen Tätigkeit stehen. Anderenfalls liegen nichtabzugsfähige Aufwendungen der privaten Lebensführung vor.

Die Fort- und Weiterbildungskosten sind allerdings nicht von einem Dienstverhältnis abhängig. Somit können z.B. auch Arbeitslose, Mütter und Väter im Erziehungsurlaub vorab entstandene Werbungskosten geltend machen, wenn sie sich in dem Beruf fortbilden, in dem sie künftig arbeiten werden.

Die Aufwendung für ein Zweit-, Ergänzungs- oder Aufbaustudium nach einer abgeschlossenen Ausbildung oder einem bereits absolvierten Studium sind grundsätzlich absetzbar, vorausgesetzt, die beruflichen Chancen des Arbeitnehmers werden im Zusammenhang mit dem Erststudium durch das Zweitstudium verbessert.

Merke

Zu unterscheiden sind Fortbildungskosten (Werbungskosten), Ausbildungskosten (Sonderausgaben) und Kosten der Allgemeinbildung (Abzugsverbot).

Kosten für eine **Umschulung** sind ebenfalls als (vorab entstandene) Werbungskosten abzugsfähig, unabhängig davon, ob der Umschüler fest angestellt oder arbeitslos ist. Eine Umschulung soll den Wechsel von einem zuvor erlernten Beruf in eine andere geeignete berufliche Tätigkeit ermöglichen. Bei der Umschulung handelt es sich somit um eine zweite Berufsausbildung und nicht um eine Fortbildung im ursprünglich erlernten Beruf.[15]

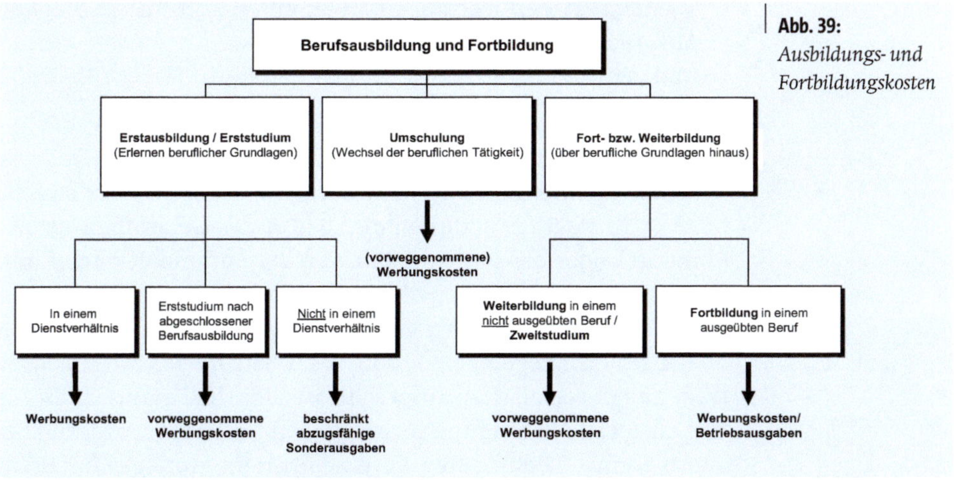

Abb. 39: *Ausbildungs- und Fortbildungskosten*

15 Vgl. BFH, 4.12.2002, VI R 120/01, BStBl. II 2003, 403.

Beispiele:

1. Die in einer Kanzlei tätige Steuerfachangestellte Luise bereitet sich in Samstagskursen auf ihre Prüfung zur Bilanzbuchhalterin vor. Da Luise bereits eine Berufsausbildung abgeschlossen hat, stellen die ihr entstandenen Fortbildungskosten Werbungskosten dar, welche unbeschränkt abzugsfähig sind.
2. Walter studiert an einer deutschen Universität, die zum Ausbau des Verwaltungsapparats Studiengebühren eingeführt hat. Diese kann Walter neben seinen Aufwendungen für Literatur sowie für Fahrten zwischen Wohn- und Studienort bis zu einer Höhe von 6.000 € pro Jahr als Sonderausgaben vom Gesamtbetrag der Einkünfte abziehen.
3. Die gelernte Buchhalterin Sabine studiert an einer deutschen Universität Grundschullehramt. Die ihr entstehenden Aufwendungen kann Sabine als vorweggenommene Werbungskosten in unbegrenzter Höhe geltend machen, da sie bereits eine abgeschlossene Berufsausbildung absolviert hat.

e) Steuerbegünstigte Zuwendungen

Durch das Gesetz zur weiteren Stärkung des bürgerschaftlichen Engagements wurden die Regelungen zum Sonderausgabenabzug von steuerbegünstigten Zuwendungen umfassend reformiert. Zuwendungen (Spenden und Mitgliedsbeiträge) sind zu unterteilen in:

- Zuwendungen zur Förderung steuerbegünstigter Zwecke i.S.d. § 10b Abs. 1 EStG,
- Spenden in den Vermögensstock einer Stiftung i.S.d. § 10b Abs. 1a EStG,
- und Zuwendungen an politische Parteien i.S.d. § 10b Abs. 2 EStG.

Zuwendungen zur Förderung steuerbegünstigter Zwecke

Spenden und Mitgliedsbeiträge i.S.d. § 10b Abs. 1 EStG zur Förderung gemeinnütziger, mildtätiger und kirchlicher Zwecke i.S.d. §§ 52 bis 54 AO können bis zu 20 % des Gesamtbetrags der Einkünfte oder bis zu 4 von Tausend der Summe der gesamten Umsätze und der im Kalenderjahr aufgewendeten Löhne und Gehälter als Sonderausgaben geltend gemacht werden. Von einem Abzug sind hingegen gem. § 10b Abs. 1 Satz 8 EStG Mitgliedsbeiträge an Körperschaften ausgeschlossen, die insbesondere die aktive kulturelle Betätigung ihrer eigenen Mitglieder fördern (z.B. Sportvereine, Laientheater, Vereine für Heimatpflege, Tierzucht usw.). Übersteigen die Zuwendungen in einem Veranlagungszeitraum die zulässigen Höchstgrenzen oder können Zuwendungen nicht berücksichtigt werden, so können diese zeitlich unbegrenzt vorgetragen und in den folgenden Veranlagungszeiträumen als Sonderausgaben abgezogen werden.

Spenden in den Vermögensstock einer Stiftung

Zusätzlich zu den Höchstbeträgen nach § 10b Abs. 1 Satz 1 EStG können auf Antrag des Steuerpflichtigen Spenden in den Vermögensstock einer Stiftung i. S. d. § 10b Abs. 1a Satz 1 EStG bis zu einem Umfang von 1 Mio. € steuerlich geltend gemacht werden. Begünstigt werden nicht nur die Spenden, die anlässlich der Neugründung einer Stiftung getätigt werden, sondern auch die sog. Zustiftungen in den Vermögensstock einer bereits bestehenden Stiftung. Der Sonderausgabenabzug kann dabei vom Spender innerhalb eines Zeitraums von zehn Jahren beliebig auf die einzelnen Zeiträume verteilt werden. § 10d Abs. 4 EStG ist dabei sinngemäß anzuwenden, d.h. ein abzugsfähiger Spendenbetrag, der noch nicht steuermindernd berücksichtigt wurde, ist gesondert festzustellen und auf diese Weise in die Zukunft fortzuschreiben.

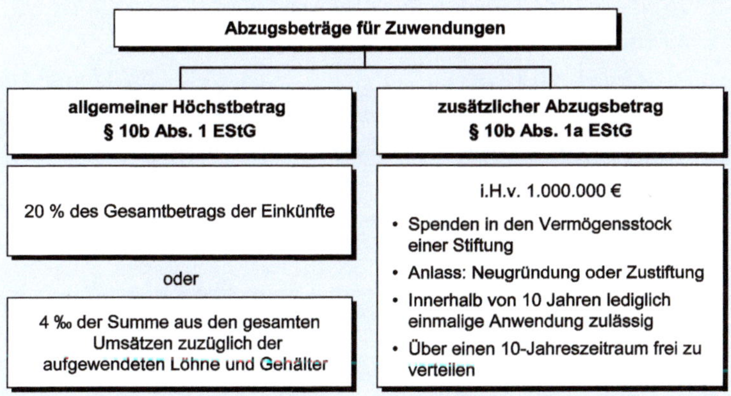

Abb. 40: *Höchstbeträge zum Abzug von Spenden i. S. d. § 10 Abs. 1 und 2 EStG*

Spenden an politische Parteien

Der Sonderausgabenabzug von **Parteispenden i.S.d. § 10b Abs. 2 EStG** folgt anderen Höchstbegrenzungsregeln. Die Zuwendungen an politische Parteien können nur dann als Sonderausgaben berücksichtigt werden, wenn die begünstigte politische Vereinigung eine Partei i. S. d. § 2 Parteiengesetz darstellt. Als Sonderausgaben können jedoch nur diejenigen Beträge abgesetzt werden, welche nicht bereits aufgrund des Absetzbetrags nach § 34g EStG steuerlich berücksichtigt wurden. Gem. der sog. Kleinspendenregelung des § 34g EStG werden Spendenbeiträge durch einen direkten Abzug von der tariflichen Einkommensteuer begünstigt. Die Ermäßigung beträgt 50 % der Ausgaben und ist auf einen maximalen Absetzbetrag i.H.v. 825 € begrenzt. Folglich müssen mindestens 1.650 € gespendet werden, um den Absetzbetrag voll ausschöpfen zu können. Nur der Teil des Spendenbetrags, der nicht im Zusammenhang mit dem maximalen Absetzbetrag berücksichtigt wurde, kann somit gem. § 10b Abs. 2 EStG als Sonderausgaben berücksichtigt werden. Allerdings ist dieser Sonderausgabenabzug ebenfalls nur bis zu einem Betrag von 1.650 € möglich. Das zweistufige Abzugsverfahren liegt begründet im demokratischen Prinzip, wonach die politische Willensbildung, zumindest auf der ersten Stufe, nicht von der Höhe des Einkommens abhängig sein soll.

Abb. 41: *Berechnungsschema einer Parteispende*

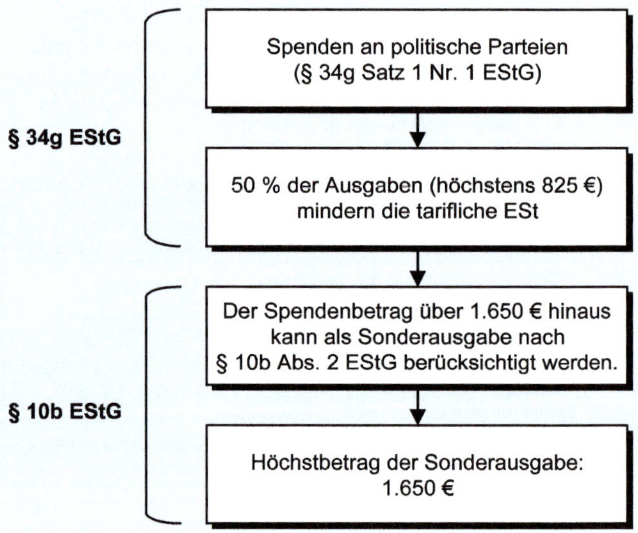

Beispiel:
Single Franz mit einem Gesamtbetrag der Einkünfte von 45.000 € spendet 2.400 € an die Universität, an der seine Schwester studiert. Er spendet außerdem an seine Heimatpfarrei 5.000 €, an das städtische Museum 2.600 € und 2.000 € an politische Parteien.

Zuwendungen für Zwecke i. S. d. §§ 52–54 AO	10.000 €	
Abzugsfähiger Höchstbetrag (20 % von 45.000 €)	./. 9.000 €	9.000 €
Vortragsfähiger Restbetrag gem. § 10b Abs. 1 Satz 3 EStG	1.000 €	

Abzugsfähiger Spendenbetrag gem. § 10b Abs. 1 Satz 1 EStG		**9.000 €**
Zuwendungen an politische Parteien i. S. d. § 2 Parteiengesetz	2.000 €	
Abzugsfähiger Betrag gem. § 34g EStG 50 % v. 1.650 €	./. 825 €	
Abzugsfähiger Restbetrag gem. § 10b Abs. 2 EStG	./. 350 €	

Franz kann 9.000 € von insgesamt 10.000 € als Sonderausgaben i. S. d. § 10b Abs. 1 EStG geltend machen. Der verbleibende Restbetrag i. H.v. 1.000 € wird gem. § 10b Abs. 1 Satz 3 i.V. m. § 10d Abs. 4 EStG gesondert festgestellt und zeitlich unbegrenzt in die folgenden Veranlagungszeiträume vorgetragen. Die im aktuellen VZ nicht berücksichtigten Beträge werden dann zusammen mit den laufenden Zuwendungen in den folgenden Veranlagungszeiträumen im Rahmen der Höchstbeträge als Sonderausgaben berücksichtigt. Darüber hinaus konnte er seine Spende an politische Parteien gem. §§ 34g, 10b Abs. 2 EStG im Umfang von 1.175 € geltend machen.

f) Schulgeld für Ergänzungs- und Ersatzschulen

Nach § 10 Abs. 1 Nr. 9 EStG sind 30 % des im Kalenderjahr gezahlten Schulgelds an eine Privatschule als Sonderausgabe abzugsfähig, falls der Steuerpflichtige für das Kind einen Anspruch auf Kindergeld oder den Kinderfreibetrag hat, höchstens jedoch 5.000 € je Kind und Elternpaar. Die Voraussetzung ist, dass die Schule in einem EU-/EWR-Mitgliedstaat ansässig und staatlich anerkannt ist. Die im Schulgeld möglicherweise enthaltenen Entgelte für Beherbergung, Betreuung und Verpflegung werden dabei nicht berücksichtigt.

Beispiel:
Amalia geht auf eine private Wirtschaftsschule, die als Ergänzungsschule in Bayern staatlich anerkannt ist. Ihre Eltern zahlen pro Jahr 30.000 € an Schulgeld. Darin sind Getränke (2.000 €) und die Internatsübernachtungen (7.000 €) enthalten. Die Eltern erhalten für Amalia Kindergeld. Die Eltern von Amalia können 30 % von 21.000 € (= 30.000 € ./. 9.000 €) = 6.300 €, höchstens jedoch 5.000 €, bei den Sonderausgaben berücksichtigen.

2.2.6 Außergewöhnliche Belastungen

Beispiel: Krankheitsaufwendungen, Aufwendungen für Heimunterbringung

2.2.6.1 Begriff der außergewöhnlichen Belastung

Außergewöhnliche Belastungen mindern wie die Sonderausgaben den Gesamtbetrag der Einkünfte und somit das zu versteuernde Einkommen und decken den existenznotwendigen außergewöhnlichen Lebensbedarf ab.

1.	Einkünfte aus Land- und Forstwirtschaft (§ 13)
2.	Einkünfte aus Gewerbebetrieb (§ 15)
3.	Einkünfte aus selbständiger Arbeit (§ 18)
4.	Einkünfte aus nichtselbständiger Arbeit (§ 19)
5.	Einkünfte aus Kapitalvermögen (§ 20)
6.	Einkünfte aus Vermietung und Verpachtung (§ 21)
7.	Sonstige Einkünfte im Sinne des § 22
=	***Summe der Einkünfte***
./.	Altersentlastungsbetrag (§ 24a)
./.	Entlastungsbetrag für Alleinerziehende (§ 24b)
./.	Abzug für Land- und Forstwirte (§ 13 Abs. 3)
=	***Gesamtbetrag der Einkünfte (§ 2 Abs. 3)***
./.	Verlustabzug (§ 10d)
./.	Sonderausgaben (§§ 10, 10a, 10b, 10c)
./.	Außergewöhnliche Belastungen (§§ 33, 33a, 33b)
=	***Einkommen (§ 2 Abs. 4)***
./.	Kinderfreibetrag (§§ 31, 32 Abs. 6)
=	***Zu versteuerndes Einkommen (§ 2 Abs. 5)***

Beispiel:
Johannes muss aufgrund eines Autounfalls eine Woche im Krankenhaus verbringen und bezahlt pro Tag 100 € Eigenanteil für seinen Krankenhausaufenthalt. Wie sind diese Ausgaben steuerlich zu behandeln?

Krankheitsaufwendungen gelten als private Aufwendungen, weil sie keinen unmittelbaren Zusammenhang mit erzielten Einkünften aufweisen. Private Ausgaben dürfen gem. § 12 EStG den Gesamtbetrag der Einkünfte nicht mindern. Erwachsen diese Aufwendungen allerdings **zwangsläufig** und hat der Steuerpflichtige dadurch **größere Aufwendungen als die überwiegende Mehrzahl der Steuerpflichtigen gleicher Einkommensverhältnisse, gleicher Vermögensverhältnisse und gleichen Familienstands**, so charakterisiert der Gesetzgeber diese Aufwendungen nach § 33 Abs. 1 EStG als außergewöhnliche Belastungen und lässt sie zum Abzug zu. Dem Steuerpflichtigen entstehen Aufwendungen gem. § 33 Abs. 2 Satz 1 EStG dann zwangsläufig, wenn er sich ihnen aus rechtlichen, tatsächlichen oder sittlichen Gründen nicht entziehen kann und die Aufwendungen den Umständen nach notwendig und angemessen sind.

Lösung des Beispiels:
Da die Krankheitskosten dem Steuerpflichtigen aus einem außergewöhnlichen Ereignis zwangsläufig entstanden sind und der Höhe und dem Grunde nach außerhalb des Üblichen liegen, sind die Aufwendungen als außergewöhnliche Belastungen zu qualifizieren.

Durch die Abzugsfähigkeit der außergewöhnlichen Belastungen wird die Einkommensteuer ihrem Charakter als Personensteuer gerecht, da auf diese Weise die Minderungen der Leistungsfähigkeit des Steuerpflichtigen steuerlich erfasst werden, deren Ursachen im privaten Bereich liegen.

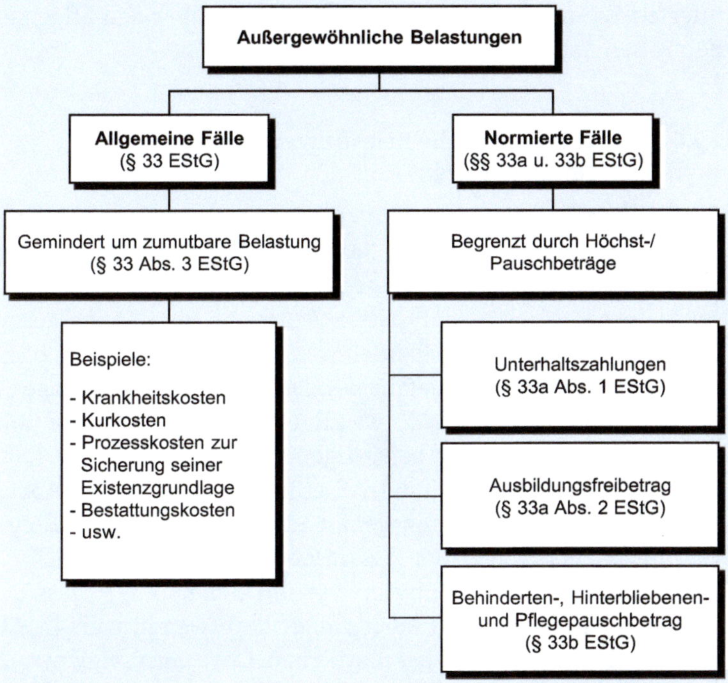

Abb. 42: *Die verschiedenen Arten der außergewöhnlichen Belastungen*

Außergewöhnliche Belastungen sind weder Werbungskosten, Betriebsausgaben noch Sonderausgaben und können nur in demjenigen Jahr berücksichtigt werden, in dem die Zahlung der angefallenen Kosten stattgefunden hat. Es gilt das Zufluss-Abfluss-Prinzip nach § 11 EStG.

Bei außergewöhnlichen Belastungen unterscheidet der Gesetzgeber zwischen **außergewöhnlichen Belastungen in allgemeinen Fällen (§ 33 EStG)**, welche individuell sind und nicht einheitlich behandelt werden können, und **außergewöhnlichen Belastungen in normierten Fällen (§§ 33a bis 33b EStG)**, die durch eine Typisierung weitestgehend schematisch oder pauschal geregelt werden können. Zu beachten

Merke

Merkmale der außergewöhnlichen Belastungen:

- **Ausgaben**
- **Zwangsläufigkeit der Ausgaben**
- **Wirtschaftliche Belastung**
- **Außergewöhnlichkeit der Ausgaben**
- **Keine Werbungskosten, Betriebsausgaben oder Sonderausgaben**
- **Zufluss-Abfluss-Prinzip nach § 11 EStG**

ist allerdings, dass die außergewöhnlichen Belastungen in normierten Fällen grundsätzlich Vorrang gegenüber den allgemeinen Fällen haben.

2.2.6.2 Außergewöhnliche Belastungen in allgemeinen Fällen

Abziehbare außergewöhnliche Belastung = außergewöhnliche Belastung ./. zumutbare Belastung

Die allgemeinen Fälle i.S.d. § 33 EStG erfassen vor allem Krankheitskosten, Kurkosten sowie Bestattungskosten, soweit sie den Wert des Nachlasses übersteigen. Aufwendungen für die Führung eines Rechtsstreits (Prozesskosten) sind vom Abzug ausgeschlossen, es sei denn, es handelt sich um Aufwendungen, ohne die der Steuerpflichtige Gefahr liefe, seine Existenzgrundlage zu verlieren und seine lebensnotwendigen Bedürfnisse in dem üblichen Rahmen nicht mehr befriedigen zu können.

Die Aufwendungen mindern allerdings erst nach dem Abzug der **zumutbaren Belastung** gem. § 33 Abs. 3 EStG als außergewöhnliche Belastungen den Gesamtbetrag der Einkünfte.

Die zumutbare Belastungsgrenze soll sicherstellen, dass der Steuerpflichtige die ihm entstandenen Aufwendungen in Abhängigkeit von seiner wirtschaftlichen Leistungsfähigkeit teilweise oder vollständig selbst tragen muss. Erst für die über das zumutbare Maß hinausgehenden Belastungen soll die Allgemeinheit durch Reduzierung des Steueranspruchs zu den persönlichen Ausgaben des betroffenen Steuerpflichtigen beitragen.

Die zumutbare Belastung errechnet sich aus dem gesetzlich festgelegten Prozentsatz gem. § 33 Abs. 3 Satz 1 EStG, dessen Höhe sich je nach dem Familienstand, der Anzahl der Kinder und dem Gesamtbetrag der Einkünfte bestimmt. Die zumutbare Eigenbelastung ergibt sich durch Multiplikation des Prozentsatzes mit dem Gesamtbetrag der Einkünfte, wobei der Abgeltungsteuer unterliegende Kapitalerträge nicht zu berücksichtigen sind. Abweichend von der bisherigen, durch die Rechtsprechung gebilligten Verwaltungsauffassung hat der BFH mit Urteil vom 19.01.2017 – VI R 75/14 entschieden, die Regelung des § 33 Absatz 3 Satz 1 EStG sei so zu verstehen, dass die bei den außergewöhnlichen Belastungen zu berücksichtigende zumutbare Belastung stufenweise zu berechnen ist.

Beispiel:
Der ledigen, kinderlosen Juliane entstanden im Jahr 2018 Krankheitskosten in Höhe von 5.500 €. Ihre Krankenkasse erstattete ihr 2.200 €. Der Gesamtbetrag der Einkünfte beläuft sich auf 20.000 €. Da Juliane keine Kinder hat, nach dem Grundtarif veranlagt wird und ihr Gesamtbetrag der Einkünfte zwischen 15.341 € und 51.130 € liegt, berechnet sich die zumutbare Belastung nach einem zweistufigen Verfahren. Bis zu einem Gesamtbetrag der Einkünfte in Höhe von 15.340 € ist die zumutbare Belastung 5 % des Gesamtbetrags der Einkünfte, also 767 €. Für den Teil des Gesamtbetrags der Einkünfte, der 15.340 € übersteigt, beträgt die zumutbare Belastung 6 %. Bezügliches dieses Teils des Gesamtbetrags der Einkünfte (4.660 €) resultiert eine zumutbare Belastung in Höhe von 280 €. Es ergibt sich für Juliane somit eine zumutbare Belastung in Höhe von 1.047 €.

	Krankheitskosten	5.500 €
./.	Erstattung von der Krankenversicherung	./. 2.200 €
=	**Außergewöhnliche Belastung**	**= 3.300 €**
./.	Zumutbare Belastung	./. 1.047 €
=	**Abziehbare außergewöhnliche Belastung**	**= 2.253 €**

Juliane kann als außergewöhnliche Belastungen 2.253 € in ihrer Einkommensteuererklärung geltend machen.

2.2.6.3 Außergewöhnliche Belastungen in normierten Fällen

Höchstbeträge / Pauschbeträge / Zumutbarkeitsgrenze

Bei außergewöhnlichen Belastungen in normierten Fällen wird die Abzugsfähigkeit der Aufwendungen durch bestimmte **Höchstbeträge** bzw. **Pauschbeträge** beschränkt.

a) Unterhaltsleistungen an unterhaltsberechtigte Personen

Falls das Realsplitting im Rahmen der Sonderausgaben keine Anwendung findet, kann ein zum Unterhalt verpflichteter Steuerpflichtiger gem. § 33a Abs. 1 EStG die von ihm oder seinem Ehegatten geleisteten Unterhaltszahlungen bis zu einem Höchstbetrag von 9.000 € für jede gesetzlich unterhaltsberechtigte Person als außergewöhnliche Belastung geltend machen. Der Höchstbetrag erhöht sich um die übernommenen Kranken- und Pflegeversicherungsbeiträge i.S.d. § 10 Abs. 1 Nr. 3 EStG, sofern sie nicht bereits als Sonderausgaben abzugsfähig waren. Die Voraussetzung für den Abzug nach § 33a Abs. 1 EStG ist, dass weder der

Steuerpflichtige noch eine andere Person Anspruch auf einen Kinderfreibetrag nach § 32 Abs. 6 EStG oder auf ein Kindergeld für die unterhaltene Person haben und die unterhaltene Person über kein oder nur über ein geringes Vermögen verfügt. Ein angemessenes Hausgrundstück bleibt unberücksichtigt, wenn dieses die in § 90 Abs. 2 Nr. 8 des Zwölften Buches Sozialgesetzbuch genannten Anforderungen erfüllt. Der Höchstbetrag vermindert sich allerdings gem. § 33a Abs. 1 Satz 5 EStG, falls der Unterhaltsempfänger Einkünfte oder Bezüge über 624 € im Kalenderjahr sowie Ausbildungshilfen oder Förderungszuschüsse erhalten hat, welche zur Bestreitung seines Lebensunterhalts bestimmt sind. Voraussetzung für den Abzug der Aufwendungen ist die Angabe der erteilten Identifikationsnummer der unterhaltenen Person in der Steuererklärung des Unterhaltsleistenden, wenn die unterhaltene Person unbeschränkt oder beschränkt steuerpflichtig ist.

b) Ausbildungsfreibetrag

Der allgemeine Ausbildungsbedarf eines Kindes wird im Familienleistungsausgleich berücksichtigt. Ein gesonderter Ausbildungsfreibetrag in Höhe von 924 € wird gem. § 33a Abs. 2 EStG gewährt, wenn das Kind das 18. Lebensjahr vollendet hat, sich in einer Berufsausbildung befindet, auswärtig untergebracht ist und die Eltern einen Anspruch auf Kindergeld bzw. auf Kinderfreibetrag i.S.d. § 32 Abs. 6 EStG haben. Der Ausbildungsfreibetrag vermindert sich allerdings gem. § 33a Abs. 3 Satz 3 EStG, falls das Kind Zuschüsse als Ausbildungshilfe aus öffentlichen Mitteln (z.B. BAföG) erhalten hat. Eigene Einkünfte und Bezüge der unterhaltsberechtigten Person mindern den Ausbildungsfreibetrag nicht.

c) Behinderten-Pauschbetrag, Hinterbliebenen-Pauschbetrag und Pflege-Pauschbetrag

Abhängigkeit vom Grad der Behinderung

Für körperbehinderte Menschen ergeben sich aufgrund ihrer Behinderung besondere außergewöhnliche Belastungen, die anstelle der Vorschriften des § 33 EStG mit einem Pauschbetrag abgegolten werden können.

Der Pauschbetrag für behinderte Menschen wird gem. § 33b Abs. 3 Satz 2 EStG in Abhängigkeit vom (dauernden) Grad der Behinderung gewährt.

Für behinderte Menschen, die hilflos sind, und für Blinde erhöht sich der Pauschbetrag gem. § 33b Abs. 3 Satz 3 EStG auf 3.700 €.

Hinterbliebenen steht ein Pauschbetrag in Höhe von 370 € zu, wenn laufende Hinterbliebenenbezüge bewilligt wurden und diese gem. § 33b Abs. 4 EStG insbesondere nach dem Bundesversorgungsgesetz, dem Bundesentschädigungsgesetz oder der gesetzlichen Unfallversicherung gezahlt werden. Dieser Hinterbliebenen-Pauschbetrag hat wirtschaftlich keine Berechtigung, da dem Hinterbliebenen – gegenüber anderen alleinstehenden – keine zusätzlichen Aufwendungen erwachsen.

Steuerpflichtige, die aufgrund der Pflege einer nicht nur vorübergehend hilflosen Person außergewöhnliche Aufwendungen zu tragen haben, können gem. § 33b Abs. 6 EStG alternativ zu den Vorschriften des § 33 EStG einen Pflege-Pauschbetrag von 924 € im Kalenderjahr geltend machen. Die Voraussetzung für den Abzug ist, dass der Steuerpflichtige für die Pflege der Person kein Entgelt erhält.

Merke

Bei außergewöhnlichen Belastungen in normierten Fällen wird die Abzugsfähigkeit der Aufwendungen durch Höchst- bzw. Pauschbeträge begrenzt. Nur in den Fällen des § 33b EStG kann alternativ eine Behandlung nach § 33 EStG (allgemeine Fälle) gewählt werden. Bei allen anderen normierten außergewöhnlichen Belastungen (§ 33a) besteht keine Wahlmöglichkeit.

Tabelle 15: Behinderten-Pauschbeträge in Abhängigkeit vom Grad der Behinderung

Grad der Behinderung	Pauschbetrag
von 25 und 30 %	310 €
von 35 und 40 %	430 €
von 45 und 50 %	570 €
von 55 und 60 %	720 €
von 65 und 70 %	890 €
von 75 und 80 %	1.060 €
von 85 und 90 %	1.230 €
von 95 und 100 %	1.420 €

Zusammenfassung

- Die Abzugsfähigkeit von Sonderausgaben und außergewöhnlichen Belastungen stellt eine Durchbrechung des in § 12 EStG normierten Prinzips dar, dass Privatausgaben steuerlich nicht abzugsfähig sind.
- Es ist zwischen unbeschränkt und beschränkt abzugsfähigen Sonderausgaben zu differenzieren.
- Unbeschränkt abzugsfähige Sonderausgaben sind bspw. Versorgungsleistungen, Leistungen aufgrund eines schuldrechtlichen Versorgungsausgleichs und die Kirchensteuer. Werden keine höheren Aufwendungen nachgewiesen, wird der Sonderausgaben-Pauschbetrag i. H.v. 36 € bzw. 72 € von Amts wegen abgezogen.
- Beschränkt abzugsfähige Sonderausgaben sind: Vorsorgeaufwendungen, Unterhaltsleistungen an den geschiedenen Ehegatten, Kinderbetreuungskosten, Berufsausbildungskosten, Beiträge und Spenden an politische Parteien sowie Schulgeld für Ergänzungs- und Ersatzschulen.
- Es ist zwischen Alters- und sonstigen Vorsorgeaufwendungen zu unterscheiden.
- Seit dem Veranlagungszeitraum 2005 werden Altersvorsorgeaufwendungen grundsätzlich in der Erwerbsphase freigestellt. Damit korrespondiert die volle Besteuerung der Alterseinkünfte in der Auszahlungsphase (nachgelagerte Besteuerung).
- Der Übergang zur nachgelagerten Besteuerung erfolgt aus aufkommenspolitischen Gründen schrittweise.
- Die Voraussetzung für die Anerkennung von Ausgaben als außergewöhnliche Belastung ist, dass dem Steuerpflichtigen durch die Aufwendungen stärkere Belastungen erwachsen als der überwiegenden Mehrzahl der Steuerpflichtigen gleicher Einkommens- und Vermögensverhältnisse und gleichen Familienstands.
- Es ist zwischen außergewöhnlichen Belastungen in allgemeinen und in normierten Fällen zu differenzieren.
- Außergewöhnliche Belastungen in allgemeinen Fällen sind vor allem Krankheits-, Kur- und Pflegekosten. Es ist dabei die zumutbare Belastungsgrenze zu berücksichtigen.
- Außergewöhnliche Belastungen in normierten Fällen sind durch Höchst- bzw. Pauschbeträge begrenzt. Dazu zählen Unterhaltsleistungen, gesonderter Ausbildungsfreibetrag und Behinderten-Pauschbetrag.

Fragen

1. Was versteht man unter Sonderausgaben, und wie sind sie steuerlich zu behandeln?

2. **Welche Aufwendungen zählen zu den unbeschränkt abzugsfähigen Sonderausgaben?**
3. **Welche Aufwendungen zählen zu den beschränkt abzugsfähigen Sonderausgaben?**
4. **Erläutern Sie das System der nachgelagerten Besteuerung.**
5. **Welche Höchstbeträge sind im Rahmen der Vorsorgeaufwendungen zu beachten?**
6. **Was ist bei Spenden im Rahmen des Sonderausgabenabzugs zu beachten?**
7. **Was versteht man unter außergewöhnlichen Belastungen, und wie sind sie steuerlich zu behandeln?**
8. **Welche Aufwendungen zählen zu den außergewöhnlichen Belastungen in allgemeinen Fällen, und was ist dabei zu beachten?**
9. **Welche Aufwendungen zählen zu den außergewöhnlichen Belastungen in normierten Fällen?**

2.2.7 | Der Familienleistungsausgleich

Duales System der Familienförderung

Die Ehe und die Familie stehen, dem Grundgesetz entsprechend, unter dem besonderen Schutz des Staates. Daher berücksichtigt das deutsche Sozialrecht den Familienstand und die Kinder, um die Bereitschaft für ein Leben mit Familie und Kindern zu erhöhen. Auch das Steuerrecht ist bemüht, den Familien Steuerentlastungen zu gewähren. Als bedeutendste steuerliche Maßnahmen zur Förderung der Familien gelten das Splitting-Verfahren für zusammenveranlagte Ehegatten gem. § 32a Abs. 5 EStG und der Familienleistungsausgleich, gesetzlich geregelt in § 31 EStG. Durch den Letzteren sollen die finanziellen Belastungen ausgeglichen werden, die sich aus der Kindererziehung ergeben. Das Einkommensteuergesetz sieht beim Familienleistungsausgleich durch ein Optionsmodell eine duale Entlastungsmöglichkeit vor. So haben die Eltern gem. § 31 Satz 1 EStG einen Anspruch auf ein Kindergeld oder auf einen Kinderfreibetrag zuzüglich eines Sammelfreibetrags. Beide Maßnahmen sind zwei Varianten des gleichen Familienleistungsausgleichs, die vom Anspruchsberechtigten alternativ in Anspruch genommen werden können.

1.	Einkünfte aus Land- und Forstwirtschaft (§ 13)
2.	Einkünfte aus Gewerbebetrieb (§ 15)
3.	Einkünfte aus selbständiger Arbeit (§ 18)
4.	Einkünfte aus nichtselbständiger Arbeit (§ 19)
5.	Einkünfte aus Kapitalvermögen (§ 20)
6.	Einkünfte aus Vermietung und Verpachtung (§ 21)
7.	Sonstige Einkünfte im Sinne des § 22
=	***Summe der Einkünfte***
./.	Altersentlastungsbetrag (§ 24a)
./.	Entlastungsbetrag für Alleinerziehende (§ 24b)
./.	Abzug für Land- und Forstwirte (§ 13 Abs. 3)
=	***Gesamtbetrag der Einkünfte (§ 2 Abs. 3)***
./.	Verlustabzug (§ 10d)
./.	Sonderausgaben (§§ 10, 10a, 10b, 10c)
./.	Außergewöhnliche Belastungen (§§ 33, 33a, 33b)
=	***Einkommen (§ 2 Abs. 4)***
./.	Kinderfreibetrag (§§ 31, 32 Abs. 6)
=	***Zu versteuerndes Einkommen (§ 2 Abs. 5)***

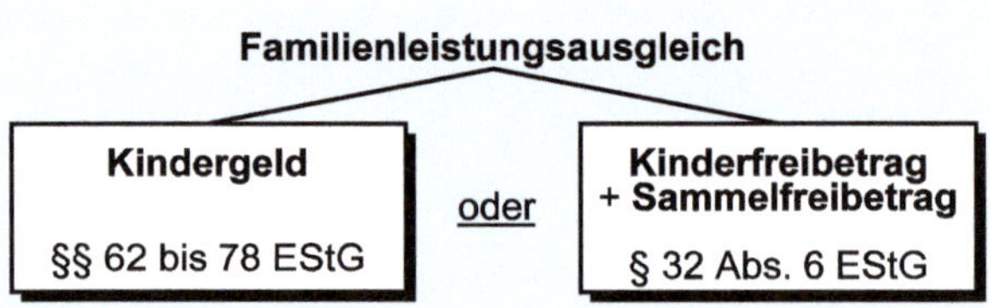

Abb. 43:
Das duale System des Familienleistungsausgleichs

Kindergeld

Das **Kindergeld** ist im Abschnitt X des EStG (§§ 62 bis 78 EStG) geregelt. Es wird grundsätzlich nicht an das Kind selbst, sondern an den Kindergeldberechtigten, i.d.R. die Eltern, ausgezahlt. Die notwendige Voraussetzung für einen Anspruch auf Kindergeld ist gem. § 62 Abs. 1 EStG, dass der Kindergeldberechtigte in Deutschland unbeschränkt steuerpflichtig ist oder als unbeschränkt steuerpflichtig behandelt wird. Voraussetzung für den Anspruch nach Satz 1 ist, dass der Berechtigte durch die an ihn vergebene Identifikationsnummer (§ 139b der Abgabenordnung) identifiziert wird. Ein Ausländer hat nur dann einen Anspruch auf Kindergeld, wenn er im Besitz einer Aufenthaltsberechtigung oder Aufenthaltserlaubnis ist.

Die Kinder, die einen Kindergeldanspruch auslösen (§ 63 EStG), sind vor allem die mit dem Kindergeldberechtigten im ersten Grad verwandten Kinder. Darunter fallen leibliche Kinder und Adoptivkinder. Des Weiteren werden für die Gewährung von Kindergeld auch Pflegekinder, Stiefkinder und in den Haushalt aufgenommene Enkel berücksichtigt. Voraussetzung für die Berücksichtigung ist die Identifizierung des Kindes durch die an dieses Kind vergebene Identifikationsnummer (§ 139b der Abgabenordnung). Ist das Kind nicht nach einem Steuergesetz steuerpflichtig (§ 139a Absatz 2 der Abgabenordnung), ist es in anderer geeigneter Weise zu identifizieren. Das Kindergeld beträgt gem. § 66 Abs. 1 EStG derzeit für das erste und zweite Kind jeweils 194 € monatlich (jährlich 2.328 €), für das dritte Kind 200 € monatlich (jährlich 2.400 €) und für jedes weitere Kind jeweils 225 € monatlich (jährlich 2.700 €). Gem. § 67 Satz 1 EStG erfolgt die Auszahlung durch die zuständigen Familienkassen nach schriftlichem Antrag durch den Kindergeldberechtigten. Durch das Kindergeld soll gem. § 31 Satz 1 EStG der existenznotwendige Grundbedarf des Kindes inklusive Betreuungs-, Erziehungs- und Ausbildungsbedarf gesichert werden. Aus diesem Grund wird das Kindergeld selbst nicht der Einkommensbesteuerung unterworfen. Gesetzestechnisch wird dies durch § 31 Satz 3 EStG erreicht, der das Kindergeld als Steuervergütung behandelt. Soweit die Jahressumme des Kindergelds die Steuerbelastung des existenznotwendigen Einkommens überschreitet, dient das Kindergeld gem. § 31 Satz 2 EStG der Förderung der Familie. Die Höhe des Kindergelds richtet sich somit ausschließlich nach der Anzahl der Kinder; individuelle Einkommensverhältnisse der Bezieher haben auf die Höhe keinen Einfluss.

Kinderfreibetrag

Die zweite Möglichkeit, den existenznotwendigen Grundbedarf des Kindes sicherzustellen, wird gem. § 31 Satz 1 EStG durch den **Kinderfreibetrag** bewirkt. Außerdem wird zusätzlich ein Bedarfsfreibetrag für die Betreuung und Erziehung oder Ausbildung des Kindes (**Sammelfreibetrag**) gem. § 31 Satz 1 EStG gewährt. Der Kinderfreibetrag beträgt 2018 gem. § 32 Abs. 6 Satz 1 EStG jährlich 4.788 € für jedes zu berücksichtigende Kind bei zusammenveranlagten Ehegatten und 2.394 € bei Einzelveranlagten. Der Sammelfreibetrag beläuft sich gem. § 32 Abs. 6 Satz 1 EStG auf 1.320 € für Einzelveranlagte und verdoppelt sich bei Ehegatten, die zusammen zur Einkommensteuer veranlagt werden. Im Gegensatz zum progressionsunabhängigen Kindergeld mindern die pauschalen Freibeträge des § 32 Abs. 6 Satz 1 und 2 EStG das Einkommen gem. § 2 Abs. 5 Satz 1 EStG und sind daher progressionsabhängig. Zur Förderung der Familien nach dem Bedürftigkeitsprinzip sind der Kinderfreibetrag und der Sammelfreibetrag als Abzüge von der Steuerbemessungsgrundlage jedoch wenig geeignet, weil sie Steuerzahlern mit höheren Einkommen im Widerspruch zum Bedürftigkeitsprinzip einen höheren finanziellen Vorteil verschaffen. Im Vergleich zu den Steuerpflichtigen ohne Kinder ist aber der Kinderfreibetrag eine geeignete Maßnahme, um die Mehraufwendungen auszugleichen.

Anspruchsberechtigte, denen grundsätzlich sowohl das Kindergeld als auch die Freibeträge des § 32 Abs. 6 Satz 1 EStG zustehen, können gem. § 31 Satz 1 EStG nicht beide Varianten des Familienleistungsausgleichs gleichzeitig in Anspruch nehmen. Das Finanzamt ermittelt von Amts wegen durch Vergleichsberechnung (**Günstigerrechnung**) die für den Steuerpflichtigen günstigere Alternative. Sind der Kinderfreibetrag bzw. der Sammelfreibetrag die günstigere Variante, so ist das bereits gezahlte Kindergeld wieder zurückzuzahlen, weil es sonst ohne diese Rückforderung zu einer Dop-

Merke

Der Kinderfreibetrag beträgt 2018 bei Ehegatten: 4.788 €
Der Sammelfreibetrag beträgt bei Ehegatten: 2.640 €
Alternativ hierzu beträgt das Kindergeld: 2.328 €

pelberücksichtigung käme. Welche Variante letztlich vorteilhafter für den Steuerpflichtigen ist, hängt von der Höhe des zu versteuernden Einkommens sowie der Anzahl der Kinder ab. Generell kann konstatiert werden, dass bei steigendem Einkommen aufgrund der höheren Progressionsstufe und der damit verbundenen höheren Steuerentlastung der Kinderfreibetrag und der Sammelfreibetrag für den Steuerpflichtigen zunehmend günstiger werden als das Kindergeld.

Beispiel: Günstigerrechnung
Die zusammenveranlagten Ehegatten Theresa und Friedrich haben ein gemeinsames Kind im Alter von 5 Jahren. Im Jahr 2018 beträgt ihr Einkommen 150.000 €. Welche Variante des Familienleistungsausgleichs ist für Theresa und Friedrich vorteilhafter?
Der Kinderfreibetrag beträgt im Jahr 2018 gem. § 32 Abs. 6 Satz 1 und 2 EStG bei zusammenveranlagten Ehegatten jährlich 4.788 €. Der Sammelfreibetrag beläuft sich gem. § 32 Abs. 6 Satz 1 und 2 EStG auf 2.640 €. Somit beträgt die Summe der Freibeträge 7.428 €. Für Theresa und Friedrich ergibt sich dadurch eine Steuerentlastungswirkung i.H.v. 3.120 €, die sich wie folgt berechnet:

	Einkommensteuer für 2018 auf 150.000 € (ohne Berücksichtigung der Freibeträge i.H.v. 7.428 €!)	45.757 €
./.	Einkommensteuer für 2018 auf 142.572 € (150.000 € ./. 7.428 € = 142.572 €)	./. 42.637 €
=	Einkommensteuerersparnis durch Kinderfreibeträge	= 3.120 €

An Kindergeld bekommen Theresa und Friedrich gem. § 66 Abs. 1 EStG aber jährlich nur 2.328 € (12 × 194 € = 2.328 €) ausbezahlt. Folglich sind für Theresa und Friedrich die Freibeträge des § 32 Abs. 6 Satz 1 und Satz 2 EStG günstiger als das Kindergeld. Das bereits gezahlte Kindergeld ist gem. § 31 Satz 4 EStG wieder an die öffentlichen Kassen zurückzuzahlen, indem das zurückzuzahlende Kindergeld mit der Einkommensteuernachzahlung oder Einkommensteuererstattung verrechnet wird.

Es stellt sich nun die Frage, in welchen Fällen der Kinderfreibetrag günstiger ist. Dies ist zum einen abhängig von der Anzahl der Kinder und somit von der Höhe des Kindergelds und zum anderen von der Höhe des zu versteuernden Einkommens.

In der nachfolgenden Grafik werden Alleinerziehende und zusammenveranlagte Ehegatten verglichen. Der Einfachheit halber wurde bei den Alleinerziehenden angenommen, dass der Kindsvater Unterhalt leistet und dementsprechend die Hälfte des Kindergelds zugerechnet bekommt.

Die Günstigerprüfung wird gem. H 31 EStH für jedes Kind getrennt durchgeführt, beginnend beim ältesten Kind. Bei der Prüfung eines jüngeren Kindes ist der Kinderfreibetrag des älteren Kindes vom z.v.E. abzuziehen, wenn dessen Günstigerprüfung zugunsten des Freibetrags ausgefallen ist.

Unter Berücksichtigung der Kindergeld- und Kinderfreibetragserhöhung im Jahre 2018 ist ab einem z.v.E. von rund 65.700 € bei zusammenveranlagten Ehegatten bzw. ca. 32.800 € bei Alleinerziehenden der Kinderfreibetrag günstiger.

Abb. 44: *Günstigerprüfung für den Kinderfreibetrag 2018*

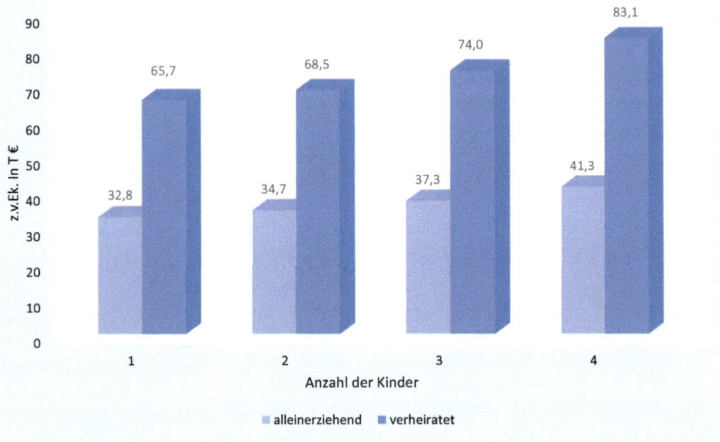

Der Kinder-Begriff i. S. d. Gesetzes

Sowohl das Kindergeld als auch der Kinderfreibetrag bzw. der Sammelfreibetrag können gem. § 63 Abs. 1 Satz 2 EStG i.V.m. § 32 Abs. 3 EStG von den anspruchsberechtigten Steuerpflichtigen grundsätzlich nur für die Kinder geltend gemacht werden, die das 18. Lebensjahr noch nicht vollendet haben. Erweitert wird dieser Personenkreis gem. § 32 Abs. 4 Satz 1 Nr. 1 EStG um arbeitslose Kinder, die das 21. Lebensjahr noch nicht vollendet haben, und um Kinder unter 25 Jahren, welche die Voraussetzungen des § 32 Abs. 4 Satz 1 Nr. 2 EStG erfüllen (d.h. insbesondere für einen Beruf ausgebildet werden). Kinder mit abgeschlossener Berufsausbildung werden nur berücksichtigt, wenn sie nicht erwerbstätig sind. Unschädlich ist allerdings eine Erwerbstätigkeit mit einer regelmäßigen Wochenarbeitszeit von bis zu 20 Stunden, ein Ausbildungsdienstverhältnis oder ein geringfügiges Beschäftigungsverhältnis mit einer Entlohnung von maximal 450 €. Für körperlich, geistig oder seelisch behinderte Kinder wird gem. § 32 Abs. 4 Satz 1 Nr. 3 EStG unabhängig vom Alter Kindergeld gezahlt, sofern die Behinderung vor Vollendung des 25. Lebensjahres eingetreten ist.

Merke

Bis 2011 entfielen die steuerlichen Vergünstigungen, sofern die Einkünfte und Bezüge des Kindes auch nur einen Euro über der Grenze von 8.004 € im Jahr lagen (Fallbeileffekt).

Hinweis: Studierende werden im Rahmen des Familienleistungsausgleichs als Kinder gem. § 32 Abs. 4 Satz 1 Nr. 2 Bst. a EStG berücksichtigt. Eltern erhalten somit einen Anspruch auf Kindergeld oder auf die Freibeträge des § 32 Abs. 6 EStG, bis das Kind sein 25. Lebensjahr vollendet hat. Nach Abschluss eines Erststudiums (z.B. Bachelorstudium) gilt dies jedoch wiederum nur, wenn der Student/die Studentin keiner Erwerbstätigkeit nachgeht. Eine Erwerbstätigkeit ist allerdings unschädlich, wenn die wöchentliche Arbeitszeit 20 Stunden nicht überschreitet, bzw. ein Ausbildungsverhältnis oder ein geringfügiges Beschäftigungsverhältnis mit einem monatlichen Verdienst von maximal 450 € vorliegt. Darüber hinaus können die Eltern, falls die Voraussetzungen des § 33a Abs. 2 EStG erfüllt sind, den Ausbildungsfreibetrag i.H.v. 924 € je Kalenderjahr vom Gesamtbetrag ihrer Einkünfte abziehen.

Zusammenfassung

- Beim Familienleistungsausgleich ist zwischen dem Kindergeld und dem Kinderfreibetrag sowie dem Sammelfreibetrag zu differenzieren.
- Das Kindergeld wird an den Kindergeldberechtigten ausgezahlt. Die Höhe des Kindergelds ist abhängig von der Anzahl der Kinder.
- Der Kinderfreibetrag beträgt 2018 2.394 € (4.788 €). Zusätzlich wird für die Betreuung und Erziehung bzw. Ausbildung ein Sammelfreibetrag i.H.v. 1.320 € (2.640 €) gewährt. Die genannten Freibeträge werden vom Einkommen abgezogen.

Fragen

1. Wie können finanzielle Belastungen, die dem Steuerpflichtigen durch die Kindererziehung erwachsen, steuerlich ausgeglichen werden?
2. Welche Möglichkeiten des Familienleistungsausgleichs können unterschieden werden? Erläutern Sie die Alternativen.

Bemessungsgrundlage und Tarif

2.2.8

2.2.8.1 Das zu versteuernde Einkommen

Zu versteuerndes Einkommen = Bemessungsgrundlage für die tarifliche ESt

Gem. § 2 Abs. 5 Satz 1 Hs. 1 EStG ist das Einkommen gem. § 2 Abs. 4 EStG, vermindert um den Kinderfreibetrag nach §§ 31, 32 Abs. 6, das **zu versteuernde Einkommen**. Dieses stellt gem. § 2 Abs. 5 Satz 1 Hs. 2 EStG die **Bemessungsgrundlage für die tarifliche Einkommensteuer** dar.

Im Folgenden wird das nebenstehende Schema weiterentwickelt, um vom zu versteuernden Einkommen zur endgültigen Abschlusszahlung oder -erstattung zu gelangen.

1.	Einkünfte aus Land- und Forstwirtschaft (§ 13)
2.	Einkünfte aus Gewerbebetrieb (§ 15)
3.	Einkünfte aus selbständiger Arbeit (§ 18)
4.	Einkünfte aus nichtselbständiger Arbeit (§ 19)
5.	Einkünfte aus Kapitalvermögen (§ 20)
6.	Einkünfte aus Vermietung und Verpachtung (§ 21)
7.	Sonstige Einkünfte im Sinne des § 22
=	***Summe der Einkünfte***
./.	Altersentlastungsbetrag (§ 24a)
./.	Entlastungsbetrag für Alleinerziehende (§ 24b)
./.	Abzug für Land- und Forstwirte (§ 13 Abs. 3)
=	***Gesamtbetrag der Einkünfte (§ 2 Abs. 3)***
./.	Verlustabzug (§ 10d)
./.	Sonderausgaben (§§ 10, 10a, 10b, 10c)
./.	Außergewöhnliche Belastungen (§§ 33, 33a, 33b)
=	***Einkommen (§ 2 Abs. 4)***
./.	Kinderfreibetrag (§§ 31, 32 Abs. 6)
=	***Zu versteuerndes Einkommen (§ 2 Abs. 5)***

2.2.8.2 Tarifliche Einkommensteuer

Zur Ermittlung der tariflichen Einkommensteuer ist auf das zu versteuernde Einkommen als Bemessungsgrundlage der einkommensteuerliche Tarif anzuwenden. Dabei ist zwischen den Normal- und den Sondertarifen (z.B. für außerordentliche Einkünfte) zu differenzieren. Darüber hinaus ist im Rahmen des Normaltarifs zwischen dem Grund- und dem Splittingtarif zu unterscheiden.

Grundsätzlich wird bis zur Höhe des steuerlichen Existenzminimums (Grundfreibetrag) keine Einkommensteuer erhoben. Der Eingangssteuersatz beträgt derzeit 14 % und steigt mit wach-

= ***Zu versteuerndes Einkommen (§ 2 Abs. 5)***
↓
Grundtarif / Splittingtarif (§ 32a Abs. 1, Abs. 5)
↓
= ***Tarifliche Einkommensteuer***
./. GewSt-Tarifentlastungsbetrag (§ 35)
./. 50 % der Zuwendungen an politische Parteien (§ 34g)
+ Kindergeld, wenn KinderFB günstiger (§ 31 S. 4)
+ Steuer nach § 32d Abs. 3 EStG (Pflichtveranlagung)
+ Steuer nach § 32d Abs. 4 EStG (Veranlagungswahlrecht)
= ***Festzusetzende Einkommensteuer***
./. ESt-Vorauszahlungen (§ 36 Abs. 2 S. 1 Nr. 1)
./. Einbehaltene LSt und KapESt (§ 36 Abs. 2 S. 1 Nr. 2)
= ***Abschlusszahlung oder Erstattungsanspruch***

sendem Einkommen auf bis zu 45 % (Spitzensteuersatz) ab einem zu versteuernden Einkommen i.H.v. 260.533 €.

Bei Alleinstehenden oder Ehegatten, die getrennt veranlagt werden, gilt der Grundtarif. Bei Ehegatten, die zusammenveranlagt werden, kommt

Splitting-Tarif

der Splittingtarif zur Anwendung. Gem. § 32a Abs. 5 EStG gilt: *„Bei Ehegatten, die nach den §§ 26, 26b zusammen zur Einkommensteuer veranlagt werden, beträgt die tarifliche Einkommensteuer vorbehaltlich der §§ 32b, 32d, 34, 34a, 34b und 34c das Zweifache des Steuerbetrags, der sich für die Hälfte ihres gemeinsam zu versteuernden Einkommens nach Absatz 1 ergibt (Splitting-Verfahren).“* Der Grundfreibetrag verdoppelt sich dabei auf 18.000 €. Der Vorteil des Ehegattensplittings besteht in einer Minderung der Progression. Dadurch wird die höchstmögliche Progressionsmilderung erreicht, wenn nur einer der Ehegatten Einkünfte erzielt. Der grundsätzliche Wirkungsmechanismus des Splitting-Verfahrens soll anhand des folgenden Beispiels erläutert werden.

Merke

Prinzipiell gilt der Normaltarif (in Form des Grund- und Splittingtarifs) des § 32a EStG für die Berechnung der Einkommensteuer.

Beispiel:

Einzelveranlagung	**Ehemann**	**Ehefrau**	**Summe**
z. v. Einkommen	200.000 €	0 €	200.000 €
	⇓	⇓	⇓
Einkommensteuer	75.378 €	0 €	75.378 €

Aufgrund der Einkommensteuerprogression wäre es für das Ehepaar günstiger, wenn jeder Ehepartner genau die Hälfte des Gesamteinkommens von 200.000 € versteuern müsste, d.h. jeder einen Betrag i.H.v. 100.000 €.

Einzelveranlagung	**Ehemann**	**Ehefrau**	**Summe**
z. v. Einkommen	100.000 €	100.000 €	200.000 €
	⇓	⇓	⇓
Einkommensteuer	33.378 €	33.378 €	66.756 €

Dies ergäbe eine Steuerersparnis aufgrund des Progressionsvorteils i. H.v. 8.622 € (= 75.378 € ./. 66.756 €). Das Splitting-Verfahren fingiert nun diese optimale hälftige Einkommensverteilung, sodass sich folgende Berechnung ergibt:

Zusammenveranlagung	**Ehemann**	**Ehefrau**	**Summe**
z. v. Einkommen	200.000 €	0 €	200.000 €
	⇓	⇓	⇓
Einkommensteuer	66.756 €	0 €	66.756 €

Daher bietet das Splitting-Verfahren immer dann keine steuerlichen Vorteile gegenüber der Einzelveranlagung, wenn beide Ehepartner exakt dasselbe Einkommen erwirtschaften.

Im Anhang des Einkommensteuergesetzes sind die Grund- bzw. Splittingtabellen beigefügt, aus denen die tarifliche Einkommensteuer – ohne Anwendung der durch § 32a Abs. 1 bzw. Abs. 5 EStG kodifizierten Formel – unmittelbar abgelesen werden kann.

2.2.8.3 Sondertarife gem. §§ 34 und 34a EStG

Der Normaltarif i. S. d. § 32a EStG gilt jedoch nicht für alle Arten von Einkünften. Neben dem Sondertarif im Rahmen der Abgeltungsteuer gem. § 32d EStG und der Begünstigung nicht ent-

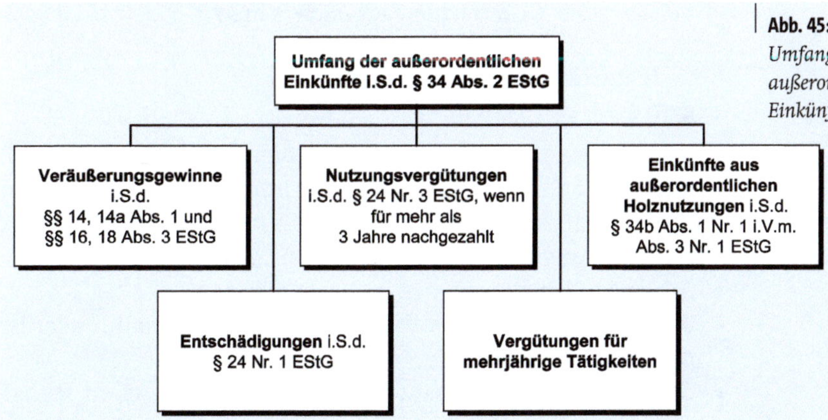

Abb. 45: *Umfang der außerordentlichen Einkünfte*

nommener Gewinne gem. § 34a EStG sind auch im Falle von sog. außerordentlichen Einkünften Sondervorschriften zu beachten. Liegen außerordentliche Einkünfte i. S. d. § 34 Abs. 2 EStG vor, so kommen die Sondertarife des § 34 Abs. 1 (**Fünftelregelung**) oder Abs. 3 (**reduzierter Durchschnittssteuersatz**) EStG zur Anwendung. Da sich bei außerordentlichen Einkünften oft ein deutlich höheres zu versteuerndes Einkommen ergibt, sollen unbillige Härtefälle (bedingt durch eine entsprechend hohe Steuerbelastung) aufgrund der geballten Realisierung stiller Reserven durch die Sondertarife des § 34 Abs. 1 und 3 EStG vermieden werden.

Merke

Der ermäßigte Steuertarif in Form der Fünftelregelung gilt für sämtliche außerordentliche Einkünfte i. S. d. § 34 Abs. 2 EStG.

a) Fünftelregelung gem. § 34 Abs. 1 EStG

Die Fünftelregelung gilt grundsätzlich für **sämtliche** außerordentliche Einkünfte. Sie normiert einen ermäßigten Steuersatz, der sich wie folgt ermittelt:

1. Schritt: Ermittlung der ESt auf das z. v. E. ohne a. o. Einkünfte (d. h. auf verbleibendes z. v. E.)
2. Schritt: Ermittlung der ESt auf das verbleibende z. v. E. zzgl. 1/5 der a. o. Einkünfte
3. Schritt: Ermittlung des Differenzbetrags zwischen der ESt nach Schritt 1 und Schritt 2
4. Schritt: Tarifliche ESt = ESt nach Schritt 1 zzgl. das Fünffache des Differenzbetrags nach Schritt 3.

b) Reduzierter Durchschnittssteuersatz gem. § 34 Abs. 3 EStG

Für die Inanspruchnahme des ermäßigten Steuersatzes i. S. d. § 34 Abs. 3 EStG (**reduzierter Durchschnittssteuersatz**) müssen hingegen weitere Voraussetzungen erfüllt sein:

- **Veräußerungsgewinne** i. S. d. § 34 Abs. 2 Nr. 1 EStG,
- **Antragstellung** durch den Steuerpflichtigen,
- der Steuerpflichtige hat das **55. Lebensjahr vollendet** oder ist **dauernd berufsunfähig,**
- der ermäßigte Steuersatz wurde nicht bereits schon früher einmal gewährt, d. h. er wird **nur einmal im Leben** gewährt.

Für Gewinne bis zu 5 Mio. € kann der Steuerpflichtige anstelle der allgemeinen Tarifermäßigung des § 34 Abs. 1 EStG die Besteuerung mit dem reduzierten Durchschnittssteuersatz beantragen. Diese Regelung dient der Sicherung der Altersvorsorge von aus dem Berufsleben ausscheidenden Unternehmern. Der reduzierte Durchschnittssteuersatz muss gem. § 34 Abs. 3 Satz 2 EStG mindestens 14% entsprechen. Der reduzierte Durchschnittssteuersatz berechnet sich wie folgt:

1. Schritt: Ermittlung der ESt auf das gesamte z.v.E. (inkl. ordentliche und außerordentliche Einkünfte) nach dem allgemeinen Tarif des § 32a EStG
2. Schritt: Ermittlung des Durchschnittssteuersatzes durch Division der sich ergebenden Steuerzahllast durch das z.v.E.
3. Schritt: Ermittlung von 56 % des Durchschnittssteuersatzes
4. Schritt: Anwendung des reduzierten Durchschnittssteuersatzes, aber mindestens 14 % auf die a.o. Einkünfte
5. Schritt: Ermittlung der ESt auf das z.v.E. ohne die a.o. Einkünfte
6. Schritt: Tarifliche ESt = Summe der ESt aus Schritt 4 zzgl. der ESt aus Schritt 5

Merke

Der ermäßigte Steuertarif in Form des reduzierten Durchschnittssteuersatzes gilt nur für Veräußerungsgewinne i.S.d. § 34 Abs. 2 Nr. 1 EStG, die ein mindestens 55-jähriger oder dauernd berufsunfähiger Steuerpflichtiger erzielt. Er kann nur einmal im Leben in Anspruch genommen werden.

Beispiel:
Der 60-jährige ledige Andreas veräußert seinen Gewerbebetrieb im Jahr 2018 für 412.600 €. An Rechtsberatungskosten im Zusammenhang mit dem Verkauf fallen 5.000 € an. Das buchmäßige Eigenkapital des Gewerbebetriebs beträgt 250.000 €. Des Weiteren erzielt Andreas im gleichen Zeitraum Einkünfte aus Vermietung und Verpachtung i.H.v. 25.000 €. An Sonderausgaben fallen 5.000 € an. Ermitteln Sie die tarifliche Einkommensteuer.

Lösung:
Andreas erfüllt sowohl die Voraussetzungen des § 34 Abs. 1 EStG als auch die des § 34 Abs. 3 EStG. Fraglich ist daher, ob er die Begünstigung durch die Fünftelregelung oder durch den reduzierten durchschnittlichen Steuersatz wählen soll.

Berechnung des Veräußerungsgewinns:

	Veräußerungspreis		412.600 €
./.	Veräußerungskosten		./. 5.000 €
./.	Buchwert des Eigenkapitals		./. 250.000 €
	Veräußerungsgewinn		= 157.600 €
./.	Freibetrag (§ 16 Abs. 4 EStG)	45.000 €	
	abzgl. übersteigender Betrag	./. 21.600 €	
	(157.600 € ./. 136.000 €)	23.400 €	./. 23.400 €
=	Stpfl. Veräußerungsgewinn		= 134.200 €

(I) Fünftelregelung (§ 34 Abs. 1 EStG):

Berechnung der Steuerschuld **ohne** Berücksichtigung der außerordentlichen Einkünfte:

	Vermietungseinkünfte (nicht begünstigt)	25.000 €
=	Gesamtbetrag der Einkünfte	= 25.000 €
./.	Sonderausgaben	./. 5.000 €
=	z.v.E.	= 20.000 €

Steuer **ohne** Berücksichtigung des Veräußerungsgewinns	2.467 €

Berechnung der Steuerschuld (lt. Grundtabelle) **mit** Berücksichtigung der außerordentlichen Einkünfte:

	Veräußerungsgewinn 134.200 €, ermäßigt zu besteuern: davon ein Fünftel	26.840 €
+	Vermietungseinkünfte (nicht begünstigt)	+ 25.000 €
=	Gesamtbetrag der Einkünfte	= 51.840 €
./.	Sonderausgaben	./. 5.000 €
=	z.v.E.	= 46.840 €

Steuer lt. Tabelle **mit** Berücksichtigung eines Fünftels des Veräußerungsgewinns	11.195 €
Differenzsteuerbetrag (11.195 € ./. 2.467 €)	8.728 €

	Steuer ohne Veräußerungsgewinn	2.467 €
+	5 × Differenzsteuer auf den Veräußerungsgewinn (5 × 8.728 €)	+ 43.640 €
=	Steuer gesamt	= 46.107 €

(II) Reduzierter Durchschnittssteuersatz (§ 34 Abs. 3 EStG):

1. Ermittlung der ESt für das gesamte zu versteuernde Einkommen nach allgem. Tarif

Einkünfte aus Gewerbebetrieb (Veräußerung)	134.200 €
+ Einkünfte aus Vermietung und Verpachtung	+ 25.000 €
= Gesamtbetrag der Einkünfte	= 159.200 €
./. Sonderausgaben	./. 5.000 €
= z.v.E.	= 154.200 €

ESt (§ 32a Abs. 1 Satz 2 Nr. 4 EStG) = 154.200 € × 0,42 ./. 8.622 € = **56.142** €.

2. Ermittlung des Durchschnittssteuersatzes

$$\frac{56.142\text{ €}}{154.200\text{ €}} = 0{,}3640856 = 36{,}40856\,\%$$

3. Ermittlung des reduzierten Durchschnittssteuersatzes
   0,3640856 × 56 % = 0,20388794 = 20,388794 %

4. Ermittlung der ESt für den begünstigten Teil des z.v.E.
   134.200 € × 0,20388794 = **27.362** €

5. Ermittlung der ESt für den nicht begünstigten Teil des z.v.E.
   ESt auf 20.000 €: 2.467 €

6. Berechnung der tariflichen ESt
   27.362 € + 2.467 € = **29.829** €

Vergleich der beiden ermäßigten Tarife (I) – (II):

Tarifliche ESt mit Fünftelregelung:	46.107 €
Tarifliche ESt mit reduziertem Durchschnittssteuersatz:	29.829 €
(Tarifliche ESt ohne Begünstigungen:	56.142 €)

Durch die Anwendung des reduzierten Durchschnittssteuersatzes erfolgt eine um 16.278 € geringere Belastung mit Einkommensteuer als durch die Anwendung der Fünftelregelung. Aus diesem Grunde ist Andreas die Wahl des § 34 Abs. 3 EStG zu raten.

c) Thesaurierungsbegünstigung nach § 34a EStG

Einzelunternehmen und Personengesellschaften besteuern ihre Gewinne bei der Gewerbesteuer als eigenständige Steuersubjekte. Bei der Einkommensteuer werden Personenunternehmen hingegen transparent besteuert, d.h. Steuersubjekt ist nicht das Einzelunternehmen bzw. die Personengesellschaft, sondern die natürlichen oder juristischen Personen, die als Einzel- oder Mitunternehmer hinter dem Unternehmen stehen (sog. Transparenzprinzip). Gewinne können somit erst dann im Unternehmen reinvestiert werden, wenn sie auf der Ebene des Gesellschafters als Einkünfte aus Gewerbebetrieb der Besteuerung mit dessen persönlichem Einkommensteuersatz unterlegen haben. Bei Einzel- und Mitunternehmern, die natürliche Personen sind, kann sich daraus eine Grenzsteuerbelastung von bis zu 45 % ergeben (§ 32a EStG). Personenunternehmen werden somit im Vergleich zu Kapitalgesellschaften deutlich benachteiligt, da letztere als eigenständige Steuersubjekte i. d. R. einer steuerlichen Gesamtbelastung von unter 30 % unterliegen (15 % KSt + 5,5 % von 15 % = 0,825 % SolZ + durchschnittlich 14 % GewSt). Das nachfolgende Beispiel soll die Problematik veranschaulichen.

Beispiel:
Alois ist Alleingesellschafter einer GmbH und betreibt gleichzeitig als Einzelkaufmann eine Buchhandlung. Beide Unternehmen erzielen einen Gewinn i. H.v. 1.000.000 €. Bei einer Grenzbetrachtung unterliegt Alois einem persönlichen Einkommensteuersatz i. H.v. 45 %. Die Körperschaftsteuer beträgt 15 % und die Gewerbesteuer bei einem Hebesatz von 380 % (Messzahl 3,5 % × Hebesatz 380 % =) 13,3 %. Der Gewerbesteuerfreibetrag für Personenunternehmen gem. § 11 GewStG i. H.v. 24.500 € sowie der SolZ werden nicht berücksichtigt.

		GmbH	Einzelunternehmen	
	Gewinn	1.000.000 €		1.000.000 €
./.	Gewerbesteuer (13,3 %)	./. 133.000 €		./. 133.000 €
./.	Körperschaftsteuer (15 %)	./. 150.000 €		
./.	Einkommensteuer		./. 450.000 €	
+	GewSt-Anrechnung gem. § 35 EStG 3,8 × (3,5 % × 1 Mio. €)		+ 133.000 €	
				./. 317.000 €
=	Gewinn nach Steuern	= 717.000 €		= 550.000 €
	Belastung in %	28,30 %		45,00 %

Werden die Gewinne in der GmbH thesauriert und nicht an die Anteilseigner ausgeschüttet, ergibt sich somit im Vergleich zum Einzelunternehmen eine deutlich geringere Belastung.

Ziel des Sondertarifs: Rechtsformneutralität

Das Ziel des Sondertarifs gem. § 34a EStG ist es, Einkünfte natürlicher Personen aus Gewinneinkunftsarten steuerlich in vergleichbarer Weise wie Kapitalgesellschaften zu belasten (sog. Rechtsformneutralität der Besteuerung). Dies soll dadurch erreicht werden, dass die nicht entnommenen Gewinne (§ 34a Abs. 1 Satz 1 i.V.m. Abs. 2 EStG) auf Antrag des Steuerpflichtigen einem ermäßigten Steuersatz unterliegen. Die Höhe des Sondertarifs von 28,25 % (zzgl. SolZ) orientiert sich an dem Körperschaftsteuersatz i.H.v. 15 % (§ 23 KStG) und der durchschnittlichen Gewerbesteuerbelastung von 14 %. Der SolZ (5,5 %) ist zusätzlich zu berücksichtigen, wird jedoch in den folgenden Ausführungen vernachlässigt.

Voraussetzungen

Sind in dem zu versteuernden Einkommen eines Steuerpflichtigen die nicht entnommenen Gewinne aus Land- und Forstwirtschaft, Gewerbebetrieb oder selbständiger Arbeit (Gewinneinkunftsarten) enthalten, so kann der Steuerpflichtige beantragen, diese ganz oder teilweise dem ermäßigten Steuersatz i.H.v. 28,25 % zu unterwerfen und nicht in die tarifliche Veranlagung mit einzubeziehen (§ 32a Abs. 1 Satz 1 EStG). Der hierfür notwendige Antrag ist für jeden Betrieb oder Mitunternehmeranteil und für jeden Veranlagungszeitraum gesondert zu stellen. Die Thesaurierungsbegünstigung greift also nicht auf der Ebene der Personengesellschaft, sondern auf der Ebene des einzelnen Mitunternehmers. Folglich steht es jedem Mitunternehmer frei, die Begünstigung zu wählen oder darauf zu verzichten.

Um in den Genuss der Thesaurierungsbegünstigung zu kommen, sind jedoch neben dem Antrag noch weitere Voraussetzungen kumulativ zu erfüllen:

- Keine Begünstigung der Gewinne durch
  - den Freibetrag nach § 16 Abs. 4 EStG,
  - den reduzierten Durchschnittssteuersatz gem. § 34 Abs. 3 EStG und
  - durch § 3 Nr. 40 S. 1 Bst. a i.V.m. § 18 Abs. 1 Nr. 4 EStG (Vergütungen einer Beteiligung einer vermögensverwaltenden Gesellschaft)
- Gewinnermittlung durch Betriebsvermögensvergleich gem. § 4 Abs. 1 Satz 1 oder § 5 EStG
- Gewinnanteil des Mitunternehmers > 10 % oder > 10.000 €

Beispiel:
Anton und Berta sind zu je 50 % an der A&B-OHG beteiligt, die einen laufenden Gewinn von 100.000 € erzielt. Die A&B-OHG hält ihrerseits eine Beteiligung an der IN-OHG (sog. doppelstöckige Personengesellschaft) mit einem Buchwert von 10.000 €. Die Beteiligung wird für 40.000 € veräußert. Anton nimmt für seinen Anteil am Veräußerungsgewinn i.H.v. [(40.000 € ./. 10.000 €) / 2 =] 15.000 € die Begünstigungen des § 16 Abs. 4 EStG in Anspruch. Berta verzichtet hierauf.

Merke

Voraussetzungen für die Inanspruchnahme der Tarifbegünstigung des § 34a EStG sind:
- **Antrag des Steuerpflichtigen**
- **Keine anderweitige Begünstigung der Gewinne**
- **Gewinnermittlung durch Betriebsvermögensvergleich**
- **Bei Mitunternehmerschaften: Gewinnanteil > 10 % oder > 10.000 €**

Lösung:
Da Anton für den Veräußerungsgewinn die Begünstigung des § 16 Abs. 4 EStG in Anspruch nimmt, kann er die Thesaurierungsbegünstigung nur für seinen Anteil am laufenden Gewinn i.H.v. 50.000 € in Anspruch nehmen. Berta hat hingegen auf eine begünstigte Besteuerung des Gewinns verzichtet. Sie kann den Sondertarif des § 34a EStG somit für ihren laufenden Gewinnanteil i.H.v. 50.000 € und ihren Anteil am Veräußerungserlös i.H.v. 15.000 € in Anspruch nehmen.

Abb. 46: *Ermittlung des begünstigten Gewinns i.S.d. § 34a EStG*

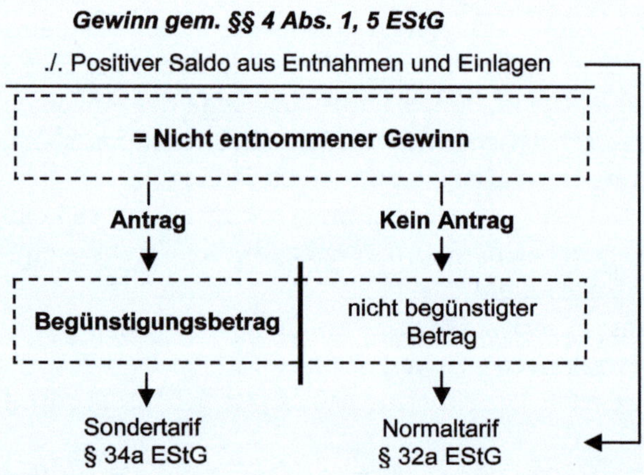

Vom zu versteuernden Einkommen zum Begünstigungsbetrag

Der Sondertarif des § 34a EStG kann nur für den sog. Begünstigungsbetrag in Anspruch genommen werden. Dies ist gem. § 34a Abs. 3 Satz 1 EStG *„der im Veranlagungszeitraum nach Absatz 1 Satz 1 auf Antrag begünstigte Gewinn"*. Die Ermittlung des Begünstigungsbetrags folgt dem Schema in Abb. 46. Der Ausgangspunkt ist der durch den Betriebsvermögensvergleich ermittelte Gewinn nach §§ 4 Abs. 1 und 5 EStG. Dieser ist um den positiven Saldo aus den Entnahmen (§ 6 Abs. 1 Nr. 4 EStG) und Einlagen (§ 6 Abs. 1 Nr. 5 EStG), die während des Wirtschaftsjahres getätigt wurden, zu vermindern. Entnahmen fließen aus dem Unternehmen ab und sollen daher nicht begünstigt besteuert werden. Dies gilt allerdings nur insoweit, als den Entnahmen keine Einlagen entgegenstehen. Einlagen werden bis zur Höhe der Entnahmen berücksichtigt und gleichen diese innerhalb des Wirtschaftsjahres aus.

Im Ergebnis erhält man den nicht entnommenen Gewinn i.S.d. § 34a Abs. 2 EStG. Gem. § 34a Abs. 1 Satz 1 EStG hat der Steuerpflichtige das Wahlrecht, den nicht entnommenen Gewinn dem ermäßigten Einkommensteuertarif i.H.v. 28,25 % zu unterwerfen. Der Antrag kann sich auch lediglich auf einen Teil des nicht entnommenen Gewinns erstrecken. Der nicht auf Antrag begünstigt besteuerte Gewinn wird zusammen mit den restlichen Einkünften des Steuerpflichtigen dem Normaltarif des § 32a EStG unterworfen.

Beispiel:
Der bilanzierende Marketingexperte Sepp erzielt einen Gewinn i.H.v. 100.000 €. Während des Wirtschaftsjahres entnimmt er 150.000 € und
a) tätigt eine Einlage über 10.000 €
b) tätigt eine Einlage über 110.000 €
c) tätigt eine Einlage über 170.000 €

		Fall a)	Fall b)	Fall c)
	Gewinn	100.000 €	100.000 €	100.000 €
./.	Positiver Saldo aus Entnahmen und Einlagen	./. 140.000 €	./. 40.000 €	./. 0
=	Nicht entnommener Gewinn (§ 34a Abs. 2 EStG)	= 0 €	= 60.000 €	= 100.000 €

Im **Fall a)** übersteigt der positive Saldo aus Entnahmen und Einlagen den Jahresgewinn. Dieser gilt somit vollständig als entnommen und kann daher nicht begünstigt werden. Im **Fall b)** kompensieren die Einlagen die Entnahmen teilweise, sodass nur 40.000 € des Jahresgewinns als entnommen gelten; für die restlichen 60.000 € kann der Sondertarif in Anspruch genommen werden. Im **Fall c)** kann der gesamte Jahresgewinn begünstigt besteuert werden, da die Einlagen die Entnahmen vollständig kompensieren.

Nicht abzugsfähige Betriebsausgaben

Die Anwendung des ermäßigten Steuersatzes ist auf den nicht entnommenen Gewinn beschränkt. Der Ausgangspunkt für dessen Ermittlung ist der Steuerbilanzgewinn. Dieser darf jedoch nicht mit den steuerpflichtigen Einkünften verwechselt werden. Im Rahmen der Gewinnermittlung wurden die nicht abzugsfähigen Betriebsausgaben gewinnmindernd berücksichtigt. Bei der Ermittlung der steuerpflichtigen Einkünfte sind die nicht abzugsfähigen Betriebsausgaben dem Steuerbilanzgewinn jedoch außerhalb der Bilanz wieder hinzuzurechnen und erhöhen somit die einkommensteuerliche Bemessungsgrundlage. Insoweit unterliegen die nicht abzugsfähigen Betriebsausgaben nicht dem Sondertarif i.H.v. 28,25 %, sondern dem einkommensteuerlichen Normaltarif. Abb. 47 verdeutlicht nochmals diesen Zusammenhang.

Abb. 47: *Steuerpflichtige Einkünfte vs. Steuerbilanzgewinn*

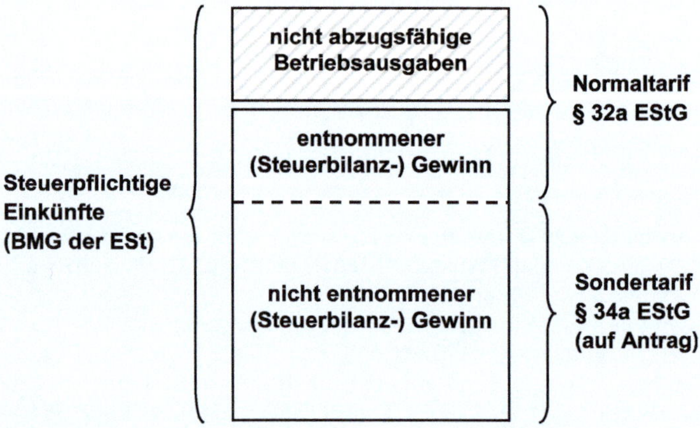

Beispiel:
Der Einzelunternehmer Otto erzielt einen Steuerbilanzgewinn von 100.000 €. Während des Wirtschaftsjahres wurden keine Entnahmen getätigt. Im Rahmen der Gewinnermittlung wurden 20.000 € nicht abzugsfähige Betriebsausgaben gewinnmindernd erfasst.
Die einkommensteuerliche Bemessungsgrundlage beträgt 120.000 €. Diese setzt sich zusammen aus dem Steuerbilanzgewinn i.H.v. 100.000 € und den außerhalb der Bilanz hinzuzurechnenden Betriebsausgaben i.H.v. 20.000 €. Der gem. § 34a Abs. 1 EStG begünstigungsfähige nicht entnommene Gewinn wird auf Grundlage des Steuerbilanzgewinns ermittelt und beträgt 100.000 €. Otto kann daher beantragen, diesen Gewinn dem ermäßigten Steuersatz gem. § 34a EStG oder dem Normaltarif gem. § 32a EStG zu unterwerfen. Die nicht abzugsfähigen Betriebsausgaben i.H.v. 20.000 € unterliegen jedoch in jedem Fall dem einkommensteuerlichen Normaltarif.

Merke

Außerbilanzielle Hinzurechnungen, wie bspw. nichtabzugsfähige Betriebsausgaben, sind zwar im zu versteuernden Einkommen, nicht aber im Steuerbilanzgewinn enthalten. Diese Beträge wurden tatsächlich verausgabt und sind somit nicht entnahmefähig. Daher kommt eine Begünstigung nach § 34a EStG nicht in Betracht!

Nachversteuerungspflichtiger Betrag und Nachversteuerungsbetrag

Gewinne, für welche die Thesaurierungsbegünstigung in Anspruch genommen wurde, können grundsätzlich zeitlich unbegrenzt im Unternehmen verbleiben. Personenunternehmen bilden folglich im Zeitablauf einen Pool, in dem die begünstigt besteuerten Gewinne gesammelt werden (sog. **nachversteuerungspflichtiger Betrag** gem. § 34a Abs. 3 Satz 2 EStG). Dieser ist für jeden Betrieb und Mitunternehmeranteil gesondert festzustellen und über die Zeit fortzuschreiben. Die thesaurierten Gewinne sind jedoch nur so lange begünstigt, wie sie im Unternehmen verbleiben. Übersteigen in einem späteren Wirtschaftsjahr die Entnahmen den laufenden Gewinn zzgl. der Einlagen, so gelten die begünstigt besteuerten Gewinne in dieser Höhe als entnommen. Es kommt somit zu einer Nachversteuerung dieser Überentnahme. Die Einkommensteuer auf diesen sog. **Nachversteuerungsbetrag** beträgt in Anlehnung an die Abgeltungsteuer 25 % zzgl. SolZ (§ 32a Abs. 4 Satz 2 EStG).

Nicht entnommener Gewinn des VZ (§ 34a Abs. 2 EStG)
abzgl. dem den Normaltarif unterliegenden Gewinn

= ***Begünstigungsbetrag des VZ (§ 34a Abs. 3 EStG)***
./. Einkommensteuer (28,25 % zzgl. SolZ)

= ***Begünstigungsbetrag nach Steuern***
\+ Nachversteuerungspflichtiger Betrag des Vorjahres
\+ Nachversteuerungspflichtiger Betrag aus der Übertragung von Wirtschaftsgütern gem. § 34a Abs. 5 Satz 2 EStG
./. Nachversteuerungsbetrag gem. § 34a Abs. 4 EStG
./. Nachversteuerungspflichtiger Betrag aus der Übertragung von Wirtschaftsgütern gem. § 34a Abs. 5 Satz 1 EStG

= ***Nachversteuerungspflichtiger Betrag zum Ende des VZ***

Abb. 48: *Ermittlung des nachversteuerungspflichtigen Betrags*

Ermittlung des nachversteuerungspflichtigen Betrags

Abb. 48 verdeutlicht die Ermittlung des nachversteuerungspflichtigen Betrags. Der Ausgangspunkt ist der nicht entnommene Gewinn i. S. d. § 34a Abs. 2 EStG. Dieser ist um den Teil des Gewinns zu kürzen, der nicht auf Antrag des Steuerpflichtigen begünstigt werden soll. Als Ergebnis erhält man den sog. Begünstigungsbetrag i. S. d. § 34a Abs. 3 EStG, d. h. den auf Antrag des Steuerpflichtigen nach § 34a Abs. 1 Satz 1 EStG begünstigten Gewinn.

Der Begünstigungsbetrag ist zunächst um die Einkommensteuer i.H.v. 28,25 % (zzgl. SolZ) zu kürzen. Der hieraus resultierende Begünstigungsbetrag nach Steuern ist anschließend um verschiedene Hinzurechnungen und Kürzungen zu korrigieren.

Beispiel (Fortführung Fall b)
Sepp möchte von dem nicht entnommenen Gewinn i.H.v. 60.000 € für 40.000 € die Begünstigung des § 34a EStG in Anspruch nehmen. Der SolZ wird vernachlässigt.

	Nicht entnommener Gewinn (§ 32a Abs. 2 EStG)	60.000 €
./.	dem Normaltarif unterliegender Gewinn	./. 20.000 €
=	Begünstigungsbetrag gem. § 34a Abs. 3 Satz 1 EStG	= 40.000 €
./.	Einkommensteuer (28,25 %)	./. 11.300 €
=	Begünstigungsbetrag nach Steuern	= 28.700 €

Der Begünstigungsbetrag i.H.v. 40.000 € unterliegt dem Sondertarif des § 34a EStG. Nach Abzug von Steuern verbleibt somit ein Thesaurierungsbetrag von 28.700 €. Die verbleibenden 20.000 € unterliegen zusammen mit dem Teil des Gewinns, der schon während des Wirtschaftsjahres entnommen wurde und daher nicht begünstigt werden darf (d.h. dem positiven Saldo aus Entnahmen und Einlagen i.H.v. 40.000 €), dem Normaltarif des § 32a EStG.

Hinzurechnungen

Der Begünstigungsbetrag nach Steuern erhöht sich um den gem. § 34a Abs. 3 Satz 3 EStG gesondert festgestellten nachversteuerungspflichtigen Betrag des Vorjahres und um die nachversteuerungspflichtigen Beträge, die gem. § 34a Abs. 5 Satz 2 EStG von einem Betriebsvermögen des Steuerpflichtigen in ein ande-

Nicht entnommener Gewinn des VZ (§ 34a Abs. 2 EStG)
abzgl. dem den Normaltarif unterliegenden Gewinn

= ***Begünstigungsbetrag des VZ (§ 34a Abs. 3 EStG)***
./. Einkommensteuer (28,25 % zzgl. SolZ)

= ***Begünstigungsbetrag nach Steuern***
\+ Nachversteuerungspflichtiger Betrag des Vorjahres
\+ Nachversteuerungspflichtiger Betrag aus der Übertragung von Wirtschaftsgütern gem. § 34a Abs. 5 Satz 2 EStG
./. Nachversteuerungsbetrag gem. § 34a Abs. 4 EStG
./. Nachversteuerungspflichtiger Betrag aus der Übertragung von Wirtschaftsgütern gem. § 34a Abs. 5 Satz 1 EStG

= **Nachversteuerungspflichtiger Betrag zum Ende des VZ**

res Betriebsvermögen desselben Steuerpflichtigen überführt oder übertragen werden. Da die Wirtschaftsgüter im letzten Fall weiterhin betrieblich genutzt werden, soll eine Nachversteuerung vermieden werden. Dies hat zur Folge, dass der nachversteuerungspflichtige Betrag gedanklich zusammen mit dem Wirtschaftsgut aus dem einen Betrieb entnommen und in einen anderen Betrieb eingelegt wird.

Beispiel (Fortsetzung):
Im Vorjahr wurde für Sepps Einzelunternehmen ein nachversteuerungspflichtiger Betrag i.H.v. 31.300 € festgestellt. Zudem überträgt Sepp einen Spezialdrucker mit einem Buchwert von 10.000 € aus seinem Sonderbetriebsvermögen bei der X-OHG, an der er ebenfalls zu 50 % beteiligt ist, zum Buchwert in sein Einzelunternehmen. Der auf den Mitunternehmeranteil an der X-OHG entfallende nachversteuerungspflichtige Betrag beträgt 15.000 €. Der Antrag i. S. d. § 34a Abs. 5 Satz 2 EStG wurde gestellt.

	Begünstigungsbetrag nach Steuern	28.700 €
+	Nachversteuerungspflichtiger Betrag des Vorjahres	+ 31.300 €
+	Nachversteuerungspflichtiger Betrag aus der Übertragung von Wirtschaftsgütern gem. § 34a Abs. 5 Satz 2 EStG	+ 10.000 €
=	Nachversteuerungspflichtiger Betrag vor Kürzungen	= 70.000 €

Kürzungen

Spiegelbildlich zu den Hinzurechnungen wird der nachversteuerungspflichtige Betrag durch bestimmte Kürzungen reduziert. Dies ist grundsätzlich immer dann der Fall, wenn der positive Saldo aus den Entnahmen und Einlagen des Wirtschaftsjah-

	Nicht entnommener Gewinn des VZ (§ 34a Abs. 2 EStG)
	abzgl. dem den Normaltarif unterliegenden Gewinn
=	***Begünstigungsbetrag des VZ (§ 34a Abs. 3 EStG)***
./.	Einkommensteuer (28,25 % zzgl. SolZ)
=	***Begünstigungsbetrag nach Steuern***
+	Nachversteuerungspflichtiger Betrag des Vorjahres
+	Nachversteuerungspflichtiger Betrag aus der Übertragung von Wirtschaftsgütern gem. § 34a Abs. 5 Satz 2 EStG
./.	Nachversteuerungsbetrag gem. § 34a Abs. 4 EStG
./.	Nachversteuerungspflichtiger Betrag aus der Übertragung von Wirtschaftsgütern gem. § 34a Abs. 5 Satz 1 EStG
=	***Nachversteuerungspflichtiger Betrag zum Ende des VZ***

res den nach § 4 Abs. 1 EStG oder § 5 EStG ermittelten Gewinn übersteigt. In diesem Fall liegt eine Überentnahme vor. Sofern ein nachversteuerungspflichtiger Betrag in entsprechender Höhe vorhanden ist, führt dies grundsätzlich zu einer Nachversteuerung i.H.v. 25 % (§ 34a Abs. 4 Satz 1 EStG).

Beispiel (Fortführung):
Die Entnahme des Wirtschaftsguts aus dem Sonderbetriebsvermögen der X-OHG führt unter den Voraussetzungen des § 34a Abs. 4 EStG (Überentnahme) grundsätzlich zu einer Nachversteuerung. Dies ist auch dann der Fall, wenn das Wirtschaftsgut in das Einzelunternehmen eingelegt wird (§ 34a Abs. 4 i.V.m. Abs. 5 Satz 1 EStG). Da Sepp jedoch einen entsprechenden Antrag gestellt hat, findet gedanklich neben der Übertragung des Wirtschaftsguts auch eine Übertragung des nachversteuerungspflichtigen Betrags statt (§ 34a Abs. 5 Satz 2 EStG). Der auf den Mitunternehmeranteil an der X-OHG entfallende nachversteuerungspflichtige Betrag verringert sich entsprechend von 15.000 € auf 5.000 €, also genau in dem Umfang, in dem sich der nachversteuerungspflichtige Betrag bei dem Einzelunternehmen erhöht.

§ 34a Abs. 6 EStG führt eine Reihe von Tatbeständen auf, bei deren Vorliegen eine Nachversteuerung des gesamten nachversteuerungspflichtigen Betrags nach Maßgabe des Abs. 4 durchzuführen ist:

- Betriebsveräußerung oder -aufgabe
- Einbringung oder Formwechsel in eine Kapitalgesellschaft
- Wechsel der Gewinnermittlungsart zur Einnahmen-Überschuss-Rechnung
- Antrag des Steuerpflichtigen

In den Fällen der Veräußerung, Aufgabe oder Einbringung bzw. Formwechsel in eine Kapitalgesellschaft unterhält der Steuerpflichtige den Betrieb oder Mitunternehmeranteil nicht mehr. Somit besteht auch kein Anspruch auf die Gewährung des Steuervorteils. Gem. § 34a Abs. 6 Satz 2 EStG kann die geschuldete Einkommensteuer in diesen Fällen jedoch auf Antrag des Steuerpflichtigen über einen Zeitraum von bis zu 10 Jahren zinslos gestundet werden.

2.2.8.4 Ermittlung der festzusetzenden Einkommensteuer

§ 2 Abs. 6 Satz 1 EStG normiert, dass sich aus der um die Steuerermäßigungen geminderten und um bestimmte Erhöhungen

Tarifliche ESt ± Steuerermäßigungen / Steuererhöhungen i. S. d. § 2 Abs. 6 EStG = festzusetzende ESt

vermehrten tariflichen Einkommensteuer die festzusetzende Einkommensteuer ergibt. Zu den Steuerermäßigungen gehören insbesondere der Gewerbesteuer-Tarifentlastungsbetrag gem. § 35 EStG sowie der Absetzbetrag gem. § 34g EStG. Ferner muss der tariflichen Einkommensteuer das Kindergeld zugerechnet werden, falls der Kinderfreibetrag günstiger ist (§ 2 Abs. 6 Satz 3 EStG). Gegebenenfalls ist die Einkommensteuer zusätzlich um die Steuer nach § 32d Abs. 3 und 4 EStG zu erhöhen.

a) Der Gewerbesteuer-Tarifentlastungsbetrag i. S. d. § 35 EStG

=	***Zu versteuerndes Einkommen (§ 2 Abs. 5)***
	↓
	Grundtarif / Splittingtarif (§ 32a Abs. 1, Abs. 5)
	↓
=	***Tarifliche Einkommensteuer***
./.	GewSt-Tarifentlastungsbetrag (§ 35)
./.	50 % der Zuwendungen an politische Parteien (§ 34g)
+	Kindergeld, wenn KinderFB günstiger (§ 31 S. 4)
+	Steuer nach § 32d Abs. 3 EStG (Pflichtveranlagung)
+	Steuer nach § 32d Abs. 4 EStG (Veranlagungswahlrecht)
=	***Festzusetzende Einkommensteuer***
./.	ESt-Vorauszahlungen (§ 36 Abs. 2 S. 1 Nr. 1)
./.	Einbehaltene LSt und KapESt (§ 36 Abs. 2 S. 1 Nr. 2)
=	***Abschlusszahlung oder Erstattungsanspruch***

Gem. § 35 EStG ist die tarifliche Einkommensteuer zu mindern

- *„bei Einkünften aus gewerblichen Unternehmen im Sinne des § 15 Abs. 1 Satz 1 Nr. 1 um das 3,8-fache des Gewerbesteuermessbetrages“* (§ 35 Abs. 1 Satz 1 Nr. 1 EStG)
- *„bei Einkünften aus Gewerbebetrieb als Mitunternehmer im Sinne des § 15 Abs. 1 Satz 1 Nr. 2 und 3 um das 3,8-fache des anteiligen Gewerbesteuermessbetrages“* (§ 35 Abs. 1 Satz 1 Nr. 2 EStG).

Auf diese Weise soll die doppelte Belastung der gewerblichen Einkünfte mit Einkommen- und Gewerbesteuer gemildert werden. Die Steuerermäßigung ist dabei auf die tatsächlich zu zahlende Gewerbesteuer begrenzt (§ 35 Abs. 2 Satz 5 EStG). Aus diesem Grund sind bei Mitunternehmerschaften neben dem GewSt-

Messbetrag auch die tatsächlich zu zahlende Gewerbesteuer und der auf den einzelnen Mitunternehmer entfallende Anteil gesondert und einheitlich i.S.d. §§ 179, 180 AO festzustellen (§ 35 Abs. 1 Satz 2 i.V.m. Abs. 2 Satz 1 EStG).

Abb. 49:
Anrechnung der Gewerbesteuer gem. § 35 EStG

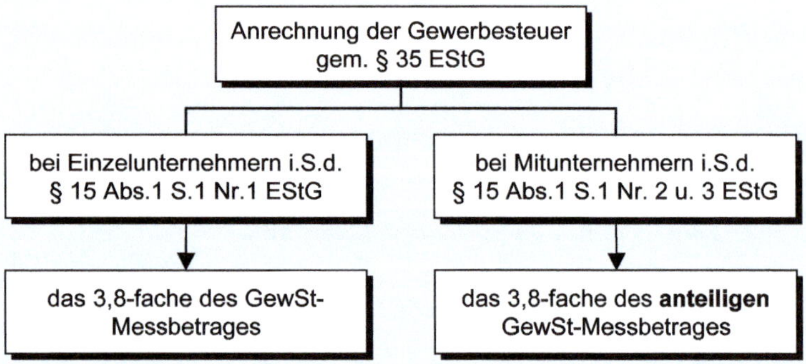

Beispiel:
Der Gewerbesteuermessbetrag des als Einzelunternehmer tätigen Goldschmieds Christian beträgt für den VZ 2018 2.000 €. Der GewSt-Tarifentlastungsbetrag beträgt 7.600 € (2.000 € × 3,8). Die tarifliche Einkommensteuer von Christian wird um 7.600 € ermäßigt.
Alternative Berechnungsmöglichkeit: Die Gemeinde Ingolstadt wendet auf den Gewerbesteuermessbetrag ihren Hebesatz von 400 % an, sodass sich für Christian eine Gewerbesteuer-Schuld i.H.v. 8.000 € ergibt. Der GewSt-Tarifentlastungsbetrag beträgt daher 8.000 € / 4 = 2.000 € × 3,8 = 7.600 €.

b) Zuwendungen an politische Parteien i.S.d. § 34g EStG

Parteispenden

Gem. § 34g Satz 1 EStG mindert sich die tarifliche Einkommensteuer um die Zuwendungen an politische Parteien i.S.d. § 2 des Parteigesetzes und an Vereine ohne Parteicharakter (sog. Wählervereinigungen). Bei der Begünstigung des § 34g EStG handelt es sich um einen **Absetzbetrag**. Zuwendungen i.S.d. dieser Norm sind Mitgliedsbeiträge und Spenden. § 10b Abs. 2 Satz 2 EStG bestimmt, dass die Steuerermäßigung gem. § 34g EStG Vorrang vor dem Abzug als Sonderausgaben genießt. Hierdurch wird das demokratische Prinzip der politischen Willensbildung, unabhängig von der Höhe des Einkommens, verwirklicht. Die Ermäßigung beträgt gem. § 34g Satz 2 EStG 50 % der Zuwendungen, maximal 825 € (bei Zusammenveranlagung 1.650 €). D.h. es muss mindest-

=	***Zu versteuerndes Einkommen (§ 2 Abs. 5)***
	↓
	Grundtarif / Splittingtarif (§ 32a Abs. 1, Abs. 5)
	↓
=	***Tarifliche Einkommensteuer***
./.	GewSt-Tarifentlastungsbetrag (§ 35)
./.	50 % der Zuwendungen an politische Parteien (§ 34g)
+	Kindergeld, wenn KinderFB günstiger (§ 31 S. 4)
+	Steuer nach § 32d Abs. 3 EStG (Pflichtveranlagung)
+	Steuer nach § 32d Abs. 4 EStG (Veranlagungswahlrecht)
=	***Festzusetzende Einkommensteuer***
./.	ESt-Vorauszahlungen (§ 36 Abs. 2 S. 1 Nr. 1)
./.	Einbehaltene LSt und KapESt (§ 36 Abs. 2 S. 1 Nr. 2)
=	***Abschlusszahlung oder Erstattungsanspruch***

ens das Doppelte (1.650 € bzw. 3.300 €) an politische Parteien gespendet worden sein, um den vollen Höchstbetrag von der tariflichen Einkommensteuer abziehen zu können. Übersteigen die Parteispenden den Betrag von 1.650 € (bei Zusammenveranlagung 3.300 €), so sind sie gem. § 10b Abs. 2 Satz 1 EStG – ebenfalls bis zu einem Höchstbetrag i.H.v. 1.650 € bzw. 3.300 € – als Sonderausgaben abzugsfähig.

Merke

Die maximale Ermäßigung der tariflichen Einkommensteuer i.S.d. § 34g EStG beträgt:

- **bei Einzelveranlagung: 825 €**
- **bei Zusammenveranlagung: 1.650 €**

Darüber hinaus können Parteispenden, für die eine Steuerermäßigung nach § 34g EStG nicht gewährt wurde, als Sonderausgaben (§ 10b Abs. 2 EStG) bis zu einem Höchstbetrag i.H.v. 1.650 € (3.300 €) abgezogen werden.

Beispiel:
Die ledige Elisa spendet im Jahr 2018 an politische Parteien:

a) 1.300 €.
Gem. § 34g Satz 2 EStG sind 50 % der Zuwendungen von der tariflichen Einkommensteuer abzuziehen. Die tarifliche Einkommensteuer von Elisa mindert sich um 650 € (50 % von 1.300 €).

b) 2.500 €.
Gem. § 34g Satz 2 EStG sind 50 % der Zuwendungen – maximal jedoch 825 € – von der tariflichen Einkommensteuer abzuziehen. Die Steuerermäßigung von Elisa beträgt 825 € (Höchstbetrag). Der den Betrag von 1.650 € übersteigende restliche Spendenbetrag ist gem. § 10b Abs. 2 Satz 1 EStG als Sonderausgaben abzugsfähig. D.h. als Sonderausgaben können noch 850 € (2.500 € ./. 1.650 €) angesetzt werden.

c) Verrechnung des Kindergelds, wenn der Kinderfreibetrag günstiger ist

= ***Zu versteuerndes Einkommen (§ 2 Abs. 5)***

↓

Grundtarif / Splittingtarif (§ 32a Abs. 1, Abs. 5)

↓

= ***Tarifliche Einkommensteuer***

./. GewSt-Tarifentlastungsbetrag (§ 35)

./. 50 % der Zuwendungen an politische Parteien (§ 34g)

\+ Kindergeld, wenn KinderFB günstiger (§ 31 S. 4)

\+ Steuer nach § 32d Abs. 3 EStG (Pflichtveranlagung)

\+ Steuer nach § 32d Abs. 4 EStG (Veranlagungswahlrecht)

= ***Festzusetzende Einkommensteuer***

./. ESt-Vorauszahlungen (§ 36 Abs. 2 S. 1 Nr. 1)

./. Einbehaltene LSt und KapESt (§ 36 Abs. 2 S. 1 Nr. 2)

= ***Abschlusszahlung oder Erstattungsanspruch***

Wie bereits im Kapitel zum Familienleistungsausgleich dargestellt, ist das Kindergeld gem. § 31 Satz 4 EStG wieder an die öffentlichen Kassen zurückzuzahlen, wenn sich der Kinder- und der Sammelfreibetrag für den Steuerpflichtigen als günstiger erweisen sollten. Dies ist nicht dahingehend zu verstehen, dass tatsächlich eine Überweisung an das Finanzamt stattfindet, sondern es erfolgt lediglich eine Verrechnung mit dem höheren Steuervorteil aufgrund der Freibetragsregelungen des § 32 Abs. 6 Satz 1 EStG.

d) Steuer nach § 32d Abs. 3 und 4 EStG

Gem. § 2 Abs. 6 Satz 1 EStG erhöht sich die tarifliche Einkommensteuer um die Steuer, die sich aus der Anwendung des § 34a Abs. 3 und 4 EStG (sog. Abgeltung über die Veranlagung) ergibt.

= ***Zu versteuerndes Einkommen (§ 2 Abs. 5)***

↓

Grundtarif / Splittingtarif (§ 32a Abs. 1, Abs. 5)

↓

= ***Tarifliche Einkommensteuer***

./. GewSt-Tarifentlastungsbetrag (§ 35)

./. 50 % der Zuwendungen an politische Parteien (§ 34g)

\+ Kindergeld, wenn KinderFB günstiger (§ 31 S. 4)

\+ Steuer nach § 32d Abs. 3 EStG (Pflichtveranlagung)

\+ Steuer nach § 32d Abs. 4 EStG (Veranlagungswahlrecht)

= ***Festzusetzende Einkommensteuer***

./. ESt-Vorauszahlungen (§ 36 Abs. 2 S. 1 Nr. 1)

./. Einbehaltene LSt und KapESt (§ 36 Abs. 2 S. 1 Nr. 2)

= ***Abschlusszahlung oder Erstattungsanspruch***

2.2.8.5 Die Ermittlung der Abschlusszahlung bzw. des Erstattungsanspruchs

Auf die festzusetzende Einkommensteuer werden die geleisteten vierteljährlichen Vorauszahlungen (§ 37 EStG) sowie die entrichtete Lohn- und Kapitalertragsteuer (§§ 38 ff., §§ 43 ff. EStG) angerechnet (§ 36 Abs. 2 EStG). Daraus ergibt sich die endgültige Abschlusszahlung bzw. der endgültige Erstattungsanspruch des Steuerpflichtigen.

a) Der Abzug der Einkommensteuervorauszahlungen

§ 37 Abs. 1 Satz 1 EStG bestimmt, dass am 10. März, 10. Juni, 10. September und 10. Dezember Vorauszahlungen auf die Einkommensteuer zu entrichten sind, die der Steuerpflichtige für den laufenden Veranlagungszeitraum voraussichtlich schulden wird. Grundsätzlich richtet sich die Höhe der festzusetzenden Vorauszahlung *„nach der Einkommensteuer, die sich nach Anrechnung der Steuerabzugsbeträge* [z. B. Lohnsteuer, Kapitalertragsteuer] *bei der letzten Veranlagung ergeben hat"* (§ 37 Abs. 3 Satz 2 EStG). Die Bemessungsgrundlage für die Vorauszahlungen ist somit die in der Vergangenheit tatsächlich gezahlte Einkommensteuer. Die Bemessung beruht auf der Annahme, dass die Einkommensverhältnisse des Steuerpflichtigen auch im folgenden Veranlagungs-

= ***Zu versteuerndes Einkommen (§ 2 Abs. 5)***

↓

Grundtarif / Splittingtarif (§ 32a Abs. 1, Abs. 5)

↓

= ***Tarifliche Einkommensteuer***

./. GewSt-Tarifentlastungsbetrag (§ 35)

./. 50 % der Zuwendungen an politische Parteien (§ 34g)

\+ Kindergeld, wenn KinderFB günstiger (§ 31 S. 4)

\+ Steuer nach § 32d Abs. 3 EStG (Pflichtveranlagung)

\+ Steuer nach § 32d Abs. 4 EStG (Veranlagungswahlrecht)

= ***Festzusetzende Einkommensteuer***

./. ESt-Vorauszahlungen (§ 36 Abs. 2 S. 1 Nr. 1)

./. Einbehaltene LSt und KapESt (§ 36 Abs. 2 S. 1 Nr. 2)

= ***Abschlusszahlung oder Erstattungsanspruch***

zeitraum keiner wesentlichen Änderung unterliegen werden. Die berechnete Vorauszahlung ist gleichmäßig auf die entsprechenden Vorauszahlungszeitpunkte aufzuteilen.

Merke

Die Einkommensteuervorauszahlungen sind am 10. März, 10. Juni, 10. September und 10. Dezember an das Finanzamt zu entrichten.

Merke

Die Lohnsteuer ist eine besondere Erhebungsform der Einkommensteuer und kann nur bei Einkünften aus nichtselbständiger Arbeit i. S. d. § 19 EStG erhoben werden. Die Lohnsteuer hat den Charakter einer Einkommensteuervorauszahlung.

b) Der Abzug von einbehaltener Lohn- und Kapitalertragsteuer

❑ Lohnsteuerabzug

Auf die Einkünfte aus nichtselbständiger Arbeit i. S. d. § 19 EStG wird die Einkommensteuer durch direkten Abzug an der Einkommensquelle (sog. Lohnsteuerabzug) erhoben. Die Lohnsteuer ist in den §§ 38 bis 42g EStG geregelt und stellt keine eigene Steuerart, sondern nur eine besondere Erhebungsform der Einkommensteuer dar.

Bis zum 31. Dezember 2012 war die Lohnsteuerkarte ein unverzichtbares Arbeitsmittel, um dem Arbeitgeber die für den Lohnsteuerabzug erforderlichen personenbezogenen Daten mitzuteilen. Jedem unbeschränkt steuerpflichtigen Arbeitnehmer wurde vor Beginn des jeweiligen Kalenderjahres eine Lohnsteu-

= ***Zu versteuerndes Einkommen (§ 2 Abs. 5)***

↓

Grundtarif / Splittingtarif (§ 32a Abs. 1, Abs. 5)

↓

= ***Tarifliche Einkommensteuer***
./. GewSt-Tarifentlastungsbetrag (§ 35)
./. 50 % der Zuwendungen an politische Parteien (§ 34g)
\+ Kindergeld, wenn KinderFB günstiger (§ 31 S. 4)
\+ Steuer nach § 32d Abs. 3 EStG (Pflichtveranlagung)
\+ Steuer nach § 32d Abs. 4 EStG (Veranlagungswahlrecht)

= ***Festzusetzende Einkommensteuer***
./. ESt-Vorauszahlungen (§ 36 Abs. 2 S. 1 Nr. 1)
./. Einbehaltene LSt und KapESt (§ 36 Abs. 2 S. 1 Nr. 2)

= ***Abschlusszahlung oder Erstattungsanspruch***

erkarte von der für ihn zuständigen Gemeinde zugesandt. Seit dem 1. Januar 2013 wurde die Lohnsteuerkarte durch ein elektronisches Verfahren ersetzt, welches in den ausschließlichen Verantwortungsbereich des Finanzamts fällt. Die gespeicherten Angaben des elektronischen Verfahrens werden als Elektronische Lohnsteuer Abzugsmerkmale (ELStAM) bezeichnet.

Anstelle der Lohnsteuerkarte benötigt der Arbeitgeber seitdem nur noch einmalig die steuerliche Identifikationsnummer (§ 139b AO) des Arbeitnehmers, sein Geburtsdatum sowie eine Auskunft darüber, ob es sich um das Haupt- oder ein Nebenarbeitsverhältnis handelt. Durch das elektronische Verfahren ergeben sich jedoch keinerlei Änderungen bei der Lohnberechnung und der Steuererklärung. Ebenso speichert das Finanzamt nur die Informationen, die auf der Vorderseite der Lohnsteuerkarte eingetragen waren (z.B. Steuerklasse, Anzahl der Kinderfreibeträge bzw. sonstige Freibeträge sowie die Religionszugehörigkeit). Es werden darüber hinaus keine weiteren persönlichen Daten erhoben.

Gemäß § 39e Abs. 4 Satz 1 EStG hat der Arbeitnehmer jedem seiner Arbeitgeber bei Eintritt in das Dienstverhältnis zum Zweck des Abrufs der ELStAM seine Identifikationsnummer, sein Geburtsdatum sowie etwaige Freibeträge gem. § 39a EStG mitzuteilen. Zusätzlich hat der den Arbeitgeber zu informieren, ob es sich um das Hauptdienstverhältnis oder um ein weiteres Dienstverhältnis handelt. Der Arbeitgeber des Hauptdienstverhältnisses hat bezüglich der ELStAM des Arbeitnehmers grundsätzlich weitgehendere Informationsmöglichkeiten als ein Arbeitgeber eines weiteren Dienstverhältnisses. Jenem steht nur ein Teil der ELStAM zur Verfügung (Steuerklasse 6, Religionszugehörigkeit und ggf. ein Freibetrag). Generell kann der Arbeitnehmer auf Antrag beim zuständigen Finanzamt selbst bestimmen, welchem Arbeitgeber er die Berechtigung zum Abruf der bereitgestellten Daten erteilt und welchen Arbeitgeber er hiervon ausschließt. Der Arbeitgeber benötigt diese Daten in Erfüllung der gesetzlichen Verpflichtung zur Berechnung und Abführung der Lohnsteuer, des Solidaritätszuschlags und ggf. der Kirchensteuer (§ 38 Abs. 3 Satz 1 in Verbindung mit § 41a Abs. 1 Satz 1 EStG). Bezüglich der Lohnsteuerklassen gem. § 38b EStG ist – in Abhängigkeit vom Familienstand und von der Kinderzahl des Steuerpflichtigen – zwischen sechs Steuerklassen zu differenzieren (vgl. Tabelle 16):

Mit VZ 2010 wurde die Steuerklasse IV mit Faktor (sog. Faktorverfahren) für Ehegatten, die beide Arbeitslohn beziehen, eingeführt. Diese soll eine Alternative zu der Steuerklassenkombination III/V bieten. Das Ziel ist es, dem Ehegatten mit dem geringeren Arbeitslohn einen höheren Nettolohn zu ermöglichen, indem beim geringer Verdienenden die Vorteile der Steuerklasse IV angewandt werden. Dabei wird der Grundfreibetrag und anhand des Faktors die steuermindernde Wirkung des Splittingtarifs berücksichtigt.

Die anderen Steuerklassen berücksichtigen bereits die einkommensteuerlichen Vergünstigungen, wie z.B. den Arbeitnehmer-Pauschbetrag, den Grundfreibetrag und die Sonderausgabenpauschale.

Die Höhe der Lohnsteuer bemisst sich grundsätzlich nach dem Jahresarbeitslohn (§ 38a Abs. 1 Satz 1 EStG). Auf der Grundlage der einkommensteuerlichen Grund- und Splittingtabellen wurden die Lohnsteuertabellen aufgestellt, welche die entsprechenden Lohnsteuerbeträge für die einzelnen Steuerklassen ausweisen. Bei geringfügigen und kurzfristigen Beschäftigungsverhältnissen kann jedoch die Lohnsteuer pauschaliert werden.

Der Schuldner der Lohnsteuer ist gem. § 38 Abs. 2 Satz 1 EStG der Arbeitnehmer. Sie wird mit dem Zeitpunkt begründet,

Tabelle 16: Einteilung der Steuerklassen

Steuerklasse I	Ledige, Verwitwete, Geschiedene und dauernd getrennt Lebende ohne Kinder
Steuerklasse II	Arbeitnehmer wie in Steuerklasse I, wenn bei ihnen der Entlastungsbetrag für Alleinerziehende (§ 24b) zu berücksichtigen ist
Steuerklasse III	Verheiratete, wenn ein Ehegatte in die Lohnsteuerklasse V eingeordnet wird
Steuerklasse IV	Verheiratete, wenn beide Ehegatten Arbeitslohn beziehen oder ein Ehegatte keinen Arbeitslohn bezieht und kein Antrag nach § 38b Abs. 1 Nr. 3 Bst. a EStG gestellt worden ist
Steuerklasse IV mit Faktor	Verheiratete, wenn beide Ehegatten Arbeitslohn beziehen. Bietet eine Alternative zu der Kombination III/V und begünstigt den weniger Verdienenden
Steuerklasse V	Ein Ehegatte, dessen berufstätiger Ehegatte in Steuerklasse III eingeordnet wird
Steuerklasse VI	Arbeitnehmer, die nebeneinander von mehreren Arbeitgebern Arbeitslohn beziehen

in dem der Arbeitslohn dem Arbeitnehmer zufließt. Jedoch ist der Arbeitgeber zur Einbehaltung und Abführung an das Finanzamt verpflichtet (§§ 38 Abs. 3 Satz 1, 41a Abs. 1 Satz 1 EStG). Die Lohnsteuer ist spätestens am zehnten Tag nach Ablauf eines Lohnsteuer-Anmeldungszeitraums (der i. d. R. dem Kalendermonat entspricht) vom Arbeitgeber anzumelden und abzuführen.

Grundsätzlich gilt die Einkommensteuer durch den Lohnsteuerabzug als abgegolten (sog. Abgeltungswirkung der Lohnsteuer, § 46 Abs. 4 EStG). Bei Steuerpflichtigen, die lediglich Einkünfte i. S. d. § 19 EStG als Arbeitnehmer beziehen, erfolgt daher keine Veranlagung zur Einkommensteuer (§ 46 Abs. 2 EStG). Es kann jedoch eine Veranlagung aufgrund der gesetzlichen Bestimmungen (Pflichtveranlagung nach § 46 Abs. 2 Nr. 1–7 EStG) oder auf Antrag (freiwillige Veranlagung nach § 46 Abs. 2 Nr. 8 EStG) erfolgen. Die freiwillige Veranlagung wird dann durchgeführt, wenn der Steuerpflichtige Aufwendungen aufweist, die höher sind als die Pauschbeträge.

Wurde im Laufe des Kalenderjahres Lohnsteuer erhoben, so ist diese gem. § 36 Abs. 2 Satz 1 Nr. 2 EStG von der festzusetzenden Einkommensteuer abzuziehen.

Beispiel:
Anton ist Arbeitnehmer und hat gleichzeitig einen gewerblichen Betrieb. Die Lohnsteuer, die während des VZ 2018 von seinem Arbeitslohn einbehalten wurde, beträgt laut Lohnsteuerkarte 1.500 €. Für sein Einkommen hat er zudem für das Jahr 2018 Vorauszahlungen i.H.v. 4.000 € geleistet. Seine Steuerschuld des Jahres 2018 beläuft sich insgesamt auf 9.000 €. Die Abschlusszahlung für Anton berechnet sich wie folgt: Von der festzusetzenden Einkommensteuer i.H.v. 9.000 € sind die Einkommensteuervorauszahlungen (4.000 €) und die einbehaltene Lohnsteuer (1.500 €) abzuziehen:

	Festzusetzende Einkommensteuer	9.000 €
./.	ESt-Vorauszahlungen	./. 4.000 €
./.	entrichtete Lohnsteuer	./. 1.500 €
=	Abschlusszahlung	= 3.500 €

Die Abschlusszahlung von Anton für den VZ 2018 beträgt 3.500 €.

❑ Der Abzug der Kapitalertragsteuer

Die Kapitalertragsteuer als besondere Erhebungsform der Einkommensteuer

Bei bestimmten Einkünften aus Kapitalvermögen wird die Einkommensteuer durch direkten Abzug an der Einkommensquelle (Kapitalertragsteuer) erhoben. Die KapESt stellt – wie die Lohnsteuer – keine eigene Steuerart dar, sondern lediglich eine besondere Erhebungsform der Einkommensteuer. Die §§ 43 bis 45e EStG regeln die Kapitalertragsteuer.

Die Kapitalertragsteuer wird nur auf die in § 43 Abs. 1 EStG explizit genannten inländischen Kapitalerträge erhoben. Gem. § 44 Abs. 1 Satz 1 und 2 gilt: „*Schuldner der Kapitalertragsteuer ist* [...] *der Gläubiger der Kapitalerträge. Die Kapitalertragsteuer entsteht in dem Zeitpunkt, in dem die Kapitalerträge dem Gläubiger zufließen.*“ Für den Abzug der Kapitalertragsteuer bzw. deren Abführung bis zum 10. des Folgemonats an das Finanzamt haftet der Schuldner der Kapitalerträge bzw. die auszahlende Stelle (§ 44 Abs. 1 Satz 3 und 5 EStG). Des Weiteren besteht für sie die Verpflichtung i.S.d. § 45a Abs. 2 Satz 1 EStG, für den Gläubiger der Kapitalerträge eine Steuerbescheinigung über die einbehaltene und abgeführte Kapitalertragsteuer zur Vorlage beim Finanzamt auszustellen.

Wurde im Laufe des Kalenderjahres Kapitalertragsteuer entrichtet, so ist sie gem. § 36 Abs. 2 Satz 1 Nr. 2 EStG auf die festzusetzende Einkommensteuer anzurechnen.

Eine Besonderheit ergibt sich seit der Einführung der Abgeltungsteuer. Fließen Kapitalerträge dem Privatvermögen des Steuerpflichtigen zu, so hat der Einbehalt der Kapitalertragsteuer grundsätzlich eine abgeltende Wirkung (§ 43 Abs. 5 Satz 1 EStG). Fließen die Kapitalerträge hingegen dem Betriebsvermögen zu oder ist eine der Voraussetzungen des § 32d Abs. 2 EStG erfüllt, stellt die Kapitalertragsteuer lediglich eine Vorauszahlung auf die Einkommensteuer dar (§ 43 Abs. 5 Satz 2 EStG).

Merke

Die Kapitalertragsteuer ist eine besondere Erhebungsform der Einkommensteuer und wird nur bei bestimmten Einkünften aus Kapitalvermögen i. S. d. § 20 EStG erhoben. Die Kapitalertragsteuer hat – ebenso wie die Lohnsteuer – den Charakter einer Steuervorauszahlung.

Beispiel:
Es gelten die Angaben des letzten Beispiels. Auf Rechnung von Anton hat die auszahlende Gesellschaft im VZ 2018 Kapitalertragsteuer (für Dividendeneinkünfte laut Steuerbescheinigung aus einer Beteiligung, die Anton in seinem Betriebsvermögen hält) i.H.v. 300 € einbehalten und abgeführt. Die Höhe der Abschlusszahlung bzw. des Erstattungsanspruchs berechnet sich wie folgt: Von der festzusetzenden Einkommensteuer werden in diesem Fall geleistete Vorauszahlungen und einbehaltene Lohn- und Kapitalertragsteuer abgezogen:

	Festzusetzende Einkommensteuer	9.000 €
./.	ESt-Vorauszahlungen	./. 4.000 €
./.	entrichtete Lohnsteuer	./. 1.500 €
./.	entrichtete Kapitalertragsteuer	./. 300 €
=	Abschlusszahlung	= 3.200 €

Anton hat einen Betrag i.H.v. 3.200 € als Abschlusszahlung an das Finanzamt zu entrichten.

Zusammenfassung

- § 32a EStG regelt den einkommensteuerlichen Normaltarif. Dabei ist zwischen dem Grundtarif (§ 32a Abs. 1 EStG) und dem Splittingtarif (§ 32a Abs. 5 EStG) zu differenzieren.
- Für außerordentliche Einkünfte gilt der ermäßigte Tarif des § 34 Abs. 1 bzw. 3 EStG (Fünftelregelung bzw. reduzierter Durchschnittssteuersatz).
- Für den sog. nicht entnommenen Gewinn i.S.d. § 34a Abs. 2 EStG kann auf Antrag der ermäßigte Steuersatz i.H.v. 28,25% in Anspruch genommen werden. Werden im laufenden Wirtschaftsjahr begünstigt besteuerte Gewinne zu einem späteren Zeitraum wieder entnommen, ist grundsätzlich eine Nachversteuerung i.H.v. 25% vorzunehmen.
- Die tarifliche Einkommensteuer ist um den Gewerbesteuertarifentlastungsbetrag und um 50% der Zuwendungen an politische Parteien (max. 825 €) zu mindern. Die festzusetzende Einkommensteuer ist um die Einkommensteuervorauszahlungen und um die einbehaltenen Lohn- und Kapitalertragsteuerbeträge zu kürzen, um die Höhe der Abschlusszahlung bzw. des Erstattungsanspruchs zu ermitteln.

Fragen

1. Welche Norm regelt den Normaltarif?
2. Welcher Vorteil resultiert aus der Zusammenveranlagung von Ehegatten?
3. Welche Vergünstigungen kommen für außerordentliche Einkünfte infrage?
4. Was ist der Unterschied zwischen dem Nachversteuerungsbetrag und dem nachversteuerungspflichtigen Betrag?
5. Wie ermittelt sich der sog. nachversteuerungspflichtige Betrag?
6. Wie ermittelt sich die festzusetzende Einkommensteuer?
7. Wie hoch ist der Gewerbesteuertarifentlastungsbetrag?
8. Was ist bei Parteispenden zu beachten?
9. Wie werden Abschlusszahlungs- bzw. der Steuererstattungsbetrag ermittelt?
10. Welche Steuerpflichtigen müssen Vorauszahlungen leisten? Wann sind die Vorauszahlungen zu leisten?
11. Charakterisieren Sie kurz die Lohnsteuer. Welche Aufgabe kommt der Lohnsteuerkarte zu?
12. Charakterisieren Sie kurz die Kapitalertragsteuer. Wie kann der Steuerpflichtige beim Finanzamt die entrichtete Kapitalertragsteuer nachweisen?

Literatur

Dietrich Grashoff, Florian Kleinmanns, Aktuelles Steuerrecht 2017, München, 13. Aufl. 2017, S. 30–54, 67–86.

Dieter Schneeloch, Stephan Meyering, Guido Patek, Betriebswirtschaftliche Steuerlehre, Bd. 1: Grundlagen der Besteuerung, Ertragsteuern, München, 7. Aufl. 2016, S. 58–91, 95–139.

Klaus Tipke, Joachim Lang, Steuerrecht, Köln, 22. Aufl. 2015, S. 321–476.

2.3 Personengesellschaften

Die Personengesellschaften als teilweise selbständige Rechtsgebilde nehmen eine Zwischenstellung zwischen Kapitalgesellschaften und Einzelunternehmungen ein. Kapitalgesellschaften als juristische Personen sind rechtlich selbständig und stellen somit eigene Steuersubjekte dar. Daraus folgt, dass eine Kapitalgesellschaft als solche neben ihren Gesellschaftern einer eigenen Steuerpflicht unterliegt (sog. **Trennungsprinzip**). Demgegenüber ist das betriebliche Vermögen eines Einzelunternehmers rechtlich nicht eigenständig. Das Unternehmensergebnis wird beim Einzelunternehmer der Einkommensteuer unterworfen (sog. **Transparenzprinzip**). Verträge des Einzelunternehmers mit seinem Unternehmen sind weder in zivil- noch in steuerrechtlicher Hinsicht möglich (sog. Insich-Geschäfte gem. § 181 BGB).

Personengesellschaften sind kein Steuersubjekt bzgl. der ESt bzw. der KSt

Bei Personengesellschaften ist es abhängig von der Steuerart, ob die Personengesellschaft ein eigenes Steuersubjekt darstellt. Ertragsteuerlich findet die Ermittlung des Ergebnisses zunächst auf Ebene der Gesellschaft statt. Somit erlangen Personengesellschaften hinsichtlich der Besteuerung eine gewisse steuerrechtliche Teilrechtsfähigkeit. Erst in einem zweiten Schritt wird das von der Personengesellschaft erzielte Ergebnis **anteilig als originäre eigene Einkünfte auf die Gesellschafter verteilt** und je nach Eigenschaft der Gesellschafter als natürliche oder juristische Person der Einkommen- bzw. Körperschaftsteuer unterworfen. Bezüglich der Einkommensteuer und der Körperschaftsteuer ist die Personengesellschaft deshalb **kein Steuersubjekt**, sondern nur Subjekt der Einkünfteerzielung und -ermittlung, d.h. es gilt das Transparenzprinzip. Aufgrund der fehlenden einkommen- bzw. körperschaftsteuerlichen Steuersubjekteigenschaften erfolgt ein Durchgriff durch die Personengesellschaft auf die Ebene der Gesellschafter. Dies bedeutet, dass nicht die Personengesellschaft selbst, sondern die Gesell*schafter* der Einkommensteuer oder Körperschaftsteuer unterliegen.

Beispiel:
Monika und Andrea gründeten nach Abschluss ihres Universitätsstudiums in München die Glock'n-OHG, an der sie beide zu gleichen Teilen

beteiligt sind. Die OHG erzielt bereits im ersten Jahr einen Gewinn i.H.v. 200.000 €. Die OHG selbst ist nicht steuerpflichtig, sondern ihre Gesellschafter mit den anteiligen Einkünften. Somit müssen Monika und Andrea je 100.000 € (1/2 von 200.000 €) als Einkünfte aus Gewerbebetrieb (§ 15 EStG) versteuern.

Tabelle 17: Steuersubjektivität der Gesellschaft

	Steuersubjektivität der Gesellschaft auf dem Gebiet der			
	ESt	GewSt	KSt	USt
Natürliche Person	ja	ja	nein	ja
Personen-gesellschaft	nein	ja	nein	ja
Kapital-gesellschaft	nein	ja	ja	ja

Für andere Steuerarten (z.B. GewSt, USt) besitzt die Personengesellschaft jedoch Steuersubjekteigenschaft. Bei der Beteiligung an einer Personengesellschaft ist für die einkommensteuerliche Behandlung der Einkünfte nicht entscheidend, ob zivilrechtlich eine Personengesellschaft vorliegt, sondern ob der Gesellschafter als **Mitunternehmer** zu qualifizieren ist.

Da eine Personengesellschaft Teilrechtsfähigkeit besitzt (vgl. §§ 124, 161 Abs. 2 HGB), sind **zivilrechtliche** Verträge zwischen der Personengesellschaft und ihren Gesellschaftern – im Gegensatz zu einem Einzelunternehmen – möglich.

Mitunternehmereinkünfte | 2.3.1

a) Voraussetzungen der Mitunternehmereigenschaft

Um den Gesellschafter einer Personengesellschaft (z.B. OHG, KG, BGB-Gesellschaft) als Mitunternehmer qualifizieren zu können, müssen folgende Voraussetzungen kumulativ erfüllt sein:

Abb. 50:
Kumulative Voraussetzungen der Mitunternehmereigenschaft

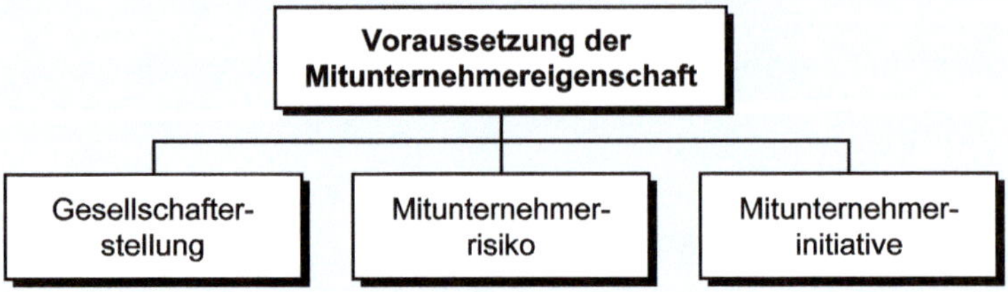

- **Gesellschafterstellung**: Der Steuerpflichtige muss zivilrechtlich Gesellschafter einer Personengesellschaft sein.
- **Mitunternehmerrisiko**: Der Gesellschafter muss am Erfolg der Gesellschaft beteiligt sein. Neben der Teilhabe an Gewinnen und Verlusten bedeutet dies auch eine Beteiligung an den stillen Reserven und am Firmenwert.
- **Mitunternehmerinitiative:** Der Steuerpflichtige muss an unternehmerischen Entscheidungen (z.B. durch Stimm-, Kontroll- und Widerspruchsrechte) partizipieren können.

Der Mitunternehmerbegriff ist ein „offener Typusbegriff", d.h. er lässt sich nicht durch Aufzählung feststehender Merkmale abschließend bestimmen, sondern ist nur durch eine größere und unbestimmte Zahl von Merkmalen zu beschreiben. Ob der Gesellschafter als Mitunternehmer zu qualifizieren ist, hängt letztlich vom Gesamtbild der Verhältnisse ab. Gem. H 15.8 Abs. 1 EStR können die Merkmale im Einzelfall mehr oder weniger stark ausgeprägt sein.

b) Gewinnermittlung

Gesamthandsvermögen und Sonderbetriebsvermögen

Trotz mangelnder Steuersubjekteigenschaft (hinsichtlich der Einkommen- und Körperschaftsteuer) muss die Personengesellschaft ihren Gewinn selbständig ermitteln. Der ermittelte Gesamtgewinn unterliegt bei der Personengesellschaft selbst der Gewerbesteuer. Für Zwecke der Einkommensteuer bemessen sich die gewerblichen Einkünfte jedes einzelnen Mitunternehmers gem. § 2 Abs. 2 Nr. 1 i.V.m. § 15 Abs. 1 Satz 1 Nr. 2 EStG nach dessen Anteil am Gesamtgewinn der Mitunternehmerschaft. Der Ermittlung dieses Gesamtgewinns liegt die aus der Handelsbilanz abgeleitete Steuerbilanz zugrunde. Eine Handelsbilanz darf jedoch keine Wirtschaftsgüter enthalten, die nicht der Personengesellschaft gehören. Mit anderen Worten wird dort nur Betriebsvermögen erfasst, welches als gemeinschaftliches Vermögen aller Gesellschafter zu sehen ist (**Gesamthandsvermögen**). Steuerrechtlich müssen hingegen auch Wirtschaftsgüter, die einem der Mitunternehmer gehören, unter bestimmten Umständen zum Betriebsvermögen gerechnet werden. Zum einen ist das der Fall, wenn das Wirtschaftsgut der Personengesellschaft dazu dient, ihre gewerbliche Betätigung auszuführen und ihr zu diesem Zweck vom Mitunternehmer zur Nutzung überlassen worden ist (notwendiges **Sonderbetriebsvermögen I**). Zum anderen zählen Wirtschaftsgüter zum Sonderbetriebsvermögen, die unmittelbar zur Begründung oder Stärkung der Beteiligung eines Gesellschafters an der Gesellschaft dienen (notwendiges **Sonderbetriebsvermögen II**), also etwa Anteile, die ein Kommanditist an der Komplementär-GmbH einer GmbH & Co. KG hält. Wirtschaftsgüter, die objektiv geeignet und subjektiv dazu bestimmt sind, den Betrieb der Gesellschaft bzw. die Beteiligung des Gesellschafters zu fördern, können gewillkürtes Sonderbetriebsvermögen darstellen.

Merke

- **Eine Handelsbilanz darf nur das sog. Gesamthandsvermögen enthalten.**
- **Steuerrechtlich müssen u. U. Wirtschaftsgüter, die nur einem Mitunternehmer gehören, zum Betriebsvermögen gerechnet werden (Sonderbetriebsvermögen).**

Dieses „besondere“ Betriebsvermögen wird steuerlich jedoch nicht in der Bilanz der Gesellschaft, sondern in gesonderten Bilanzen der jeweiligen Gesellschafter erfasst (**Sonderbilanzen**). Dadurch wird in erster Linie eine klare bilanzielle Abgrenzung des Vermögens des einzelnen Gesellschafters vom Gesellschaftsvermögen erreicht. Zum anderen ermöglicht diese Vorgehensweise die Aufrechterhaltung der Identität der Steuerbilanz hinsichtlich der in der Handelsbilanz ausgewiesenen Wirtschaftsgüter (vgl. Maßgeblichkeitsprinzip).

Sonderbetriebseinnahmen und Sonderbetriebsausgaben

Das Ergebnis dieser Sonderbilanzen, die das Sonderbetriebsvermögen des betreffenden Gesellschafters aktiv und passiv ausweisen, beinhaltet bei Vorliegen entsprechender schuldrechtlicher Verträge zwischen Gesellschafter und Gesellschaft auch sog. Sonderbetriebseinnahmen. Diese werden buchungstechnisch in der Sonder-GuV erfasst. Dabei kom-

Merke

Sonderbetriebsvermögen wird in Sonderbilanzen der jeweiligen Gesellschafter erfasst.

men üblicherweise folgende Sachverhalte in Betracht (vgl. § 15 Abs. 1 Satz 1 Nr. 2 EStG):

- Vergütungen, die ein Gesellschafter für seine Tätigkeit im Dienst der Gesellschaft bezogen hat.
- Zinsen für Darlehen, die der Gesellschafter der Gesellschaft gewährt.
- Miete für ein dem Gesellschafter gehörendes Gebäude, das er der Gesellschaft vermietet hat.

Forderungen, die dem Gesellschafter in diesem Zusammenhang gegenüber der Gesellschaft erwachsen, werden ebenfalls in der Sonderbilanz ausgewiesen.

Ermittlung der gewerblichen Einkünfte

Somit erfordert die Ermittlung der (gewerblichen) Einkünfte eines Mitunternehmers ein Vorgehen in zwei Schritten:

1. Schritt:

Der Gesamtgewinn der Personengesellschaft wird nach handels- bzw. steuerrechtlichen Vorschriften ermittelt. Schuldrechtliche Beziehungen zwischen Gesellschaft und Gesellschafter sind dabei zur Gänze erfolgswirksam als Aufwand zu berücksichtigen. Der so ermittelte Gesamtgewinn ist nach dem Gewinnverteilungsschlüssel auf die Gesellschafter aufzuteilen (sog. gesonderte und einheitliche Gewinnfeststellung, §§ 179, 180 AO).

2. Schritt:

Die an die Gesellschafter gezahlten Sondervergütungen (für Arbeitsleistung sowie für die Überlassung von Kapital und anderen Wirtschaftsgütern) werden dem nach dem ersten Schritt berechneten Gewinnanteil des Gesellschafters wieder hinzugerechnet (sog. **additive Gewinnermittlung**). Damit wird der aus den Verträgen mit den Gesellschaftern stammende Aufwand neutralisiert. Mit der Erzielung von Sonderbetriebseinnahmen in Verbindung stehende Aufwendungen (**Sonderbetriebsausgaben**) werden subtrahiert (z. B. AfA für einen der Gesellschaft überlassenen PC).

Auf diese Weise wirken sich Vergütungen, die von der Personengesellschaft für Leistungen des Gesellschafters an diesen gezahlt werden (sog. Sondervergütungen = Sonderbetriebseinnahmen beim betreffenden Gesellschafter) nicht gewinnmindernd aus. Im Ergebnis werden schuldrechtliche Verträge zwischen Personengesellschaft und Gesellschafter steuerlich nicht anerkannt. Derartige Verträge führen somit auch nicht zu einer Minderung der gewerbesteuerlichen Bemessungsgrundlage.

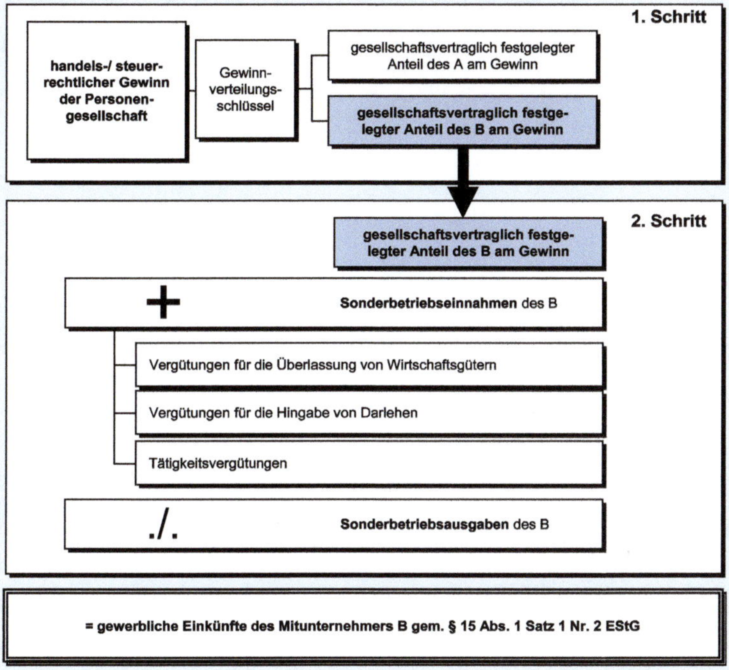

Abb. 51: *Ermittlung der gewerblichen Einkünfte des Gesellschafters*

Grundsätzlich sind Gehaltsbezüge unter die Einkünfte aus nichtselbständiger Arbeit (§ 19 EStG), Zinseinnahmen unter die Einkünfte aus Kapitalvermögen (§ 20 EStG) und Mieteinnahmen unter die Einkünfte aus Vermietung und Verpachtung (§ 21 EStG) zu subsumieren. Handelt es sich dabei jedoch um Einkünfte, die im Rahmen einer Mitunternehmerschaft erzielt werden, so sind diese gem. § 15 Abs. 1 Satz 1 Nr. 2 EStG in Einkünfte aus Gewerbebetrieb **umzuqualifizieren**. Diese Umqualifizierung gilt jedoch nur steuerrechtlich, nicht handelsrechtlich. Daher verbleibt die buchungstechnische Behandlung der Zahlungen an den Gesellschafter als betrieblicher Aufwand.

Abb. 52:
Ermittlung des steuerlichen Gesamtgewinns

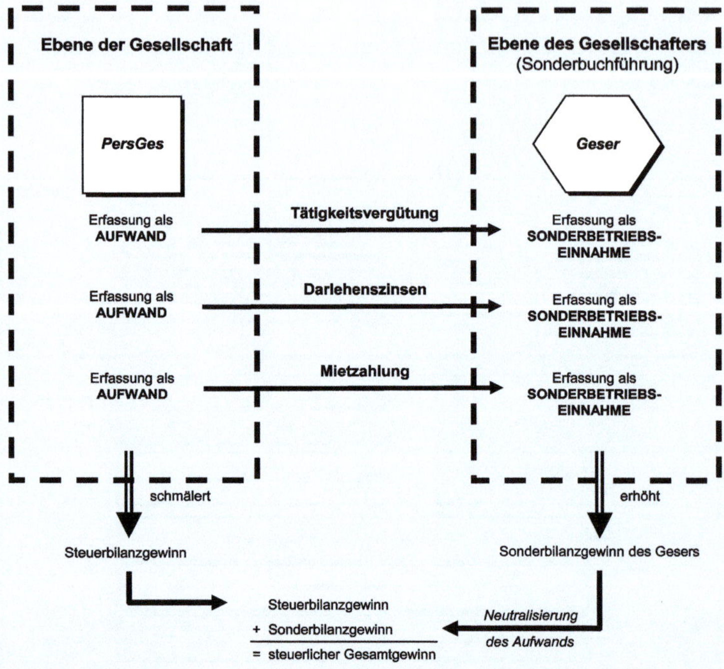

Anzumerken bleibt, dass der BFH mit Urteil vom 06.06.2002 entschieden hat, dass Tätigkeitsvergütungen für Gesellschafter von Personengesellschaften der Umsatzsteuer unterliegen, falls sie in Form eines gesonderten Entgeltes (d.h. die Vergütung ist gewinnunabhängig) gestaltet sind und weiterhin das Tatbestandsmerkmal der Selbständigkeit des die Leistungen ausführenden gegenüber der Gesellschaft erfüllt wird (was regelmäßig der Fall ist).

Beispiel:
An der Fürsten-OHG sind Max und Götz zu gleichen Teilen beteiligt. Aus Vereinfachungsgründen sollen Umsatzerlöse i.H.v. 200.000 € und sonstige Aufwendungen i.H.v. 10.000 € angenommen werden. Max bezieht für Geschäftsführungs- und Vertretungsleistungen ein Gehalt i.H.v. 5.000 € pro Monat von der OHG. Götz vermietet der Gesellschaft ein Grundstück (Buchwert 250.000 €) für 30.000 € p.a. Sowohl das Gehalt als auch die Mietzahlungen wurden von der OHG richtigerweise als Aufwand gebucht.

Ermitteln Sie die Gewinnanteile von Max und Götz sowie den steuerlichen Gesamtgewinn der OHG.

1. Schritt: Zunächst ist das Handels- bzw. Steuerbilanzergebnis der Fürsten-OHG zu ermitteln. Der sich ergebende Gewinn ist auf die Gesellschafter nach dem Gewinnverwendungsschlüssel aufzuteilen:

GuV der OHG

Sonstige Aufwendungen	10.000 €	Umsatzerlöse	200.000 €
Gehalt	60.000 €		
Miete	30.000 €		
Gewinn	100.000 €		
	200.000 €		200.000 €

Gewinn lt. Handels-/Steuerbilanz:

100.000 €

Max 50.000 €

Götz 50.000 €

2. Schritt: Im zweiten Schritt der Gewinnermittlung werden nun die Leistungsbeziehungen zwischen Gesellschafter und Gesellschaft abgebildet. Der Tätigkeitsvergütung und den Mietzahlungen, die auf der ersten Stufe der Gewinnermittlung zutreffend als Betriebsausgaben behandelt wurden, stehen nun auf Ebene der Gesellschafter Sonderbetriebseinnahmen gegenüber. Sonderbilanzen, welche das Sonderbetriebsvermögen der Gesellschafter enthalten, sind zu erstellen. Anschließend werden die von der OHG gezahlten Sondervergütungen dem jeweiligen Gesellschafter zugerechnet. Der von der OHG gebuchte Aufwand wird dadurch wieder neutralisiert.

Sonderbilanz Götz

Grund und Boden	250.000 €	Kapital 01.01.	250.000 €	
Mietforderung	30.000 €	+ Gewinn	30.000 €	
		Kapital 31.12.		280.000 €
	280.000 €			280.000 €

Sonder-GuV Götz

Gewinn	30.000 €	Miete	30.000 €
	30.000 €		30.000 €

Allgemein lässt sich festhalten, dass die Tätigkeitsvergütungen, die die Personengesellschaft an ihren Gesellschafter-Geschäftsführer zahlt, bei der Personengesellschaft (zutreffend) abzugsfähige Betriebsausgaben i.S.d. § 4 Abs. 4 EStG darstellen. In der Sonderbuchhaltung des Gesellschafter-Geschäftsführers sind die geschuldeten Vergütungen als Ertrag und gleichzeitig

a) bei Zahlung als **Entnahme** i. S. d. § 4 Abs. 1 Satz 2 EStG, oder
b) bei unterlassener oder aufgeschobener Zahlung als **Forderung gegenüber der Gesellschaft**

zu verbuchen:

1.	31.01.	Privatentnahme	5.000 €	an	Sondervergütungen (Ertrag)	5.000 €
…						
11.	30.11.	Privatentnahme	5.000 €	an	Sondervergütungen (Ertrag)	5.000 €
12.	31.12.	Forderungen	5.000 €	an	Sondervergütungen (Ertrag)	5.000 €

Da Max das Gehalt für Dezember erst im Januar des Folgejahres überwiesen bekommt, ist im Rahmen seiner Sonderbuchführung eine Forderung über 5.000 € einzustellen.

Sonderbilanz Max

Forderungen	5.000 €	Kapital	5.000 €
	5.000 €		5.000 €

Sonder-GuV Max

Gewinn	60.000 €	Tätigkeitsvergütung	60.000 €
	60.000 €		60.000 €

Damit ergibt sich für die gesonderte und einheitliche Gewinnfeststellung (§§ 179, 180 AO):

Max		**Götz**	
Gewinnanteil	50.000 €	Gewinnanteil	50.000 €
Sonderbetriebseinnahmen	+ 60.000 €	Sonderbetriebseinnahmen	+ 30.000 €
Einkünfte i. S. d. § 15 EStG	= 110.000 €	Einkünfte i. S. d. § 15 EStG	= 80.000 €

In der Summe werden 190.000 € (110.000 € + 80.000 €) als Einkünfte aus Gewerbebetrieb i. S. d. § 15 EStG versteuert.

↓

Die schuldrechtlichen Verträge zwischen der Personengesellschaft und ihren Gesellschaftern (Gehalt und Miete) werden steuerlich nicht anerkannt.

Der von der Gesellschaft gebuchte Aufwand wurde durch die Hinzurechnung im Rahmen des zweiten Schritts wieder neutralisiert. Der sich ergebende Betrag i. H. v. 190.000 € ist zugleich der steuerliche Gewinn der Mitunternehmerschaft und unterliegt bei der OHG der Gewerbesteuer. Somit wird die gewerbesteuerliche Bemessungsgrundlage nicht durch Verträge zwischen Gesellschaft und Gesellschaftern gemindert. Die Einkünfte i. H. v. 110.000 € bei Max und i. H. v. 80.000 € bei Götz unterliegen als

Einkünfte aus Gewerbebetrieb i.S.d. § 15 EStG jeweils der Einkommensteuer.

Ergänzungsbilanzen

Zu beachten bleibt, dass Sonderbilanzen nicht die einzigen speziell nur für einen Gesellschafter aufzustellenden Bilanzen sind. Daneben können auch sog. **Ergänzungsbilanzen** existieren, die mit den erstgenannten nicht verwechselt werden dürfen und in erster Linie im Falle eines Gesellschafterwechsels von Bedeutung sind. Steuerliche Konsequenzen eines Gesellschafterwechsels ergeben sich lediglich für den veräußernden sowie den erwerbenden Gesellschafter, jedoch nicht für die Mitunternehmerschaft selbst. Zusammen mit der Gesellschaftsbilanz weist die Ergänzungsbilanz den steuerlich zutreffenden Wert des Anteils am Gesamthandsvermögen für den einzelnen Mitunternehmer aus und ist somit bei der Gewinnermittlung auf der ersten Stufe miteinzubeziehen, obwohl es sich um rein persönliche Steuermerkmale des einzelnen Gesellschafters handelt. Sonderbilanzen hingegen sind erst auf der zweiten Stufe für die Ermittlung der Einkünfte relevant.

Merke

Sind die Anschaffungskosten des Mitunternehmeranteils höher als der Buchwert des Kapitalkontos des Gesellschafters, ist der Unterschiedsbetrag in einer Ergänzungsbilanz zu erfassen, so dass der Mehraufwand in der Gesamthandsbilanz außer Ansatz bleibt.

Der Erwerb eines Mitunternehmeranteils ist gem. § 6 Abs. 1 Nr. 7 EStG mit den Anschaffungskosten auszuweisen. Dabei ist zu bedenken, dass ein Gesellschaftsanteil formal kein Wirtschaftsgut darstellt. Vielmehr erwirbt der neueintretende Gesellschafter Anteile an sämtlichen zum Gesellschaftsvermögen gehörenden Wirtschaftsgütern. Die Anschaffungskosten liegen jedoch aufgrund stiller Reserven regelmäßig über den Buchwerten. Da eine Aufstockung des Kapitalkontos des Gesellschafters und der Wertansätze der Wirtschaftsgüter in der Gesamthandsbilanz – oftmals – vermieden werden sollen, weist der betreffende Gesellschafter den den Buchwert übersteigenden Kaufpreis in einer Ergänzungsbilanz auf der Passivseite als Mehrkapital aus. Auf der Aktivseite der Ergänzungsbilanz wird der Mehraufwand auf diejenigen Wirtschaftsgüter aufgeteilt, die ihn aufgrund der ihnen innewohnenden stillen Reserven verursacht haben. Der Mehraufwand für den anteiligen Erwerb der Wirtschaftsgüter der Personengesellschaft bleibt somit in der Gesamthandsbilanz außer Ansatz. Das bereits bestehende Kapitalkonto des ausscheidenden Gesellschafters in der Gesamthandsbilanz wird in gleicher Höhe durch das Kapitalkonto des neu eintretenden Gesellschafters ersetzt. Würde der Mehrbetrag der Anschaffungskosten in der Gesellschaftsbilanz erfasst werden, ergäben sich für alle Gesellschafter Gewinnauswirkungen. Ergänzungsbilanzen enthalten also gesellschafterspezifische **Korrekturposten**, die bewirken, dass die Besteuerungsanteile der einzelnen Gesellschafter einer Mitunternehmerschaft richtig erfasst werden.

Zum Tragen kommt dies bei:

- **Ausscheiden** des Gesellschafters,
- **Auflösung** der Gesellschaft und
- **Abgang** oder **Verbrauch** von Wirtschaftsgütern der Gesellschaft, für die ein korrigierender Posten in einer Ergänzungsbilanz eines Gesellschafters eingestellt worden ist,

weil dann die dort erfassten Wertansätze **erfolgswirksam aufzulösen** sind.

Werden also Wirtschaftsgüter der Gesellschaft, für die in einer „ergänzenden" Bilanz eines Gesellschafters ein Korrekturposten existiert, gewinnbringend veräußert, führt dies zu einer Verringerung des steuerlich relevanten Gewinnanteils des betreffenden Mitunternehmers. Da stille Reserven bereits bei Anschaffung des Mitunternehmeranteils versteuert wurden, ist der Gewinnanteil des erwerbenden Gesellschafters auf Grundlage der Gesellschaftsbilanz um den Mehrbuchwert lt. Ergänzungsbilanz zu korrigieren. Letzterer repräsentiert die beim Gesellschafterwechsel auf das entsprechende Aktivum entfallenen aufgedeckten stillen Reserven. Die Begründung dieser Systematik liegt demnach in der zutreffenden Besteuerung der stillen Reserven bei demjenigen Gesellschafter, der – nach Einbeziehung des Veräußerungs- bzw. Anschaffungspreises des Gesellschaftsanteils – auch tatsächlich einen Gewinn durch den Verkauf der Wirtschaftsgüter vereinnahmt.

Beispiel:

A und B sind zu gleichen Teilen an der S-OHG beteiligt. B veräußert seinen Mitunternehmeranteil zum 01.01.2018 an C für 300.000 €, wobei das Kapitalkonto des B in der Gesellschaftsbilanz mit 200.000 € ausgewiesen war. Der Mehraufwand i.H.v. 100.000 € ist auf anteilige stille Reserven im Buchwert eines Grundstücks (60.000 €) und eines Patents (40.000 €) zurückzuführen.

Steuerbilanz der S-OHG

Aktiva	400.000 €	Kapital A	200.000 €
		Kapital C	200.000 €
	400.000 €		400.000 €

Da der Kaufpreis des Gesellschaftsanteils (bzw. der Kaufpreis für die Anteile an den Wirtschaftsgütern der Gesellschaft) den Buchwert übersteigt, C aber das Kapitalkonto des B in der OHG-Bilanz oftmals fortführen möchte, muss eine Ergänzungsbilanz aufgestellt werden:

Ergänzungsbilanz C

Mehrwert Grund und Boden	60.000 €	Mehrkapital	100.000 €
Mehrwert Patente	40.000 €		
	100.000 €		100.000 €

Fortsetzung Beispiel:
Nun wird das Grundstück, das mit einem Buchwert von 120.000 € in der OHG-Bilanz aktiviert ist, für 500.000 € verkauft.

Der Gewinnanteil des C ermittelt sich wie folgt:

Gewinnanteil auf Grundlage der OHG-Bilanz	190.000 €
abzgl. Mehrwert lt. Ergänzungsbilanz	./. 60.000 €
steuerlich maßgebender Gewinnanteil des C	**= 130.000 €**

Die stillen Reserven, die im Zusammenhang mit dem Grundstück bei der Übernahme des Mitunternehmeranteils aufgedeckt wurden, hat C bereits über den Anschaffungspreis bezahlt. Diese 60.000 € unterliegen dementsprechend auf Seiten des ausscheidenden Gesellschafters B der Besteuerung. Folgerichtig versteuert C lediglich seinen tatsächlichen Gewinn i. H.v. 130.000 €.

Sonstige Gesellschafter einer Personengesellschaft | 2.3.2

Liegt keine Mitunternehmerschaft vor, sind Zahlungen der Personengesellschaft an den Gesellschafter abzugsfähige Betriebsausgaben der Gesellschaft. Der Gesellschafter hat diese Zahlungen entsprechend der Qualifikation der zugrunde liegenden Einkunftsquelle zu versteuern.

Stille Gesellschafter

Keine Mitunternehmer sind bspw. Gesellschafter einer typisch stillen Gesellschaft i. S. d. §§ 230 ff. HGB. Der **stille Gesellschafter** wird gegen Leistung einer Einlage notwendig am Gewinn und i.d.R. auch am Verlust beteiligt, hat aber bei Auflösung der Gesellschaft lediglich Anspruch auf die Rückzahlung seiner Kapitaleinlage. Er ist damit weder an den stillen Reserven noch am Firmenwert des Unternehmens beteiligt. Über reine Kontrollrechte hinausgehende Mitwirkungsrechte fehlen. Mangels Vorliegen einer Mitunternehmerschaft sind Gewinnanteile des stillen Gesellschafters auf Ebene des Inhabers des Handelsgewerbes abzugsfähige Betriebsausgaben und führen beim stillen Gesellschafter zu Einkünften aus Kapitalvermögen (§ 20 EStG).

Aufgrund der dispositiven gesetzlichen Regelungen kann die stille Gesellschaft aber auch so ausgestaltet sein, dass diese die Voraussetzungen einer Mitunternehmerschaft erfüllt (**atypische stille Gesellschaft**), z.B. durch vertraglich vereinbarte Mitwirkungsrechte und die Beteiligung an den stillen Reserven. In diesem Fall erzielt der atypisch stille Gesellschafter als Mitunternehmer Einkünfte aus Gewerbetrieb (§ 15 EStG).

Zusammenfassung

- Die Personengesellschaft nimmt bzgl. der Steuerpflicht und Steuersubjekteigenschaft eine Zwischenstellung zwischen Kapitalgesellschaft und Einzelunternehmung ein.
- Bzgl. der Einkommensteuer und der Körperschaftsteuer ist die Personengesellschaft kein Steuersubjekt, allerdings bzgl. der Gewerbesteuer und Umsatzsteuer.
- Kumulative Voraussetzungen für die Mitunternehmereigenschaft sind: Gesellschafterstellung, Mitunternehmerrisiko und Mitunternehmerinitiative.
- § 15 Abs. 1 Satz 1 Nr. 2 EStG nennt die Bestandteile der mitunternehmerischen Einkünfte.
- Eine Handelsbilanz darf nur das sog. Gesamthandsvermögen enthalten. Im Steuerrecht können Wirtschaftsgüter, die einem Gesellschafter gehören, unter bestimmten Umständen zum Betriebsvermögen gehören (Sonderbetriebsvermögen).
- Sonderbetriebsvermögen wird in gesonderten Bilanzen der betreffenden Gesellschafter erfasst.
- Die Ermittlung des Gewinnanteils aus der Mitunternehmerschaft erfolgt in einem zweistufigen Verfahren: Zunächst ist das Gesamtergebnis der Personengesellschaft zu ermitteln und nach dem Gewinnverteilungsschlüssel auf die Gesellschafter zu verteilen. Danach sind dem Gewinnanteil der Gesellschafter die jeweiligen Sondervergütungen hinzuzurechnen.
- Ergänzungsbilanzen stellen sicher, dass der steuerlich zutreffende Anteil eines Gesellschafters am Gesamthandsvermögen richtig erfasst wird.
- Liegen die Voraussetzungen der Mitunternehmereigenschaft nicht vor, greift § 15 Abs. 1 Satz 1 Nr. 2 EStG nicht mit der Folge, dass die Zahlungen auch steuerlich als Betriebsausgaben der Gesellschaft anzuerkennen und vom Gesellschafter im Rahmen seiner Überschusseinkünfte zu versteuern sind.

Fragen

1. Ist die Personengesellschaft Steuersubjekt der Einkommensteuer und der Körperschaftsteuer?
2. Auf welches Merkmal kommt es bei Beteiligungen an Personengesellschaften an? Welche Voraussetzungen müssen dabei erfüllt sein?
3. Was versteht man unter einer Sonderbilanz?
4. Aus welchen Bestandteilen setzt sich der Gewinnanteil aus der Mitunternehmerschaft i.S.d. § 15 Abs. 1 Satz 1 Nr. 2 EStG zusammen?
5. Auf welche Art und Weise wird der Gewinnanteil aus der Mitunternehmerschaft ermittelt?

6. **Was versteht man unter einer Ergänzungsbilanz?**
7. **Welche steuerliche Behandlung erfahren Gesellschafter, die nicht als Mitunternehmer zu qualifizieren sind?**

Literatur

Dietrich Grashoff, Florian Kleinmanns, Aktuelles Steuerrecht 2017, München, 13. Aufl. 2017, S. 54–66.

Ulrich Niehus, Helmut Wilke, Die Besteuerung der Personengesellschaft, Stuttgart, 7. Aufl. 2015, S. 20–36, 347–358.

Dieter Schneeloch, Stephan Meyering, Guido Patek, Betriebswirtschaftliche Steuerlehre, Bd. 1: Grundlagen der Besteuerung, Ertragsteuern, München, 7. Aufl. 2016, S. 92–94.

Klaus Tipke, Joachim Lang, Steuerrecht, Köln, 22. Aufl. 2015, S. 622–655.

Körperschaftsteuer | 3

Inhalt

Grundlagen | 3.1

Körperschaften als eigenständiges Steuersubjekt der KSt

Körperschaften besitzen als juristische Personen eine eigene Rechtspersönlichkeit. Sie sind daher eigenständiges Steuersubjekt der Körperschaftsteuer, Umsatzsteuer, Grunderwerbsteuer etc. Die Körperschaftsteuer als Ertragsteuer besteuert das Einkommen von Körperschaften nach einem proportionalen Tarif. Da Kapitalgesellschaften im Wirtschaftsleben die wichtigste Art von Körperschaften darstellen, wird im Rahmen der folgenden Ausführungen überwiegend auf Kapitalgesellschaften abgestellt.

Aufgrund ihrer eigenen Rechtspersönlichkeit ist zwischen der Rechtssphäre der Kapitalgesellschaft und der Rechtssphäre ihrer Anteilseigner zu trennen (sog. **Trennungsprinzip**). Thesauriert eine Kapitalgesellschaft ihre Gewinne, erhöht sich die steuerliche Leistungsfähigkeit ihrer Anteilseigner nicht, so dass sich für diese keine Steuerpflicht ergibt. Erst im Ausschüttungsfall werden die Dividenden auf Ebene des Anteilseigners besteuert, so dass eine Doppelbesteuerung desselben Gewinns gegeben ist.

Beispiel:
Sowohl der KSt-Satz als auch der ESt-Satz betrage aus Vereinfachungsgründen 50 %.
Erzielt eine Kapitalgesellschaft einen Gewinn i.H.v. 100.000 €, müsste sie eine KSt i.H.v. 50.000 € zahlen. Im Ausschüttungsfall erhält der Anteilseigner, der eine natürliche Person sei, eine Dividende in Höhe der verbleibenden 50.000 €, die als Einkünfte aus Kapitalvermögen i.S.d. § 20 Abs. 1 Nr. 1 EStG erneut der Besteuerung unterliegen, und zwar mit 50 %

ESt, d.h. 25.000 €. Werden die KSt- und die ESt-Belastung addiert, ergibt sich eine Ertragsteuerlast von 75 %. In diesem Fall würden nur noch in seltensten Fällen Kapitalgesellschaften als Investitionsalternative gewählt werden, da die Besteuerung von Einzelunternehmen bzw. Personengesellschaften günstiger wäre.

Körperschaftsteuersysteme

Aus diesem Grunde ist es notwendig, die von der Kapitalgesellschaft gezahlte Körperschaftsteuer bei der Dividendenbesteuerung des Anteilseigners zu berücksichtigen bzw. durch eine begünstigte Besteuerung auf Ebene der Kapitalgesellschaft und des Anteilseigners zu gewährleisten, dass sich die Doppelbesteuerung wirtschaftlich in Grenzen hält. Es lassen sich folgende Körperschaftsteuersysteme unterscheiden:

a) **Das Klassische System:**

Die Besteuerung der Gewinne der Kapitalgesellschaften erfolgt eigenständig. Die steuerliche Belastung kann bei Ausschüttung oder Thesaurierung differieren. Die modernen Systeme sehen jedoch im Allgemeinen einen von der Gewinnverwendung unabhängigen einheitlichen Steuersatz vor. Zusätzlich werden die ausgeschütteten Gewinne beim Anteilseigner der Einkommensteuer (im Fall einer natürlichen Person) bzw. der Körperschaftsteuer (im Fall einer Kapitalgesellschaft) unterworfen. Da die gezahlte Körperschaftsteuer nicht vom Anteilseigner auf seine Steuerschuld angerechnet werden kann, spricht man von der **Definitivbelastung** mit Körperschaftsteuer.

Um die Benachteiligung der Doppelbelastung gegenüber Einzel- bzw. Personenunternehmen auszugleichen, wird zum einen der Körperschaftsteuersatz niedrig gehalten. Zum anderen werden für die Dividendeneinkünfte natürlicher Personen verschiedene Begünstigungen vorgesehen, z.B. in Deutschland das sog. **Teileinkünfteverfahren** nach § 3 Nr. 40 Bst. d EStG bzw. die **Abgeltungsteuer nach § 32d EStG**. Zur Vermeidung einer Mehrfachbelastung innerhalb eines Konzerns, d.h. bei Ausschüttungen zwischen Kapitalgesellschaften, werden die Beteiligungserträge bei Kapitalgesellschaften üblicherweise steuerfrei gestellt. Dies wird jedoch in Deutschland von einer Mindestbeteiligungsquote abhängig gemacht, die von Beginn des Kalenderjahrs an unmittelbar mindestens 10 % betragen muss.

b) Das Anrechnungssystem:

Der Gewinn der Kapitalgesellschaft wird auf Ebene der Kapitalgesellschaft der Körperschaftsteuer unterworfen. Allerdings gilt diese Körperschaftsteuer nur als Vorauszahlung auf die persönliche Steuerschuld des Anteilseigners. Ist der Anteilseigner eine natürliche Person, versteuert dieser seine ihm **zugeflossene** Dividende einschließlich der darauf entfallenden Körperschaftsteuer mit seinem individuellen Einkommensteuersatz, darf aber die von der Kapitalgesellschaft bereits gezahlte Körperschaftsteuer auf seine Einkommensteuerschuld anrechnen. Damit erfolgt letzten Endes die Besteuerung des Anteils am Gewinn der Kapitalgesellschaft jeweils zum individuellen Steuersatz des Anteilseigners.

Ist der Anteilseigner seinerseits eine Kapitalgesellschaft, stimmt die auf die erhaltene Dividende zu zahlende Körperschaftsteuer mit der anrechenbaren Körperschaftsteuer der ausschüttenden Kapitalgesellschaft überein. Es entsteht keine Mehrbelastung mit Körperschaftsteuer.

Weitere theoretische Ansätze wie die ausschließliche Besteuerung auf Ebene der Kapitalgesellschaft bzw. auf Ebene des Anteilseigners werden aus erhebungstechnischen Gründen und Steuergerechtigkeitsaspekten nicht weiter verfolgt.

Bis einschließlich 1976 wurden ausgeschüttete Gewinne durch das in Deutschland damals gültige klassische System reiner Ausprägung grundsätzlich doppelt belastet. Diese Doppelbelastung wurde durch die Einführung des Vollanrechnungssystems mit gespaltenem Steuersatz im Jahr 1977 beseitigt. Einbehaltene (thesaurierte) Gewinne wurden zuletzt mit einem KSt-Satz i.H.v. 40 % besteuert, ausgeschüttete Gewinne hingegen nur mit einem KSt-Satz i.H.v. 30 %. Mit Beginn des VZ 2001 (bei abweichendem Wirtschaftsjahr ab VZ 2002) wurde dieses Körperschaftsteuer-Anrechnungsverfahren durch das **Halbeinkünfteverfahren** abgelöst. Dieses entspricht dem oben beschriebenen klassischen System mit der Besonderheit, dass die Dividenden bei Ausschüttung an natürliche Personen nur zur Hälfte, bei Ausschüttung an Kapitalgesellschaften hingegen überhaupt kei-

Merke

Als grundlegende Körperschaftsteuersysteme gelten das klassische System und das Anrechnungssystem.

ner Besteuerung unterliegen. Zum 01.01.2009 wurde das Halbeinkünfteverfahren wiederum durch das **Teileinkünfteverfahren** bzw. die **Abgeltungsteuer** i.S.d. § 32d EStG ersetzt. Dabei folgt das Teileinkünfteverfahren grundsätzlich den Prinzipien des Halbeinkünfteverfahrens, es führt jedoch lediglich zu einer 40-prozentigen Steuerfreistellung und ist darüber hinaus nur anzuwenden, falls die betreffenden Gewinnausschüttungen beim Empfänger der betrieblichen Sphäre zuzurechnen sind. Ausschüttungen an Kapitalgesellschaften sind gem. § 8b Abs. 1 KStG steuerbefreit, was jedoch seit VZ 2013 vor allem von einer Mindestbeteiligungsquote i.H.v. 10 % (§ 8b Abs. 4 KStG) abhängig gemacht wird. In allen anderen Fällen kommt der Sondertarif der Abgeltungsteuer nach § 32d EStG zur Anwendung, der eine einheitliche Steuerbelastung beim Empfänger der Ausschüttung i.H.v. 25 % durch Abzug an der Quelle herbeiführt.

In beiden Körperschaftsteuersystemen wurde und wird von den ausgeschütteten Gewinnen **Kapitalertragsteuer** erhoben. Durch die Einbehaltung dieser Steuer auf Ebene der Körperschaft soll das Steueraufkommen gesichert werden. Die Kapitalertragsteuer ist jedoch auf die Steuerschuld des Anteilseigners anrechenbar, insofern ihr nicht durch den Gesetzgeber bereits explizit eine abgeltende Wirkung zugesprochen wurde.

Außerdem ist wie bei der Einkommensteuer ein Solidaritätszuschlag i.H.v. 5,5 % der festgesetzten Körperschaftsteuer als Ergänzungsabgabe zu entrichten.

3.1.1 Wesensmerkmale

KSt = Einkommensteuer der juristischen Personen

Die Körperschaftsteuer ist wie die Einkommensteuer eine Personen- bzw. Subjektsteuer. Sie wird deshalb auch als **Einkommensteuer der juristischen Personen** bezeichnet. Die Körperschaftsteuer ist sowohl als direkte Steuer als auch als Ertragsteuer zu klassifizieren. Bemessungsgrundlage der Körperschaftsteuer ist das zu versteuernde Einkommen der Körperschaft, das sich nach den Vorschriften des Einkommensteuergesetzes und Körperschaftsteuergesetzes ermittelt. Dadurch wird dem Nettoprinzip Rechnung getragen. Persönliche Merkmale, die nur bei natürlichen Personen vorliegen können (z.B. Alter, Familienstand) und die damit einhergehende Berücksichtigung von Ausgaben der privaten Lebensführung (Sonderausgaben/außergewöhnliche

Belastungen), bleiben naturgemäß unberücksichtigt. R 8.1 KStR nennt die nach Auffassung der Finanzverwaltung anwendbaren Vorschriften des Einkommensteuerrechts. Dazu gehören insbesondere:

- die Regelungen über die Gewinnermittlung der §§ 4 ff. EStG,
- die Bestimmungen über die einzelnen Einkunftsarten (vgl. aber § 8 Abs. 2 KStG) sowie
- die Vorschrift über den Verlustabzug des § 10d EStG.

Aufgrund des **Trennungsprinzips** ist die Besteuerung des Einkommens juristischer Personen unabhängig von der steuerlichen Leistungsfähigkeit ihrer Anteilseigner. Schüttet bspw. eine Kapitalgesellschaft keine Gewinne aus, so kann beim Gesellschafter keine Steuerschuld entstehen. Aus diesem Grunde kann auch ein eventuell anfallender Verlust der Kapitalgesellschaft nicht mit positiven Einkünften ihres Gesellschafters verrechnet werden. Der Verlust findet nur auf Ebene der Kapitalgesellschaft Berücksichtigung. Weitere Konsequenz des Trennungsprinzips ist, dass zwischen Körperschaften und ihren Gesellschaftern schuldrechtliche Leistungsbeziehungen wie Darlehens- und Dienstverhältnisse bestehen können, welche grundsätzlich wie Verträge zwischen fremden Dritten steuerrechtlich anerkannt werden.

Merke

Kennzeichen der Körperschaftsteuer:
- **Direkte Steuer**
- **Ertragsteuer**
- **„Einkommensteuer der juristischen Person"**

Merke

Zur Erinnerung:
Verträge zwischen einer Personengesellschaft (Mitunternehmerschaft) und ihren Gesellschaftern (Mitunternehmern) werden nicht mit steuerlicher Wirkung anerkannt (kein Trennungsprinzip)!

Persönliche Steuerpflicht

3.1.2
Unbeschränkte vs. beschränkte Körperschaftsteuerpflicht

Die Steuerpflicht von Körperschaften beginnt und endet mit ihrer Rechtsfähigkeit als juristische Person.

Die Steuerpflicht beginnt mit der Eintragung in das Handelsregister und endet durch die Löschung im Handelsregister.

3.1.2.1 Unbeschränkte Steuerpflicht

Gem. § 1 Abs. 1 KStG sind folgende Körperschaften, Personenvereinigungen und Vermögensmassen, die ihre Geschäftsleitung (§ 10 AO) oder ihren Sitz (§ 11 AO) im Inland haben, unbeschränkt körperschaftsteuerpflichtig:

- Kapitalgesellschaften (Europäische Gesellschaften (SE), Aktiengesellschaften, Kommanditgesellschaften auf Aktien, Gesellschaften mit beschränkter Haftung),
- Genossenschaften einschließlich der Europäischen Genossenschaften,
- Versicherungs- und Pensionsfondsvereine auf Gegenseitigkeit,
- Sonstige juristische Personen des privaten Rechts,
- Nichtrechtsfähige Vereine, Anstalten, Stiftungen und andere Zweckvermögen des privaten Rechts,
- Betriebe gewerblicher Art von juristischen Personen des öffentlichen Rechts (§ 4 KStG).

Keine Körperschaftsteuerpflicht für Gebietskörperschaften

Aus dieser abschließenden Aufzählung folgt im Umkehrschluss, dass für nicht aufgeführte Rechtsgebilde keine Körperschaftsteuerpflicht besteht. Dies gilt insbesondere für juristische Personen des öffentlichen Rechts (z.B. Gebietskörperschaften) sowie für Personengesellschaften (OHG, KG und GmbH & Co. KG).

Merke

Körperschaften, Personenvereinigungen und Vermögensmassen mit Sitz oder Geschäftsleitung in Deutschland sind in Deutschland unbeschränkt körperschaftsteuerpflichtig (Welteinkommensprinzip).

Die unbeschränkte Steuerpflicht erstreckt sich aufgrund des **Welteinkommensprinzips** auf sämtliche in- und ausländischen Einkünfte (§ 1 Abs. 2 KStG).

3.1.2.2 Beschränkte Steuerpflicht

Beschränkt steuerpflichtig i. S. d. § 2 KStG sind:

- Körperschaften, Personenvereinigungen und Vermögensmassen i. S. d. § 1 Abs. 1 KStG, die weder ihre Geschäftsleitung (§ 10 AO) noch ihren Sitz (§ 11 AO) im Inland haben, aber Einkünfte im Inland erzielen (§ 2 Nr. 1 KStG). Beispiel: ausländische Aktiengesellschaft mit Betriebsstätte in Deutschland.
- Sonstige Körperschaften, Personenvereinigungen und Vermögensmassen, die nicht unbeschränkt steuerpflichtig sind, mit den inländischen Einkünften, von denen ein Steuerabzug vorzunehmen ist (§ 2 Nr. 2 KStG). Beispiel: Die Stadt Hamburg erhält Dividendenzahlungen aufgrund eines Beteiligungsverhältnisses an einer inländischen Aktiengesellschaft.

Der beschränkten Steuerpflicht unterliegen nur inländische Einkünfte (**Territorialitätsprinzip**).

Abb. 53:
Überblick über die Körperschaftsteuerpflicht

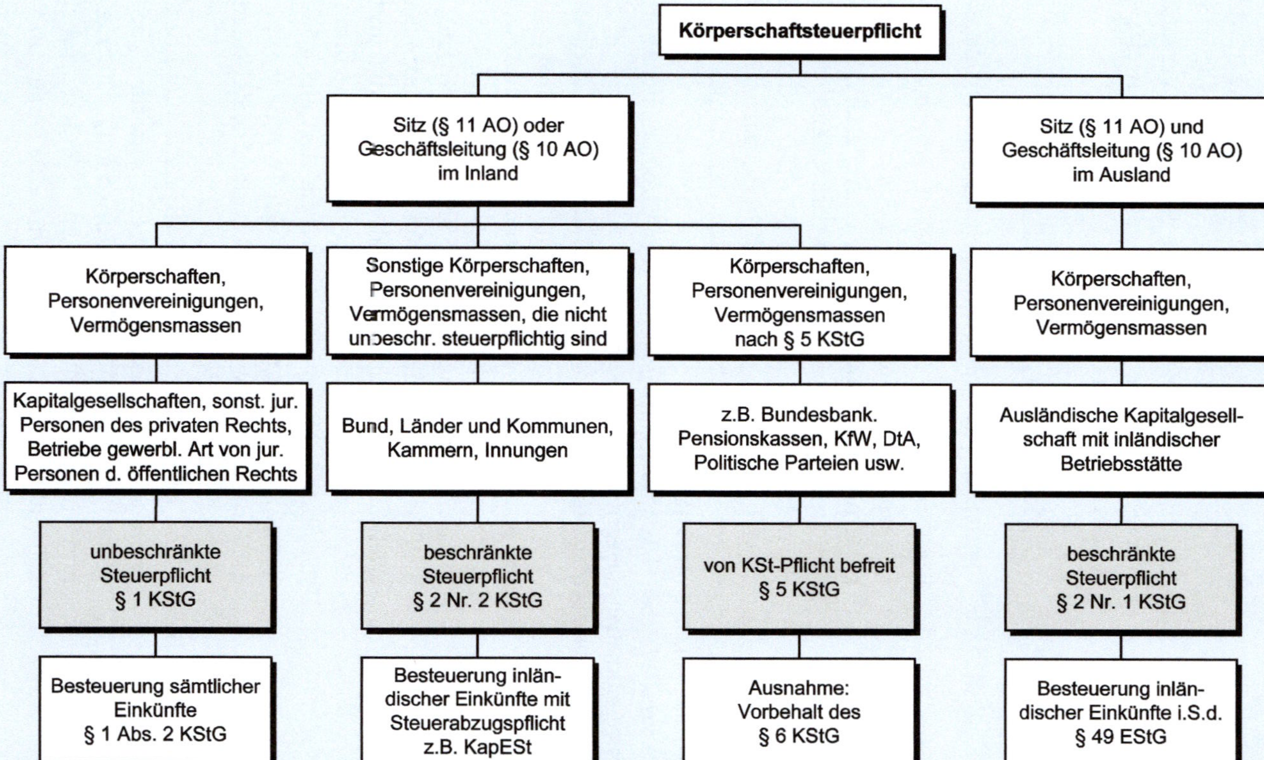

3.1.3 Steuerbefreiung

Aus sozial- und wirtschaftspolitischen Gründen werden gem. § 5 KStG bestimmte Unternehmen des Bundes (z.B. Staatsbanken) oder juristische Personen, die kirchliche, gemeinnützige oder mildtätige Zwecke verfolgen, ganz oder teilweise (§ 6 KStG) von der Körperschaftsteuer befreit.

3.2 Steuerbemessungsgrundlage

3.2.1 Ermittlung des zu versteuernden Einkommens

KSt = Jahressteuer

Die Körperschaftsteuer ist wie die Einkommensteuer eine Jahressteuer (§ 7 Abs. 3 Satz 1 KStG) und bemisst sich nach dem zu versteuernden Einkommen des entsprechenden Kalenderjahres (§ 7 Abs. 1 KStG). Die Bildung eines vom Kalenderjahr abweichenden Wirtschaftsjahres ist möglich (§ 7 Abs. 4 KStG). Gem. § 8 Abs. 1 KStG bestimmt sich das Einkommen nach dem Einkommensteuergesetz und den ergänzenden Vorschriften des Körperschaftsteuergesetzes.

Merke

Körperschaften können grundsätzlich Einkünfte aus allen sieben Einkunftsarten haben. Kapitalgesellschaften hingegen sind auf Einkünfte aus Gewerbebetrieb beschränkt.

Grundsätzlich können körperschaftsteuerpflichtige Gebilde Einkünfte aus allen sieben Einkunftsarten gem. § 2 EStG erzielen. Allerdings sind bspw. Kapitalgesellschaften als Formkaufleute (§ 6 HGB) gem. § 238 HGB zur ordnungsmäßigen Buchführung verpflichtet, woran § 8 Abs. 2 KStG die Folge knüpft, dass alle Bezüge als **Einkünfte aus Gewerbebetrieb** i.S.d. § 15 EStG behandelt werden. Aufgrund der handelsrechtlichen Buchführungspflicht müssen sie ihren Gewinn mittels eines Betriebsvermögensvergleichs gem. § 5 Abs. 1 EStG ermitteln. Grundlage des Vermögensvergleichs nach § 5 Abs. 1 EStG ist üblicherweise eine aus der Handelsbilanz abgeleitete Steuerbilanz (**derivative Steuerbilanz**).

Das KStG bezeichnet seine Hauptbemessungsgrundlage als „zu versteuerndes Einkommen"

Das Steuerbilanzergebnis entspricht allerdings *nicht* dem zu versteuernden Einkommen. Dieses wird für Zwecke der Körperschaftsteuer durch **Modifikationen aufgrund von einkommen- und körperschaftsteuerlichen Sondervorschriften** (§§ 7 ff. KStG) abgeändert. § 9 KStG führt eine Reihe von abzugsfähigen Aufwendungen an, während § 10 KStG die nichtabziehbaren

Handelsbilanzgewinn
+/./. Anpassung durch besondere Vorschriften der steuerlichen Gewinnermittlung (§§ 4 – 7i EStG, § 60 EStDV)
Steuerbilanzgewinn
+ verdeckte Gewinnausschüttungen
./. verdeckte Einlagen
./. steuerfreie Beteiligungserträge gem. § 8b Abs. 1 KStG
+ nicht abzugsfähige Aufwendungen gem. § 10 KStG • Aufwendungen zur Erfüllung von Satzungszwecken (Nr. 1) • Steuern vom Einkommen und sonst. Personensteuern (Nr. 2) • festgesetzte Geldstrafen (Nr. 3) • Hälfte der Vergütungen an Aufsichtsräte etc. (Nr. 4)
+ nicht abzugsfähige Aufwendungen gem. §§ 4 Abs. 5, Abs. 5b, 4h, 4j EStG, §§ 8a, 8b Abs. 3, Abs. 5 KStG
+ Spenden (§ 9 Abs. 2 Satz 1 KStG)
= Summe der Einkünfte
./. Abzugsfähiger Teil der Spenden (§ 9 Abs. 1 Nr. 2 KStG)
= Gesamtbetrag der Einkünfte
./. Verlustabzug (§ 8 Abs. 1 KStG i.V.m. § 10d EStG)
= Einkommen
./. Freibetrag für bestimmte Körperschaften (§§ 24, 25 KStG)
= zu versteuerndes Einkommen
* Tarifbelastung durch KSt gem. § 23 KStG
= festzusetzende Körperschaftsteuer
./. anzurechnende Körperschaftsteuer
./. anzurechnende Kapitalertragsteuer einschl. Zinsabschlag
= verbleibende Körperschaftsteuer (Nachzahlung / Erstattung)

Abb. 54: *Ermittlung der Körperschaftsteuer*

Aufwendungen aufzählt. Anzuwendende Sondervorschriften des Einkommensteuergesetzes sind insbesondere § 4 Abs. 5 und Abs. 5b EStG sowie § 4h–j EStG.

Frage:

Warum sind bei der Körperschaftsteuer Modifikationen durch Sondervorschriften notwendig? Warum kann der Steuerbilanzgewinn nicht identisch mit dem zu versteuernden Einkommen sein?

Antwort:

Beispielhaft soll die Hinzurechnungsvorschrift des § 10 Nr. 2 KStG erläutert werden. Aufgrund dieser Vorschrift sind sämtliche Körperschaftsteuervorauszahlungen als nichtabziehbare Aufwendungen zu behandeln mit der Folge, dass diese Zahlungen, die Aufwand in der Handelsbilanz der Kapitalgesellschaft darstellen, ihre Aufwandswirksamkeit verlieren und außerhalb der Bilanz wieder hinzugerechnet werden müssen. Körperschaftsteuervorauszahlungen werden als nichtabziehbar behandelt, da „persönliche" Steuer(voraus)zahlungen den Gewinn nicht mindern dürfen. Die Zahlung der Steuer ist in der Buchhaltung zwingend als Aufwand zu erfassen. Da eine Kapitalgesellschaft aber über keinen Privatbereich verfügt, ist eine Korrektur zur Neutralisierung der Gewinnauswirkung außerhalb der Bilanz vorzunehmen.

Abb. 54 zeigt die notwendigen Modifikationen des Handelsbilanzergebnisses auf, um das zu versteuernde Einkommen einer Kapitalgesellschaft zu ermitteln.

3.2.2 | Anpassungen der Handelsbilanz an die Steuerbilanz

Unterschiede zwischen Handels- und Steuerbilanz

Nach § 60 Abs. 2 EStDV müssen sämtliche Bilanzansätze der Handelsbilanz, welche nicht den steuerlichen Vorschriften entsprechen, durch Zusätze oder Anmerkungen den steuerlichen Vorschriften angepasst werden. Alternativ ist auch die Aufstellung einer eigenen Steuerbilanz möglich. Durch die besonderen Vorschriften der steuerlichen Gewinnermittlung können sich erhebliche Unterschiede zwischen der Handels- und der Steuerbilanz ergeben. Verantwortlich dafür sind hauptsächlich unterschiedliche Ansatz- und Bewertungsvorschriften. Ein Beispiel hierfür ist die Rückstellung für drohende Verluste aus schweben-

Handelsbilanzgewinn	
+/./.	**Anpassungen durch besondere Vorschriften der steuerlichen Gewinnermittlung (§§ 4 – 7i EStG, § 60 EStDV)**
Steuerbilanzgewinn	
+	verdeckte Gewinnausschüttungen
./.	verdeckte Einlagen
./.	steuerfreie Beteiligungserträge gem. § 8b Abs. 1 KStG
+	nicht abzugsfähige Aufwendungen gem. § 10 KStG • Aufwendungen zur Erfüllung von Satzungszwecken (Nr. 1) • Steuern vom Einkommen und sonst. Personensteuern (Nr. 2) • festgesetzte Geldstrafen (Nr. 3) • Hälfte der Vergütungen an Aufsichtsrat etc. (Nr. 4)
+	nicht abzugsfähige Aufwendungen gem. § 4 Abs. 5, Abs. 5b, 4h, 4j EStG, §§ 8a, 8b Abs. 3, Abs. 5 KStG
+	Spenden (§ 9 Abs. 2 Satz 1 KStG)
=	Summe der Einkünfte

den Geschäften, bei der handelsrechtlich ein Passivierungsgebot gem. § 249 Abs. 1 Satz 1 HGB besteht, in der Steuerbilanz jedoch grundsätzlich ein Passivierungsverbot gem. § 5 Abs. 4a EStG.

Diesbezüglich ist darauf hinzuweisen, dass im Rahmen des BilMoG insbesondere durch die Abschaffung des Prinzips der umgekehrten Maßgeblichkeit eine Emanzipation der Steuerbilanz von der Handelsbilanz stattgefunden hat, die noch stärker das Aufstellen einer eigenständigen Steuerbilanz erforderlich macht.

Eine Pflicht zur Aufstellung einer Steuerbilanz besteht nicht. Jedoch ist außerhalb der Handelsbilanz ein Korrekturposten zur Anpassung an die steuerliche Gewinnermittlung zu bilden.

Im Ergebnis werden durch die unter diesem Punkt vorzunehmenden Anpassungen jene Vorschriften des Steuerrechts berücksichtigt, die im Rahmen von **Um- und Nachbuchungen**, d.h. durch **Buchungssätze**, erfasst werden können.

Dieser Schritt soll nur der Vollständigkeit halber erklärt werden, um den Unterschied zwischen dem Handelsbilanz- und dem Steuerbilanzgewinn zu verdeutlichen.

3.2.3 Hinzurechnungen und Kürzungen zur Ermittlung des zu versteuernden Einkommens außerhalb der Bilanz

Sämtliche im Folgenden zu behandelnden Anpassungen des Steuerbilanzgewinns zur Bestimmung des zu versteuernden Einkommens werden **außerhalb der Bilanz** korrigiert, d.h. es findet **keine Berücksichtigung durch einen Buchungssatz** statt, sondern die Korrektur erfolgt in einer gesondert vorzunehmenden **Nebenrechnung**.

„Außerhalb der Bilanz" = keine Buchung, sondern gesonderte Nebenrechnung

Beispiel:
Um einen für das Überleben des Unternehmens wichtigen Auftrag zu erhalten, lädt Manuel, der Geschäftsführer der Brüder-GmbH, seine Geschäftsfreunde zu einem Abendessen im Rotlichtmilieu ein und zahlt dafür per Banküberweisung 10.000 €. Die Idee war von Erfolg gekrönt und sichert der GmbH tatsächlich den Auftrag.
Gem. § 4 Abs. 5 Satz 1 Nr. 2 bzw. Nr. 7 EStG sind diese Kosten jedoch nicht abzugsfähige Betriebsausgaben. Durch den Begriff „Betriebsausgaben" wird der betriebliche Charakter der Aufwendungen nicht in Frage gestellt, da diese Ausgaben im vorliegenden Fall tatsächlich betriebsnotwendig waren. Allerdings soll die Allgemeinheit nicht durch Anerkennung des Betriebsausgabenabzugs mit den Aufwendungen für einen Bordellbesuch belastet werden. Aus diesem Grunde ist es verständlich, diesen Ausgaben den Abzug zu verwehren.

Fraglich ist, wie eine solche Korrektur vorzunehmen ist. Da die Zahlung das betriebliche Bankkonto betroffen hat, müsste ein auf der Sollseite anzusprechendes Gegenkonto gefunden werden. Die Buchung gegen ein Konto aus dem Privatbereich ist nicht möglich, da **Kapitalgesellschaften über keinen Privatbereich** verfügen. Es bleibt somit nur die **erfolgswirksame Verbuchung als Aufwand**. Dieser Aufwand wird **außerhalb der Bilanz** dem Ergebnis wieder hinzugerechnet, so dass **im Ergebnis keine Gewinnminderung** eintritt.

Die gleiche Argumentation gilt für das Beispiel der Körperschaftsteuervorauszahlungen. Diese dürfen keinesfalls das zu versteuernde Einkommen mindern, haben allerdings richtigerweise den Steuerbilanzgewinn bereits verringert, da Vorauszahlungen als Aufwand in der Bilanz gebucht wurden. Aus diesem Grunde bestimmt § 10 Nr. 2 KStG eine **Hinzurechnung außerhalb der Bilanz**, um den gebuchten **Aufwand rückgängig** zu machen.

Als Grundsatz ist festzuhalten, dass nur diejenigen Beträge außerhalb der Bilanz hinzugerechnet bzw. gekürzt werden müssen, die bereits im Rahmen der laufenden Buchhaltung erfolgswirksam als Aufwand bzw. Ertrag behandelt wurden.

3.2.3.1 Verdeckte Gewinnausschüttungen

Handelsbilanzgewinn	
+/./.	Anpassungen durch besondere Vorschriften der steuerlichen Gewinnermittlung (§§ 4 – 7i EStG, § 60 EStDV)
Steuerbilanzgewinn	
+	**verdeckte Gewinnausschüttungen**
./.	verdeckte Einlagen
./.	steuerfreie Beteiligungserträge gem. § 8b Abs. 1 KStG
+	nicht abzugsfähige Aufwendungen gem. § 10 KStG • Aufwendungen zur Erfüllung von Satzungszwecken (Nr. 1) • Steuern vom Einkommen und sonst. Personensteuern (Nr. 2) • festgesetzte Geldstrafen (Nr. 3) • Hälfte der Vergütungen an Aufsichtsrat etc. (Nr. 4)
+	nicht abzugsfähige Aufwendungen gem. § 4 Abs. 5, Abs. 5b, 4h, 4j EStG, §§ 8a, 8b Abs. 3, Abs. 5 KStG
+	Spenden (§ 9 Abs. 2 Satz 1 KStG)
=	Summe der Einkünfte

Vorteilsgewährung der Gesellschaft an den Gesellschafter

Der wirtschaftliche Zweck einer Kapitalgesellschaft liegt im Allgemeinen in der Erzielung von Gewinnen. Diese Gewinne können anschließend an die Anteilseigner der Kapitalgesellschaft ausgeschüttet werden. Zu den Gewinnausschüttungen zählen vornehmlich Dividenden aus Aktienbesitz oder dem Besitz von Anteilen an einer GmbH. Bei der Kapitalgesellschaft gehören Gewinnausschüttungen zur Einkommensverwendung, die das zu versteuernde Einkommen der Kapitalgesellschaft keinesfalls mindern dürfen. Gem. § 8 Abs. 3 Satz 1 KStG ist es daher für die Ermittlung des Einkommens ohne Bedeutung, ob der Gewinn ausgeschüttet wird oder nicht.

Gewinnausschüttungen können entweder offen oder verdeckt vorgenommen werden. Im Folgenden werden diese zwei Arten von Gewinnausschüttungen näher erläutert.

Abb. 55: *Abgrenzung der offenen und verdeckten Gewinnausschüttung*

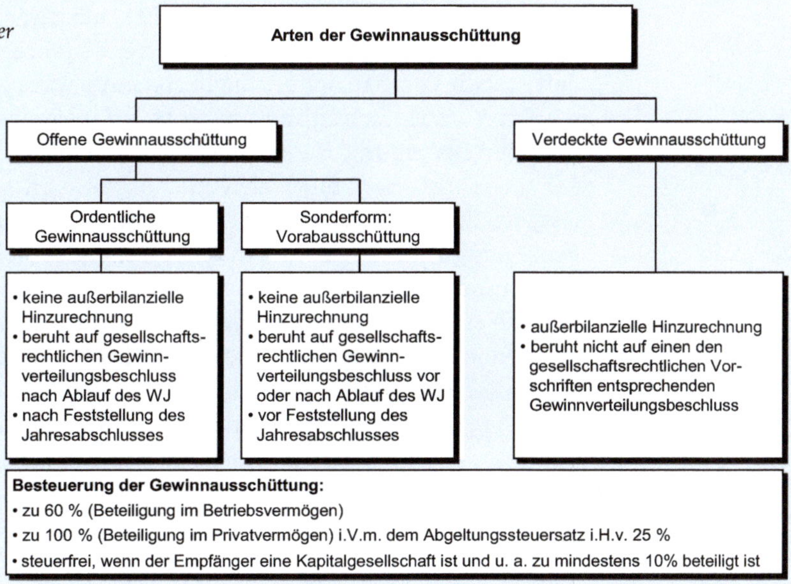

Behandlung einer offenen Gewinnausschüttung

Unter einer **offenen Gewinnausschüttung** ist eine Gewinnausschüttung zu verstehen, die auf einem den gesellschaftsrechtlichen Vorschriften entsprechenden Beschluss für ein abgelaufenes Wirtschaftsjahr beruht. In dem sog. Gewinnverteilungsbeschluss wird i.d.R. **nach Ablauf des Wirtschaftsjahres** festgelegt, inwieweit das erwirtschaftete Ergebnis der Gesellschaft an die Gesellschafter ausgeschüttet bzw. den Rücklagen zugeführt werden soll.

Merke

Eine offene Gewinnausschüttung wird in Folge eines gesellschaftsrechtlichen Beschlusses für ein abgelaufenes Wirtschaftsjahr vorgenommen.

Beispiel:
Die Gesellschafterversammlung der Elisabeth-GmbH beschließt am 09.06.2018 eine Vollausschüttung des Gewinnes der Jahre 2017 und 2016.

Eine Sonderform der offenen Gewinnausschüttung ist die **Vorabausschüttung**. Vorabausschüttungen liegen vor, wenn eine Gewinnausschüttung vorgenommen wird, **bevor der Jahresabschluss festgestellt** ist. Damit kann eine Vorabausschüttung sowohl **vor Ablauf**, z.B. bei der GmbH, als auch **nach Ablauf desjenigen Wirtschaftsjahres**, dessen Gewinn ausgeschüttet wird, beschlossen werden. Da es sich bei Gewinnausschüttungen, die vor Ablauf des Wirtschaftsjahres ausgeschüttet werden, um Ausschüttungen auf das zu erwartende Jahresergebnis handelt, haben Vorabausschüttungen stets nur vorläufigen Charakter. Der Vorabausschüttungsanspruch steht somit unter der auflösenden Bedingung, dass in der Schlussbilanz ein entsprechender ausschüttungsfähiger Gewinn ausgewiesen wird. Ergeben festgestellter Jahresabschluss und Gewinnverteilungsbeschluss keine endgültige Dividende in entsprechender Höhe, ist der bereits ausgezahlte Gewinn von den Gesellschaftern zurückzuzahlen. Die steuerlichen Wirkungen der Gewinnausschüttung bleiben jedoch bestehen, d.h. die Gesellschafter beziehen steuerpflichtige Einnahmen aus Kapitalvermögen. Bei der ausschüttenden Kapitalgesellschaft wird die Rückzahlung des Anteilseigners als Einlage behandelt. Bei der AG kann nur nach Ablauf des Geschäftsjahres eine Abschlagszahlung auf den Bilanzgewinn geleistet werden, ansonsten sind Vorabausschüttungen nicht möglich.

Merke

Offene Gewinnausschüttungen werden im Allgemeinen nach Feststellung des Jahresabschlusses vorgenommen. Nur Vorabausschüttungen als Sonderform der offenen Gewinnausschüttung erfolgen vor Feststellung des Jahresabschlusses.

Auswirkungen auf Ebene der Kapitalgesellschaft

Die offene Gewinnausschüttung wird – im Gegensatz zu einer verdeckten Gewinnausschüttung – **erfolgsneutral** verbucht. Daher ist eine Korrektur bei der Ermittlung des Einkommens nicht notwendig. Der Buchungssatz lautet (verkürzt und ohne Berücksichtigung der Kapitalertragsteuer): „Per Gewinnrücklagen an Bank".

Auswirkungen auf Ebene des Anteilseigners

Gem. § 20 Abs. 1 Nr. 1 EStG stellen offene Gewinnausschüttungen von Kapitalgesellschaften an ihre Anteilseigner, sofern es sich um natürliche Personen handelt, grundsätzlich Einkünfte aus Kapitalvermögen dar. Bei der Besteuerung der offenen Gewinnausschüttung ist zu unterscheiden, ob es sich um

- Beteiligungen im Betriebsvermögen oder
- Anteilen im Privatvermögen

des Anteilseigners handelt. Unter 3.2.3.3 wird erläutert, wie die Besteuerung erfolgt, wenn der Anteilseigner eine Kapitalgesellschaft ist.

a) Beteiligungen im Betriebsvermögen

Dividenden aus Anteilen an Kapitalgesellschaften, die zum Betriebsvermögen von Einzelunternehmen oder Personengesellschaften gehören, zählen aufgrund der Subsidiarität der Kapitaleinkünfte gem. § 20 Abs. 8 EStG zu den Einkünften aus Gewerbebetrieb und unterliegen gem. § 3 Nr. 40 Bst. d dem Teileinkünfteverfahren. Dabei wird die Gewinnausschüttung in einen 40 %igen Anteil, der steuerfrei bleibt, und einen 60 %igen Anteil, der einer Besteuerung zum persönlichen Steuersatz des Steuerpflichtigen unterliegt, aufgeteilt. Bei der Besteuerung gemäß dem Teileinkünfteverfahren sind ebenfalls 60 % der Betriebsausgaben abzugsfähig, wenn diese mit der Dividendenerzielung in wirtschaftlichem Zusammenhang stehen.

Merke

Anteile, die im Betriebsvermögen gehalten werden, unterliegen dem Teileinkünfteverfahren gem. § 3 Nr. 40 Bst. d EStG, während Anteile, die dem Privatvermögen zuzuordnen sind, der Abgeltungsteuer gem. § 32d EStG unterliegen.

b) Beteiligungen im Privatvermögen

Werden die Anteile an Kapitalgesellschaften im Privatvermögen des Anteilseigners gehalten, handelt es sich um private Kapitalerträge, die gem. § 32d Abs. 1 Satz 1 EStG einer pauschalen Abgeltungsteuer von 25 % zzgl. 5,5 % Solidaritätszuschlag unterliegen. Ein Abzug von tatsächlich angefallenen Werbungskosten wird dem Steuerpflichtigen nicht gestattet. Gem. § 20 Abs. 9 EStG wird stattdessen der Abzug eines Sparer-Pauschbetrages gewährt.

Ausnahmen von der Abgeltungsteuer

Allerdings wird dem Steuerpflichtigen ein Wahlrecht nach § 32d Abs. 2 Nr. 3 EStG eingeräumt, wonach auf Antrag von der Anwendung der Abgeltungsteuer abgesehen werden kann und die Gewinnausschüttung den Regelungen des Teileinkünfteverfahrens unterliegt. Die Inanspruchnahme des Wahlrechts setzt voraus, dass der Gesellschafter

- zu mindestens 25 % an der Kapitalgesellschaft beteiligt ist oder
- zu mindestens 1 % an der Kapitalgesellschaft beteiligt und beruflich für diese tätig ist.

Ist der Empfänger der Dividende wiederum eine Kapitalgesellschaft, so ist die Ausschüttung bei ihr gem. § 8b Abs. 1 KStG steuerfrei, wenn die Beteiligung zu Beginn des Kalenderjahrs mindestens 10 % des Grund- oder Stammkapitals betragen hat (§ 8b Abs. 4 Satz 1 KStG).

Beispiel:
Die Elisabeth-GmbH hat zum 31.12.2017 folgende Bilanz aufgestellt:

Aktiva	Bilanz Elisabeth-GmbH zum 31. 12. 2017		*Passiva*
Anlagevermögen	100.000 €	Stammkapital	100.000 €
Bank	200.000 €	Gewinnrücklagen	180.000 €
		Jahresüberschuss 2017	20.000 €
	300.000 €		300.000 €

Am 15.08.2018 möchte die Alleingesellschafterin Maria eine Gewinnausschüttung i.H.v. 100.000 € vornehmen. Weitere Geschäftsvorfälle sollen aus Vereinfachungsgründen im Jahr 2018 nicht eingetreten sein. Auch die KapESt und der SolZ sollen unberücksichtigt bleiben. Die Anteile an der Elisabeth-GmbH hält Maria im Privatvermögen. Weitere Einkünfte und Betriebsausgaben sind nicht angefallen. Der persönliche Steuersatz von Maria beträgt 42 %. Zum 31.12.2018 weist die Bilanz der Elisabeth-GmbH folgende Posten aus:

Aktiva	Bilanz Elisabeth-GmbH zum 31. 12. 2018		*Passiva*
Anlagevermögen	100.000 €	Stammkapital	100.000 €
Bank	100.000 €	Gewinnrücklagen	100.000 €
		Jahresüberschuss 2018	0 €
	200.000 €		200.000 €

Auf Ebene der Kapitalgesellschaft führt die offene Gewinnausschüttung zu einer Verminderung der Gewinnrücklagen (Anfangsbestand der Gewinnrücklagen 01.01.2018 = Stand der Gewinnrücklagen 31.12.2017 i.H.v. 180.000 € zzgl. Jahresüberschuss 2017 i.H.v. 20.000 € = 200.000 €) i.H.v. 100.000 €. In gleicher Höhe vermindert sich das Bankguthaben.
Auf Ebene des Gesellschafters erzielt Maria Einkünfte aus Kapitalvermögen gem. § 20 Abs. 1 Nr. 1 EStG, die entsprechend zu versteuern sind. Da Maria die Anteile an der Elisabeth-GmbH im Privatvermögen hält, unterliegt die Gewinnausschüttung i.H.v. 100.000 € dem pauschalen Abgeltungsteuersatz von 25 % gem. § 32d Abs. 1 Satz 1 EStG. Die Einkünfte der Alleingesellschafterin betragen nach der Besteuerung nur noch 75.000 €. Allerdings ist Maria zu 100 % an der Elisabeth-GmbH beteiligt. Sie erfüllt somit die Voraussetzungen des § 32d Abs. 2 Nr. 3 EStG und

könnte von dem Wahlrecht Gebrauch machen, die Gewinnausschüttung i.H.v. 100.000 € gemäß dem Teileinkünfteverfahren zu besteuern. Demnach würden 60 % der Dividende i.H.v. 100.000 €, d.h. 60.000 €, dem persönlichen Einkommensteuersatz der Alleingesellschafterin i.H.v. 42 % unterliegen. Die Steuerschuld würde in diesem Fall 25.200 € betragen. Bei einer Besteuerung nach der Abgeltungsteuer wäre die Steuerschuld somit um 200 € geringer. Daher sollte Maria keine Besteuerung nach dem Teileinkünfteverfahren beantragen.

Behandlung einer verdeckten Gewinnausschüttung

Die Behandlung der verdeckten Gewinnausschüttungen unterscheidet sich insofern von der der offenen Gewinnausschüttung, als die Verbuchung nicht erfolgsneutral, sondern **erfolgswirksam** als Aufwand vorgenommen wird. Ausgangspunkt hierfür ist, dass schuldrechtliche Verträge zwischen Kapitalgesellschaft und Gesellschafter grundsätzlich zulässig sind und die daraus resultierenden Vergütungen bei der steuerlichen Gewinnermittlung – im Gegensatz zu schuldrechtlichen Verträgen zwischen Personengesellschaft und Gesellschafter – grundsätzlich als abzugsfähiger Aufwand anerkannt werden. Voraussetzung für die steuerliche Anerkennung ist allerdings, dass die Verträge zu Bedingungen wie unter fremden Dritten abgeschlossen werden (sog. Fremdvergleich). Sofern die getroffenen Vereinbarungen über den schuldrechtlichen Bereich hinausgehen, indem sie dem Gesellschafter unangemessene Vorteile gewähren, haben sie ihre eigentliche Grundlage im gesellschaftsrechtlichen Verhältnis. Sie werden daher als unangemessen angesehen und insoweit in verdeckte Zuwendungen von Gewinnen (sog. **verdeckte Gewinnausschüttungen**, vGA) umqualifiziert (§ 8 Abs. 3 Satz 2 KStG). Üblicherweise werden vGA erst im Rahmen von Betriebsprüfungen und somit erst im Nachhinein aufgedeckt. Daher sind vGA im Gegensatz zu den offenen Gewinnausschüttungen i.d.R. keine geplanten oder gewollten Ausschüttungen, sondern Umqualifizierungen von aus Sicht des Steuergesetzgebers unangemessenen Gestaltungen.

Eine verdeckte Gewinnausschüttung beinhaltet gem. R 8.5 Abs. 1 KStR im Allgemeinen

- eine bei der Körperschaft eingetretene Vermögensminderung oder verhinderte Vermögensmehrung,
- die durch das Gesellschaftsverhältnis veranlasst ist (d.h. wenn ein ordentlicher und gewissenhafter Geschäftsleiter die Vermögensminderung oder verhinderte Vermögensmehrung **ge-**

genüber einem fremden Dritten nicht hingenommen hätte),

- die sich auf die Höhe des Einkommens auswirkt (d.h. **Aufwand oder nicht vereinnahmter Ertrag** bei der Gesellschaft darstellt) und
- nicht auf einem den gesellschaftsrechtlichen Vorschriften entsprechenden Gewinnverteilungsbeschluss beruht.

Bei beherrschenden Gesellschaftern ist eine verdeckte Gewinnausschüttung einer Kapitalgesellschaft auch bereits dann anzunehmen, wenn es an einer klaren, im voraus getroffenen, zivilrechtlich wirksamen und tatsächlich durchgeführten Vereinbarung darüber fehlt, ob und in welcher Höhe für die Leistung des Gesellschafters ein Entgelt gezahlt wird (R 8.5 Abs. 2 KStR).

Abb. 56: *Der Begriff der verdeckten Gewinnausschüttung*

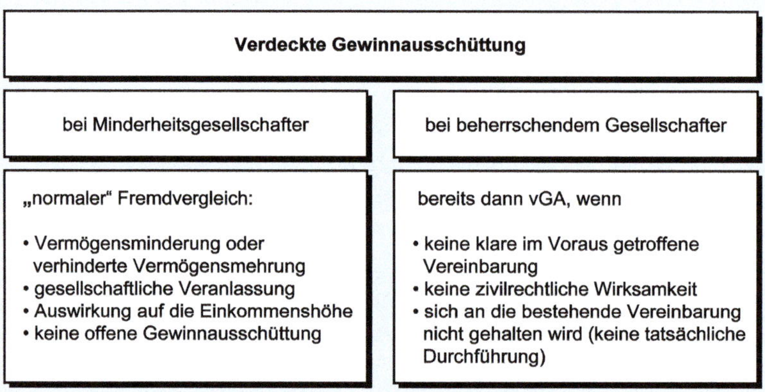

Eine verdeckte Gewinnausschüttung liegt daher beispielsweise vor bei:

- einem überhöhten Geschäftsführergehalt,
- einem vom Gesellschafter gegebenen Darlehen, für das von der Gesellschaft zu hohe Zinsen gezahlt werden oder bei einem Darlehen, das der Gesellschafter zu einem zu niedrigen Zinssatz von der Gesellschaft erhalten hat,
- Kauf, Miet- und Pachtverträgen, Dienstleistungen, Pensionszusagen sowie Bürgschaftsübernahmen zu unangemessenen Bedingungen zu Lasten der Körperschaft.

Im Rahmen der vGA wird dabei grundsätzlich **nur der unangemessene Teil** des schuldrechtlichen Vertrags korrigiert, nicht aber der angemessene Teil. Dies bedeutet z.B. im Fall des überhöhten Geschäftsführergehalts, dass nur der Teil, der als unangemessen anzusehen ist, als vGA qualifiziert wird. Liegt jedoch eine sog. vGA dem Grunde nach vor – z.B. bei Verstößen, die zur zivilrechtlichen Unwirksamkeit i.Z.m. beherrschenden Gesellschaftern führen – wird der gesamte Teil korrigiert, selbst wenn Teile des vermeintlich wirksamen schuldrechtlichen Vertrages durchaus angemessen wären.

Beispiel:
Anton erhält als Gesellschafter-Geschäftsführer ein Geschäftsführergehalt von seiner GmbH i.H.v. 100.000 €. Aufgrund der Gewinnsituation der GmbH wäre lediglich ein Gehalt i.H.v. 80.000 € als angemessen anzusehen. Die vGA beträgt somit 20.000 €. Der angemessene Teil des Gehalts unterliegt keinen steuerlichen Modifikationen.

Korrektur außerhalb der Bilanz

Halten die getroffenen Vereinbarungen einem Fremdvergleich nicht stand, wird das Geschäft als verdeckte Gewinnausschüttung klassifiziert. Gesellschaft und Gesellschafter werden so gestellt, als ob das Geschäft zu angemessenen Bedingungen geschlossen worden wäre. Da sie sich – definitionsgemäß – auf die Höhe des Einkommens ausgewirkt hat, wurde die vGA als Aufwand im Rahmen der laufenden Buchhaltung behandelt. Aus diesem Grunde ist der Betrag der vGA gem. § 8 Abs. 3 Satz 2 KStG **außerhalb der Bilanz** dem Steuerbilanzgewinn **wieder hinzuzurechnen**. Analoge Überlegungen gelten, wenn die Erträge nicht in angemessener Höhe vereinnahmt wurden. Auf diese Weise erhöht sich bei der Kapitalgesellschaft in entsprechender Höhe die Bemessungsgrundlage für die Körperschaftsteuer und die Gewerbesteuer.

Merke

Offene Gewinnausschüttungen werden erfolgsneutral gebucht. Eine außerbilanzielle Hinzurechnung zum Steuerbilanzgewinn ist nicht notwendig. Verdeckte Gewinnausschüttungen hingegen müssen außerhalb der Bilanz korrigiert werden, da sie erfolgswirksam als Aufwand verbucht wurden.

Beispiel:
Maria, die Alleingesellschafterin und Geschäftsführerin der Elisabeth-GmbH, erhält ein Jahresgehalt für das Jahr 2017 i.H.v. 100.000 €. Im Rahmen einer Betriebsprüfung im Jahr 2018 ermittelt der Prüfer, dass die vertraglich geregelte Arbeitszeit nur 20 Stunden/Woche betragen hat. Darüber hinaus lässt die Gewinnsituation der Elisabeth-GmbH ein derart hohes Gehalt nicht zu. Aus diesem Grund hält der Prüfer lediglich ein

Jahresgehalt i.H.v. 70.000 € für angemessen und qualifiziert den Betrag i.H.v. 30.000 € in eine verdeckte Gewinnausschüttung um.

Vor Aufdeckung der vGA hat die GmbH einen Aufwand i.H.v. 100.000 € gewinnmindernd berücksichtigt.

Nach Aufdeckung der vGA wirken sich lediglich 70.000 € gewinnmindernd aus, da der Prüfer den Gewinn außerhalb der Bilanz um 30.000 € erhöht hat. Dadurch erhöht sich die Bemessungsgrundlage der Körperschaftsteuer und der Gewerbesteuer um den Betrag der vGA von 30.000 €. Das Bankkonto minderte sich allerdings tatsächlich um 100.000 €: 70.000 € davon sind Gehaltsaufwendungen, 30.000 € stellen eine Gewinnausschüttung dar.

Auf Ebene der Gesellschafterin spiegelt sich diese Umqualifizierung der Auszahlung bei der Kapitalgesellschaft als vGA entsprechend wider:

Vor Aufdeckung der vGA hat Maria ausschließlich Einkünfte aus nichtselbständiger Arbeit gem. § 19 EStG i.H.v. 100.000 € erzielt.

Nach Aufdeckung der vGA stellen nur noch 70.000 € Einkünfte aus nichtselbständiger Arbeit dar. Die restlichen 30.000 € werden als Einkünfte aus Kapitalvermögen gem. § 20 EStG behandelt. Auch bei der vGA ist die Zuordnung der Anteile zum Betriebsvermögen oder zum Privatvermögen für die Besteuerung der Gewinnausschüttung relevant. Der Betrag i.H.v. 30.000 € unterliegt den Bestimmungen des Teileinkünfteverfahrens, wenn die Anteile der Elisabeth-GmbH im Betriebsvermögen gehalten werden, d.h. es erfolgt die Besteuerung von 60 % (= 18.000 €) der Einkünfte. Erfolgt eine Zuordnung der Anteile zum Privatvermögen der Gesellschafterin, ist die pauschale Abgeltungsteuer von 25 % auf den Betrag von 30.000 € anzuwenden. Somit wird die verdeckte Gewinnausschüttung auf Ebene der Gesellschafterin wie eine offene Gewinnausschüttung behandelt. Seit dem JStG 2010 unterliegen verdeckte Gewinnausschüttungen nur so weit der Abgeltungsteuer, wie diese das Einkommen der leistenden Körperschaft erhöht haben (§ 32d Abs. 2 Nr. 4 EStG). Wenn die vGA das Einkommen der Elisabeth-GmbH tatsächlich gemindert hätte und damit nicht der Körperschaftsteuer unterlegen hätte, würde die Besteuerung der vGA nunmehr mit dem individuellen Einkommensteuersatz der Gesellschafterin Maria erfolgen.

Frage:

Warum sind verdeckte Gewinnausschüttungen in der Praxis von so großer Bedeutung? Es findet doch lediglich eine Verlagerung der Besteuerung von der Ebene der Kapitalgesellschaft auf die Ebene des Gesellschafters statt. Zudem wäre die Steuerbelastung des Gesellschafters bei einer offenen Gewinnausschüttung doch wesentlich niedriger. In dem obigen Beispiel hätte die GmbH ohne das Rechtsinstitut der vGA einen Aufwand i.H.v.

100.000 €. Demgegenüber müsste die Gesellschafterin aber 100.000 € als Einkünfte aus § 19 EStG versteuern. Was ist also der Vorteil einer derartigen Gestaltung? Warum ist das Finanzamt daran interessiert, den Betrag von 30.000 € in eine vGA umzuqualifizieren?

Antwort:

Für die Kapitalgesellschaft stellt der Betrag von 100.000 € eine Betriebsausgabe dar, die neben der körperschaft- als auch die gewerbesteuerliche Bemessungsgrundlage mindert. Die Gesellschafterin dagegen unterliegt als Privatperson mit ihren Einkünften aus nichtselbständiger Arbeit nicht der Gewerbesteuer. Aus diesem Grunde werden z.B. überhöhte Geschäftsführerbezüge insbesondere dazu genutzt, Gewerbesteuer zu sparen: Zwar erzielt die Gesellschafterin höhere Einkünfte, diese unterliegen aber nicht der Gewerbesteuer, während die Kapitalgesellschaft aufgrund höherer Betriebsausgaben sowohl Körperschaftsteuer als auch Gewerbesteuer einspart.

Die Einstufung als vGA darf jedoch keinesfalls mit der Aufdeckung einer Steuerhinterziehung verwechselt werden. Bei einer vGA handelt es sich nur um offengelegte, unangemessene schuldrechtliche Vereinbarungen, die durch das Gesellschaftsverhältnis bedingt sind. Diese unterliegen zur Vermeidung eines Gestaltungsmissbrauchs (insbesondere Kürzung der Gewerbesteuer) einer speziellen Behandlung.

3.2.3.2 Verdeckte Einlagen

Handelsbilanzgewinn	
+/./.	Anpassungen durch besondere Vorschriften der steuerlichen Gewinnermittlung (§§ 4 – 7i EStG, § 60 EStDV)
Steuerbilanzgewinn	
+	verdeckte Gewinnausschüttungen
./.	**verdeckte Einlagen**
./.	steuerfreie Beteiligungserträge gem. § 8b Abs. 1 KStG
+	nicht abzugsfähige Aufwendungen gem. § 10 KStG • Aufwendungen zur Erfüllung von Satzungszwecken (Nr. 1) • Steuern vom Einkommen und sonst. Personensteuern (Nr. 2) • festgesetzte Geldstrafen (Nr. 3) • Hälfte der Vergütungen an Aufsichtsrat etc. (Nr. 4)
+	nicht abzugsfähige Aufwendungen gem. § 4 Abs. 5, Abs. 5b, 4h, 4j EStG, §§ 8a, 8b Abs. 3, Abs. 5 KStG
+	Spenden (§ 9 Abs. 2 Satz 1 KStG)
=	Summe der Einkünfte

Abb. 57:
Abgrenzung vGA und verdeckte Einlage

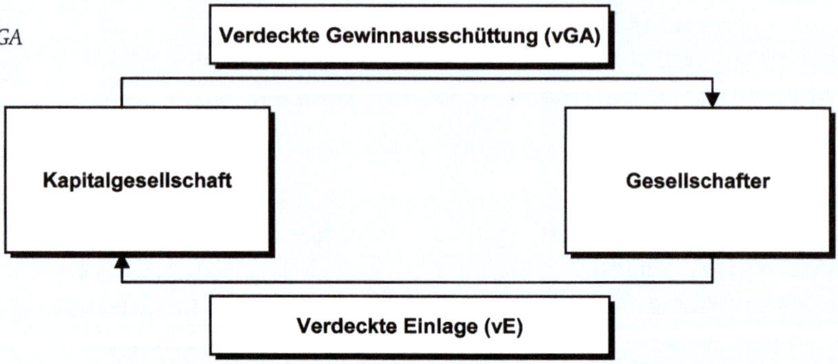

Vorteilsgewährung des Gesellschafters an die Gesellschaft

Als Pendant zu den Gewinnausschüttungen sind Einlagen Vermögensvorteilszuwendungen eines Gesellschafters an seine Gesellschaft. Dabei sind offene und verdeckte Einlagen zu unterscheiden. Diese begriffliche Unterscheidung ist aber für steuerliche Zwecke irrelevant, da beide Formen der Einlage im Körperschaftsteuerrecht gleich behandelt werden.

- Für die Ermittlung der Körperschaftsteuer soll das am Markt erzielte Einkommen als Ausgangswert dienen. Somit dürfen auch nur betrieblich veranlasste Vermögensmehrungen den Gewinn eines Unternehmens steigern. Vermögensmehrungen, die auf Einlagen beruhen und gesellschaftsrechtlich veranlasst sind, erhöhen zwar das Eigenkapital, sind jedoch nicht Bestandteil des steuerpflichtigen Gewinns (§ 8 Abs. 1 Satz 1

Abb. 58:
Bewertung von Einlagen

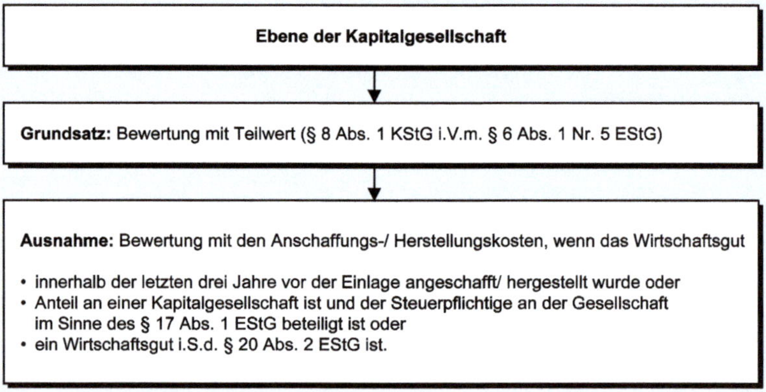

KStG i.V.m. § 4 Abs. 1 Satz 1, 5 EStG), da sie von der Gesellschaft nicht erwirtschaftet worden sind. Gem. § 8 Abs. 1 Satz 1 KStG i.V.m. § 6 Abs. 1 Nr. 5 EStG sind Einlagen auf Ebene der Gesellschaft generell mit dem Teilwert anzusetzen. Dieser Grundsatz des Teilwertansatzes wird aber dahingehend durchbrochen, dass Einlagen höchstens mit den Anschaffungs- oder Herstellungskosten anzusetzen sind, wenn bereits eine der Tatbestandvoraussetzung des § 6 Abs. 1 Nr. 5 erfüllt ist.

Offene Einlagen werden als handelsrechtliche Einlagen steuerrechtlich nachvollzogen und bedürfen somit steuerrechtlich keiner Korrektur, wohingegen verdeckte, in ein anderes Rechtsgewand gekleidete Einlagen oft erst im Rahmen von steuerlichen Außenprüfungen von den Finanzbehörden als solche qualifiziert werden.

Die Finanzverwaltung definiert verdeckte Einlagen gem. R 8.9 Abs. 1 KStR als Zuwendung eines einlagefähigen Vermögensvorteils an die Gesellschaft von einem Gesellschafter oder von einer ihm nahestehenden Person, wenn die Zuwendung durch das Gesellschaftsverhältnis veranlasst ist. Eine Veranlassung durch das Gesellschafterverhältnis ist dann gegeben, wenn ein Nichtgesellschafter bei Anwendung der Sorgfalt eines ordentlichen Kaufmanns der Gesellschaft den Vermögensvorteil nicht eingeräumt hätte.

Beispiele für verdeckte Einlagen

Verdeckte Einlagen liegen nach der Rechtsprechung insbesondere dann vor, wenn

- der Gesellschafter der Gesellschaft ein Wirtschaftsgut unentgeltlich oder zu einem unangemessen niedrigen Preis überträgt,
- die Gesellschaft ihrem Gesellschafter ein Wirtschaftsgut zu einem unangemessen hohen Preis verkauft,
- die Gesellschaft dem Gesellschafter für das Erbringen von Leistungen ein überhöhtes Entgelt berechnet oder
- der Gesellschafter auf eine Darlehensforderung gegen die Gesellschaft verzichtet.

Halten die getroffenen Vereinbarungen dem Fremdvergleich nicht stand, werden die zugrunde liegenden Geschäfte als verdeckte Einlagen klassifiziert. Gesellschaft und Gesellschafter werden so gestellt, als ob eine **offene Einlage** des Gesellschafters stattgefunden hätte. Da verdeckte Einlagen handels- und steuerbilanziell **gewinnerhöhend** gewirkt haben, müssen diese Gewinnerhöhungen **außerhalb der Bilanz** durch eine entsprechende **Kürzung** korrigiert werden. In Höhe der Korrektur erhöhen sich die Anschaffungskosten der Anteile des Gesellschafters an der Gesellschaft (§ 6 Abs. 6 Satz 2 EStG).

Auswirkungen auf Seiten des Gesellschafters

Dieser Grundsatz des § 8 Abs. 3 Satz 3 KStG, wonach verdeckte Einlagen das Einkommen der Gesellschaft nicht erhöhen, setzt jedoch voraus, dass die verdeckte Einlage weder als Betriebsausgabe noch als Werbungskosten zu einer Minderung des Einkommens des Gesellschafters führt, der die Einlage tätigt (§ 8 Abs. 3 Satz 4 EStG). Ist diese Bedingung nicht erfüllt, so behält die verdeckte Einlage ihre ursprüngliche gewinnerhöhende Wirkung bei.

Abb. 59: *Auswirkungen der vE*

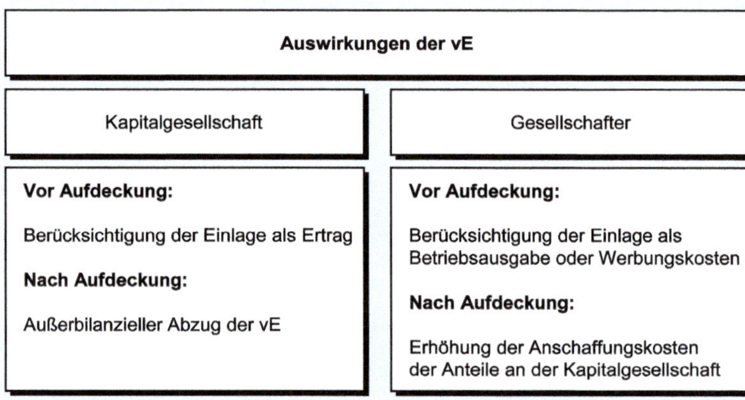

Beispiel 1:
Der Einzelunternehmer Hermann betreibt eine Kühlhalle zur Lagerung von Tiefkühlkost. Gleichzeitig ist er Alleingesellschafter und Geschäftsführer der Wilhelm-GmbH, die Kühlaggregate herstellt und vertreibt. Im Jahr 2017 verkauft die Wilhelm-GmbH an das Einzelunternehmen Kühlaggregate zum Preis von 100.000 €. Im Rahmen der steuerlichen Außenprüfung bei der Wilhelm-GmbH im Jahr 2018 ermittelt der Betriebsprüfer, dass die in 2017 verkauften Kühlaggregate an fremde Dritte üblicherweise zum Preis von 60.000 € verkauft wurden. Da Hermann als sorgfältig handelnder, ordentlicher Kaufmann den überhöhten Preis von 100.000 € nicht akzeptiert, sondern die Kühlaggregate zum niedrigeren Marktpreis von 60.000 € gekauft hätte, stellt der Betriebsprüfer eine verdeckte Einlage des Hermann in die Wilhelm-GmbH i.H.v. 40.000 € fest.

Vor Aufdeckung der verdeckten Einlage hat die Wilhelm-GmbH einen Ertrag i.H.v. 100.000 € gewinnerhöhend berücksichtigt.

Nach Aufdeckung der verdeckten Einlage beträgt der Ertrag lediglich 60.000 €, da der Betriebsprüfer den Steuerbilanzgewinn außerhalb der Bilanz um 40.000 € kürzen wird. Auf diese Weise verringert sich die Bemessungsgrundlage der Körperschaftsteuer und der Gewerbesteuer um den Betrag der verdeckten Einlage von 40.000 €.

Auf Ebene des Gesellschafters führt die Aufdeckung der verdeckten Einlage zu einer Erhöhung der Anschaffungskosten der Anteile des Hermann an der Wilhelm-GmbH um 40.000 €. Außerdem verringern sich die Anschaffungskosten für die Kühlaggregate um 40.000 € mit der Folge geringerer AfA-Beträge. Hermann und die GmbH werden daher so gestellt, als ob eine offene Einlage geleistet worden wäre. In diesem Fall hätte Hermann lediglich 60.000 € für das Kühlaggregat bezahlt und die restlichen 40.000 € in bar als Einlage in die GmbH eingezahlt.

Frage:

Warum werden verdeckte Einlagen überhaupt getätigt? Welchen Vorteil verspricht sich der Gesellschafter bzw. die Gesellschaft davon?

Antwort:

Verdeckte Einlagen werden oft zur Vermeidung einer Gewinnrealisierung auf Ebene des Gesellschafters getätigt, welche zu einer unerwünschten Steuerpflicht führen würde.

Beispiel 2:
Im Rahmen der steuerlichen Außenprüfung bei der Wilhelm-GmbH wird eine weitere verdeckte Einlage im Jahre 2017 aufgedeckt. Der Einzelunternehmer veräußerte einen zu seinem Betriebsvermögen gehörenden Lkw mit einem Verkehrswert i.H.v. 15.000 € und einem Buchwert i.H.v. 10.000 € an die Wilhelm-GmbH zum Preis von lediglich 10.000 €. Auf diese Weise möchte Hermann verhindern, dass die im Einzelunternehmen vorhandenen stillen Reserven des Lkws i.H.v. 5.000 € durch den Verkauf aufgedeckt werden und somit seine Einkünfte aus Gewerbebetrieb erhöhen.

Da Hermann für den Lkw als sorgfältig handelnder, ordentlicher Kaufmann einen Verkaufspreis von 15.000 € gefordert und auf dem Markt auch bekommen hätte, stellt der Betriebsprüfer eine verdeckte Einlage i.H.v. 5.000 € fest. Diese führt im Einzelunternehmen zu einer Auflösung der stillen Reserven i.H.v. 5.000 € und zu einer entsprechend höheren Steuerschuld von Hermann. Darüber hinaus erhöhen sich die Anschaffungskosten der Anteile des Hermann an der Wilhelm-GmbH um den gleichen Betrag. Die GmbH aktiviert den Lkw zu den Anschaffungskosten i.H.v. 15.000 €.

Im Ergebnis wird somit eine offene Einlage fingiert: Es wird der Zustand hergestellt, als hätte Hermann den Lkw zum Fremdvergleichspreis von 15.000 € veräußert und hätte anschließend 5.000 € in bar in die GmbH eingelegt.

Fortführung des Beispiels 1:
In Beispiel 1 hat Hermann das Kühlaggregat zu einem Preis von 100.000 € erworben, obwohl der Marktpreis lediglich 60.000 € betragen hat. Veräußert Hermann unmittelbar nach dem Erwerb das Aggregat zu einem Preis von 100.000 €, hätte sich ohne Aufdeckung der verdeckten Einlage kein Veräußerungsgewinn bei Hermann ergeben, da der Veräußerungserlös i.H.v. 100.000 € abzüglich Anschaffungskosten i.H.v. ebenfalls 100.000 € einen Gewinn von 0 € ergeben hätte. Nach Aufdeckung der verdeckten Einlage muss Hermann allerdings einen Gewinn i.H.v. 40.000 € versteuern.

Wie bei der verdeckten Gewinnausschüttung wird darauf hingewiesen, dass es sich bei der Klassifizierung als verdeckte Einlage nicht um die Aufdeckung einer Steuerhinterziehung handelt, sondern um zulässige schuldrechtliche Vereinbarungen zwischen Gesellschafter und Gesellschaft, die aus steuerlichen Gründen jedoch keine Anerkennung finden.

3.2.3.3 Steuerfreie Beteiligungserträge gem. § 8b Abs. 1 KStG

Handelsbilanzgewinn	
+/./.	Anpassungen durch besondere Vorschriften der steuerlichen Gewinnermittlung (§§ 4 – 7i EStG, § 60 EStDV)
Steuerbilanzgewinn	
+	verdeckte Gewinnausschüttungen
./.	verdeckte Einlagen
./.	**steuerfreie Beteiligungserträge gem. § 8b Abs. 1 KStG**
+	nicht abzugsfähige Aufwendungen gem. § 10 KStG • Aufwendungen zur Erfüllung von Satzungszwecken (Nr. 1) • Steuern vom Einkommen und sonst. Personensteuern (Nr. 2) • festgesetzte Geldstrafen (Nr. 3) • Hälfte der Vergütungen an Aufsichtsrat etc. (Nr. 4)
+	nicht abzugsfähige Aufwendungen gem. § 4 Abs. 5, Abs. 5b, 4h, 4j EStG, §§ 8a, 8b Abs. 3, Abs. 5 KStG
+	Spenden (§ 9 Abs. 2 Satz 1 KStG)
=	Summe der Einkünfte

Vermeidung eines Kaskadeneffektes

Buchungstechnisch und handelsrechtlich werden Ausschüttungen von anderen Körperschaften unter der Position Beteiligungserträge erfolgswirksam erfasst. Würde – wie bei natürlichen Personen – 60 % des Ausschüttungsbetrags einer Besteuerung unterliegen, würde sich die Dividende bei Weiterausschüttung durch die daraus folgende kumulierte Besteuerung aufzehren (sog. Kaskadeneffekt). Um bei Beteiligungsketten zwischen Kapitalgesellschaften eine kumulierte Steuerbelastung desselben mehrmals ausgeschütteten Gewinns zu vermeiden, müssen die Beteiligungserträge von anderen Gesellschaften von der Körperschaftsteuer befreit werden. Nur dann bleibt es bei einer einmaligen Belastung des Gewinns mit dem Körperschaftsteuersatz, bis der Gewinn die Ebene der Körperschaften verlässt und an eine natürliche Person ausgeschüttet wird.

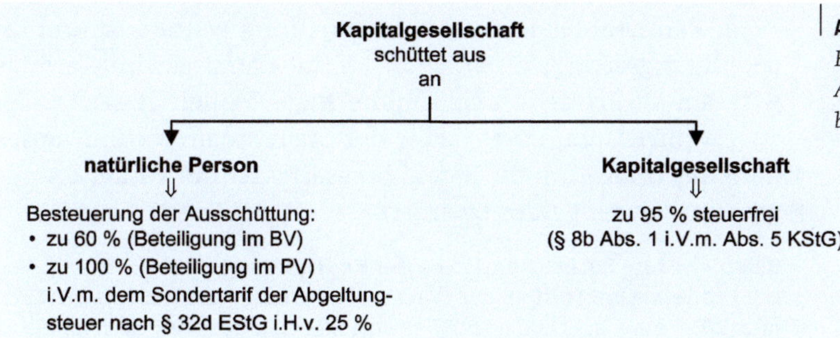

Abb. 60: *Behandlung der Ausschüttung beim Empfänger*

Die Befreiung der Beteiligungserträge gilt für alle abschließend in § 8b Abs. 1 KStG genannten Beteiligungserträge, d. h. insbesondere für alle offenen und verdeckten Gewinnausschüttungen, die von inländischen oder ausländischen Kapitalgesellschaften vorgenommen werden. Seit VZ 2013 gilt die Steuerbefreiung gem. § 8b Abs. 1 KStG jedoch nur, wenn eine unmittelbare Mindestbeteiligungsquote von 10 % seit Beginn des Kalenderjahrs besteht. Für Beteiligungsquoten unter 10 % (sog. Streubesitz) wird die Steuerbefreiung der Beteiligungserträge nicht gewährt. Es erfolgt bei Streubesitzdividenden daher eine kumulierte Steuerbelastung desselben ausgeschütteten Gewinns.

Neben den Beteiligungserträgen sind gem. § 8b Abs. 2 KStG auch sämtliche Gewinne aus der Veräußerung einer Beteiligung an einer in- oder ausländischen Kapitalgesellschaft von der Körperschaftsteuer befreit. Diese Befreiung der Veräußerungsgewinne ist damit zu begründen, dass eine Veräußerung als **Gesamtausschüttung** angesehen werden kann. Aus diesem Grunde muss dieser Vorgang genauso besteuert werden wie die laufenden Bezüge gem. § 8b Abs. 1 KStG aus derselben Beteiligung. Da die laufenden Bezüge steuerfrei gestellt sind, muss auch der Veräußerungsgewinn steuerfrei sein, da anderenfalls die zu veräußernde Kapitalgesellschaft zuerst sämtliche Gewinne steuerfrei ausschütten würde; anschließend würden die Gesellschafter die Anteile an der – im Idealfall substanzlosen – Kapitalgesellschaft veräußern. Es ist zu beachten, dass im Zusammenhang mit Gewinnen aus der Veräußerung von Anteilen an einer in- oder ausländischen Kapitalgesellschaft im Unterschied zu den Beteiligungserträgen keine Mindestbeteiligungsquoten oder Mindesthaltefristen vorausgesetzt werden.

Steuerfreiheit wird durch Ertragsverbuchung innerhalb der Bilanz und Abzug außerhalb der Bilanz sichergestellt

Im Rahmen der laufenden Buchhaltung werden sowohl die Beteiligungserträge als auch die Veräußerungsgewinne erfolgswirksam als **Ertrag** erfasst. Um die Steuerfreiheit dieser Erträge zu gewährleisten, muss daher der Steuerbilanzgewinn **außerhalb der Bilanz** um die Beteiligungserträge und Veräußerungsgewinne wieder **gekürzt** werden.

Beispiel (ohne Berücksichtigung der Kapitalertragsteuer):
Die Wilhelm-GmbH ist an der Werner-AG beteiligt und hat von dieser im Jahr 2018 eine Dividende in Höhe von 20.000 € bezogen, welche als Ertrag erfolgswirksam verbucht wurde (per Bank an Beteiligungserträge 20.000 €). Um diese Beteiligungserträge von der Körperschaftsteuer bei der Wilhelm-GmbH zu befreien, erfolgt eine außerbilanzielle Kürzung des Steuerbilanzgewinns der Wilhelm-GmbH um 20.000 €.
Die Belastung durch das Teileinkünfteverfahren bzw. die Abgeltungsteuer i. S. d. § 32d EStG tritt erst dann in Kraft, wenn die Wilhelm-GmbH ihrerseits eine Ausschüttung an ihren Alleingesellschafter Hermann als natürliche Person vornimmt.

3.2.3.4 Nichtabziehbare Aufwendungen gem. § 10 KStG

Handelsbilanzgewinn	
+/./.	Anpassungen durch besondere Vorschriften der steuerlichen Gewinnermittlung (§§ 4 – 7i EStG, § 60 EStDV)
Steuerbilanzgewinn	
+	verdeckte Gewinnausschüttungen
./.	verdeckte Einlagen
./.	steuerfreie Beteiligungserträge gem. § 8b Abs. 1 KStG
+	**nicht abzugsfähige Aufwendungen gem. § 10 KStG**
	• Aufwendungen zur Erfüllung von Satzungszwecken (Nr. 1) • Steuern vom Einkommen und sonst. Personensteuern (Nr. 2) • festgesetzte Geldstrafen (Nr. 3) • Hälfte der Vergütungen an Aufsichtsrat etc. (Nr. 4)
+	nicht abzugsfähige Aufwendungen gem. § 4 Abs. 5, Abs. 5b, 4h, 4j EStG, §§ 8a, 8b Abs. 3, Abs. 5 KStG
+	Spenden (§ 9 Abs. 2 Satz 1 KStG)
=	Summe der Einkünfte

Bei der Ermittlung des zu versteuernden Einkommens sind gem. § 10 KStG folgende Ausgaben nicht abziehbar:

- Aufwendungen für satzungsmäßige oder sonstige Zwecke (Nr. 1),
- Personensteuern (KSt, VSt (außer Vollzug gesetzt)) und deren Nebenleistungen wie z.B. Nachzahlungszinsen (Nr. 2),
- Geldstrafen etc. (Nr. 3),
- die Hälfte der Aufsichtsratsvergütungen etc. (Nr. 4).

Da diese Ausgaben das zu versteuernde Einkommen nicht mindern dürfen, in der Finanzbuchhaltung aber als **Aufwand** behandelt wurden, ist der Steuerbilanzgewinn **außerhalb der Bilanz** um diese Beträge wieder zu erhöhen.

Zu beachten ist, dass die Gesellschaft durch diese außerbilanzielle Hinzurechung nicht nur die Aufwendungen selbst, sondern auch die durch die Nichtanerkennung als Betriebsausgabe hierauf lastende Körperschaftsteuer, Gewerbesteuer und den Solidaritätszuschlag tragen muss (sog. Schattenwirkung).

Beispiel:
Die Werner-AG hat in 2018 eine Geldstrafe über 1.000 € gewinnmindernd erfasst. Welchen Gewinn muss die Werner-AG erwirtschaften, um die Geldstrafe bezahlen zu können?
Die Finanzierung einer Geldstrafe von 1.000 € erfordert einen Gewinn vor Steuern i.H.v. 1.425 € (!). Bei einem GewSt-Hebesatz von 400 % beträgt die Gewerbesteuer 199 €; die Körperschaftsteuer beläuft sich bei einem Satz von 15 % zuzüglich 5,5 % Solidaritätszuschlag auf 226 €.

3.2.3.5 Nichtabzugsfähige Aufwendungen gem. §§ 4 Abs. 5, Abs. 5b, 4h, 4j EStG, §§ 8a, 8b Abs. 3, Abs. 5 KStG

Handelsbilanzgewinn
+/./. Anpassungen durch besondere Vorschriften der steuerlichen Gewinnermittlung (§§ 4 – 7i EStG, § 60 EStDV)
Steuerbilanzgewinn
\+ verdeckte Gewinnausschüttungen
./. verdeckte Einlagen
./. steuerfreie Beteiligungserträge gem. § 8b Abs. 1 KStG
\+ nicht abzugsfähige Aufwendungen gem. § 10 KStG
- Aufwendungen zur Erfüllung von Satzungszwecken (Nr. 1)
- Steuern vom Einkommen und sonst. Personensteuern (Nr. 2)
- festgesetzte Geldstrafen (Nr. 3)
- Hälfte der Vergütungen an Aufsichtsrat etc. (Nr. 4)

+ nicht abzugsfähige Aufwendungen gem. § 4 Abs. 5, Abs. 5b, 4h, 4j EStG, §§ 8a, 8b Abs. 3, Abs. 5 KStG

\+ Spenden (§ 9 Abs. 2 Satz 1 KStG)
= Summe der Einkünfte

Gem. § 8 Abs. 1 Satz 1 KStG ermittelt sich das Einkommen einer Kapitalgesellschaft nach den Vorschriften des Einkommensteuergesetzes und des Körperschaftsteuergesetzes. Somit gelten die Vorschriften des Einkommensteuergesetzes auch für das Körperschaftsteuerrecht, so weit das Körperschaftsteuergesetz diesen nicht entgegensteht bzw. keine eigenen, spezielleren Regelungen enthält. Neben den nicht abzugsfähigen Aufwendungen i.S.d. § 10 KStG sind bei der Berechnung des zu versteuernden Einkommens einer Gesellschaft deswegen auch die in § 4 Abs. 5 EStG angeführten nicht abzugsfähigen Betriebsausgaben sowie die Gewerbesteuer und die darauf entfallenden Nebenleistungen, die gem. § 4 Abs. 5b EStG keine Betriebsausgaben sind, zu berücksichtigen. Darüber hinaus sind § 8a KStG, der auf die Regelungen der Zinsschranke i.S.d. § 4h EStG verweist und §§ 8b Abs. 3, Abs. 5 KStG, von hoher Bedeutung.

Die bereits in den Kapiteln zur Einkommensteuer ausführlich erläuterten, in § 4 Abs. 5 Satz 1 EStG aufgezählten nicht abzugsfähigen Betriebsausgaben umfassen unter anderem:

- Geschenke an Personen, die nicht Arbeitnehmer der Gesellschaft sind, wobei für jede beschenkte Person eine Freigrenze in Höhe von 35 € für sämtliche Geschenke eines Wirtschaftsjahres gilt (Nr. 1),
- 30 v.H. der geschäftlich veranlassten Bewirtungskosten (Nr. 2) sowie
- Bestechungsgelder (Nr. 10).

Ebenso sind gem. § 4 Abs. 5b EStG auch die Gewerbesteuer und die darauf entfallenden Nebenleistungen den nichtabzugsfähigen Betriebsausgaben zuzuordnen.

Zinsschranke

Darüber hinaus stellt die bereits erwähnte Zinsschranke i.S.d. § 4h EStG einen zusätzlichen Tatbestand für nichtabzugsfähige Betriebsausgaben dar. Diese gilt gem. § 8a KStG auch für Kapitalgesellschaften. Jedoch weisen die Regelungen zur Zinsschranke für Kapitalgesellschaften zusätzliche Einschränkungen auf.

Grundprinzip der Zinsschranke

Zinsaufwendungen bei Kapitalgesellschaften werden nach dem im § 8a Abs. 1 KStG i.V.m. § 4h Abs. 1 EStG normierten Grundsatz berücksichtigt. Dementsprechend sind Zinszahlungen eines Betriebes nur bis zur Höhe der Zinserträge desselben Wirtschaftsjahres vollständig abzugsfähig. Darüber hinausgehende Zinsaufwendungen unterliegen einer Abzugsbeschränkung. Für einen derartig verbleibenden Nettozinsaufwand, der sich durch Saldierung der Zinserträge von den Zinsaufwendungen ergibt (sog. negativer Zinssaldo), ist lediglich ein Betriebsausgabenabzug bis zu einer Höhe von 30 % des steuerlichen EBITDA (= verrechenbares EBITDA) zulässig. Soweit das verrechenbare EBITDA die um die Zinserträge geminderten Zinsaufwendungen des Betriebs übersteigt, ist es in die folgenden fünf Wirtschaftsjahre vorzutragen (EBITDA-Vortrag) und steht somit fünf Jahre lang zur Verrechnung mit zukünftig vorliegenden negativen Zinssalden zur Verfügung. Danach verbleibende Zinsaufwendungen sind gesondert festzustellen und können durch den Steuerpflichtigen gem. § 4h Abs. 1 Satz 5 EStG in nachfolgende Wirtschaftsjahre vorgetragen werden (= Zinsvortrag). In den folgenden Veranlagungszeiträumen erhöhen diese Zinsvorträge dann den Betrag der Zinsaufwendungen, nicht aber den maßgeblichen Gewinn des jeweiligen Wirtschaftsjahres bei der abermaligen Berechnung des EBITDA.

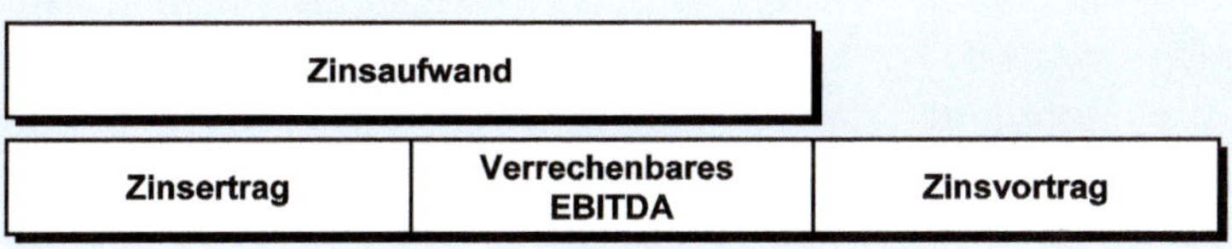

Abb. 61: *Grundprinzip der Zinsschranke*

Beispiel:
Die Wilhelm-GmbH weist im Jahr 2018 Verbindlichkeiten i.H.v. 150 Mio. € auf, die mit 5 % verzinst werden. Zinserträge sind keine angefallen. Das steuerliche EBITDA der Wilhelm-GmbH beträgt 20 Mio. €.
Da keine Zinserträge bei der Wilhelm-GmbH angefallen sind, ist ein Abzug der Zinsaufwendungen i.H.v. 7,5 Mio. € (5 % von 150 Mio. €) nur bis zur Höhe des verrechenbaren EBITDA zulässig. Dieses beträgt 6 Mio. € (30 % des EBITDA i.H.v. 20 Mio. €). Die verbleibenden Zinsaufwendungen i.H.v. 1,5 Mio. € sind im Jahr 2018 nicht abzugsfähig, können jedoch durch den Steuerpflichtigen gem. § 4h Abs. 1 Satz 5 EStG in nachfolgende Wirtschaftsjahre vorgetragen werden (= Zinsvortrag). Er erhöht in den folgenden Wirtschaftsjahren den Zinsaufwand und ist im Rahmen der für die jeweils folgenden Wirtschaftsjahre geltenden Zinsschrankenregelungen abzugsfähig.

Das maßgebliche Einkommen als Ausgangspunkt für die Ermittlung des steuerlichen EBITDA

Das steuerliche EBITDA ist von dem betriebswirtschaftlichen EBITDA, das auf Basis der Zahlen der Handelsbilanz erstellt wird, zu unterscheiden. Zwar liegt beiden Größen das gleiche Ermittlungsschema zugrunde, die darin enthaltenen Größen weichen jedoch voneinander ab.

Ausgangspunkt der Ermittlung des steuerlichen EBITDA ist der maßgebliche Gewinn. Jedoch tritt bei Körperschaften gem. § 8a Abs. 1 Satz 1 KStG das maßgebliche Einkommen an dessen Stelle. Die Verwendung des maßgeblichen Einkommens für Zwecke der Zinsschranke stellt sicher, dass für Körperschaften auch (neben den Vorschriften des EStG) die Regelungen des KStG berücksichtigt werden. Das steuerliche EBITDA einer Körperschaft wird insbesondere durch verdeckte Gewinnausschüttungen erhöht sowie durch verdeckte Einlagen und steuerfreie Beteiligungserträge i. S. d. § 8b Abs. 1 KStG bzw. Veräußerungsgewinne i. S. d. § 8b Abs. 2 KStG vermindert. Ausgehend vom Handelsbilanzergebnis ergibt sich nach Maßgabe der Vorschriften zur steuerlichen Gewinnermittlung der Steuerbilanzgewinn. Aus diesem wird gemäß der Hinzurechnungs- und Kürzungsvorschriften des KStG mit Ausnahme der Vorschriften über die Zinsschranke gem. § 4h EStG, den Verlustausgleich gem. § 10d EStG und den Spendenabzug gem. § 9 Abs. 1 Nr. 2 KStG das maßgebliche Einkommen ermittelt. Das Ergebnis nach Abzug der Zinserträge und Hinzurechnung der Zinsaufwendungen sowie der Abschreibungen stellt das steuerliche EBITDA einer Kapitalgesellschaft dar. Nach Multiplikation des steuerlichen EBITDA mit 30 % ergibt sich das verrechenbare EBITDA, welches den maximalen Zinsabzug für dieses Wirtschaftsjahr bestimmt.

	Gewinn nach HGB
+/ ./.	Vorschriften der steuerlichen Gewinnermittlung (§§ 4–7i EStG)
=	Steuerbilanzgewinn
+/ ./.	Hinzurechnungen und Kürzungen nach KStG
=	Summe der Einkünfte nach EStG/KStG
	Keine Berücksichtigung von §§ 4h, 10d EStG
+	Spenden (§ 9 Abs. 1 Nr. 2 KStG)
=	maßgebliches Einkommen gem. § 8a Abs. 1 KStG
+	Zinsaufwendungen
./.	Zinserträge
+	Abschreibungen nach § 6 Abs. 2 Satz 1, Abs. 2a Satz 2 und § 7 EStG
=	steuerliches EBITDA
×	30 %
=	verrechenbares EBITDA

Einer Unterwerfung unter die Einschränkungen der Zinsschranke kann sich eine Kapitalgesellschaft – analog zu Personengesellschaften und Einzelunternehmern – nur in drei Ausnahmefällen entziehen:

- Gem. § 8a Abs. 1 KStG i.V.m. § 4h Abs. 2 Satz 1 Bst. a EStG ist ein unbegrenzter Abzug von Zinsaufwendungen auch dann zulässig, falls der negative Zinssaldo unterhalb einer **Freigrenze von 2.999.999 €** verbleibt. Bei einem Nettozinsaufwand ab 3.000.000 € greift die Ausnahmeregelung nicht mehr. Der Betrag ist somit zur Gänze nichtabzugsfähig. Durch diese Regelung werden vor allem kleine und mittelständische Unternehmen entlastet. Große Konzerne überschreiten dagegen mit ihren Nettozinsaufwendungen häufig die Freigrenze.
- Auch bei Erfüllung der sog. **Stand-alone-Klausel** i.S.d. § 8a Abs. 1 KStG i.V.m. § 4h Abs. 2 Satz 1 Bst. b EStG ist ein unbegrenzter Abzug von Zinsaufwendungen als Betriebsausgaben gestattet. Diese Klausel setzt jedoch zwingend voraus, dass die Kapitalgesellschaft nicht oder nur anteilmäßig einem Konzern zuzurechnen ist. Anteilmäßig bedeutet in diesem Zusammenhang, dass die Kapitalgesellschaft – wenn überhaupt – lediglich durch Quotenkonsolidierung bzw. Equitykonsolidierung in einen Konzernabschluss einbezogen wird. Gem. § 4h Abs. 3 Satz 5 EStG ist eine Konzernzugehörigkeit allerdings gegeben, falls ein Betrieb nach dem für die Anwendung des § 4h Abs. 2 Satz 1 Bst. c EStG zugrunde gelegten Rechnungslegungsstandard mit einem oder mehreren anderen Betrieben im Wege der Vollkonsolidierung einbezogen wird oder werden könnte.
- Letztlich ist ein unbegrenzter Abzug von Zinsaufwendungen als Betriebsausgaben auch im Falle von konzernzugehörigen Betrieben gestattet, falls diese die sog. **Escape-Klausel** nach § 8a Abs. 1 KStG i.V.m. § 4h Abs. 2 Satz 1 Bst. c EStG erfüllen. Dies setzt jedoch voraus, dass die Eigenkapitalquote des betreffenden Betriebs die Konzern-Eigenkapitalquote um nicht mehr als zwei Prozent unterschreitet.

Merke

Ausnahmen der Zinsschranke gem. § 8a KStG i.V.m. § 4h EStG:

- **Freigrenze i.H.v. 2.999.999 €**
- **sog. Stand-alone-Klausel**
- **sog. Escape-Klausel**

Zusätzliche Einschränkungen für Kapitalgesellschaften

Das Trennungsprinzip besagt, dass die Kapitalgesellschaft und der Anteilseigner rechtlich selbstständig sind. Demnach wird die Gesellschafterfremdfinanzierung auch im Steuerrecht grundsätzlich anerkannt und ist nicht als Einlage, sondern als Fremdkapital zu behandeln. Bei der Gründung einer Kapitalgesellschaft sowie bei einem später auftretenden Finanzbedarf kann der Gesellschafter somit frei entscheiden, ob und in welchem Umfang die Kapitalgesellschaft mit Eigen- oder mit Fremdkapital finanziert werden soll. Es gilt der Grundsatz der Finanzierungsfreiheit. Die Auswirkungen dieser Entscheidung auf die Leistungsfähigkeit der Kapitalgesellschaft sind erheblich. Vergütungen für Fremdkapital sind grundsätzlich als Betriebsausgaben abzugsfähig und mindern somit den Betrag, der der Besteuerung unterworfen wird. Demgegenüber stehen Vergütungen für Eigenkapital, welche die steuerlich zu erfassende wirtschaftliche Leistungsfähigkeit nach § 8 Abs. 3 KStG nicht mindern. Die Vergütungen für Eigenkapital unterliegen auf Ebene der Kapitalgesellschaft in voller Höhe der Gewerbesteuer, der körperschaftsteuerlichen Tarifbelastung sowie dem Solidaritätszuschlag. Demzufolge stellt die Finanzierung durch Fremdkapital für die Gesellschafter eine reizvolle Alternative zur Eigenfinanzierung dar. Anteilseigner tendieren daher dazu, die Kapitalgesellschaft überwiegend mit Fremdkapital auszustatten, um die Steuerbelastung möglichst gering zu halten. Durch die steigende Fremdfinanzierung von Kapitalgesellschaften durch bestimmte Gesellschaftergruppen wird die Besteuerung von Dividenden vermieden, und ein erhebliches Steuervolumen geht verloren. Um Finanzierungsgestaltungen zum Nachteil des deutschen Fiskus durch übermäßige Gesellschafterfremdfinanzierung einer Kapitalgesellschaft zu verhindern, wird ein Abzug des Zinsaufwands nach § 4h EStG i.V.m. § 8a KStG generell nur noch beschränkt zugelassen. Da die Gesellschafterfremdfinanzierung besonders für Kapitalgesellschaften ein beliebtes Instrument zur Reduzierung der Steuerlast darstellt, sind bei den Vorschriften zur Zinsschranke für Kapitalgesellschaften gegenüber den Vorschriften zur Zinsschranke für Personengesellschaften und Einzelunternehmen zusätzliche Anforderungen zu beachten. § 8a KStG normiert dazu für Kapitalgesellschaften **zwei zusätzliche Rückausnahmen** schädlicher Gesellschafterfremdfinanzierung.

Diese beschneiden die Möglichkeiten zur Inanspruchnahme der Ausnahmeregelungen der Stand-alone-Klausel i.S.d. § 4h Abs. 2 Bst. b EStG bzw. der Escape-Klausel i.S.d. § 4h Abs. 2 Bst. c EStG erheblich. Ein durch diese beiden Ausnahmen begründeter unbeschränkter Abzug von Zinsaufwendungen als Betriebsausgaben ist demnach bei Kapitalgesellschaften nur zulässig, falls keine **schädliche Gesellschafter-Fremdfinanzierung** vorliegt (§ 8a Abs. 2 bzw. Abs. 3 KStG).

Eine derartige steuerschädliche Gesellschafter-Fremdfinanzierung ist gegeben, wenn durch die Kapitalgesellschaft Vergütungen für Fremdkapital, deren Anteil am Zinssaldo **mehr als 10%** beträgt, an:
- einen zu mehr als 25% mittelbar oder unmittelbar am gezeichneten Kapital beteiligten Anteilseigner **oder**
- eine diesem nahestehende Person **oder**
- einen Dritten, der auf den zu mehr als einem Viertel am gezeichneten Kapital beteiligten Anteilseigner oder eine diesem nahestehende Person zurückgreifen kann,

geleistet werden.

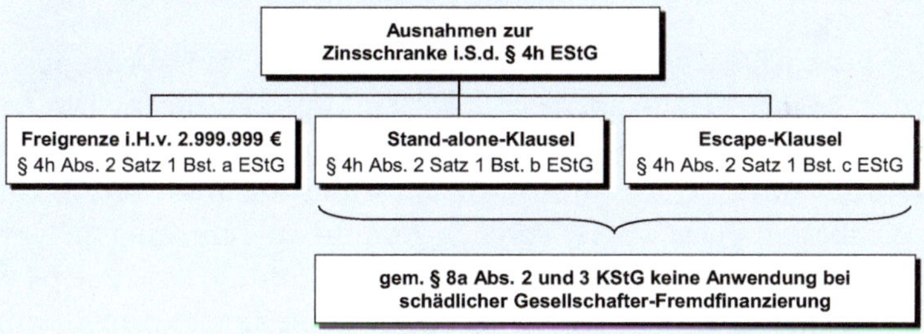

Abb. 62: *Ausnahmen zur Zinsschrankenregelung gem. § 8a KStG i.V.m. § 4h Abs. 2 EStG*

Beispiel:
Die Verbindlichkeiten der Capitol AG, die mit 5% verzinst werden, betragen im Jahr 2018 120 Mio. €. Zinserträge sind i.H.v. 2 Mio. € und Abschreibungen i.H.v. 1,5 Mio. € angefallen, die alle im Jahresüberschuss von 2018 i.H.v. 4,5 Mio. € berücksichtigt sind. Die Ausnahmetatbestände des § 8a KStG i.V.m. § 4h Abs. 2 EStG kommen nicht zur Anwendung.

Ermittlung des Nettozinsaufwands:

	Zinsaufwand (5% von 120 Mio. €)	6 Mio. €
./.	Zinsertrag	2 Mio. €
=	negativer Zinssaldo/Nettozinsaufwand	4 Mio. €

Die Zinsaufwendungen der Capitol AG sind zunächst nur bis zur Höhe der Zinserträge desselben Wirtschaftsjahres i.H.v. 2 Mio. € abzugsfähig. Ein Abzug des verbleibenden Nettozinsaufwand i.H.v. 4 Mio. € ist nur bis zur Höhe des verrechenbaren EBITDA zulässig.

Berechnung des steuerlichen EBITDA:

	Steuerbilanzieller Gewinn 2018	4,5 Mio. €
./.	Zinserträge	2 Mio. €
+	Zinsaufwendungen	6 Mio. €
+	Abschreibungen	1,5 Mio. €
=	EBITDA	10 Mio. €

Das verrechenbare EBITDA beträgt 3 Mio. € (30 % des EBITDA i.H.v. 10 Mio. €). Demnach ist im Wirtschaftsjahr 2018 insgesamt ein Zinsabzug i.H.v. 5 Mio. € (2 Mio. € Zinsertrag + 3 Mio. € verrechenbares EBITDA) möglich. Nach Abzug der Zinsaufwendungen i.H.v. 6 Mio. € verbleibt eine Differenz i.H.v. 1 Mio. €. Daher sind die verbleibenden Zinsaufwendungen i.H.v. 1 Mio. € als nicht abzugsfähige Betriebsausgaben umzuqualifizieren. Der Steuerpflichtige kann diese im Jahr 2018 nicht abzugfähigen Zinsaufwendungen gem. § 4h Abs. 1 Satz 5 EStG in nachfolgende Wirtschaftsjahre vortragen (= Zinsvortrag). Der Zinsvortrag erhöht in den folgenden Wirtschaftsjahren den Zinsaufwand und kann unter den Voraussetzungen der Zinsschranke in den Folgejahren geltend gemacht werden.

Der EBITDA-Vortrag zur Entlastung in Krisenzeiten

Eine Schwäche der Zinsschranke ist die Ergebnisabhängigkeit des Höchstbetrags abzugsfähiger Zinsaufwendungen. Dies bedeutet, dass bei schlechter wirtschaftlicher Entwicklung des Betriebes das EBITDA sinkt und sich somit auch der abziehbare Zinsbetrag vermindert. Folglich könnte ausgerechnet in wirtschaftlichen Krisenzeiten die Steuerbelastung von Betrieben steigen, weil ihre Zinsen steuerlich nicht mehr abzugsfähig sind. In Verlustzeiten könnte die Zinsschranke demnach zu einer Verschärfung einer Unternehmenskrise beitragen. Durch die Einführung eines sog. EBITDA-Vortrags wurde die Zinsschrankenregelung in Krisenzeiten entschärft. Dadurch wird vermieden, dass Unternehmen, die in der Vergangenheit die Zinsschranke unterschritten haben, in einem wirtschaftlich schlechten Jahr mit Ergebniseinbruch ohne Weiteres von der Zinsabzugsbeschränkung betroffen sind.

Merke

Die Anwendung des EBITDA-Vortrags setzt voraus:

- **verrechenbares EBITDA > Zinssaldo**
- **keine Inanspruchnahme der Ausnahmetatbestände gem. § 4h Abs. 2 EStG**

Der EBITDA-Vortrag ergibt sich, wenn in wirtschaftlich erfolgreichen Jahren das verrechenbare EBITDA den negativen Zinssaldo (Zinsaufwendungen ./. Zinserträge) übersteigt und somit das verrechenbare EBITDA nicht vollständig ausgeschöpft wird. Die Zinsaufwendungen sind demnach nicht nur vollständig abzugsfähig, sondern es hätten noch mehr als die tatsächlich angefallenen Zinsenaufwendungen abgezogen werden können. Die daraus resultierende positive Differenz aus dem Höchstbetrag abzugsfähiger Zinsaufwendungen und den tatsächlichen Zinsaufwendungen ist gesondert festzustellen und kann vom Steuerpflichtigen in die folgenden fünf Wirtschaftsjahre vorgetragen werden. Sofern zukünftig in den folgenden fünf Wirtschaftsjahren die Zinsaufwendungen den Höchstbetrag überschreiten, können durch die Nutzung des EBITDA-Vortrags mehr Zinsaufwendungen abgezogen werden als 30 % des relevanten EBITDA. Durch diese Nutzung des EBITDA-Vortrags kann somit eine Zinsabzugsbeschränkung in den Folgejahren eingeschränkt bzw. vollständig vermieden werden. Allerdings ist zu beachten, dass der EBITDA-Vortrag nicht in den Wirtschaftsjahren entstehen kann, in denen der Steuerpflichtige die Freigrenze, die Konzernklausel oder den die Escape-Klausel gem. § 4h Abs. 2 EStG in Anspruch nehmen muss, um der Zinsschranke zu entgehen.

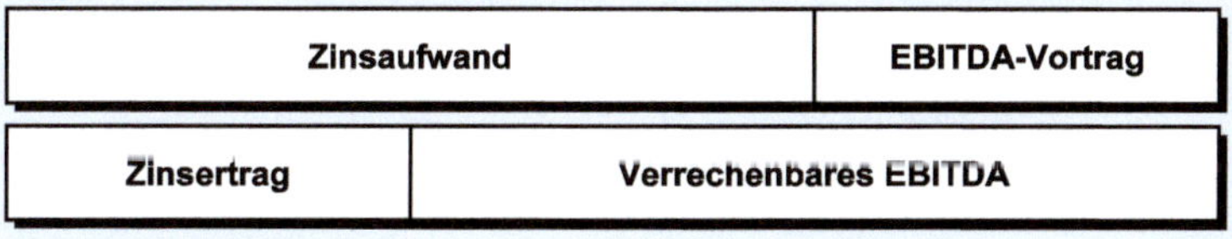

Abb. 63:
Grundprinzip des EBITDA-Vortrags

Beispiel:
Im Jahr 2018 weist die Helios-GmbH Verbindlichkeiten i.H.v. 80 Mio. € auf. Die Verbindlichkeiten werden mit 5 % verzinst. Die Abschreibungen betragen 2 Mio. €. Zinserträge sind keine angefallen. Die Helios-GmbH erwirtschaftet im Jahr 2018 einen steuerlichen Jahresüberschuss i.H.v. 12 Mio. €. Die Ausnahmetatbestände des § 8a KStG i.V.m. § 4h Abs. 2 EStG kommen nicht zur Anwendung.

Ermittlung des Nettozinsaufwands:

	Zinsaufwand (5 % von 80 Mio. €)	4 Mio. €
./.	Zinsertrag	---------
=	Zinssaldo / Nettozinsaufwand	= 4 Mio. €

Berechnung des steuerlichen EBITDA:

	Steuerbilanzieller Gewinn 2018	12 Mio. €
+	Nettozinsaufwand	+ 4 Mio. €
+	Abschreibungen	+ 2 Mio. €
=	EBITDA	= 18 Mio. €

Das verrechenbare EBITDA beträgt im Jahr 2018 5,4 Mio. € (30 % des EBITDA i.H.v. 18 Mio. €). Da keine Zinserträge angefallen sind, ist in diesem Wirtschaftsjahr insgesamt ein Zinsabzug i.H.v. 5,4 Mio. € zulässig. Es sind aber nur 4 Mio. € Zinsaufwendungen angefallen. Nach Abzug dieser Zinsaufwendungen i.H.v. 4 Mio. € verbleibt eine positive Differenz i.H.v. 1,4 Mio. €. Diese Differenz stellt den EBITDA-Vortrag dar, der in die folgenden Wirtschaftsjahre vorgetragen wird. Somit wird im Jahr 2018 nicht nur eine Zinsabzugsbeschränkung vermieden, vielmehr hat die Helios-GmbH für die folgenden fünf Wirtschaftsjahre ein Guthaben i.H.v. 1,4 Mio. €, durch das ein höherer Zinsabzug in den folgenden Jahren gewährleistet wird.

Internationale Konzerne versuchen aber nicht nur, Gewinne von Hochsteuerländern in Niedrigsteuerländer durch Finanzierungsgestaltungen zu verlagern, sondern auch durch die Erhebung von Lizenzgebühren. Insbesondere Unternehmen mit hohen immateriellen Vermögensgegenständen wie z.B. Lizenz- und Patentrechte haben in der Vergangenheit diese Rechte auf Konzerneinheiten in Niedrigsteuerländern übertragen, die anschließend Lizenzgebühren von den Konzerneinheiten in den Hochsteuerländern (z.B. Deutschland) eingefordert haben. Durch diese Steuergestaltung haben es namhafte Internet-Unternehmen auf scheinbar legalem Wege geschafft, trotz hoher Gewinne nur äußerst geringe Steuerlasten in den Hochsteuerländern zu entrichten.

Um diese als missbräuchlich empfundene Konstruktion einzuschränken, hat der deutsche Gesetzgeber mit Wirkung ab 01.01.2018 die Vorschrift des § 4j EStG eingeführt, wodurch die Aufwendungen für Rechteüberlassungen in Deutschland eventuell nicht bzw. nur eingeschränkt als Betriebsausgaben abzugsfähig sein können. Werden somit Aufwendungen für die Überlassung von Rechten von einem deutschen Unternehmen an eine Konzerneinheit im Ausland getätigt und unterliegen diese Aufwendungen im Ausland einer niedrigen Besteuerung, werden die Aufwendungen nur im Rahmen des § 4j Abs. 3 EStG zum Abzug zugelassen. Die dort genannte Formel geht davon aus, dass der nicht abziehbare Anteil um so höher ist, desto niedriger die Besteuerung der Lizenzgebühren im Ausland ist.

Neben der Zins- und der Lizenzschranke sind in der Praxis die nichtabzugsfähigen fiktiven Betriebsausgaben gem. § 8b Abs. 3 und 5 KStG von großer Bedeutung. Danach gelten **pauschal** 5 % der Einnahmen aus steuerfreien Beteiligungserträgen i. S. d. § 8b Abs. 1 KStG und aus steuerfreien Veräußerungsgewinnen i. S. d. § 8b Abs. 2 KStG als nichtabzugsfähige Betriebsausgaben. Zu beachten ist, dass in der Finanzbuchhaltung nichtabzugsfähige Betriebsausgaben erfolgswirksam als Aufwand verbucht werden. Aus diesem Grunde muss der Steuerbilanzgewinn außerbilanziell durch eine Hinzurechnung korrigiert werden. Dies gilt auch für den **fiktiven** 5 %igen **Anteil**, wobei die **tatsächlichen Aufwendungen** (z. B. Zinsaufwendungen aufgrund eines darlehensfinanzierten Beteiligungserwerbs) **für die Hinzurechnung irrelevant** sind. Die 5 %ige Hinzurechnung erfolgt auch dann, wenn überhaupt keine tatsächlichen Aufwendungen vorliegen. Die Vorschrift stellt somit eine Ausnahme von dem Grundsatz dar, dass nur diejenigen Beträge außerhalb der Bilanz wieder dem Gewinn hinzugerechnet werden dürfen, die bereits vorher im Rahmen der laufenden Buchhaltung als Aufwand geltend gemacht wurden.

5 % der Einnahmen aus steuerfreien Beteiligungserträgen und Veräußerungsgewinnen gelten pauschal als nichtabzugsfähige Betriebsausgaben

Im Gegenzug erklärt § 8b Abs. 5 Satz 2 KStG bzw. § 8b Abs. 3 Satz 2 EStG die Vorschrift des § 3c Abs. 1 EStG für steuerfreie Einnahmen von Kapitalgesellschaften i. S. d. § 8b Abs. 1 bzw. 2 KStG für nicht anwendbar. Damit sind – mit Ausnahme des fiktiven Anteils von 5 % der steuerfreien Bezüge – sämtliche mit den steuerfreien Einnahmen zusammenhängenden Betriebsausgaben voll abzugsfähig.

Die tatsächlichen Betriebsausgaben sind voll abzugsfähig

Beispiel:
Die Wilhelm-GmbH hat zur Refinanzierung ihrer Beteiligung an der

Werner-AG ein Darlehen aufgenommen. In 2018 sind somit neben den steuerfreien Beteiligungserträgen i.H.v. 20.000 € mit diesen unmittelbar zusammenhängende Betriebsausgaben in Form von Darlehenszinsen i.H.v. 10.000 € angefallen. Diese Finanzierungskosten werden in der Finanzbuchhaltung erfolgswirksam als Aufwand erfasst (per Zinsaufwand an Bank 10.000 €). Im Übrigen belaufen sich die Erträge der Wilhelm-GmbH auf 200.000 €.

Innerhalb der Bilanz:

	Laufende Erträge	200.000 €
+	Dividende	+ 20.000 €
./.	Betriebsausgaben (Zinsaufwendungen)	./. 10.000 €
=	Steuerbilanzgewinn	= 210.000 €

Innerhalb der Bilanz sind die tatsächlich im Zusammenhang mit der Dividende angefallenen Betriebsausgaben i.H.v. 10.000 € zu berücksichtigen. Die Betriebsausgaben (Zinsaufwendungen) bleiben steuerlich zu 100 % gewinnmindernd wirksam, da sie innerhalb der Bilanz geltend gemacht werden und außerhalb der Bilanz gem. § 8b Abs. 5 Satz 2 KStG i.V.m. § 3c Abs. 1 EStG nicht wieder hinzugerechnet werden dürfen.

Außerhalb der Bilanz:

	Steuerbilanzgewinn	210.000 €
./.	Dividende gem. § 8b Abs. 1 Satz 1 KStG	./. 20.000 €
+	Nichtabzugsfähige Betriebsausgaben gem. § 8b Abs. 5 KStG (5 % × 20.000 €)	+ 1.000 €
=	Zu versteuerndes Einkommen	= 191.000 €

Merke

- **5 % der Einnahmen aus steuerfreien Beteiligungserträgen und Veräußerungsgewinnen gelten pauschal als nichtabzugsfähige Betriebsausgaben.**
- **In der Finanzbuchhaltung werden nichtabzugsfähige Betriebsausgaben i.S.d. §§ 4 Abs. 5, Abs. 5b, § 3c EStG, § 8a, §§ 8b Abs. 3, Abs. 5 KStG erfolgswirksam als Aufwand verbucht. Aus diesem Grund ist der Steuerbilanzgewinn außerhalb der Bilanz durch eine Hinzurechnung zu korrigieren.**

Außerhalb der Bilanz ist die Dividende zur Vermeidung der Besteuerung abzuziehen. Allerdings sind gem. § 8b Abs. 5 KStG pauschal 5 % der Bezüge wieder hinzuzurechnen. M.a.W. werden also lediglich 95 % der Dividendenbezüge freigestellt.

Wären keine tatsächlichen Aufwendungen im Zusammenhang mit den steuerfreien Beteiligungserträgen angefallen, so hätten gem. § 8b Abs. 5 KStG ungeachtet dessen 5 % von 20.000 € = 1.000 € außerhalb der Bilanz dem Gewinn hinzugerechnet werden müssen.

3.2.3.6 Spenden

Im Gegensatz zur Abzugsfähigkeit von Spenden einer natürlichen Person **als Sonderausgaben** nach § 10b EStG ist bei Kapitalgesellschaften mangels Privatsphäre die Abzugsfähigkeit **als Betriebsausgaben** gesondert gem. § 9 Abs. 1 Nr. 2 KStG geregelt. Diese Abzugsfähigkeit ist ebenso wie bei der Einkommensteuer der Höhe nach begrenzt und an bestimmte Zwecke gebunden.

Merke

Der Abzug von Spenden ist sowohl der Höhe als auch dem Zweck nach begrenzt.

Da die Spenden nur im Rahmen eines Höchstbetrags abziehbar sind, muss eine zweistufige Ermittlung der abziehbaren Spenden erfolgen: Zunächst sind gem. § 9 Abs. 2 Satz 1 KStG sämtliche Spenden – somit auch Spenden an politische Parteien – zur Ermittlung der Summe der Einkünfte zum Steuerbilanzergebnis außerhalb der Bilanz hinzuzuaddieren. Die sich ergebende Summe der Einkünfte ist die Bemessungsgrundlage für den Spendenabzug. Nach Ermittlung des abzugsfähigen Teils ist dieser in der zweiten Stufe von der Summe der Einkünfte wieder abzuziehen. Die Ermittlung des Zwischenergebnisses „Summe der Einkünfte“ dient somit lediglich zur Berechnung des abzugsfähigen Teils der Spenden.

Begrenzung des Abzugs von Spenden

Gem. § 9 Abs. 1 Nr. 2 KStG sind Zuwendungen zur Förderung gemeinnütziger, mildtätiger oder kirchlicher Zwecke i. S. d. §§ 52 bis 54 AO bis zu einem allgemeinen Höchstbetrag von 20 % des Einkommens oder bis zu 4 ‰ der Summe aus den gesamten Um-

Handelsbilanzgewinn
+/./. Anpassungen durch besondere Vorschriften der steuerlichen Gewinnermittlung (§§ 4 7i EStG, § 60 EStDV)
Steuerbilanzgewinn
\+ verdeckte Gewinnausschüttungen
./. verdeckte Einlagen
./. steuerfreie Beteiligungserträge gem. § 8b Abs. 1 KStG
\+ nicht abzugsfähige Aufwendungen gem. § 10 KStG
- Aufwendungen zur Erfüllung von Satzungszwecken (Nr. 1)
- Steuern vom Einkommen und sonst. Personensteuern (Nr. 2)
- festgesetzte Geldstrafen (Nr. 3)
- Hälfte der Vergütungen an Aufsichtsrat etc. (Nr. 4)

\+ nicht abzugsfähige Aufwendungen gem. § 4 Abs. 5, Abs. 5b, 4h, 4j EStG, §§ 8a, 8b Abs. 3, Abs. 5 KStG
+ Spenden (§ 9 Abs. 2 Satz 1 KStG)
= Summe der Einkünfte
./. abzugsfähiger Teil der Spenden (§ 9 Abs. 1 Nr. 2 KStG)
= Gesamtbetrag der Einkünfte

sätzen und den im Kalenderjahr aufgewendeten Löhnen und Gehältern als Betriebsausgaben abzugsfähig. Das Einkommen wird dabei – speziell für Zwecke des Spendenabzugs – in § 9 Abs. 2 Satz 1 KStG definiert. Im Ergebnis ist die Bemessungsgrundlage für den Spendenhöchstbetrag die im Schema abgebildete Summe der Einkünfte. Für Beträge, die die Höchstsätze übersteigen, besteht darüber hinaus gem. § 9 Abs. 1 Nr. 2 Satz 2 KStG die Möglichkeit eines Abzugs im Rahmen der Höchstbeträge in nachfolgenden Perioden (Spendenvortrag). Dies setzt jedoch gem. § 9 Abs. 1 Nr. 2 Satz 9 i.V.m. § 10d Abs. 4 EStG voraus, dass die betreffenden Beträge zuvor gesondert festgestellt wurden.

Spenden an **politische Parteien** sind wegen möglicher zusätzlicher Einflussnahme auf politische Parteien durch die hinter der Kapitalgesellschaft stehenden natürlichen Personen – im Gegensatz zur einkommensteuerlichen Regelung (§ 10b Abs. 2 EStG) als Sonderausgaben für natürliche Personen – **nicht abzugsfähig** (§ 4 Abs. 6 EStG).

Der nicht abziehbare Anteil der Spenden erhöht aufgrund der Hinzurechnung aller Spenden im Rahmen der ersten Stufe und des begrenzten Abzugs der abzugsfähigen Spenden das zu versteuernde Einkommen.

Beispiel:
Die Wilhelm-GmbH erzielt im Jahr 2018 einen Gesamtumsatz von 4.000.000 €; an Löhnen und Gehältern wurden 2.500.000 € ausbezahlt. Der in der Gewinn- und Verlustrechnung (GuV) ausgewiesene Steuerbilanzgewinn beträgt 300.000 €. Als Betriebsausgaben berücksichtigt sind:

KSt-Vorauszahlungen	300.000 €
Spende an den Bund der Kriegsblinden Deutschlands e.V.	25.000 €
Spende an die Katholische Universität Eichstätt-Ingolstadt	200.000 €
Spende an eine politische Partei	5.000 €

Das zu versteuernde Einkommen berechnet sich unter Berücksichtigung der abzugsfähigen Spenden wie folgt:

	Steuerbilanzgewinn	300.000 €
+	KSt-Vorauszahlungen	+ 300.000 €
+	Gesamtbetrag Spenden	+ 230.000 €
=	Summe der Einkünfte	= 830.000 €

Berechnung der Höchstbeträge:

20 % aus 830.000 €	166.000 €
0,4 % aus 6.500.000 € (= $\sum$ der Umsätze, Löhne, Gehälter)	26.000 €

Der abzugsfähige Höchstbetrag für Zuwendungen für mildtätige und wissenschaftliche Zwecke beträgt somit 166.000 €. Dieser Betrag ist höher als der aufgrund der alternativen Berechnung anhand der Summe aus Umsätzen, Löhnen und Gehältern ermittelte Betrag von 26.000 €.

	Summe der Einkünfte	830.000 €
./.	abzugsfähiger Teil der Spenden	./. 166.000 €
=	zu versteuerndes Einkommen	= 664.000 €

Die Spende an die politische Partei ist nicht abzugsfähig. Der den zulässigen Höchstbetrag von 166.000 € übersteigende Anteil der abzugsfähigen Spenden i.H.v. 59.000 € ist gesondert festzustellen und in den Folgeperioden im Rahmen der jeweiligen zulässigen Abzugsgrenzen einkommensmindernd zu berücksichtigen.

3.2.4 Vom Gesamtbetrag der Einkünfte zur verbleibenden Körperschaftsteuerzahlung/-erstattung

=	Summe der Einkünfte
./.	abzugsfähiger Teil der Spenden (§ 9 Abs. 1 Nr. 2 KStG)
=	Gesamtbetrag der Einkünfte
./.	**Verlustabzug (§ 8 Abs. 1 KStG i.V.m. § 10d EStG)**
=	Einkommen
./.	**Freibetrag für bestimmte Körperschaften (§§ 24, 25 KStG)**
=	zu versteuerndes Einkommen
*	**Tarifbelastung durch KSt gem. § 23 KStG**
=	festzusetzende Körperschaftsteuer
./.	**anzurechnende Körperschaftsteuer**
./.	**anzurechnende Kapitalertragsteuer einschl. Zinsabschlag**
=	verbleibende Körperschaftsteuer (Nachzahlung / Erstattung)

Zu versteuerndes Einkommen als Bemessungsgrundlage der KSt

Bemessungsgrundlage der Körperschaftsteuer ist wie bei der Einkommensteuer nicht der Gesamtbetrag der Einkünfte, sondern das **zu versteuernde Einkommen**.

- **Verlustabzug**

Um das zu versteuernde Einkommen zu ermitteln, ist als erster Schritt ein eventueller (interperiodischer) Verlustabzug gem. § 8 Abs. 1 Satz 1 KStG i.V.m. § 10d EStG vorzunehmen. Da Kapitalgesellschaften ausschließlich Einkünfte aus Gewerbebetrieb i.S.d. § 15 EStG erzielen, **entfällt** für diese der **vertikale Verlustausgleich**.

Im Rahmen des interperiodischen Verlustabzugs werden negative Einkünfte mit dem Gesamtbetrag der Einkünfte anderer

Veranlagungszeiträume verrechnet. Diese Regelung entspricht der Vorgehensweise bei der Einkommensteuer. Zunächst werden im Rahmen des Verlustrücktrags gem. § 8 Abs. 1 Satz 1 KStG i.V.m. § 10d Abs. 1 Satz 1 EStG bis zu 1.000.000 € vom Gesamtbetrag der Einkünfte des dem Veranlagungszeitraum vorangegangenen Veranlagungszeitraums abgezogen. Allerdings wird auf Antrag gem. § 8 Abs. 1 Satz 1 KStG i.V.m. § 10d Abs. 1 Satz 5 u. 6 EStG ganz oder teilweise von einem solchen Verlustrücktrag abgesehen, so dass ein **Wahlrecht** bzgl. des Verlustrücktrags gegeben ist. Verbleibende negative Einkünfte werden im Rahmen des Verlustvortrags gem. § 8 Abs. 1 Satz 1 KStG i.V.m. § 10d Abs. 2 Satz 1 EStG frühestmöglich vom Gesamtbetrag der Einkünfte in den folgenden Veranlagungszeiträumen abgezogen. Gem. § 10d Abs. 2 EStG ist auch für Kapitalgesellschaften eine Mindestbesteuerungsvorschrift

maximal ausgleichsfähig
= 1 Mio. € + 60 % x (Gesamtbetrag der Einkünfte ./. 1 Mio. €)

zu beachten. Demnach sind bislang nicht ausgleichbare Verluste bis zu einer Einkommenshöhe von 1 Mio. Euro unbeschränkt, darüber hinaus zu 60 % vom Einkommen abziehbar.

Der Gesamtbetrag der Einkünfte eines Veranlagungszeitraums wird somit gegebenenfalls durch den Verlustrücktrag bzw. den Verlustvortrag aus der nachfolgenden bzw. den vorausgegangenen Periode(n) gekürzt.

- **Freibeträge**

Nach Vornahme des Verlustabzugs verringert sich das so errechnete Einkommen für bestimmte Körperschaften um die persönlichen Freibeträge, maximal aber um das Einkommen selbst. Der Freibetrag gem. § 24 KStG i.H.v. 5.000 € wird Körperschaften, Personenvereinigungen oder Vermögensmassen gewährt, die weder Vereine im Sinne des § 25 KStG noch Körperschaften bzw. Personenvereinigungen sind, deren Leistungen bei den Empfängern zu Einnahmen im Sinne des § 20 Abs. 1 Nr. 1 oder 2 EStG gehören. Da zu diesen Einnahmen insbesondere Dividenden und Gewinnanteile zählen, sind **sämtliche Kapitalgesellschaften** von der Anwendung dieses Freibetrags **ausgeschlossen**. Der

Freibetrag nach § 25 KStG i.H.v. 15.000 € wird lediglich Erwerbs- und Wirtschaftsgenossenschaften bzw. Vereinen, welche ausschließlich Land- und Forstwirtschaft betreiben, gewährt.

- **Tarifbelastung**

Das nach einem evtl. vorgenommenen Verlustabzug und einem u.U. zu berücksichtigenden Freibetrag errechnete zu versteuernde Einkommen unterliegt der Tarifbesteuerung. Der Tarifsteuersatz beträgt gem. § 23 Abs. 1 KStG 15 %.

Körperschaftsteuervorauszahlungen

Die Finanzbehörden setzen unter Anwendung des jeweiligen Tarifsteuersatzes die Körperschaftsteuer fest. Allerdings ist diese festzusetzende Körperschaftsteuer von der jeweiligen Körperschaft im Allgemeinen nicht zu entrichten, weil sie bereits in einem bestimmten Umfang getilgt wurde: Zum einen sind zur Sicherung der laufenden Einnahmen der Gebietskörperschaften gem. § 8 Abs. 1 Satz 1 KStG i.V.m. § 37 Abs. 1 EStG auf die voraussichtliche Körperschaftsteuerschuld eines Veranlagungszeitraums quartalsweise Vorauszahlungen zu leisten (jeweils am 10. März, 10. Juni, 10. September und 10. Dezember). Zum anderen wird wie bei der Einkommensteuer zur Sicherung des Steueraufkommens von Beteiligungs- und Zinserträgen gem. § 8 Abs. 1 Satz 1 KStG i.V.m. §§ 43 ff. EStG Kapitalertragsteuer einbehalten. Diese Quellensteuer ist – wie bei der Einkommensteuer auch – lediglich eine Erhebungsform der Körperschaftsteuer.

- **Anzurechnende Körperschaftsteuer und Kapitalertragsteuer**

Es ist zu beachten, dass Beteiligungserträge trotz ihrer späteren Befreiung von der Körperschaftsteuer bei ihrer Ausschüttung dem Kapitalertragsteuerabzug unterliegen.

Da es sich bei den Vorauszahlungen, der einbehaltenen Kapitalertragsteuer um Vorausleistungen auf die Körperschaftsteuerschuld handelt, sind die entsprechenden Beträge gem. § 8 Abs. 1 Satz 1 KStG i.V.m. § 36 Abs. 2 Satz 1 Nr. 1 und 2 EStG auf die festzusetzende Körperschaftsteuerschuld **anzurechnen**. Die danach verbleibende Körperschaftsteuerschuld führt dann entweder zu einer **Nachzahlung** oder zu einer **Erstattung** von Körperschaftsteuer.

Beispiel:
Der Gesamtbetrag der Einkünfte der Wilhelm-GmbH beträgt im Jahr 2018 100.000 €. Die Wilhelm-GmbH hat eine Dividendenzahlung der Werner-AG, an der die Wilhelm GmbH seit Jahren mit mehr als 20 % beteiligt ist, i.H.v. 15.000 € erhalten, von der bereits in korrekter Weise Kapitalertragsteuer i.H.v. 5.000 € (= 25 % der Bruttodividende von 20.000 €) einbehalten wurde. Der Gesamtbetrag der Einkünfte berücksichtigt bereits die Steuerfreiheit der Dividende aufgrund der Kürzungsvorschrift des § 8b Abs. 1 KStG. Im Jahr 2017 hat die GmbH ein negatives zu versteuerndes Einkommen i.H.v. ./. 50.000 € erwirtschaftet. Dementsprechend wurden für 2018 keine Körperschaftsteuervorauszahlungen geleistet. Ein Verlustrücktrag in VZ 2016 wurde nicht durchgeführt.

Die Körperschaftsteuer für das Jahr 2018 berechnet sich wie folgt:

	Gesamtbetrag der Einkünfte	100.000 €
./.	Verlustabzug (§ 8 Abs. 1 KStG i.V.m. § 10d EStG)	./. 50.000 €
=	Einkommen	= 50.000 €
./.	Freibetrag für bestimmte Körperschaften (§§ 24, 25 KStG)	----------
=	Zu versteuerndes Einkommen	= 50.000 €
×	Tarifbelastung durch KSt gem. § 23 KStG	× 15 %
=	festzusetzende KSt	= 7.500 €
./.	anzurechnende KSt (z.B. Vorauszahlungen)	./. 0 €
./.	anzurechnende KapESt	./. 5.000 €
=	verbleibende KSt-Nachzahlung	= 2.500 €

Nach dem Verlustabzug gem. § 10d Abs. 2 EStG beträgt das Einkommen der Wilhelm-GmbH in 2018 50.000 €. Ein Freibetrag nach § 24 KStG oder § 25 KStG wird der Wilhelm-GmbH nicht gewährt, da die Ausschüttungen an die Anteilseigner Einkünfte i.S.d. § 20 Abs. 1 Nr. 1 EStG darstellen und die Wilhelm-GmbH keine Land- und Forstwirtschaft betreibt. Bei Anwendung der Tarifbelastung in Höhe von 15 % gem. § 23 Abs. 1 KStG ergibt sich eine festzusetzende Körperschaftsteuer i.H.v. 7.500 €. Von der Dividende wurden von der Werner-AG gem. § 43a Abs. 1 Nr. 1 EStG 25 % KapESt, d.h. 5.000 €, einbehalten und abgeführt, die entsprechend auf die Körperschaftsteuer-Schuld der Wilhelm-GmbH angerechnet werden kann. Somit ergibt sich eine verbleibende Körperschaftsteuer-Nachzahlung der Wilhelm-GmbH i.H.v 2.500 €.

Zusammenfassung

- Grundsätzlich sind zwei Körperschaftsteuersysteme zu differenzieren: das klassische System und das Anrechnungssystem.
- In Deutschland gilt in der betrieblichen Sphäre das Teileinkünfteverfahren und in der privaten Sphäre grundsätzlich die Abgeltungsteuer. Die Besteuerung vollzieht sich dabei in beiden Verfahren in zwei voneinander unabhängigen Schritten – auf Ebene der Körperschaft (Belastung mit Körperschaftsteuer) und im Ausschüttungsfall auf Ebene des Anteilseigners (Belastung mit Einkommensteuer).
- Die Körperschaftsteuer ist eine Personensteuer; Steuersubjekt sind juristische Personen, Steuerobjekt das Einkommen.
- Es ist zwischen unbeschränkter und beschränkter Körperschaftsteuerpflicht zu unterscheiden. Bestimmte juristische Personen sind aus wirtschafts- und sozialpolitischen Gründen von der Körperschaftsteuer befreit.
- Bei der Ermittlung des zu versteuernden Einkommens als Bemessungsgrundlage für die Körperschaftsteuer gelten die Vorschriften des Einkommensteuergesetzes und des Körperschaftsteuergesetzes.
- Der handelsbilanzielle Gewinn ist Ausgangspunkt der Ermittlung des zu versteuernden Einkommens für die Körperschaftsteuer.
- Zunächst wird der Handelsbilanzgewinn an den Steuerbilanzgewinn angepasst.
- Der Steuerbilanzgewinn ist mittels einer Nebenrechnung (außerhalb der Bilanz) zu korrigieren. Dabei sind Kürzungen von Erträgen und Hinzurechnungen von Aufwendungen vorzunehmen, welche innerhalb der Bilanz erfolgswirksam behandelt wurden.
- Zu den Hinzurechnungen zählen:
  - Verdeckte Gewinnausschüttungen
  - Nicht abzugsfähige Aufwendungen i. S. d. § 10 KStG
  - Nicht abzugsfähige Aufwendungen i. S. d. § 4 Abs. 5, Abs. 5b, § 4h und 4j EStG sowie §§ 8a, 8b Abs. 3, Abs. 5 KStG
  - Spenden i. S. d. § 9 Abs. 2 Satz 1 KStG
- Zu den Kürzungen zählen:
  - Verdeckte Einlagen
  - Steuerfreie Ausschüttungen i. S. d. § 8b Abs. 1 KStG
- Der Körperschaftsteuersatz beträgt – unabhängig davon, ob die Gewinne thesauriert oder ausgeschüttet werden – einheitlich 15%.
- Dividendenerträge, die von Körperschaften erzielt werden, sind gem. § 8b Abs. 1 i.V.m. Abs. 5 KStG zu 95% steuerfrei, sofern keine Streubesitzdividenden i. S. d. § 8b Abs. 4 KStG vorliegen
- Veräußern Körperschaften Beteiligungen an in- oder ausländischen Kapitalgesellschaften, ist der dadurch erzielte Gewinn zu 95% steuerfrei (§ 8b Abs. 2 i.V.m. Abs. 3 KStG).

Fragen

1. **Wer unterliegt der Körperschaftsteuerpflicht? Gibt es Besonderheiten bzw. Ausnahmen?**
2. **Was ist die Bemessungsgrundlage der Körperschaftsteuer, wie wird sie ermittelt?**
3. **Welche Modifikationen der Steuerbilanz sind vorzunehmen? Auf welche Art und Weise werden sie vorgenommen?**
4. **Was ist der Unterschied zwischen offener und verdeckter Gewinnausschüttung?**
5. **Wie kann es zu verdeckten Gewinnausschüttungen kommen? Weshalb sind verdeckte Gewinnausschüttungen von großer praktischer Bedeutung?**
6. **Was versteht man unter verdeckten Einlagen? Wie werden sie i.R.d. Ermittlung des zu versteuernden Einkommens behandelt?**
7. **Wie sind Gewinnausschüttungen an Anteilseigner zu versteuern, wenn die Beteiligung an der Kapitalgesellschaft zum einen im Betriebsvermögen und zum anderen im Privatvermögen des Anteilseigners gehalten wird?**
8. **Weshalb sind Gewinnausschüttungen einer Kapitalgesellschaft an eine Kapitalgesellschaft, die keine Streubesitzdividenden i.S.d. § 8b Abs. 4 KStG darstellen, von der Besteuerung befreit? Was ist hinsichtlich der Betriebsausgaben zu beachten?**
9. **Welche nichtabzugsfähigen Aufwendungen können unterschieden werden? Nennen Sie jeweils drei Beispiele.**
10. **Was ist bei Spenden von Kapitalgesellschaften zu beachten?**

Literatur

Dietrich Grashoff, Florian Kleinmanns, Aktuelles Steuerrecht 2017, München, 13. Aufl. 2017, S. 87–119.

Dieter Schneeloch, Stephan Meyering, Guido Patek, Betriebswirtschaftliche Steuerlehre, Bd. 1: Grundlagen der Besteuerung, Ertragsteuern, München, 7. Aufl. 2016, S. 151–184.

Klaus Tipke, Joachim Lang, Steuerrecht, Köln, 22. Aufl. 2015, S. 669–716.

Gewerbesteuer | 4

Inhalt

Grundlagen | 4.1

Charakterisierung der Gewerbesteuer | 4.1.1

Die Gewerbesteuer ist gem. § 3 Abs. 2 AO eine Real- bzw. Objektsteuer. Steuergegenstand von Realsteuern sind Sachen bzw. Sachinbegriffe und Objekte. Im Falle der Gewerbesteuer ist der Steuergegenstand der Gewerbebetrieb. Im Gegensatz zur Einkommen- bzw. Körperschaftsteuer werden bei der Gewerbesteuer keine persönlichen Aspekte des Steuersubjekts berücksichtigt, da durch die Gewerbesteuer die – objektivierte – Ertragskraft des Gewerbebetriebs besteuert werden soll. Diese Ertragskraft ist strikt von der persönlichen Leistungsfähigkeit der Person des Gewerbetreibenden zu trennen.

Die Gemeinden sind berechtigt, die Gewerbesteuer als Gemeindesteuer zu erheben (§ 1 GewStG). Gem. Art. 106 Abs. 6 Satz 1 GG fällt das Aufkommen der Gewerbesteuer größtenteils den Gemeinden zu. Bund und Länder sind allerdings gem. Art. 106 Abs. 6 Satz 4 und 5 GG durch eine Umlage an der Gewerbesteuer beteiligt.

Merke

Kennzeichen der Gewerbesteuer:

- **Real-/Objektsteuer**
- **Ertragsteuer**
- **Gemeindesteuer**
- **Inlandsteuer**
- **Jahressteuer**

Gem. § 2 Abs. 1 Satz 1 GewStG unterliegt jeder inländische Betrieb der Gewerbesteuer. Daraus lässt sich ihr Inlandscharakter ableiten. Ausländische Gewerbebetriebe eines inländischen Steuerpflichtigen unterliegen nicht der Gewerbesteuer. Nach Abschaffung der Gewerbekapitalsteuer ab dem 01.01.1998 wird die Gewerbesteuer nur noch als **Gewerbeertragsteuer** erhoben. Bemessungsgrundlage ist der Gewerbeertrag (§ 6 GewStG).

Die Gewerbesteuer ist eine Jahressteuer. Gem. § 14 Satz 2 und 3 GewStG ist der Erhebungszeitraum das Kalenderjahr. Auch bei der Gewerbesteuer ist die Bildung eines vom Kalenderjahr abweichenden Wirtschaftsjahres möglich (§ 10 Abs. 2 GewStG). In diesem Fall gilt der Gewerbeertrag als in dem Erhebungszeitraum bezogen, in dem das Wirtschaftsjahr endet. Das Finanzamt ermittelt auf der Grundlage der Gewerbesteuererklärung (§ 14a GewStG) den Steuermessbetrag und erlässt den Gewerbesteuermessbescheid. Der Gewerbesteuer-Bescheid wird von der Gemeinde ausgefertigt, indem sie den Steuermessbetrag mit ihrem Hebesatz multipliziert.

Rechtfertigungsprobleme der GewSt

Politisch ist die Gewerbesteuer stark umstritten. Weder das Leistungsfähigkeits- noch das Äquivalenzprinzip können die Gewerbesteuer hinreichend rechtfertigen. Der Begründung der Gewerbesteuer durch das Leistungsfähigkeitsprinzip stehen bspw. entgegen:

- Das Nettoprinzip wird nicht beachtet, d.h. der Abzug bestimmter betrieblicher Aufwendungen, wie bspw. Schuldzinsen oder Mietaufwendungen, ist nur eingeschränkt möglich.
- Die Gewerbesteuer stellt eine Sondersteuer für Gewerbebetriebe dar, da weder Land- und Forstwirte noch Freiberufler besteuert werden.
- Es liegt eine standortabhängige Unternehmensbelastung vor, da der Hebesatz von jeder einzelnen Gemeinde eigenständig festgelegt wird.

Auch die Begründung durch das Äquivalenzprinzip ist nicht frei von Widersprüchen:

- Eine Belastung der Gemeinden durch Gewerbebetriebe, die eine spezielle Steuer rechtfertigen würde, ist nur schwer nachzuweisen.

- Es besteht kein Zusammenhang zwischen dem Gewerbeertrag und der Belastung der Gemeinde durch den Gewerbebetrieb.
- Auch Freiberufler und land- und forstwirtschaftliche Betriebe nutzen die Leistungen der Gemeinden, unterliegen aber nicht der Gewerbesteuer.

Diese Kritik führte in der Vergangenheit immer wieder zu Diskussionen um die Gewerbesteuer, deren Steueraufkommen 2016 in Deutschland lt. statistischem Bundesamt 50,1 Mrd. € betrug.

Steuergegenstand

4.1.2

Stehender Gewerbebetrieb vs. Reisegewerbebetrieb

Steuergegenstand der Gewerbesteuer ist der Gewerbebetrieb. Das Gewerbesteuergesetz kennt zwei Arten des Gewerbebetriebs. Der Gewerbesteuer unterliegt einerseits jeder **stehende Gewerbebetrieb** (§ 2 Abs. 1 Satz 1 GewStG) und andererseits **Reisegewerbebetriebe** (§ 35a Abs. 1 GewStG). Gem. § 1 GewStDV ist jeder Gewerbebetrieb ein stehender Gewerbebetrieb, sofern er keinen Reisegewerbebetrieb i. S. d. § 35a GewStG darstellt. Die Besonderheit eines Reisegewerbebetriebes ist, dass keine feste Betriebsstätte unterhalten wird und daher unklar ist, welche Gemeinde die Gewerbesteuer einfordern darf. Gem. § 35a Abs. 3 GewStG wird die Steuer von derjenigen Gemeinde erhoben, in der der Schwerpunkt der gewerblichen Tätigkeit des Reisegewerbebetriebes liegt.

Wird sowohl ein stehendes Gewerbe als auch ein Reisegewerbe betrieben, ist zu unterscheiden, ob ein einheitlicher Betrieb

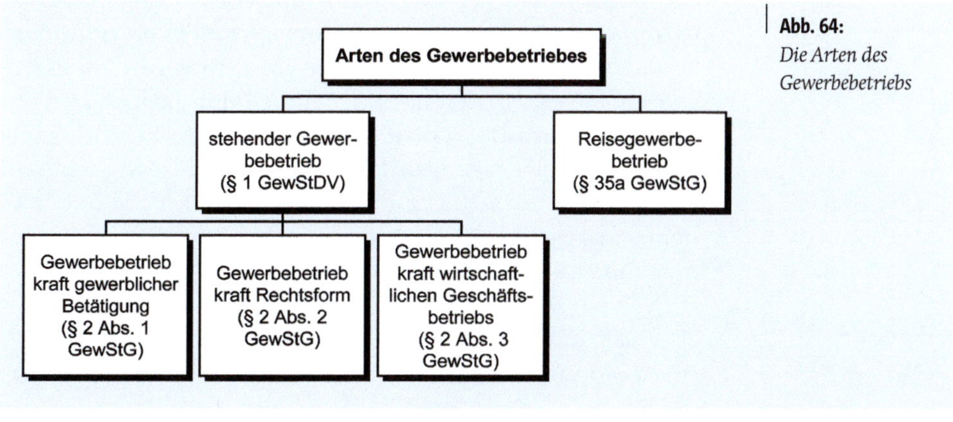

Abb. 64: *Die Arten des Gewerbebetriebs*

oder zwei selbständige Betriebe vorliegen. Im Rahmen eines einheitlichen Gewerbebetriebs ist der gesamte Betrieb, bestehend aus Reisegewerbe und stehendes Gewerbe, in vollem Umfang als stehendes Gewerbe zu behandeln. Die besonderen Regelungen zum Reisegewerbebetrieb kommen nicht zur Anwendung.

Darüber hinaus lassen sich drei Formen des stehenden Gewerbebetriebs unterscheiden:

3 Formen des stehenden Gewerbebetriebs

- Ein **Gewerbebetrieb kraft gewerblicher Betätigung** (§ 2 Abs. 1 Satz 2 GewStG) liegt vor, wenn ein gewerbliches Unternehmen i.S.d. Einkommensteuergesetzes gegeben ist, d.h. wenn eine selbständige, nachhaltige, mit Gewinnerzielungsabsicht unternommene Tätigkeit, die sich als Beteiligung am allgemeinen wirtschaftlichen Verkehr darstellt, ausgeübt wird (R 2.1 Abs. 1 GewStR, H 2.1 Abs. 1 GewStH). Dabei darf es sich nicht um eine land- und forstwirtschaftliche Tätigkeit, die Ausübung eines freien Berufes bzw. reine Vermögensverwaltung handeln. Unter den Gewerbebetrieb kraft gewerblicher Betätigung fallen bspw. Personengesellschaften, die eine Tätigkeit i.S.d. § 15 Abs. 1 Satz 1 Nr. 2 EStG ausüben und deren Gesellschafter als Mitunternehmer anzusehen sind.
- Ein **Gewerbebetrieb kraft Rechtsform** ist stets bei Kapitalgesellschaften gegeben (§ 2 Abs. 2 GewStG). Es muss nicht mehr geprüft werden, ob die Tätigkeit ein Gewerbe darstellt, da die Gewerbesteuerpflicht an die Rechtsform anknüpft.
- **Gewerbebetriebe kraft wirtschaftlichen Geschäftsbetriebs** (§ 2 Abs. 3 GewStG) liegen vor, wenn sonstige juristische Personen (bspw. eingetragene Vereine) und nichtrechtsfähige Vereine (bspw. Arbeitsgemeinschaften) einen wirtschaftlichen Geschäftsbetrieb i.S.d. § 14 AO ausüben. Dieser ist bei Vorliegen einer selbständigen, nachhaltigen Tätigkeit, durch die Einnahmen erzielt werden und die über den Rahmen einer bloßen Vermögensverwaltung hinausgeht, gegeben. Auf eine Gewinnerzielungsabsicht und die Beteiligung am allgemeinen wirtschaftlichen Verkehr kommt es in diesem Zusammenhang nicht an.

Beispiel:
Der steuerbefreite, gemeinnützige Fußballverein DJK Ingolstadt unterhält auch eine Vereinsgaststätte.

Bedingung für die Erhebung der Gewerbesteuer ist, dass der Gewerbebetrieb im Inland liegt (§ 2 Abs. 1 Satz 1 GewStG). Das bedeutet, dass im Inland eine Betriebsstätte unterhalten werden muss. Eine Betriebsstätte ist jede feste Einrichtung oder Anlage, die der Tätigkeit eines Unternehmens dient (§ 12 AO). Dazu zählen vornehmlich:

- die Stätte der Geschäftsleitung,
- Zweigniederlassungen,
- Geschäftsstellen,
- Fabrikations- oder Werkstätten,
- Ein- und Verkaufsstellen.

Nicht alle Betriebe unterliegen der Gewerbesteuer. In § 3 GewStG werden bestimmte von der Gewerbesteuer befreite Betriebe genannt, wie z.B. gemeinnützige Körperschaften, Personenvereinigungen und Vermögensmassen. Diese Regelung korrespondiert mit § 5 KStG. So ist bspw. eine gemeinnützige Körperschaft i.S.d. §§ 51 ff. AO gem. § 3 Nr. 6 GewStG von der Gewerbesteuer befreit.

Merke

Voraussetzungen für die Besteuerung:
- **Gewerbebetrieb i.S.d. § 2 Abs. 1 Satz 1 oder § 35a Abs. 1 GewStG**
- **Gewerbebetrieb liegt im Inland**

Mehrheit von Gewerbebetrieben und einheitlicher Gewerbebetrieb

Unterhalten Mitunternehmerschaften und Kapitalgesellschaften mehrere Gewerbebetriebe, so sind diese immer als einheitlicher Gewerbebetrieb zu betrachten, auch wenn unterschiedliche Geschäftszweige zusammengefasst sind. Demnach können Mitunternehmerschaften und Kapitalgesellschaften jeweils nur über einen einzigen Gewerbebetrieb verfügen.

Beispiel:
Die Blaues Wunder AG betreibt in Dresden einen Designer Outlet Shop, ein Delikatessen Restaurant in Leipzig, eine Schreinerei in Chemnitz und ein Elektronikgeschäft in Freiberg.
Die Blaues Wunder AG unterhält einen einzigen Gewerbebetrieb mit vier Betriebsstätten.

Bei natürlichen Personen hingegen liegt nur ein einzelner Gewerbebetrieb vor, soweit die verschiedenen gewerblichen Tätigkeiten des Einzelunternehmens nach der Verkehrsauffassung und nach den Betriebsverhältnissen als Teile eines einzigen gewerblichen Betriebes anzusehen sind. Demnach bilden gleichartige und sachlich (insbesondere wirtschaftlich, finanziell und organisatorisch) innerlich zusammenhängende Betriebe eine Einheit und stellen nur ein Steuerobjekt dar.

Beispiel:
Der Einzelunternehmer Fritz betreibt in Ilmenau eine Metzgerei und eine räumlich damit verbundene Gaststätte.
Metzgerei und Gaststätte des Einzelunternehmers Fritz sind als einziger Gewerbebetrieb anzusehen.

Merke

Bei mehreren gewerblichen Tätigkeiten von Mitunternehmerschaften und Kapitalgesellschaften ist immer von einem einheitlichen Gewerbebetrieb auszugehen. Bei Einzelunternehmen sind die Betriebsverhältnisse und die Verkehrsauffassung entscheidend dafür, ob ein oder mehrere Steuerobjekte vorliegen.

Handelt es sich aufgrund der Verschiedenartigkeit der Betriebe um mehrere wirtschaftliche Einheiten, wird jedes dieser Einheiten als ein eigenes Steuerobjekt betrachtet.

Beispiel:
Der Einzelunternehmer Kalle betreibt ein Eishockey Fanartikel Geschäft in Erfurt und eine chemische Fabrik in Jena.

4.1.3 | Persönliche Steuerpflicht

Die persönliche Steuerpflicht wird bei der Gewerbesteuer als Realsteuer über die Steuerschuldnerschaft konkretisiert. Steuerschuldner der Gewerbesteuer ist der Unternehmer (§ 5 Abs. 1 Satz 1 GewStG). Als Unternehmer gilt derjenige, für dessen Rechnung das Unternehmen betrieben wird (§ 5 Abs. 1 Satz 2 GewStG).

Im Rahmen der Gewerbesteuer ist eine Personengesellschaft – im Unterschied zur Behandlung bei der Einkommensteuer! – selbst Steuerschuldner (§ 5 Abs. 1 Satz 3 GewStG). Dies lässt sich mit der Teilrechtsfähigkeit der Personengesellschaft begründen. Bei Einzelunternehmen ist der Inhaber Steuerschuldner, im Falle einer Kapitalgesellschaft ist es die Gesellschaft.

Merke

Gem. § 5 Abs. 1 Satz 3 GewStG ist die Personengesellschaft selbst Steuerschuldner und damit gewerbesteuerpflichtig.

4.2 | Gewinn aus Gewerbebetrieb

Nur Einkünfte aus § 15 EStG unterliegen der GewSt

Ausgangspunkt für die Berechnung der Gewerbesteuerbemessungsgrundlage ist gem. § 7 Satz 1 GewStG der **Gewinn aus dem Gewerbebetrieb**, der nach den Vorschriften des Einkommensteuergesetzes oder des Körperschaftsteuergesetzes ermittelt wurde. Somit unterliegen nur die Einkünfte aus § 15 EStG der Gewerbesteuer. Daraus folgt, dass insbesondere Einkünfte aus selbständiger Tätigkeit gem. § 18 EStG nicht der Gewerbesteuer unterliegen.

	Gewinn aus Gewerbebetrieb (§ 7)
+	Hinzurechnungen (§ 8)
./.	Kürzungen (§ 9)
=	Gewerbeertrag (vor Verlustabzug)
./.	Verlustvortrag (§ 10a)
./.	Freibetrag (§ 11 Abs. 1)
=	Gewerbeertrag
x	Steuermesszahl (§ 11 Abs. 2)
=	Steuermessbetrag (§ 14 Satz 1)
x	Hebesatz (§ 16)
=	Gewerbesteuer
./.	GewSt-Vorauszahlungen (§ 19)
=	Abschlusszahlung oder Erstattung (§ 20)

Aus der Formulierung des § 7 Satz 1 GewStG „*der nach den Vorschriften des EStG oder KStG ermittelt wurde*“ folgt, dass das Gewerbesteuergesetz in einem ersten Schritt **sämtliche Aufwands- und Ertragsanpassungen aufgrund von Vorschriften des Einkommensteuergesetzes oder des Körperschaftsteuergesetzes (z.B. § 4 Abs. 5 EStG, § 10 KStG) übernimmt**. Allerdings normiert das Gewerbesteuergesetz in einem zweiten Schritt die Vornahme **eigener Hinzurechnungs- und Kürzungsvorschriften**. Diese eigenen, in den §§ 8 und 9 GewStG aufgeführten Anpassungsvorschriften gelten **ausdrücklich nur für die Gewerbesteuer** und sind daher *nicht* in die einkommensteuerliche bzw. körperschaftsteuerliche Bemessungsgrundlage miteinzubeziehen. Ziel der Hinzurechnungs- und Kürzungsvorschriften ist es, dem Charakter der Gewerbesteuer als Real- bzw. Objektsteuer Rechnung zu tragen – indem die „objektivierte“ Ertragskraft des Betriebes ermittelt wird – sowie den Inlandscharakter der Gewerbesteuer zu gewährleisten. Da sich sämtliche gewerbesteuerlichen Anpassungsvorschriften nur auf die Gewerbesteuer beziehen, müssen diese Korrekturen immer **außerhalb der Bilanz** erfolgen.

Für Einzelunternehmen sind die Einkünfte aus Gewerbebetrieb der Gewinn nach § 15 Abs. 1 Satz 1 Nr. 1 EStG. Bei Personengesellschaften ist die Ausgangsgröße zur Ermittlung der Gewerbesteuer der Gewinn der Mitunternehmerschaft gem. § 15 Abs. 1 Satz 1 Nr. 2 EStG. Zu dem Gewinn der Mitunternehmerschaft zählen sowohl die Gewinnanteile an der Personengesell-

Merke

Der Gewinn nach dem EStG oder KStG ist der Ausgangswert für die Ermittlung der Gewerbesteuerbemessungsgrundlage. Zudem sind bei der Berechnung eigene im Gewerbesteuergesetz normierte Hinzurechnungs- und Kürzungsvorschriften zu beachten.

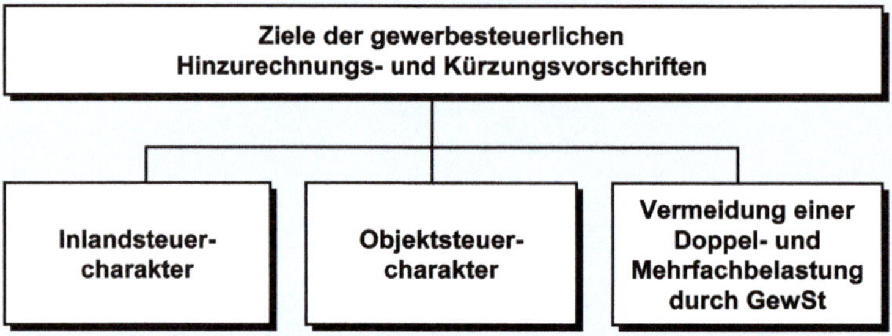

Abb. 65:
Ziele der gewerbesteuerlichen Modifikationen

schaft als auch die Sondervergütungen an die Gesellschafter i.S.d. § 15 Abs. 1 Satz 1 Nr. 2 EStG. Als Gewinn aus Gewerbebetrieb gilt für Kapitalgesellschaften das körperschaftsteuerliche Einkommen gem. § 8 Abs. 1 KStG.

Aufgrund der Selbständigkeit der Ertragsermittlung dürfen weder der Verlustabzug nach § 10d EStG noch die Freibeträge gem. §§ 24, 25 KStG den Gewinn aus Gewerbebetrieb mindern (R 7.1 Abs. 4 GewStR).

Zum Gewerbeertrag gehören bei Einzelgewerbetreibenden und bei Personengesellschaften grundsätzlich nur **laufende Gewinne**, während einmalige Gewinne nicht der Gewerbesteuer unterliegen. Laufende Gewinne werden durch die zur „normalen“ Geschäftstätigkeit gehörenden Vorgänge bestimmt. Außerordentliche Gewinne nach § 16 EStG, wie z.B. Gewinne aus der Veräußerung oder Aufgabe des Gewerbebetriebs, bleiben deshalb bei der gewerbesteuerlichen Bemessungsgrundlage außer Ansatz. Hierfür wird jedoch vorausgesetzt, dass der Gewinn unmittelbar auf natürliche Personen entfällt.

Dahingegen normiert § 7 Satz 2 GewStG eine Ausnahme, nach der Gewerbesteuerpflicht besteht, falls die Gewinne aus der Veräußerung oder Aufgabe

- des ganzen Betriebes oder eines Teilbetriebes einer Mitunternehmerschaft,
- eines Mitunternehmeranteils,
- des Anteils eines persönlich haftenden Gesellschafters einer Kommanditgesellschaft auf Aktien

nicht auf natürliche Personen als unmittelbar beteiligter Mitunternehmer, sondern auf unmittelbar beteiligte Personen- bzw. Kapitalgesellschaften entfallen. Diese Gewinne sind folglich in den Gewerbeertrag einzubeziehen.

Hinzurechnungen gemäß § 8 GewStG

4.2.1

Kein Abzug bestimmter Betriebsausgaben für Zwecke der GewSt

Das Gewerbesteuergesetz normiert in § 8 GewStG eigene Hinzurechnungsvorschriften. Dadurch werden bereits geltend gemachte Betriebsausgaben **für Zwecke der Gewerbesteuer vom Abzug ausgeschlossen**. Die Hinzurechnungen erhöhen die gewerbesteuerliche Bemessungsgrundlage, wirken sich aber nicht auf die Bemessungsgrundlage der Einkommensteuer oder der Körperschaftsteuer aus.

	Gewinn aus Gewerbebetrieb (§ 7)
+	**Hinzurechnungen (§ 8)**
./.	Kürzungen (§ 9)
=	Gewerbeertrag (vor Verlustabzug)
./.	Verlustvortrag (§ 10a)
./.	Freibetrag (§ 11 Abs. 1)
=	Gewerbeertrag
x	Steuermesszahl (§ 11 Abs. 2)
=	Steuermessbetrag (§ 14 Satz 1)
x	Hebesatz (§ 16)
=	Gewerbesteuer
./.	GewSt-Vorauszahlungen (§ 19)
=	Abschlusszahlung oder Erstattung (§ 20)

Nachfolgend werden zunächst die gewerbesteuerlichen Hinzurechnungen nach § 8 Nr. 1 GewStG näher betrachtet. Diese Regelung erfordert eine Hinzurechnung von 25 % der Summe aller Einzelbeträge i.S.d. § 8 Nr. 1 Bst. a bis f GewStG. Dabei werden nachfolgende Sachverhalte erfasst:

+ **Alle Entgelte für Schulden**, die wirtschaftlich mit dem Gewerbebetrieb verbunden sind (§ 8 Nr. 1 Bst. a GewStG). Unter „Entgelt für Schulden“ versteht man insbesondere Zinsen, aber auch gewinnabhängige Zinszuschläge, Damnum oder Disagio (R 8.1 Abs. 1 GewStR). Voraussetzung für die Hinzurechnung von Fremdkapitalzinsen ist, dass die entsprechenden Betriebsausgaben zuvor bei der Ermittlung des Gewinns abzugsfähig waren. Bei der Hinzurechnung von Zinsen bzw. Lizenzen ist daher zu beachten, dass ihre Abzugsfähigkeit nicht durch die Regelungen zur Zinsschranke gem. § 4h EStG i.V.m. § 8a KStG bzw. durch die Regelungen zu den Aufwendungen für Rechteüberlassung gem. § 4j EStG begrenzt wurde. Gewährte Kundenrabatte und Skonti sowie ähnliche wirtschaftliche Vorteile im Zusammenhang mit der Erfüllung von Forderungen aus Lieferungen und Leistungen vor Fälligkeit werden hingegen nur als Entgelte erfasst, falls sie nicht dem gewöhnlichen Geschäftsverkehr entsprechen (z.B. bei unüblich langen Zahlungszielen für Skonti).

Ziel dieser Hinzurechnung ist es, eine weitgehend finanzierungsneutrale Gewerbesteuerbelastung zu ermitteln. Es soll für Zwecke der Gewerbesteuer keinen Unterschied machen, ob der Betrieb mit Eigenkapital oder mit Fremdkapital finanziert wird. Erfolgt eine Finanzierung mit Eigenkapital, fallen keine Schuldzinsen an. Aus diesem Grunde werden für den Fall, dass eine Fremdfinanzierung vorliegt, 25 % der Schuldzinsen als nicht abzugsfähig behandelt und somit dem Gewinn aus Gewerbebetrieb wieder hinzugerechnet. Auf diese Weise erfolgt eine Angleichung der beiden Finanzierungsarten.

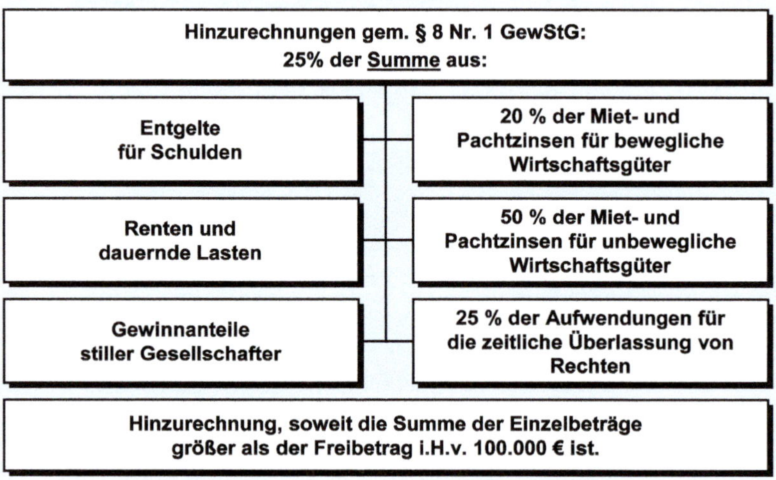

Abb. 66: *Hinzurechnungen i.S.d. § 8 Nr. 1 GewStG*

+ **Sämtliche Renten und dauernde Lasten** sind gem. § 8 Nr. 1 Bst. b GewStG der gewerbesteuerlichen Bemessungsgrundlage wieder hinzuzurechnen. Bei der Hinzurechnung sind nur aufwandswirksame Komponenten, wie z.B. der Zinsanteil, zu berücksichtigen. Dies entspricht dem Grundsatz, dass nur der Teil außerhalb der Bilanz korrigiert werden muss, der bereits in der Gewinn- und Verlustrechnung aufwandswirksam verrechnet wurde. Darüber hinaus erfolgt gem. § 8 Nr. 1 Bst. b Satz 2 GewStG keine Hinzurechnung von Pensionsverpflichtungen aus Direktzusagen eines Arbeitgebers gegenüber seinen Arbeitnehmern. Grund dieser Hinzurechnung ist wie bei der Hinzurechnung gem. § 8 Nr. 1 Bst. a GewStG, dass eine möglichst finanzierungsneutrale Gewerbesteuerbelastung ermittelt werden soll.

+ Die **Gewinnanteile von stillen Gesellschaftern** i.S.d. § 230 HGB sind gem. § 8 Nr. 1 Bst. c GewStG dem Gewinn aus Gewerbebetrieb hinzuzurechnen. In diesem Zusammenhang muss zwischen typisch und atypisch stillen Gesellschaftern unterschieden werden. Beteiligt sich jemand als typisch stiller Gesellschafter, d.h. er ist kein Mitunternehmer, sondern erzielt Einkünfte aus Kapitalvermögen gem. § 20 EStG, am Handelsgewerbe eines Dritten, so mindert – für einkommensteuerliche Zwecke – der Gewinnanteil des stillen Gesellschafters als abzugsfähige Betriebsausgabe den Gewinn aus Gewerbebetrieb des Inhabers des Handelsgewerbes. Um die Neutralität der Finanzierung und damit den Objektcharakter der Gewerbesteuer sicherzustellen, müssen die Gewinnanteile hinzugerechnet werden, da die typisch stille Gesellschaft als Form der Fremdfinanzierung zu qualifizieren ist. Der atypisch stille Gesellschafter ist hingegen Mitunternehmer. Sein Ergebnisanteil mindert daher den Gewinn der Mitunternehmerschaft, die Steuersubjekt der Gewerbesteuer ist, nicht. Eine Hinzurechnung gem. § 8 Nr. 1 Bst. c GewStG erübrigt sich daher.

Beispiel:
Herr Max ist als typisch stiller Gesellschafter am Handelsgewerbe von Herrn Moritz beteiligt. Die Beteiligung hält Herr Max im Privatvermögen. Im Jahr 2018 beläuft sich der Gewinnanteil des Herrn Max auf 20.000 €. Herr Moritz verbucht den Betrag in voller Höhe als Betriebsausgabe.

Der erzielte Gewinnanteil i.H.v. 20.000 € stellt bei Herrn Max gem. § 20 EStG Einkünfte aus Kapitalvermögen dar und unterliegt bei ihm somit nicht Gewerbesteuer.

Da Herr Moritz den Gewinnanteil als Betriebsausgabe erfasst hat, wurde sein einkommensteuerlicher Gewinn und somit der Ausgangspunkt für die Berechnung der Gewerbesteuerbemessungsgrundlage gemindert. Deshalb greift die Hinzurechnungsvorschrift des § 8 Nr. 1 Bst. c GewStG hinsichtlich des als Aufwand verbuchten Gewinnanteils i.H.v. 20.000 €.

+ Zu den Hinzurechnungen zählt gem. § 8 Nr. 1 Bst. d GewStG ***„ein Fünftel der Miet- und Pachtzinsen** (einschließlich Leasingraten) für die Benutzung* von **beweglichen** *Wirtschaftsgütern des Anlage-*

vermögens, die im Eigentum eines anderen stehen". Als Beispiel hierfür sind Entgelte für gemietete bzw. geleaste Maschinen oder Pkw zu nennen. Durch diese Vorschrift soll der Objektsteuercharakter der Gewerbesteuer dadurch gewahrt werden, dass die Gewerbesteuer unabhängig davon sein soll, ob der gewerbesteuerpflichtige Unternehmer selbst Eigentümer der Wirtschaftsgüter ist oder die Wirtschaftsgüter gegen Zahlung von Miet- oder Pachtzinsen zur Verfügung gestellt werden. Aus diesem Grunde sind 20 % der hierfür als Aufwand geltend gemachten Miet- und Pachtzinsen der gewerbesteuerlichen Bemessungsgrundlage wieder hinzuzurechnen. Der effektive Hinzurechnungssatz für Miet- und Pachtzinsen für die Benutzung von beweglichen Wirtschaftsgütern des Anlagevermögens beträgt somit 5 %.

+ Darüber hinaus erfordert § 8 Nr. 1 Bst. e GewStG eine Erhöhung der gewerbesteuerlichen Bemessungsgrundlage um **50% der Miet- und Pachtzinsen** (einschließlich Leasingraten) für die Benutzung von **unbeweglichen** Wirtschaftsgütern des Anlagevermögens, die im Eigentum eines anderen stehen. Als Beispiel hierfür sind u.a. Entgelte für angemietete Räumlichkeiten anzuführen. Auch diese Regelung dient der Wahrung des Objektsteuercharakters der Gewerbesteuer. Der effektive Hinzurechnungssatz für Miet- und Pachtzinsen für die Benutzung von unbeweglichen Wirtschaftsgütern des Anlagevermögens beträgt somit 12,5 %.
+ Zudem ist gem. § 8 Nr. 1 Bst. f GewStG eine Hinzurechnung i.H.v. **25% der Aufwendungen für die zeitlich befristete Überlassung von Rechten** vorzunehmen (effektiver Hinzurechnungssatz 6,25 %). Hiervon sind insbesondere Aufwendungen für Konzessionen und Lizenzen betroffen, die der Bemessungsgrundlage der Gewerbesteuer hinzuzurechnen sind. Eine Ausnahme stellen diesbezüglich jedoch Lizenzvereinbarungen dar, die lediglich das Recht, abgeleitete Rechte des Lizenzgebers Dritten zur Verfügung zu stellen, zum Gegenstand haben (sog. Zwischenlizenzen). Derartige Vereinbarungen entsprechen einem reinen Vertriebsvertrag und werden nicht durch § 8 Nr. 1 Bst. d GewStG erfasst.

Gem. § 8 Nr. 1 GewStG sind die Einzelbeträge der Bst. a bis f aufzuaddieren, um anschließend 25 % der ermittelten Summe der gewerbesteuerlichen Bemessungsgrundlage hinzuzurechnen. Zuvor ist die Summe der Einzelbeträge jedoch um einen Freibetrag i.H.v. 100.000 € zu kürzen (§ 8 Nr. 1 GewStG).

Neben § 8 Nr. 1 GewStG sind noch weitere Hinzurechnungen im Rahmen der Ermittlung der gewerbesteuerlichen Bemessungsgrundlage zu berücksichtigen:

Anteilige bzw. vollständige Steuerfreiheit von Dividenden

+ Gem. § 8 Nr. 5 GewStG werden Dividenden, die gem. § 3 Nr. 40 EStG zu 40 % oder gem. § 8b Abs. 1 KStG vollständig steuerbefreit sind, dem Gewinn aus Gewerbebetrieb wieder hinzugerechnet, wenn die Voraussetzungen für das sog. **gewerbesteuerliche Schachtelprivileg** gem. § 9 Nr. 2a, 7 GewStG nicht gewährt werden kann. Aus diesem Grunde werden die Vergünstigungen durch das Teileinkünfteverfahren sowohl für natürliche Personen (Versteuerung nur zu 60 %) als auch für Kapitalgesellschaften (Steuerfreistellung zur Gänze, sofern keine Streubesitzdividenden vorliegen) für Zwecke der Gewerbesteuer wieder rückgängig gemacht, wenn nicht die Voraussetzungen der korrespondierenden Kürzungsvorschrift gem. § 9 Nr. 2a, 7 GewStG gegeben sind. Aufwendungen, die mit diesen Dividenden im Zusammenhang stehen und bisher ebenfalls ganz oder teilweise außer Ansatz geblieben sind, dürfen ergebnismindernd berücksichtigt werden. Gem. § 9 Nr. 2a GewStG ist bei Dividendenausschüttungen **inländischer** Kapitalgesellschaften die Kürzung zu gewähren, wenn der Gesellschafter **zu Beginn** des Erhebungszeitraumes zu mindestens 15 % beteiligt ist (nationales gewerbesteuerliches Schachtelprivileg). Bei Dividendenausschüttungen **ausländischer** Kapitalgesellschaften ist gem. § 9 Nr. 7 GewStG für die Steuerfreistellung eine mindestens 15 %ige Beteiligung **ununterbrochen seit Beginn** des Erhebungszeitraumes Voraussetzung. Darüber hinaus muss die ausländische Kapitalgesellschaft auch aktiv i.S.d. § 8 Abs. 1 AStG tätig sein, d.h. es darf sich z.B. nicht um eine Briefkastengesellschaft handeln (internationales gewerbesteuerliches Schachtelprivileg). Durch das gewerbesteuerliche Schachtelprivileg wird die gleiche Zielsetzung verfolgt wie mit der Kürzung von Gewinnanteilen an Personengesellschaften: Die Besteuerung

Merke

Das gewerbesteuerliche Schachtelprivileg hat zum Ziel, dass die Besteuerung nur bei demjenigen Rechtsträger erfolgt, der die Erfolge erwirtschaftet hat.

soll bei dem Rechtsträger, der die Erfolge erwirtschaftet hat, vorgenommen werden. Dem widersprechend kommt es allerdings bei einer Beteiligung von weniger als 15 % an einer Kapitalgesellschaft zu einer gewerbesteuerlichen Mehrfachbelastung, sofern die Anteile an der Kapitalgesellschaft zum Gewerbebetrieb des Gesellschafters gehören.

Beispiel:
An der inländischen Kerner AG ist

a) die Heisterkamp-GmbH
b) der Einzelgewerbetreibende Martin

seit mehreren Jahren zu 12 % beteiligt. Die Beteiligung an der Kerner AG wird im Betriebsvermögen gehalten. Im Jahr 2018 entfällt eine Dividende i.H.v. 50.000 € auf diese 12 %ige Beteiligung. In unmittelbarem wirtschaftlichen Zusammenhang mit dieser Dividende stehen Zinsen i.H.v. 7.000 €, die zur Finanzierung der Beteiligung aufgewendet wurden.

a) Gem. § 8b Abs. 1 KStG sind im Rahmen der körperschaftsteuerlichen Gewinnermittlung die Dividendeneinnahmen i.H.v. 50.000 € steuerfrei. Allerdings gelten gem. § 8 Abs. 5 KStG 5 % dieser Einnahmen, d.h. 2.500 € (5 % von 50.000 €) als nicht abzugsfähige Betriebsausgaben, so dass lediglich 95 % der Dividendenbezüge freigestellt werden. Demnach beläuft sich die Gewinnkorrektur letztendlich auf 47.500 €. Die tatsächlichen Aufwendungen i.H.v. 7.000 € sind in vollem Umfang abziehbar.
   Da die Heisterkamp-GmbH nur zu 12 % an der Kerner AG beteiligt ist, sind die Voraussetzungen für das gewerbesteuerliche Schachtelprivileg nicht erfüllt. Gem. § 8 Nr. 5 GewStG hat bei der Ermittlung des Gewerbeertrags eine Hinzurechnung des Korrekturbetrags i.H.v. 47.500 € zu erfolgen. Die nicht abzugsfähigen Betriebsausgaben i.H.v. 2.500 € haben die Ausgangsgröße zur Ermittlung der Gewerbesteuer bereits erhöht. Die körperschaftsteuerliche Steuerbefreiung wird somit gewerbesteuerlich wieder rückgängig gemacht. Nach Abzug der Aufwendungen i.H.v. 7.000 € sind letztendlich 43.000 € gewerbesteuerpflichtig.
   Zudem sind 25 % der Zinsen i.H.v. 7.000 € nach § 8 Nr. 1 Bst. a GewStG als Entgelte für Schulden hinzuzurechnen, da sie die Ausgangsgröße gemindert haben.
b) Die Dividendeneinnahme wird bei der Ermittlung des einkommensteuerlichen Gewinns gem. § 3 Nr. 40 Bst. d EStG zu 60 %, d.h. i.H.v. 30.000 € angesetzt. Zudem sind 60 % der Zinsen, d.h. 4.200 €, abziehbar.
   Auch im Falle des Einzelgewerbetreibenden Martin sind die Voraussetzungen des § 9 Nr. 2a GewStG nicht erfüllt. Folglich hat eine Hinzurechnung nach § 8 Nr. 5 GewStG zu erfolgen. In der Ausgangsgröße für die Gewerbesteuer sind bisher nur 60 % der Dividendenerträge

enthalten. Es muss somit eine Hinzurechnung des steuerfreien 40 %igen Anteils der Dividende i.H.v. 20.000 € erfolgen, damit die Dividendenerträge vollständig in der gewerbesteuerlichen Bemessungsgrundlage erfasst sind. Die Hinzurechnung erfolgt unter Abzug der bislang außer Ansatz gebliebenen Zinsaufwendung i.H.v. 2.800 € (40 % von 7.000 €). Letztendlich ist somit ein Betrag i.H.v. 17.200 € hinzuzurechnen. Insgesamt sind Einkünfte aus der Streubesitzdividende i.H.v. 43.000 € gewerbesteuerpflichtig.
Auch hier sind 25 % der Zinsen i.H.v. 7.000 € nach § 8 Nr. 1 Bst. a GewStG als Entgelte für Schulden hinzuzurechnen.

\+ Die **Verlustanteile an einer in- oder ausländischen Personengesellschaft** (Mitunternehmerschaft) müssen gem. § 8 Nr. 8 GewStG dem Ergebnis wieder hinzugerechnet werden. Bezüglich der Hinzurechnung der Verlustanteile an **inländischen** Personengesellschaften ist der Zweck darin zu sehen, dass sowohl ein Gewinn als auch ein Verlust für Zwecke der Gewerbesteuer nur auf der Ebene der Personengesellschaft berücksichtigt werden darf. Eine Auswirkung auf die einzelnen Mitunternehmer soll sich nicht ergeben. Der Verlust einer Personengesellschaft, der anteilig dem Gesellschafter zuzurechnen ist, muss, damit der Verlust der Personengesellschaft keine Auswirkung auf die Gewerbesteuer des Gesellschafters haben kann, für Zwecke der Gewerbesteuer auf Ebene des Gesellschafters wieder hinzuaddiert werden. Bezüglich der Hinzurechnung der Verlustanteile an **ausländischen** Personengesellschaften ist der Zweck der Norm darin zu sehen, dass der Inlandscharakter der Gewerbesteuer gewährleistet bleibt. Verluste aus ausländischen Personengesellschaften haben dadurch – ebenso wie Verlustanteile an inländischen Personengesellschaften – keine Auswirkung auf die Gewerbesteuer des Gesellschafters. Die-

Merke

Hinzurechnungen i.S.d. § 8 GewStG sind:
- **ein Viertel der Schuldzinsen,**
- **ein Viertel der Renten und dauernden Lasten,**
- **ein Viertel der Gewinnanteile typisch stiller Gesellschafter,**
- **5 % (= 25 % × 20 %) der Miet- und Pachtzinsen für bewegliche Wirtschaftsgüter,**
- **12,5 % (= 25 % × 50 %) der Miet- und Pachtzinsen für unbewegliche Wirtschaftsgüter,**
- **6,25 % (= 25 % × 25 %) der Aufwendungen für die zeitlich befristete Überlassung von Rechten,**
- **anteilig und vollständig steuerfreie Dividenden, wenn die Voraussetzungen des gewerbesteuerlichen Schachtelprivilegs nicht erfüllt sind,**
- **Verlustanteile an Personengesellschaften,**
- **Spenden von Kapitalgesellschaften.**

se Vorschrift korrespondiert mit der Kürzung von Gewinnen einer in- oder ausländischen Mitunternehmerschaft (§ 9 Nr. 2 GewStG).

Besondere Regelung bei Kapitalgesellschaften

\+ Kapitalgesellschaften müssen gem. § 8 Nr. 9 GewStG sämtliche **Spenden** i.S.d. § 9 Abs. 1 Nr. 2 KStG den Einkünften aus Gewerbebetrieb wieder hinzurechnen, da sich diese auf das körperschaftsteuerpflichtige Einkommen ausgewirkt haben. Anschließend wird gem. § 9 Nr. 5 GewStG der abzugsfähige Teil der Spenden ermittelt, der die gewerbesteuerliche Bemessungsgrundlage verringern darf. Diese Vorgehensweise entspricht der des Körperschaftsteuergesetzes, da auch hier erst eine Hinzurechnung sämtlicher als Aufwand geltend gemachten Spenden erfolgt (§ 9 Abs. 2 Satz 1 KStG) und erst nach Ermittlung des abzugsfähigen Teils eine entsprechende Kürzung (§ 9 Abs. 1 Nr. 2 KStG) vorgenommen wird.

4.2.2 Kürzungen gemäß § 9 GewStG

Vermeidung von Doppel- bzw. Mehrfachbelastung

Im Folgenden werden die wichtigsten Kürzungstatbestände gem. § 9 GewStG erläutert. Wie im vorherigen Kapitel verdeutlicht wurde, korrespondieren Kürzungsvorschriften häufig mit Hinzurechnungstatbeständen des § 8 GewStG.

	Gewinn aus Gewerbebetrieb (§ 7)
+	Hinzurechnungen (§ 8)
./.	**Kürzungen (§ 9)**
=	Gewerbeertrag (vor Verlustabzug)
./.	Verlustvortrag (§ 10a)
./.	Freibetrag (§ 11 Abs. 1)
=	Gewerbeertrag
x	Steuermesszahl (§ 11 Abs. 2)
=	Steuermessbetrag (§ 14 Satz 1)
x	Hebesatz (§ 16)
=	Gewerbesteuer
./.	GewSt-Vorauszahlungen (§ 19)
=	Abschlusszahlung oder Erstattung (§ 20)

Nochmals soll hervorgehoben werden, dass die Kürzungen ebenso wie die Hinzurechnungen nur für die Gewerbesteuer vorzunehmen sind und somit nicht die Bemessungsgrundlage der Einkommensteuer bzw. der Körperschaftsteuer beeinflussen. Durch den Abzug bestimmter Beträge vom Gewinn aus Gewerbebetrieb wird vor allem einer Doppel- bzw. Mehrfachbelastung mit Gewerbesteuer entgegen gewirkt. Ferner soll der Objektsteuer- und Inlandscharakter der Gewerbesteuer sichergestellt werden.

./. Der Gewinn aus Gewerbebetrieb ist gem. § 9 Nr. 1 GewStG um 1,2 % des **Einheitswerts des zum Betriebsvermögen gehören-**

den Grundbesitzes zu kürzen. Die Kürzung dient der Vermeidung einer Doppelbelastung mit zwei Realsteuern bzw. mit zwei Steuern, die den Gemeinden zustehen. Dies sind die Grundsteuer (GrSt) und die Gewerbesteuer. Ob der Grundbesitz zum Betriebsvermögen zählt, hängt von den Vorschriften des EStG und KStG ab. Wenn z.B. ein Grundstück im Laufe des betreffenden Kalenderjahres veräußert wird, hat eine Kürzung zu erfolgen. Wird allerdings ein Grundstück im Laufe des Jahres erworben, erfolgt keine Kürzung. Maßgebend ist also der Stand zu Beginn des Kalenderjahres. Als Bemessungsgrundlage der Kürzung wird das 1,4-fache des auf den Wertverhältnissen vom 01.01.1964 beruhenden Einheitswertes herangezogen (§ 121a BewG). Darüber hinaus ist im Hinblick auf diese Kürzung jedoch zu berücksichtigen, dass sie nur zulässig ist, falls der betreffende Grundbesitz nicht von der Grundsteuer befreit wurde (§ 9 Nr. 1 Satz 1 GewStG).

Beispiel:
Zum Betriebsvermögen der Sissi GmbH zählen im Jahr 2018 mehrere bebaute Grundstücke mit einem Einheitswert i.H.v. insgesamt 400.000 €. Die Grundstücke sind nicht von der Grundsteuer befreit.
Um eine Doppelbesteuerung mit zwei Realsteuern zu vermeiden, ist der Gewerbeertrag im Jahr 2018 zu kürzen. Der Kürzungsbetrag beträgt 1,2 % des um den Faktor 1,4 erhöhten Einheitswertes i.H.v. 400.000 €. Der erhöhte Einheitswert beträgt 560.000 € (140 % von 400.000 €). Somit ergibt sich ein Kürzungsbetrag i.H.v. 6.720 € (1,2 % von 560.000 €).

./. Korrespondierend zur Hinzurechnungsvorschrift des § 8 Nr. 8 GewStG wird der Gewinn aus Gewerbebetrieb um die **Anteile am Gewinn einer in bzw. ausländischen Personengesellschaft** gem. § 9 Nr. 2 GewStG gekürzt. Bezüglich der Kürzung der Gewinnanteile an **inländischen** Personengesellschaften ist der Zweck darin zu sehen, dass die Personengesellschaft selbst als Steuersubjekt der Gewerbesteuer anzusehen ist und daher selbst Gewerbesteuer zu zahlen hat. Für Zwecke der Einkommensteuer gilt jedoch die Personengesellschaft nicht als Steuersubjekt, sondern die einzelnen Gesellschafter, die jeweils mit ihrem Gewinnanteil Einkünfte aus Gewerbebetrieb i.S.d. § 15 Abs. 1 Nr. 1 EStG erzielen. Dieser Gewinnanteil unterlag jedoch auf Ebene der Personengesellschaft bereits der Gewerbesteuer, so dass zur Vermeidung einer Doppelbelastung mit Gewerbesteuer die Gewinnanteile zur Berechnung der Gewerbesteuer des einzelnen Gesellschafters wieder abgezogen werden müssen. Diesen Zusammenhang verdeutlicht Abb. 67. Bezüglich der Kürzung von Gewinnanteilen **ausländischer** Personengesellschaften liegt der Zweck in der Wahrung des Inlandscharakters der Gewerbesteuer.

Abb. 67: *Behandlung der Gewinnanteile von Gesellschaftern einer Personengesellschaft*

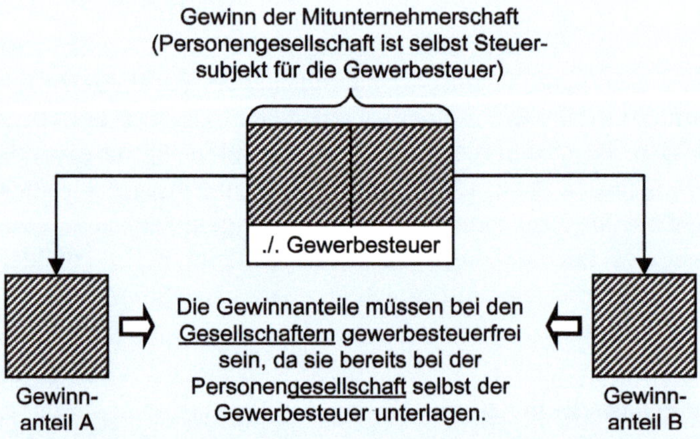

./. Durch die Kürzungsvorschrift des § 9 Nr. 2a GewStG wird das **nationale gewerbesteuerliche Schachtelprivileg** geregelt, welches korrespondierend zu § 8 Nr. 5 GewStG eine Kürzung der Erträge aus Ausschüttungen inländischer Kapitalgesellschaften vorsieht, wenn die Beteiligung mindestens 15 % beträgt. Ebenfalls korrespondierend zu § 8 Nr. 5 GewStG ist die Vorschrift des § 9 Nr. 7 GewStG, die das **internationale gewerbesteuerliche Schachtelprivileg** gewährt, wenn neben der Mindestbeteiligungsquote von 15 % die ausländische Kapitalgesellschaft zusätzlich einer aktiven Tätigkeit nachgeht. Ist jedoch in einem Doppelbesteuerungsabkommen eine niedrigere Mindestbeteiligungsquote festgeschrieben, so ist diese gem. § 9 Nr. 8 GewStG für die Anwendung des internationalen Schachtelprivilegs maßgebend.

Die Kürzungsvorschriften des § 9 Nr. 2a, 7 GewStG sehen eine Kürzung der Schachteldividenden nur in der Höhe vor, in der diese Gewinnanteile zuvor in der Ausgangsgröße für die Ermittlung des Gewerbeertrags angesetzt wurden.

Abgesehen vom 5 %igen Betriebsausgabenabzugsverbot sind Gewinnanteile einer Kapitalgesellschaft, sofern keine Streubesitzdividenden i. S. d. Körperschaftsteuerrechts vorliegen, aufgrund ihrer Freistellung gem. § 8b Abs. 1 KStG bereits nicht in der Ausgangsgröße für die Ermittlung des Gewerbeertrags enthalten. Eine Kürzung dieser freigestellten Gewinnanteile i. H.v. 95 % erübrigt sich insoweit. Somit bedarf es lediglich einer Kürzung der 5 %igen nicht abziehbaren Betriebsausgaben, da diese zuvor in der Ausgangsgröße für die Ermittlung des Gewerbeertrags angesetzt wurden. Allerdings stellen diese nach § 8 Abs. 5 KStG nicht abziehbaren Betriebsausgaben keine Gewinne aus Anteilen dar (§ 9 Nr. 2a Satz 4 GewStG). Aus diesem Grund sind die pauschalisierten nicht abziehbaren Betriebsausgaben nicht Gegenstand der Kürzungsvorschriften, so dass für sie keine gewerbesteuerlichen Kürzungen gem. § 9 Nr. 2a, 7 GewStG in Betracht kommen. Letztendlich bleibt demnach eine gewerbesteuerliche Kürzung für Schachteldividenden für Kapitalgesellschaften dem Grunde nach gegenstandslos.

Bei Personenunternehmen wurden die Gewinnanteile gem. § 3 Nr. 40 Bst. d EStG mit dem steuerpflichtigen 60%igen Anteil in der Ausgangsgröße für die Ermittlung des Gewerbeertrags angesetzt. Bei Erfüllung der Voraussetzungen kommen somit die Kürzungsvorschriften zur Anwendung. Die einkommensteuerpflichtigen verbliebenen 60 %igen Gewinnanteile werden gem. § 9 Nr. 2a, 7 GewStG aus dem Gewinn aus Gewerbebetrieb gekürzt. Allerdings ist dieser Kürzungsbetrag noch um die mit der nun mehr gewerbesteuerfreien Dividende im wirtschaftlichen Zusammenhang stehenden Aufwendungen zu mindern.

Beispiel:
An der inländischen Müller GmbH sind im Jahr 2018 folgende inländische Gesellschafter beteiligt:

- Einzelgewerbetreibender Heinrich zu 15 %
- Elisabeth OHG zu 10 %
- Sissi GmbH zu 40 %
- Fritz AG zu 35 %

Die Beteiligungen werden im Betriebsvermögen gehalten. Weiterhin wurde die Beteiligung der Sissi GmbH erst im Laufe des Jahres 2018

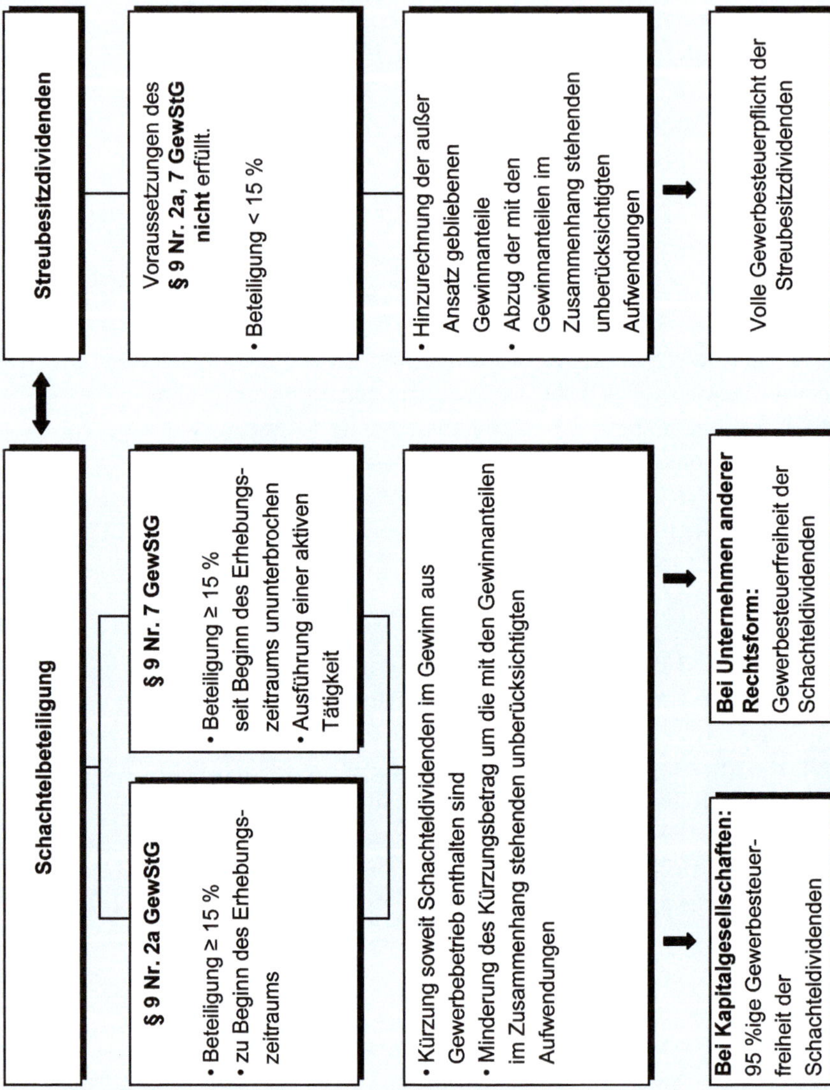

Abb. 68: *Abgrenzung zwischen Schachtel- und Streubesitzdividenden*

durch Anteilserwerb von zuvor 10 % auf 40 % erhöht. Für die Kürzungsvorschrift des § 9 Nr. 2a GewStG ist auf die zu Beginn des Erhebungszeitraumes bestehende Beteiligungsquote abzustellen. Demnach erfüllen nur der Einzelgewerbetreibende Heinrich und die Fritz AG die Voraussetzung zur Inanspruchnahme der Kürzung nach § 9 Nr. 2a GewStG, da sie zu mindestens 15 % beteiligt sind. Die gem. § 3 Nr. 40 Bst. d EStG zu 60 % in der Ausgangsgröße für die Ermittlung des Gewerbeertrags enthaltenen Dividenden des Einzelgewerbetreibenden Heinrich sind bei der Gewerbeertragsermittlung zu kürzen. Aufgrund des § 8b Abs. 1 KStG bedarf es bei der Fritz AG einer solchen Kürzung nicht.

./. **Gewerbeerträge** aus einer **ausländischen Betriebsstätte** kürzen gem. § 9 Nr. 3 GewStG den Gewinn aus Gewerbebetrieb. Diese Kürzung ist durch den Inlandscharakter der Gewerbesteuer zu begründen.

./. Korrespondierend zur Hinzurechnungsvorschrift des § 8 Nr. 9 GewStG regelt § 9 Nr. 5 GewStG den abzugsfähigen Höchstbetrag für geleistete **Spenden**. Der abzugsfähige Teil für Zuwendungen zur Förderung gemeinnütziger, mildtätiger oder kirchlicher Zwecke i. S. d. §§ 52 bis 54 AO beträgt 20 % des um die Hinzurechnungen nach § 8 Nr. 9 GewStG erhöhten Gewinns aus Gewerbebetrieb. Alternativ ist auch ein Abzug von 4 ‰ der Summe aus den gesamten Umsätzen zuzüglich der im Wirtschaftsjahr aufgewendeten Löhne und Gehälter möglich. Überschreiten die Zuwendungen die zulässigen Höchstbeträge, so besteht gem. § 9 Nr. 5 Satz 8 GewStG die Möglichkeit, diese überschießenden Beträge in spätere Perioden vorzutragen.

Abb. 69: *Abzugsbeträge für Spenden und Mitgliedsbeiträge gem. § 9 Nr. 5 GewStG*

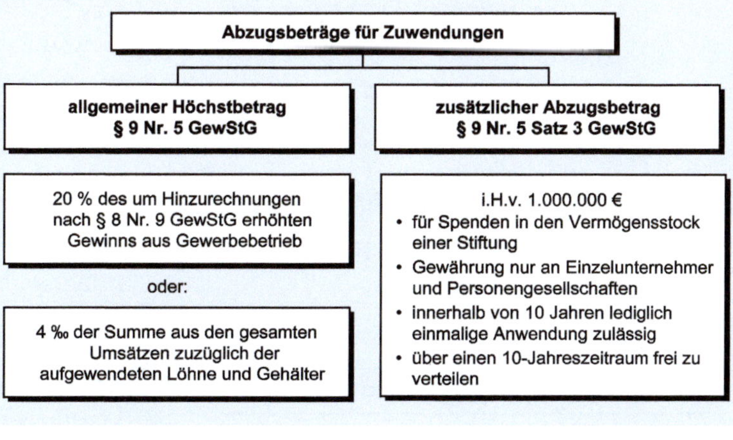

Merke

Kürzungen i. S. d. § 9 GewStG sind:
- **1,2 % des Einheitswertes des zum Betriebsvermögen gehörenden und nicht von der GrSt befreiten Grundbesitzes,**
- **Gewinnanteile an Personengesellschaften,**
- **Ausschüttungen inländischer Kapitalgesellschaften bei Beteiligung von mindestens 15 %,**
- **Gewerbeerträge aus ausländischen Betriebsstätten,**
- **abzugsfähiger Höchstbetrag für Spenden.**

Für Spenden, durch die der Vermögensstock einer Stiftung des öffentlichen Rechts oder einer privaten Stiftung, die gem. § 5 Abs. 1 Nr. 9 KStG von der Körperschaftsteuer befreit sind, begründet oder erhöht wird, besteht auf Antrag eine zusätzliche Abzugsmöglichkeit bis zu einem Höchstbetrag von 1 Mio. € (§ 9 Nr. 5 Satz 3 GewStG). Dieser Abzugsbetrag wird jedoch nur Einzelunternehmen und Personengesellschaften gewährt und kann darüber hinaus während eines Zeitraums von 10 Jahren lediglich einmal in Anspruch genommen werden. Diesbezüglich wird dem Steuerpflichtigen aber die Möglichkeit eingeräumt, den Abzugsbetrag beliebig über die betreffenden 10 Jahre zu verteilen.

Tabelle 18 fasst die Ziele der einzelnen Hinzurechnungs- und Kürzungsvorschriften zusammen.

4.2.3 | Verlustvortrag

Gem. § 10a GewStG wird der maßgebende Gewerbeertrag um die Fehlbeträge gekürzt, die sich bei Ermittlung des maßgebenden Gewerbeertrags für die vorangegangenen Erhebungszeiträume unter Berücksichtigung der §§ 7–10 GewStG ergeben haben. Daraus folgt, dass nicht der Gewinn aus Gewerbebetrieb die relevante Bemessungsgrundlage darstellt, sondern der in der Abbildung dargestellte Gewerbeertrag (vor Verlustabzug). Somit beeinflussen insbesondere die Hinzurechnungen und Kürzungen die Höhe des Gewerbeertrages vor Verlustabzug. Es ist daher z.B. denkbar, dass einkommensteuerlich negative

	Gewinn aus Gewerbebetrieb (§ 7)
+	Hinzurechnungen (§ 8)
./.	Kürzungen (§ 9)
=	Gewerbeertrag (vor Verlustabzug)
./.	**Verlustvortrag (§ 10a)**
./.	Freibetrag (§ 11 Abs. 1)
=	Gewerbeertrag
x	Steuermesszahl (§ 11 Abs. 2)
=	Steuermessbetrag (§ 14 Satz 1)
x	Hebesatz (§ 16)
=	Gewerbesteuer
./.	GewSt-Vorauszahlungen (§ 19)
=	Abschlusszahlung oder Erstattung (§ 20)

Tabelle 18: Zusammenfassung der Hinzurechnungs- und Kürzungsvorschriften

	Gewährleistung des Objektsteuer-charakters	Vermeidung von Mehrfacherfassungen bei Objektsteuern/ keine Zusatzbelastungen mit GewSt	Beschränkung auf inländischen Gewerbeertrag
Hinzurechnungen, § 8 GewStG	Nr. 1 Bst. a: 25% der Entgelte für Schulden Nr. 1 Bst. b: 25% der Renten und dauernden Lasten Nr. 1 Bst. c: 25 % der Gewinnanteile stiller Gesellschafter Nr. 1 Bst. d: 5 % der Miet- und Pachtzinsen für bewegliche Wirtschaftsgüter Nr. 1 Bst. e: 12,5 % der Miet- und Pachtzinsen für unbewegliche Wirtschaftsgüter Nr. 1 Bst. f: 6,25 % der Aufwendungen für die zeitlich befristete Überlassung von Rechten Nr. 9: Zuwendungen	Nr. 5: Die nach § 3 Nr. 40 EStG anteilig oder § 8b Abs. 1 KStG vollständig steuerfreien Dividenden, wenn die Beteiligung an der Kapitalgesellschaft < 15 % ist Nr. 8: Verlustanteile aus inländischen Mitunternehmerschaften	Nr. 8: Verlustanteile aus ausländischen Mitunternehmerschaften
Kürzungen, § 9 GewStG	Nr. 5: Zuwendungen	Nr. 1: 1,2 % des Einheitswerts der nicht von der GrSt befreiten Betriebsgrundstücke Nr. 2: Gewinnanteile aus inländischen Mitunternehmerschaften Nr. 2a: Gewinne aus Anteilen an inländischen Kapitalgesellschaften, wenn die Beteiligung ≥ 15 % ist (nationales Schachtelprivileg)	Nr.2: Gewinnanteile aus ausländischen Mitunternehmerschaften Nr. 3: Anteile ausländischer Betriebsstätten am Gewerbeertrag Nr. 7: Gewinne aus Anteilen an ausländischen Kapitalgesellschaften, wenn die Beteiligung ≥ 15 % ist (internationales Schachtelprivileg)

Einkünfte aus Gewerbebetrieb vorliegen, für Zwecke der Gewerbesteuer allerdings ein positives Ergebnis ermittelt wird.

Das Gewerbesteuergesetz kennt nur den Verlustvortrag (§ 10a Satz 1 GewStG). Die Verrechnung von Verlusten zwischen einzelnen Gewerbebetrieben eines Steuerpflichtigen ist nicht möglich. Der Gewerbeverlust kann demnach nur bei dem Gewerbebetrieb verrechnet werden, bei dem er entstanden ist (Unternehmensidentität). Diese Einschränkung beruht auf dem Objektcharakter der Gewerbesteuer, demzufolge auf den einzelnen Gewerbebetrieb als Steuerobjekt und nicht auf die Summe der gewerblichen Einkünfte abzustellen ist. Ebenso wenig ist ein Verlustrücktrag möglich. Dies ist zum Schutz kleinerer Gemeinden mit wenigen großen Gewerbesteuerzahlern gedacht, die anderenfalls u. U. beträchtliche Gewerbesteuererstattungen leisten müssten.

Beschränkung des Verlustvortrags

Auch für die Gewerbesteuer gem. § 10a Satz 1 GewStG ist entsprechend § 10 Abs. 2 EStG die folgende Formel zu beachten:

maximal ausgleichsfähig
= 1 Mio. € + 60 % x (Gewerbeertrag vor Verlustabzug ./. 1 Mio. €)

Ein unbegrenzter Abzug bisher noch nicht ausgeglichener Verluste ist demnach nur bis zu einer positiven Bemessungsgrundlage i.H.v. 1 Mio. € möglich. Übersteigt die Bemessungsgrundlage 1 Mio. €, ist ein Abzug der noch nicht berücksichtigten Fehlbeträge aus vorangegangenen Jahren nur bis zu 60 % des übersteigenden Betrags möglich.

4.2.4 Freibetrag, Steuermesszahl, Hebesatz und Vorauszahlungen

Vor Abzug des Freibetrages i.S.d. § 11 Abs. 1 Satz 3 GewStG ist der Gewerbeertrag nach Verlustabzug auf volle 100 € nach unten abzurunden (§ 11 Abs. 1 Satz 3 Hs. 1 GewStG). Im Anschluss daran wird der Freibetrag gem. § 11 Abs. 1 Satz 3 Nr. 1, 2 GewStG abgezogen. Gewerbebetriebe kraft wirtschaftlichen Geschäftsbetriebes und Unternehmen juristischer Personen des öffentlichen Rechts erhalten einen Freibetrag i.H.v. 5.000 €. Personengesellschaften und Einzelunternehmen wird ein Freibetrag i.H.v. 24.500 € gewährt. Kapitalgesellschaften steht dagegen kein Freibetrag zu. Damit sollen gewerbesteuerliche Vorteile der Kapitalgesellschaften gegenüber natürlichen Personen und Personengesellschaften ausgeglichen werden, die darauf beruhen, dass zwischen einer Kapitalgesellschaft und ihren Anteilseignern schuldrechtliche Verträge mit steuerli-

	Gewinn aus Gewerbebetrieb (§ 7)
+	Hinzurechnungen (§ 8)
./.	Kürzungen (§ 9)
=	Gewerbeertrag (vor Verlustabzug)
./.	Verlustvortrag (§ 10a)
./.	**Freibetrag (§ 11 Abs. 1)**
=	Gewerbeertrag
x	**Steuermesszahl (§ 11 Abs. 2)**
=	Steuermessbetrag (§ 14 Satz 1)
x	**Hebesatz (§ 16)**
=	Gewerbesteuer
./.	**GewSt-Vorauszahlungen (§ 19)**
=	Abschlusszahlung oder Erstattung (§ 20)

cher Anerkennung möglich sind. Beispielsweise wird das Geschäftsführergehalt eines Gesellschafters einer Personengesellschaft als Sondervergütung auf Ebene der Personengesellschaft der Gewerbesteuer unterworfen, da diese Sondervergütungen einen Teil des Gewinns aus Gewerbebetrieb gem. § 7 GewStG darstellen. Diese Ungleichbehandlung soll durch die unterschiedliche Freibetragsregelung wieder ausgeglichen werden.

Gewerbesteuermessbetrag = Steuermesszahl × Gewerbeertrag

Bei der Berechnung der Gewerbesteuer ist von einem **Gewerbesteuermessbetrag** auszugehen (§ 11 GewStG). Zur Ermittlung dieses Steuermessbetrags ist der Gewerbeertrag nach den vorgeschriebenen Modifikationen und den abgezogenen Verlustvorträgen und Freibeträgen mit der sog. **Steuermesszahl** (§ 11 Abs. 2 GewStG) zu multiplizieren. Die Höhe dieser Steuermesszahl beträgt gem. § 11 Abs. 2 GewStG unabhängig davon, ob das Unternehmen als Personenunternehmen oder Kapitalgesellschaft betrieben wird, 3,5 Prozent.

Gewerbesteuer-Schuld = Gewerbesteuermessbetrag × Hebesatz

Das Produkt aus Steuermesszahl und Gewerbeertrag ist der Gewerbesteuermessbetrag (§ 14 Satz 1 GewStG). Die Gemeinden sind berechtigt, diesen Gewerbesteuermessbetrag mit ihrem Hebesatz zu multiplizieren, um die Gewerbesteuerschuld festzusetzen (§ 16 Abs. 1 GewStG). Die Gemeinden können die Höhe des jeweiligen Hebesatzes selbst festlegen (§ 16 Abs. 1 Hs. 2 GewStG). Dadurch stehen sie bzgl. ihres Wirtschaftsstandortes untereinander im Wettbewerb. Allerdings ist zu beachten, dass § 16 Abs. 4 Satz 2 GewStG einen Mindesthebesatz von 200 % vorschreibt.

Tab. 19 fasst die Hebesätze ausgewählter Gemeinden Deutschlands zusammen. Die Hebesätze dieser Gemeinden liegen zwischen 400 und 500 %, wobei zu beachten ist, dass sie in Großstädten tendenziell höher liegen. Allerdings lag der durchschnittliche Hebesatz aller Gemeinden in Deutschland für die Gewerbesteuer im Jahr 2010 lt. amtlicher Schätzung bei 390 %.

Gewerbesteuervorauszahlungen

Wie bei der Einkommensteuer und Körperschaftsteuer sind vierteljährlich Gewerbesteuervorauszahlungen gem. § 19 Abs. 1 GewStG durch den Steuerschuldner zu entrichten (zum 15.02., 15.05., 15.08., 15.11.). Die Höhe der Vorauszahlungen beträgt grundsätzlich ein Viertel der Steuer, die sich bei der letzten Erhebung ergeben hat (§ 19 Abs. 2 GewStG).

Bei der Ermittlung des Gewerbeertrags sind diese Gewerbesteuervorauszahlungen indirekt zu berücksichtigen. Die Gewer-

Tabelle 19: Gewerbesteuer-Hebesätze ausgewählter Großstädte

GewSt-Hebesätze in ausgewählten Gemeinden Deutschlands			
Gemeinden	Einwohner per 31.12.2015	Hebesätze in %	
		GewSt	
		2016	2017
Berlin	3.520.031	410	410
Bremen	557.464	460	460
Dortmund	586.181	485	485
Düsseldorf	612.178	440	440
Duisburg	491.231	520	520
Essen	582.624	480	480
Frankfurt/Main	732.688	460	460
Hamburg	1.787.408	470	470
Hannover	532.163	480	480
Ingolstadt	132.438	400	400
Saarbrücken	178.151	490	490
München	1.450.381	490	490
Stuttgart	623.738	420	420
Köln	1.060.582	475	475

besteuervorauszahlungen wurden i.d.R. im Rahmen der Buchführung korrekterweise aufwandswirksam erfasst. Da die Gewerbesteuer und die darauf entfallenden Nebenleistungen jedoch gem. § 4 Abs. 5b EStG nichtabzugsfähige Betriebsausgaben darstellen, dürfen die geleisteten Gewerbesteuervorauszahlungen weder die einkommensteuerliche oder körperschaftsteuerliche noch die gewerbesteuerliche Bemessungsgrundlage mindern.

Dies hat zur Folge, dass die als Aufwand behandelten Vorauszahlungen für die Ermittlung der steuerlichen Bemessungsgrundlagen wieder hinzuaddiert werden müssen. Die Hinzurechnung erfolgt außerbilanziell auf Ebene der Einkommen- bzw. Körperschaftsteuer (§ 4 Abs. 5b EStG). Da der Gewinn nach EStG bzw. KStG den Ausgangspunkt für die Ermittlung des Gewerbeertrags darstellt, wird sichergestellt, dass sich die Gewerbesteuervorauszahlungen auch für die Ermittlung der Gewerbesteuer nicht steuermindernd auswirken. Eine weitere Hinzurechnung der Gewerbesteuervorauszahlungen bei der Ermittlung des Gewerbeertrags hat demnach nicht zu erfolgen.

Nachdem die Gewerbesteuerschuld ermittelt wurde, können in einem letzten Schritt die Gewerbesteuervorauszahlungen wieder angerechnet werden (§ 20 Abs. 1 GewStG). Die verbleibende Schuld ist als Abschlusszahlung innerhalb eines Monats nach

Bekanntgabe des Gewerbesteuerbescheids zu begleichen (§ 20 Abs. 2 GewStG).

Beispiel:
Die Einzelunternehmerin Johanna berechnet ihre Gewerbesteuerrückstellung für das Jahr 2018. Johanna hat Einkünfte aus Gewerbebetrieb i.H.v. 100.000 € erzielt. Hinzurechnungen und Kürzungen gem. §§ 8, 9 GewStG haben sich nicht ergeben. Die Gewerbesteuervorauszahlungen i.H.v. 10.000 € wurden im Rahmen der Buchführung zwar aufwandswirksam berücksichtigt, allerdings erfolgte bei der einkommensteuerlichen Einkünfteermittlung eine Hinzurechnung, die auch auf die Ermittlung des Gewerbeertrags durchschlägt. Der Hebesatz wird von der Gemeinde mit 500 % festgelegt.

	Einkünfte aus Gewerbebetrieb	100.000 €
=	Gewerbeertrag	= 100.000 €
./.	Freibetrag	./. 24.500 €
=	Gewerbeertrag nach Freibetrag	= 75.500 €
×	Steuermesszahl	3,5 %
=	Steuermessbetrag	= 2.643 €
×	Hebesatz	× 500 %
=	GewSt-Schuld	= 13.215 €
./.	geleistete Vorauszahlungen	./. 10.000 €
=	GewSt-Rückstellung	= 3.215 €

4.3 Zerlegung

Aufteilung der Gewerbesteuerschuld

Die Gewerbesteuer ist gem. § 1 GewStG eine Gemeindesteuer. Eine Gemeinde ist zur Erhebung der Gewerbesteuer berechtigt, wenn eine Betriebsstätte in ihrem Bereich liegt (§ 4 Abs. 1 Satz 1 GewStG). Probleme treten auf, wenn das Unternehmen Betriebsstätten in mehreren Gemeinden unterhält, eine Betriebsstätte sich über mehrere Gemeinden erstreckt oder eine Betriebsstätte im Laufe des Jahres die Gemeinde gewechselt hat (§ 28 GewStG). Liegt eine der drei genannten Voraussetzungen vor, so muss der Steuermessbetrag auf die hebeberechtigten Gemeinden in Form von Zerlegungsanteilen verteilt werden (§ 4 Abs. 1 Satz 2 i.V.m. § 28 Abs. 1 Satz 1 GewStG). Diese Aufteilung der Gewerbesteuerschuld bezeichnet

Merke

Voraussetzungen für die Zerlegung:
- **Betriebsstätten des Unternehmens in mehreren Gemeinden,**
- **Betriebstätte erstreckt sich auf mehrere Gemeinden oder**
- **Betriebsstätte hat während des Jahres die Gemeinde gewechselt.**

man als Zerlegung, die in den §§ 28–34 GewStG geregelt ist. Der Zerlegungsmaßstab ist gem. § 29 Abs. 1 Nr. 1 GewStG das Verhältnis der Summe der Arbeitslöhne von in allen Betriebsstätten beschäftigten Arbeitnehmern zu der Summe der Arbeitslöhne der Arbeitnehmer in der einzelnen Betriebsstätte der jeweiligen Gemeinde. Ausnahmen (§ 29 Abs. 1 Nr. 2 GewStG) bestehen für Betriebe, die ausschließlich Anlagen zur Erzeugung von Strom und anderen Energieträgern sowie Wärme aus Windenergie und solarer Strahlungsenergie betreiben, weil in solchen Anlagen die in den Betriebsstätten beschäftigten Arbeitnehmer regelmäßig in den Hintergrund treten.

Beispiel:
Die Isabella-AG unterhält in Ingolstadt und in Eichstätt jeweils eine Betriebsstätte. Der Hebesatz der Stadt Ingolstadt beträgt 400 %, der Hebesatz von Eichstätt 330 %. Die Summe der Löhne der in Ingolstadt beschäftigten Arbeitnehmer beläuft sich auf 6.000.000 €, die Lohnsumme der in Eichstätt beschäftigten Arbeitnehmer auf 3.000.000 €. Der bereits korrekt ermittelte Steuermessbetrag der Isabella-AG beträgt 180.000 €.

	Arbeitslöhne	Zerlegungsmaßstab	Zerlegungsanteil	GewSt
Ingolstadt	6.000.000 €	2/3 × 180.000 € =	120.000 €	480.000 €
Eichstätt	3.000.000 €	1/3 × 180.000 € =	60.000 €	198.000 €
				678.000 €

4.4 Die pauschalierte Anrechnung der Gewerbesteuer

Gewerbesteuer ist auf Einkommensteuer anrechenbar

Einzelunternehmer unterliegen der Einkommensteuer i. H.v. maximal 45 %, Kapitalgesellschaften der Körperschaftsteuer i. H.v. lediglich 15 %. Um die Zusatzbelastung mit Gewerbesteuer bei Einzelunternehmen und Personengesellschaften gegenüber Kapitalgesellschaften zu mildern und damit eine weitgehend rechtsformneutrale Belastung mit Ertragsteuern zu erreichen, ist die anfallende Gewerbesteuer pauschaliert auf die Einkommensteuerschuld anzurechnen. Gem. § 35 Abs. 1 Satz 1 Nr. 1 EStG vermindert sich die tarifliche Einkommensteuer bei gewerblichen Unternehmen i. S. d. § 15 Abs. 1 Satz 1 Nr. 1 EStG um das 3,8-fache des jeweiligen Gewerbesteuermessbetrags. Bei Mitunternehmerschaften i. S. d. § 15

Merke

Bei Einzelunternehmern und Mitunternehmern mindert sich die tarifliche Einkommensteuer um das 3,8-fache des (anteiligen) Gewerbesteuermessbetrages.

Abs. 1 Satz 1 Nr. 2, 3 EStG wird der anteilige Messbetrag herangezogen (§ 35 Abs. 1 Satz 1 Nr. 2 EStG), der sich aus dem Gewinnverteilungsschlüssel ergibt. Jedoch ist der Abzug des Steuerermäßigungsbetrag gem. § 25 Abs. 1 Satz 5 EStG auf die tatsächlich zu zahlende Gewerbesteuer beschränkt.

Beispiel:
Der Hebesatz sei 420 %:

	Steuerbelastung EinzelU/PersGes
Gewinn vor Steuern	100.000 €
./. Gewerbesteuer (100.000 € ./. 24.500 €) × 0,035 × 4,2	./. 11.099 €
./. ESt (100.000 € × 0,42 ./. 8.622 €)	./. 33.378 €
+ Steuerermäßigung gem. § 35 EStG 3,8 × (100.000 € ./. 24.500 €) × 0,035*	+ 10.042 €
./. SolZ 5,5 v. H. von (33.378 € ./. 10.042 €)	./. 1.283 €
= Nettoertrag nach Steuern	= 64.282 €

* Alternative Berechnungsmöglichkeit: 11.099 / 4,2 × 3,8 = 10.042 €.

Abschlussaufgabe zur Gewerbesteuer | 4.5

Die auf den Bau von Befestigungsanlagen spezialisierte Schanzer-GmbH betreibt in Ingolstadt eine Betriebsstätte. Ermitteln Sie anhand der folgenden Daten die Gewerbesteuerschuld der Schanzer-GmbH für das Jahr 2018.

1) Der Steuerbilanzgewinn betrug im Jahr 2018 412.000 €.
2) Die Zinsen für Darlehen betrugen 100.000 €. Darüber hinaus fielen im Jahr 2018 Aufwendungen für die Anmietung zweier dem Anlagevermögen der Schanzer-GmbH zugehörigen Firmen-Pkw i. H.v. 20.000 € an. Ebenso wurden durch die Schanzer-GmbH Leasing-Raten i. H.v. 75.000 € für diverse unbewegliche Wirtschaftsgüter des Anlagevermögens beglichen.
3) Der Einheitswert der Grundstücke der Schanzer-GmbH betrug im Jahr 2018 200.000 €. Eine Befreiung von der Grundsteuer lag nicht vor.
4) Die GewSt-Vorauszahlungen 2018, die den Steuerbilanzgewinn gemindert haben, betrugen 38.000 €.
5) Der Hebesatz in Ingolstadt beträgt 400 %.

Lösung:

1) Es liegt ein Gewinn aus Gewerbebetrieb gem. § 7 Satz 1 GewStG i. H.v. 450.000 € vor.

2) Der Gesamtbetrag der Darlehenszinsen (§ 8 Nr. 1 Bst. a GewStG) sowie 20 % der Mietaufwendungen für die beiden Firmen-Pkw (§ 8 Nr. 1 Bst. d GewStG) und 50 % der Leasingraten für diverse unbewegliche Wirtschaftsgüter des Anlagevermögens (§ 8 Nr. 1 Bst. e GewStG) sind zunächst aufzusummieren. Anschließend ist der ermittelte Wert gem. § 8 Nr. 1 GewStG um den Freibetrag i.H.v. 100.000 € zu kürzen. Von der verbleibenden Summe sind gem. § 8 Nr. 1 GewStG 25 % dem Gewinn aus Gewerbebetrieb wieder hinzuzurechnen.
3) Da die Grundstücke der Schanzer-GmbH nicht von der Grundsteuer befreit wurden, sind gem. § 9 Nr. 1 GewStG 1,2 % des Einheitswertes der Betriebsgrundstücke vom Gewinn aus Gewerbebetrieb abzuziehen. Als Bemessungsgrundlage ist das 1,4-fache des Einheitswertes heranzuziehen. Es sind demnach 3.360 € zu kürzen.
4) Die Vorauszahlungen i.H.v. 38.000 € sind bereits bei der einkommensteuerlichen Einkünfteermittlung gewinnerhöhend hinzugerechnet worden. Da die Gewerbesteuer an den nach den Vorschriften des Einkommensteuergesetzes ermittelten Gewinn anknüpft, hat keine erneute Hinzurechnung für Zwecke der Gewerbesteuerberechnung zu erfolgen.

	Gewinn aus Gewerbebetrieb (Steuerbilanzgewinn zzgl. GewSt-VZ)		450.000 €
+	Hinzurechnungen (§ 8 Nr. 1)		
	100 % der Entgelte für Schulden	+ 100.000 €	
	20 % der Mietzinsen für bewegliche WG	+ 4.000 €	
	50 % der Mietzinsen für unbewegliche WG	+ 37.500 €	
	Freibetrag (§ 8 Nr. 1)	./. 100.000 €	
		41.500 €	
	davon 25 %	= 10.375 €	+ 10.375 €
./.	Kürzungen (§ 9)		./. 3.360 €
=	Gewerbeertrag (abgerundet)		= 457.000 €
×	Steuermesszahl (§ 11 Abs. 2 Nr. 2)		× 3,5 %
=	Steuermessbetrag (§ 14 Satz 1)		= 15.995 €
×	Hebesatz (§ 16)		× 400 %
=	Gewerbesteuer		= 63.980 €
./.	Vorauszahlungen		./. 38.000 €
=	Abschlusszahlung (§ 20 Abs. 2)		= 25.980 €

Zusammenfassung

- Die persönliche Leistungsfähigkeit der gewerbetreibenden Person wird durch die Gewerbesteuer nicht berücksichtigt.
- Bemessungsgrundlage der Gewerbesteuer ist gem. § 6 GewStG der Gewerbeertrag.
- Man unterscheidet zwei Arten von Gewerbebetrieben:
  - stehende Gewerbebetriebe
  - Reisegewerbebetriebe
- Gewerbesteuer wird nur erhoben, sofern sich der Gewerbebetrieb im Inland befindet.
- Steuerschuldner bei Personengesellschaften und Kapitalgesellschaften ist die Gesellschaft. Steuerschuldner bei Einzelunternehmen ist der Inhaber.
- Ausgangspunkt für die Ermittlung des Gewerbeertrags ist der Gewinn aus Gewerbebetrieb des jeweiligen Gewerbebetriebes. Dieser ist um Hinzurechnungen i.S.d. § 8 GewStG und Kürzungen i.S.d. § 9 GewStG zu modifizieren.
- Des Weiteren ist der Gewerbeertrag (vor Verlustabzug) um den Verlustvortrag und den Freibetrag (für Personenunternehmen) zu mindern.
- Der Steuermessbetrag ergibt sich aus der Multiplikation des Gewerbeertrags mit der Steuermesszahl.
- Das Produkt aus Steuermessbetrag und Hebesatz ist die Gewerbesteuerschuld.
- Die vierteljährlich geleisteten Vorauszahlungen sind von der Gewerbesteuerschuld abzuziehen, um die Höhe der Abschlusszahlung bzw. des Erstattungsanspruchs zu ermitteln.
- Eine Zerlegung der Gewerbesteuerschuld ist vorzunehmen, wenn
  - sich die Betriebsstätten des Unternehmens in mehreren Gemeinden befinden,
  - sich eine Betriebsstätte auf mehrere Gemeinden erstreckt, oder
  - eine Betriebsstätte während des Jahres gewechselt hat.
- Einzelunternehmer und Mitunternehmer können das 3,8-fache des (anteiligen) Gewerbesteuermessbetrages von der tariflichen Einkommensteuer abziehen.

Fragen

1. Charakterisieren Sie die Gewerbesteuer.
2. Nennen Sie die Bemessungsgrundlage der Gewerbesteuer.
3. An welchen Steuergegenstand knüpft die Gewerbesteuer an? Gibt es dabei unterschiedliche Arten?
4. Wann sind mehrere Betriebe eines Steuerpflichtigen als einheitlicher Betrieb zu beurteilen?

5. **Was ist die Ausgangsgröße für die Ermittlung der Bemessungsgrundlage?**
6. **Aus welchem Grund sind gewerbesteuerliche Modifikationen vorzunehmen?**
7. **Welche Hinzurechnungen sind vorzunehmen?**
8. **Welche Besonderheit ergeben sich bei der Hinzurechnung von Finanzierungsaufwendungen, die von der Zinsschrankenregelung betroffen sind?**
9. **Welche Kürzungen sind vorzunehmen?**
10. **Welche weiteren Modifikationen sind durchzuführen?**
11. **Wie werden Verluste berücksichtigt?**
12. **Wie ermittelt sich der Gewerbesteuermessbetrag, wie die Gewerbesteuerschuld?**
13. **Wie erhält man die Abschlusszahlung bzw. den Erstattungsanspruch?**
14. **Wann und wie erfolgt eine Zerlegung des Steuermessbetrags?**
15. **Weshalb erfolgt bei Einzelunternehmern und Mitunternehmern eine pauschalierte Anrechnung der Gewerbesteuer auf ihre Einkommensteuerschuld?**

Literatur

Dietrich Grashoff, Florian Kleinmanns, Aktuelles Steuerrecht 2017, München, 13. Aufl. 2017, S. 120–130.

Dieter Schneeloch, Stephan Meyering, Guido Patek, Betriebswirtschaftliche Steuerlehre, Bd. 1: Grundlagen der Besteuerung, Ertragsteuern, München, 7. Aufl. 2016, S. 187–200.

Klaus Tipke, Joachim Lang, Steuerrecht, Köln, 22. Aufl. 2015, S. 717–737.

Rechtsformneutralität der Besteuerung | 5

Inhalt

Prinzip der Rechtsformneutralität der Besteuerung | 5.1

Als zentrales Ziel der Unternehmensteuerreform 2008 nannte der Gesetzgeber die Stärkung der Wettbewerbsfähigkeit von Personenunternehmen durch die Gewährleistung einer weitgehend rechtsformneutralen Steuerbelastung. Hiermit sollte den Steuerpflichtigen die Möglichkeit eingeräumt werden, die Rechtsform eines Unternehmens unbeeinflusst von steuerlichen Aspekten wählen zu können.

Trennungs- vs. Transparenzprinzip

Diese Zielsetzung resultierte aus den gravierenden Unterschieden bei der Steuerbelastung zwischen Kapitalgesellschaften einerseits und Einzelunternehmen bzw. Personengesellschaften andererseits. Ursache hierfür waren das Trennungs- bzw. Intransparenzprinzip bei Kapitalgesellschaften sowie das Einheits- bzw. Transparenzprinzip bei Personenunternehmen. Dem Trennungsprinzip folgend wurden Kapitalgesellschaften als selbständige Steuersubjekte im Fall der Gewinnthesaurierung lediglich einer relativ niedrigen Besteuerung durch die Körperschaftsteuer unterworfen, da das tatsächlich angestrebte Belastungsniveau erst durch eine erneute Besteuerung bei der Gewinnausschüttung an eine natürliche Person erreicht wurde. Im Gegensatz hierzu wurden alle Gewinne von Einzelunternehmen und Personengesellschaften in Folge des Transparenzprinzips stets mit dem i. d. R. deutlich höheren persönlichen Einkommensteuersatz des (Mit-)Unternehmers belastet. Eine Unterscheidung zwischen thesaurierten und entnommenen Gewinnen – analog zur Vorgehensweise bei Kapitalgesellschaften – wurde bei Personenunternehmen aus steuerlicher Sicht nicht getroffen. Durch diese Unterschiede in der Besteuerung wurden Kapitalgesellschaften im Thesaurierungsfall somit gegenüber Personenunternehmen begünstigt, denen eine solche Thesaurierungsmöglichkeit vorenthalten blieb.

Um die Problematik darzustellen, die auftritt, wenn Personengesellschaften im Gegensatz zu Kapitalgesellschaften keine Thesaurierungsmöglichkeit gewährt wird, soll anhand des nachfolgenden Belastungsvergleichs verdeutlicht werden, wie die Thesaurierung bei Kapitalgesellschaften bei gleichzeitiger Nichtthesaurierung bei Personengesellschaften wirkt. Dabei wird von einem GewSt-Hebesatz i.H.v. 420 % sowie einem ESt-Grenzsteuersatz i.H.v. 45 % ausgegangen. Der nur Personenunternehmen gewährte gewerbesteuerliche Freibetrag i.S.d. § 11 Abs. 1 Satz 2 Nr. 1 GewStG wird nicht berücksichtigt.

	Einzelunternehmen / Personengesellschaft	**Kapitalgesellschaft**
Unternehmensgewinn	100.000 €	100.000 €
./. Gewerbesteuer	./. 14.700 €	./. 14.700 €
./. KSt	–	./. 15.000 €
./. ESt i.H.v. 45 %	./. 45.000 €	–
+ GewSt-Anrechnung	+ 13.300 €	–
./. SolZ	./. 1.744 €	./. 825 €
= Verbleibend	**= 51.856 €**	**= 69.475 €**
= Steuerbelastung (bei Thesaurierung)	**= 48.144 €**	**= 30.525 €**

Das Beispiel zeigt auf Basis der zuvorgenannten Prämissen die signifikanten Unterschiede der Besteuerung auf, wenn lediglich Kapitalgesellschaften thesaurieren könnten. Die bis zum VZ 2007 ausschließlich Kapitalgesellschaften zustehende Möglichkeit einer begünstigten Besteuerung einbehaltener Gewinne führt zu einer Gesamtbelastung i.H.v. ca. 30 %. Im Vergleich hierzu unterläge ein nichtthesaurierungsfähiges Personenunternehmen aufgrund der fehlenden Unterscheidung zwischen einbehaltenen und ausgeschütteten Gewinnen einer deutlich höheren Steuerlast von ca. 48 %.

Weil in Deutschland eine unterschiedliche Steuerbelastung für thesaurierte und für ausgeschüttete Gewinne existiert, sollte jeder Steuerbelastungsvergleich neben der Besteuerung auf Gesellschaftsebene die Besteuerung auf der Gesellschafterebene berücksichtigen. Sofern Kapitalgesellschaften die Gewinne an natürliche Personen ausschütten, erhöht sich die Gesamtbelastung für die Anteilseigner um die Abgeltungsteuer, sofern die Anteile im Privatvermögen gehalten werden, ansonsten um die Effekte aus dem Teileinkünfteverfahren. Sind weitere Kapitalgesellschaften in die Beteiligungskette eingeschaltet, tritt auf der Ebene jener Kapitalgesellschaft wiederum eine Körperschaft- sowie Gewerbesteuerbelastung ein. Deren Höhe ist davon abhängig, ob das körperschaft- und/oder gewerbesteuerliche Schachtelprivileg greift. Unterstellt, dass die Anteile an der Kapitalgesellschaft im zuvorgenannten Beispiel unmittelbar von einer natürlichen Person im Privatvermögen gehalten werden, beträgt im Ausschüttungsfall die zusätzliche Einkommensteuer einschließlich Solidaritätszuschlag 18.324 €. Die Gesamtbelastung beträgt dann bei einer Vollausschüttung 48.849 € (30.525 € + 18.324 €). Bei Einzelunternehmen und Personengesellschaften ist die Höhe der Steuerbelastung (ohne die Berücksichtigung von Möglichkeiten der begünstigten Besteuerung thesaurierter Gewinne) grundsätzlich unabhängig von der Gewinnverwendung und unterliegt bei der Entnahme durch den Einzelunternehmer bzw. Mitunternehmer keiner weiteren Steuerbelastung.

Damit lässt sich festhalten, dass bei vollständiger Gewinnausschüttung Kapitalgesellschaften geringfügig stärker belastet werden (48.849 €) als Einzelunternehmen bzw. Personengesellschaften (48.144 €). Je geringer der persönliche Einkommensteuersatz des Einzelunternehmers bzw. Mitunternehmers ist, desto größer ist der Steuervorteil im Vergleich zur Steuerbelastung (von Gesellschaftseinschließlich der Gesellschafterebene) bei Kapitalgesellschaften.

Als Zwischenergebnis ist festzustellen: die Wahl der steueroptimalen Rechtsform wird vor allem vom relevanten Einkommensteuersatz des Einzelunternehmers bzw. des Mitunternehmers sowie der Ausschüttungsquote des Gewinns beeinflusst. Im Extremfall der vollständigen Thesaurierung ist die Kapitalgesellschaft vorteilhafter, wohingegen im Extremfall der vollständigen Ausschüttung der Vorteil auf der Seite des Einzelunternehmens bzw. der Personengesellschaft liegt. Die nachfolgend dargestellte sog. Thesaurierungsbegünstigung kann die Besteuerungsunterschiede abmildern. Generell ist jedoch zu beachten, dass je niedriger der persönliche Einkommensteuersatz des Einzelunternehmers bzw. des Mitunternehmers ist, desto größer ist der Steuervorteil der Einzelunternehmung bzw. Mitunternehmerschaft.

5.2 Ansätze zur Umsetzung einer rechtsformneutralen Besteuerung in Deutschland

Als Versuch zur Realisierung der Rechtsformneutralität wurde Personenunternehmern im Zuge der Unternehmensteuerreform 2008 durch die Einführung der bereits in Kapitel 2.2.8.3 „Sondertarife gem. §§ 34 und 34a EStG" dargestellten Thesaurierungsbegünstigung nun ebenfalls die Möglichkeit gegeben, auf Antrag nicht entnommene Gewinne einem ESt-Sondertarif i.H.v. 28,25 % (einschließlich Solidaritätszuschlag 29,8 %) zu unterwerfen. Dies gilt bei Mitunternehmern nur, wenn der Gewinnanteil mindestens 10 % beträgt oder 10.000 € übersteigt. Sowohl bei Einzelunternehmern als auch bei Mitunternehmern ist Voraus-

Abb. 70: *Realisierung einer rechtsformneutralen Besteuerung durch § 34a EStG*

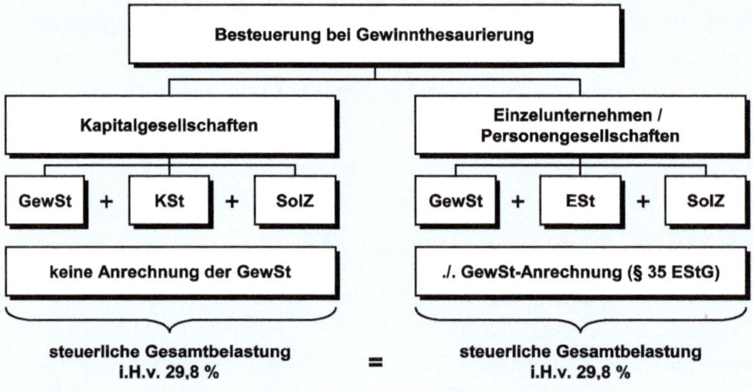

setzung für die Theasaurierungsbegünstigung, dass der Gewinn durch Betriebsvermögensvergleich nach § 4 Abs. 1 Satz 1 oder § 5 EStG ermittelt wird. In Verbindung mit der nur Personenunternehmern gewährten Anrechnungsmöglichkeit der Gewerbesteuer i.S.d. § 35 EStG sollte damit ein Besteuerungsniveau erreicht werden, das ungefähr der Steuerbelastung aus Körperschaftsteuer und Gewerbesteuer i.V.m. einem durchschnittlichen Gewerbesteuerhebesatz entspricht. Die Abbildung 70 dient der Verdeutlichung dieser Vorgehensweise.

Dieser Zielsetzung kann die Thesaurierungsbegünstigung i.S.d. § 34a EStG jedoch nur eingeschränkt gerecht werden, da die steuerliche Belastung einbehaltener Gewinne von Kapitalgesellschaften und Personenunternehmen mit Gewerbesteuer, Körperschaft- bzw. Einkommensteuer sowie Solidaritätszuschlag lediglich formal dasselbe Niveau aufweisen. Die tatsächliche Höhe der Steuerbelastung von im Personenunternehmen thesaurierten Gewinnen liegt jedoch – Grenzsteuersatz unterstellt – deutlich über der von in Kapitalgesellschaften thesaurierten Gewinnen. Für diese Abweichung sind vor allem zwei Ursachen anzuführen:

Mängel der Thesaurierungsbegünstigung i.S.d. § 34a EStG

Zunächst führt das Transparenzprinzip dazu, dass der (Mit-) Unternehmer selbst als Steuersubjekt der Einkommensteuer und des Solidaritätszuschlag anzusehen ist. Somit ist der Unternehmer auch dazu gezwungen, die auf seine Gewinnanteile entfallende Steuerschuld durch Entnahmen aus dem Unternehmen zu begleichen, sofern er sie nicht aus anderweitigen Einkünften oder aus seinem Privatvermögen leisten kann. In Höhe dieser (zwangsläufigen) Entnahmen kann er jedoch von der begünstigten Besteuerung für einbehaltene Unternehmensgewinne nach § 34a EStG keinen Gebrauch machen, da ein möglicher Begünstigungsbetrag i.S.d. § 34a EStG in Höhe dieser Entnahmen zu reduzieren ist.

Merke

Die Begünstigung des § 34a EStG führt nur z.T. zu einer rechtsformneutralen Besteuerung. Aufgrund der fehlenden Berücksichtigung nichtabzugsfähiger Betriebsausgaben im Rahmen des Begünstigungsbetrags i.S.d. § 34a EStG sowie der Problematik oftmals zwangsläufiger Entnahmen zur Begleichung privater Steuern liegt das tatsächliche steuerliche Belastungsniveau oftmals deutlich über dem gesonderten Tarif des § 34a EStG i.H.v. 28,25% zuzüglich SolZ.

Darüber hinaus wird der für eine begünstigte Besteuerung i.S.d. § 34a EStG zur Verfügung stehende Betrag durch nichtabzugsfähige Betriebsausgaben – insbesondere in Form der Gewerbesteuer – reduziert. Dies resultiert daraus, dass gem. § 34a Abs. 2 EStG der Steuerbilanzgewinn für die Bemessung des Begünstigungsbetrags maßgeblich ist. Im Rahmen der Ermittlung des Steuerbilanzgewinns wurde die Gewerbesteuer jedoch aufwandswirksam berücksichtigt. Die gem. § 4 Abs. 5b EStG erforderliche Hinzurechnung der Gewerbesteuer als nichtabzugsfähige Betriebsausgabe erfolgt aber erst nachträglich außerhalb der Bilanz. Somit wird die Gewerbesteuerschuld aufgrund ihrer Nichtabzugsfähigkeit nicht dem begünstigten Steuertarif des § 34a EStG i.H.v. 28,25 %, sondern als Bestandteil der gewerblichen Einkünfte dem persönlichen Steuersatz des (Mit-)Unternehmers unterworfen. Durch die folgende Beispielrechnung soll diese Problematik nochmals nachvollzogen werden:

	Gewinn vor Abzug der Gewerbesteuer	100.000 €
./.	Gewerbesteuer	./. 14.000 €
=	Steuerbilanzgewinn	= 86.000 €
./.	Saldo aus Entnahmen und Einlagen	./. 0 €
=	**nicht entnommener Gewinn (begünstigungsfähig)**	**= 86.000 €**
+	GewSt als nichtabzugsfähige Betriebsausgabe	+ 14.000 €
=	**gewerbliche Einkünfte**	**= 100.000 €**

Infolge dieser beiden Sachverhalte wird die beabsichtigte Äquivalenz zwischen der steuerlichen Belastung von in Personenunternehmen thesaurierten Gewinnen und der steuerlichen Belastung von in Kapitalgesellschaften thesaurierten Gewinnen signifikant gestört.

Für einen Anteilseigner einer Kapitalgesellschaft besteht diese Problematik nicht, da Kapitalgesellschaften eine eigene Rechtspersönlichkeit besitzen. Eine Ausschüttung von Gewinnen zur Begleichung der Steuerschuld ist somit nicht erforderlich, da die Gesellschaft selbst Steuerschuldner der Gewerbesteuer, Körperschaftsteuer und des Solidaritätszuschlages ist. Dies wiederum gestattet eine vollständige Thesaurierung des nach Abzug von Körperschaftsteuer und Solidaritätszuschlag verbleibenden Gewinns.

Diese trotz Einführung der Thesaurierungsbegünstigung i.S.d. § 34a EStG auch weiterhin bestehende Besserstellung der thesaurierten Gewinne von Kapitalgesellschaften im Vergleich zu den thesaurierten Gewinnen von Personenunternehmen soll durch das nachfolgende Beispiel nochmals verdeutlich werden. Es wird hierbei erneut von einem GewSt-Hebesatz i.H.v. 420 % sowie einem ESt-Grenzsteuersatz i.H.v. 45 % ausgegangen. Gewerbesteuerliche Freibeträge i.S.d. § 11 Abs. 1 Satz 2 Nr. 1 GewStG, die ausschließlich Personenunternehmen zustehen, bleiben unberücksichtigt. Hierbei soll davon ausgegangen werden, dass der gesamte Gewinn mit Ausnahme der Steuerzahlungen thesauriert werden soll.

	Einzelunternehmen / Personengesellschaft	**Kapitalgesellschaft**
Unternehmensgewinn	100.000 €	100.000 €
./. Gewerbesteuer	./. 14.700 €	./. 14.700 €
./. KSt	–	./. 15.000 €
./. ESt auf nicht begünstigte Gewinne (GewSt + ESt + SolZ) i.H.v. 37.012 €	./. 16.655 €	–
./. ESt auf thesaurierte Gewinne i.H.v. 62.988 €	./. 17.794 €	–
+ GewSt-Anrechnung	+ 13.300 €	–
./. SolZ	./. 1.163 €	./. 825 €
= Verbleibend	**= 62.988 €**	**= 69.475 €**
= Steuerbelastung (bei Thesaurierung)	**= 37.012 €**	**= 30.525 €**

Berechnung der maximalen Thesaurierungsbegünstigung (T):
Die Problematik bei der Berechnung der maximalen Thesaurierungsbegünstigung gestaltet sich wie folgt: Der Sondertarif des § 34a EStG kann nur auf den nicht entnommenen Gewinn in Anspruch genommen werden. Die Einkommensteuer, die durch die Anwendung des Sondertarifs entsteht, stellt jedoch regelmäßig ihrerseits eine Entnahme dar und kann daher nicht begünstigt besteuert werden. Diese Problematik wird im Folgenden anhand des vorangegangenen Beispiels verdeutlicht. Die Herleitung erfolgt dabei in zwei Schritten:

1. Schritt:

Zunächst ist der Gewinn nach GewSt ($Gewinn_{nGewSt}$) zu ermitteln. Die GewSt stellt gem. § 4 Abs. 5b EStG eine nicht abzugsfähige Betriebsausgabe dar und unterliegt daher in jedem Fall dem einkommensteuerlichen Normaltarif:

$Gewinn_{nGewSt}$ = Gewinn ./. GewSt = 100.000 € ./. 14.700 € = 85.300 €

2. Schritt:

Da sowohl die Einkommensteuer, die sich aus der Anwendung des § 34a EStG ergibt, als auch die Einkommensteuer, die auf die Gewerbesteuer entfällt, eine Entnahme darstellt und somit nicht begünstigt besteuert werden kann, ist der $Gewinn_{nGewSt}$ in einen steuerlich begünstigten Teil (T) und einen nicht begünstigten Teil aufzuteilen.

$Gewinn_{nGewSt}$ = maximale Thesaurierungsbegünstigung (T) + ESt × (1 + SolZ)

Die Einkommensteuerschuld besteht aus drei Komponenten:

I.	ESt auf den Thesaurierungsbetrag (T) (Anwendung des Sondertarifs gem. § 34a EStG):	T × 0,2825
II.	ESt auf die Entnahme zur Begleichung der ESt-Schuld (Anwendung des Normaltarifs):	($Gewinn_{nGewSt}$ ./. T) × 0,45
III.	ESt auf die Gewerbesteuer abzgl. der GewSt-Anrechnung:	GewSt × 0,45 ./. GewSt-Anrechnung

Somit ergibt sich folgende Gleichung:

$$Gewinn_{nGewSt} = T + [\,I. + II. + III.] \times (1 + SolZ)$$

$$\leftrightarrow\; Gewinn_{nGewSt} = T + [T \times 0{,}2825 + (Gewinn_{nGewSt}\;./.\;T) \times 0{,}45 + GewSt \times 0{,}45\;./.\;GewSt\text{-}Anrechnung] \times (1 + SolZ)$$

$$\leftrightarrow\; 85.300 = T + [T \times 0{,}2825 + (85.300\;./.\;T) \times 0{,}45 + 14.700 \times 0{,}45\;./.\;13.300] \times (1 + SolZ)$$

Durch entsprechendes Umformen und Auflösen der Gleichung ergibt sich die maximale Thesaurierungsbegünstigung T i.H.v. 62.988 €. Im Umkehrschluss daraus ergibt sich eine Gesamtsteuerbelastung aus ESt und GewSt von 37.012 €.

Fazit

Durch die Einführung der Thesaurierungsbegünstigung i.S.d. § 34a EStG wurde die Steuerbelastung für einbehaltene Gewinne von Personenunternehmen gesenkt. Die erläuterten Ausgestaltungsmängel führen jedoch dazu, dass die tatsächliche Belastung von Einzelunternehmen und Personengesellschaften mit bis zu 37,0 % auch im Falle einer vollständigen Thesaurierung deutlich höher ist als bei Kapitalgesellschaften. Eine rechtsformneutrale Besteuerung von Unternehmen ist infolge dessen noch immer nicht gewährleistet. Stattdessen verbleibt eine erhebliche Komplexitätssteigerung der Besteuerungssystematik, die das Ziel der Vereinfachung des Steuerrechts einmal mehr ad absurdum führt.

Insgesamt ist zu hinterfragen, inwieweit es volkswirtschaftlich sinnvoll ist, erzielte Gewinne in Gesellschaften zu thesaurieren und damit nur einer betrieblichen Verwendung zugänglich zu machen, anstatt sie durch Nichtthesaurierung den Gesellschaftern zur freien Verwendung zu überlassen. Kapitalgesellschaften wurde in der Vergangenheit bei Thesaurierung stets implizit unterstellt, dass das Investitionsverhalten der Kapitalgesellschaften volkswirtschaftlich zu besseren Ergebnissen führt als eine durch die Gesellschafter selbst vorgenommene Reinvestition des ausgeschütteten Kapitals. Unter Berücksichtigung der bisherigen steuerlichen Vorschriften war es profitabler, die Investitionen durch nicht ausgeschüttete Gewinne zu finanzieren (sog. **lock-in-Effekt**). Diese Profitabilitätsannahme ist nun auch auf Personenunternehmen ausgedehnt worden.

Literatur

Dietrich Grashoff, Florian Kleinmanns, Aktuelles Steuerrecht 2017, München, 13. Aufl. 2017, S. 130–136.
Klaus Tipke, Joachim Lang, Steuerrecht, Köln, 22. Aufl. 2015, S. 739–747.
Günter Wöhe, Ulrich Döring, Gerrit Brösel, Einführung in die Allgemeine Betriebswirtschaftslehre, München, 26. Aufl. 2016, S. 230–232.

Übergreifender Abschlussfall | 6

Inhalt

Angaben zur Körperschaftsteuer | 6.1

Das Energieversorgungsunternehmen Edwin-GmbH weist für das Geschäftsjahr (= Kalenderjahr) 2018 einen vorläufigen handelsbilanziellen Jahresüberschuss i.H.v. 1.100.000 € aus. Um einerseits die Zusammenhänge zwischen Handels- und Steuerbilanz herauszuarbeiten und andererseits häufig begangene Fehler aufzuzeigen, sollen bestimmte Positionen besonders hervorgehoben werden. Aus didaktischen Gründen wird daher der vorläufige Handelsbilanzüberschuss mit 2.200.000 € angesetzt, so dass folgende Positionen, welche noch *nicht* berücksichtigt wurden, separat diskutiert werden können:

Beteiligungserträge[1)]	+ 200.000 €
Rückstellung[2)]	./. 150.000 €
KSt-VZ 2018	./. 200.000 €
GewSt-VZ 2018	./. 100.000 €
Geldstrafe[3)]	./. 250.000 €
Zinsen für Darlehen	./. 600.000 €

Zu den einzelnen GuV-Posten liegen folgende ergänzende Angaben vor:

1) Die Edwin-GmbH ist seit Jahren 20 % an der Linden-AG beteiligt. Die Dividende für das Wirtschaftsjahr 2017 wurde in der

Hauptversammlung am 20.06.2018 beschlossen. Auf die Edwin-GmbH entfiel davon eine Bardividende von 200.000 €, die am 01.07.2018 überwiesen wurde.

2) Aufgrund bestehender Lieferverpflichtungen muss die Edwin-GmbH handelsrechtlich gem. § 249 Abs. 1 Satz 1 HGB eine Rückstellung für drohende Verluste aus schwebenden Geschäften i.H.v. 150.000 € bilden.
3) Wegen illegaler Preisabsprachen wurde die Edwin-GmbH durch die Kartellbehörden mit einer Geldstrafe i.H.v. 250.000 € belegt.

Hinweise:

Auf die Berücksichtigung des SolZ wird aus Vereinfachungsgründen verzichtet.

6.2 | Angaben zur Einkommensteuer

Edwin (ledig/Jahrgang 1970, kinderlos) ist geschäftsführender Gesellschafter der Edwin-GmbH. Auf seiner Lohnsteuerbescheinigung für 2018 sind folgende Beträge eingetragen:

Bruttoarbeitslohn	120.000 €
Einbehaltene Lohnsteuer	18.900 €
Einbehaltene Kirchensteuer	1.512 €

Kirchensteuer-Erstattungen hat Edwin 2018 nicht erhalten. Für seine Mitgliedschaft bei der Gewerkschaft zahlt Edwin einen Jahresbeitrag i.H.v. 40 €. Außerdem sind ihm Fahrtkosten zum Arbeitsplatz mit dem privaten PKW i.H.v. 1.200 € (220 Arbeitstage, Entfernung Wohnung/Arbeitsstätte 18,18 km) entstanden.

Edwin erhält aufgrund seiner 50 %igen GmbH-Beteiligung, die er im Privatvermögen hält, eine Gewinnausschüttung i.H.v. 60.000 €. Nach Abzug von KapESt i.H.v. 15.000 € wird seinem Bankkonto im Mai 2018 ein Betrag i.H.v. 45.000 € gutgeschrieben. Für einen zur Finanzierung dieser Beteiligung aufgenommen Bankkredit überweist Edwin im Jahr 2018 30.000 € Zinsen an seine Hausbank. Zudem hat die Hausbank ihm im Jahr 2018 Gebühren i.H.v. 1.200 € für die Verwaltung der GmbH-Anteile in Rechnung gestellt.

Darüber hinaus spendet Edwin im Jahr 2018 30.000 € an eine gemeinnützige Organisation zur Rettung des Weltklimas.

Aufgabe:

a) Bitte ermitteln Sie das zu versteuernde Einkommen (z.v.E.), die GewSt-Rückstellung (Hebesatz: 400 %) sowie die KSt-Rückstellung der Edwin-GmbH.
b) Berechnen Sie zudem die persönliche Einkommensteuerschuld von Edwin für 2018.

Lösungshinweise | 6.3

Anhand der Tab. 20 soll Folgendes noch einmal graphisch veranschaulicht werden:

1. Die Änderungen der Handelsbilanz (1. Spalte) sowie die Anpassung der Handelsbilanz an die Steuerbilanz (2. Spalte) sind im Rahmen der laufenden Buchhaltung durch **Buchungssätze** (Um- und Nachbuchungen) vorzunehmen. Die Ermittlung des zu versteuernden Einkommens nach KStG (3. Spalte) sowie die Ermittlung des Gewerbeertrages nach GewStG (4. Spalte) ist durch eine gesonderte Nebenrechnung und damit **außerhalb der Bilanz** vorzunehmen.
2. Die Änderungen, die aufgrund von Vorschriften des EStG und KStG zur Ermittlung der körperschaftsteuerlichen Bemessungsgrundlage vorgenommen werden (3. Spalte), **gelten auch für die GewSt**. Aus diesem Grunde wird für die Berechnung der Gewerbesteuer (4. Spalte) das zu versteuernde Einkommen nach KStG übernommen.
3. Die Änderungen aufgrund gewerbesteuerlicher Spezialvorschriften (4. Spalte) gelten **nur für die Gewerbesteuer** und werden somit nicht in die körperschaftsteuerliche Bemessungsgrundlage miteinbezogen.
4. Die **Gewerbesteuer** mindert über die aufwandswirksame Verbuchung der GewSt-Rückstellung sowohl den Handelsbilanzals auch den Steuerbilanzgewinn. Sie mindert allerdings nicht die körperschaftsteuerliche Bemessungsgrundlage.
5. Auch im Fall der **KSt-Rückstellung** erfolgt eine aufwandswirksame Verbuchung, die sowohl den Handelsbilanz- als auch den Steuerbilanzgewinn vermindert.

Tabelle 20: Zusammenhang Handelsbilanzgewinn / Steuerbilanzgewinn / zu versteuerndes Einkommen nach KStG / Gewerbeertrag nach GewStG

Handelsbilanz	Steuerbilanz	Zu versteuerndes Einkommen nach KStG	Gewerbeertrag
Vorläufiger Jahresüberschuss	Handelsbilanz-JÜ vor Steuern	Steuerbilanzgewinn vor Steuern	Zu versteuerndes Einkommen
Korrekturen, die aufgrund fehlender oder falscher Buchungen erforderlich sind (Um- und Nachbuchungen)	Korrekturen, die notwendig sind, um steuerlich nicht zulässige ❑ Aktivierungen, ❑ Passivierungen (z.B. RSt) ❑ Bewertungen (z.B. AfA) zu berücksichtigen	Korrekturen von Vorgängen, die zwar in der Buchhaltung als Aufwand bzw. Ertrag zu erfassen sind, bei denen aber spezielle Vorschriften des EStG/KStG gelten: ⇨ steuerfreie Einkommensteile ⇨ nicht oder nur zum Teil abzugsfähige Betriebsausgaben (insb. GewSt/ GewStVZ) ⇨ vGA	Korrekturen durch spezielle gewstl. Vorschriften zur Wahrung des Charakters der GewSt: § 8 GewStG: Hinzurechnungen § 9 GewStG: Kürzungen
= Handelsbilanz-JÜ vor Steuern	= Steuerbilanzgewinn vor Steuern	= Zu versteuerndes Einkommen vor Steuern	= Gewerbeertrag ⇨ Gewerbesteuer
./. GewSt-RSt	./. GewSt-RSt		
./. KSt-RSt	./. KSt-RSt		
= Handelsbilanz-JÜ nach Steuern	= Steuerbilanzgewinn nach Steuern		

Falllösung

6.4

Ermittlung des zu versteuernden Einkommens / GewSt- / KSt-Rückstellung

6.4.1

	Handelsbilanz	Steuerbilanz	z.v.E. nach KStG	GewSt
Vorläufiger Jahresüberschuss	2.200.000 €	1.100.000 €	1.250.000 €	1.610.000 €
a) Beteiligungserträge[1]	+ 200.000 €		./. 200.000 €	
davon 5 % nichtabzugsfähige Aufwendungen			+ 10.000 €	
b) Rückstellung[2]	./. 150.000 €	+ 150.000 €		
c) KSt-VZ 2018[3]	./. 200.000 €		+ 200.000 €	
d) GewSt-VZ 2018[4]	./. 100.000 €		+ 100.000 €	
e) Geldstrafe[5]	./. 250.000 €		+ 250.000 €	
f) Zinsen[6]	./. 600.000 €			+ 125.000 €
= Ergebnis vor Steuern	1.100.000 €	1.250.000 €	1.610.000 €	1.735.000 €
./. GewSt-RSt	./. 142.900 €	./. 142.900 €		
./. KSt-RSt	./. 41.500 €	./. 41.500 €		
= Ergebnis nach Steuern	915.600 €	1.065.600 €		

[1] Gem. § 8b Abs. 1 KStG erfolgt eine Kürzung bei der Ermittlung des z.v.E. nach KStG. Diese Kürzung gilt gem. § 9 Nr. 2a GewStG auch für die GewSt. Aufgrund der Vorschrift des § 8b Abs. 5 KStG werden aber im Ergebnis nur 95 % der Einkünfte freigestellt.

[2] Steuerrechtlich ist gem. § 5 Abs. 4a EStG die Bildung einer Rückstellung für drohende Verluste aus schwebenden Geschäften nicht zulässig. Es erfolgt eine Korrektur im Rahmen der Erstellung der Steuerbilanz.

[3] KSt-Vorauszahlungen müssen gem. § 10 Nr. 2 KStG dem z.v.E. nach KStG wieder hinzugerechnet werden.

[4] Da die GewSt-Vorauszahlungen gem. § 4 Abs. 5b EStG nichtabzugsfähige Betriebsausgaben darstellen, müssen sie außerhalb der Bilanz dem Steuerbilanzgewinn wieder hinzugerechnet werden.

[5] Die Geldstrafe ist gem. § 10 Nr. 3 KStG dem z.v.E. nach KStG wieder hinzuzurechnen.

[6] Die Zinsen sind zunächst um einen Freibetrag i.H.v. 100.000 € zu kürzen. Anschließend erfolgt gem. § 8 Nr. 1 Bst. a GewStG eine Hinzurechnung i.H.v. 25 % des verbleibenden Betrags ((600.000 € ./. 100.000 €) × 25 % = 125.000 €).

Berechnung der GewSt-Rückstellung

GewSt-Satz = 0,035 × 400 % = 0,14

	GewSt-Schuld	1.735.000 × 0,14 = 242.900 €
./.	GewSt-VZ 2018	./. 100.000 €
=	**GewSt-Rückstellung**	**= 142.900 €**

Berechnung der KSt-Rückstellung

	KSt-Schuld	1.610.000 € × 0,15 = 241.500 €
./.	KSt-VZ 2018	./. 200.000 €
=	**KSt-Rückstellung**	**= 41.500 €**

6.4.2 Berechnung der Steuerschuld für 2018

Für die Berechnung der Steuerschuld des Edwin wird das Berechnungsschema des § 2 EStG verwendet.

Abb. 71: *Berechnungsschema der Einkommensteuer*

1.	Einkünfte aus Land- und Forstwirtschaft (§ 13)
2.	Einkünfte aus Gewerbebetrieb (§ 15)
3.	Einkünfte aus selbständiger Arbeit (§ 18)
4.	Einkünfte aus nichtselbständiger Arbeit (§ 19)
5.	Einkünfte aus Kapitalvermögen (§ 20)
6.	Einkünfte aus Vermietung und Verpachtung (§ 21)
7.	Sonstige Einkünfte im Sinne des § 22
=	***Summe der Einkünfte***
./.	Altersentlastungsbetrag (§ 24a)
./.	Entlastungsbetrag für Alleinerziehende (§ 24b)
./.	Abzug für Land- und Forstwirte (§ 13 Abs. 3)
=	***Gesamtbetrag der Einkünfte (§ 2 Abs. 3)***
./.	Verlustabzug (§ 10d)
./.	Sonderausgaben (§§ 10, 10a, 10b, 10c)
./.	Außergewöhnliche Belastungen (§§ 33, 33a, 33b)
=	***Einkommen (§ 2 Abs. 4)***
./.	Kinderfreibetrag (§§ 31, 32 Abs. 6)
=	***Zu versteuerndes Einkommen (§ 2 Abs. 5)***

6.4.2.1 Anwendung der Abgeltungsteuer i.S.d. § 32d EStG

a) Einkünfte aus nichtselbständiger Arbeit

Das Geschäftsführergehalt von Edwin gehört gem. § 19 Abs. 1 Satz 1 Nr. 1 EStG zu den Einkünften aus nichtselbständiger Arbeit. Diese Einkünfte sind gem. § 2 Abs. 2 Nr. 2 EStG als Überschuss der Einnahmen über die Werbungskosten zu ermitteln.

Bruttoarbeitslohn (Einnahmen gem. § 8 i.V.m. § 19 EStG)		120.000 €
./. Werbungskosten (§ 9 EStG)		
./. Fahrtkosten	1.200 €	
./. Kontoführungsgebühren (Pauschale)	16 €	
./. Gewerkschaftsbeitrag	40 €	
Werbungskosten gesamt		./. 1.256 €
= Einkünfte aus nichtselbständiger Arbeit 2018		**= 118.744 €**

Hinweis:

Die Summe der Werbungskosten ist höher als der Pauschbetrag i.H.v. 1.000 €, so dass die tatsächlichen Kosten angesetzt werden (§ 9a Satz 1 EStG).

b) Einkünfte aus Kapitalvermögen

Edwin erzielt aus seinem Anteilsbesitz Dividenden, die gem. § 20 Abs. 1 Nr. 1 EStG zu den Einkünften aus Kapitalvermögen gehören. Diese werden grundsätzlich der **Abgeltungsteuer** i.S.d. § 32d EStG unterworfen. Da Edwin jedoch über eine Beteiligung von mehr als 25 % an der Edwin-GmbH verfügt, ist eine Anwendung der Ausnahmeregelung des § 32d Abs. 2 Nr. 3 Bst. a EStG zulässig. Diese gestattet Edwin auf Antrag eine Option für die Unterwerfung der Dividendeneinkünfte unter das **Teileinkünfteverfahren** i.S.d. § 3 Nr. 40 Bst. d EStG.

Um eine geringstmögliche Steuerbelastung zu gewährleisten, sind daher beide Besteuerungsmöglichkeiten gegeneinander abzuwägen.

Einnahmen (Bruttodividende)	60.000 €
Sparer-Pauschbetrag (§ 20 Abs. 9 Satz 1 EStG)	./. 801 €
Steuerbemessungsgrundlage der Abgeltungsteuer i.S.d. § 32d EStG	= 59.199 €
Steuersatz i.H.v. 25 % gem. § 32d Abs. 1 Satz 1 EStG	25 %
ESt-Belastung	**= 14.800 €**
Einbehaltene Kapitalertragsteuer	./. 15.000 €
Erstattungsanspruch	**= ./. 200 €**

Hinweis:

Die Steuerbelastung der Dividendeneinkünfte i. H.v. 15.000 € besitzt gem. § 43 Abs. 5 Satz 1 EStG abgeltende Wirkung. Ein Abzug der tatsächlichen Werbungskosten ist gem. § 20 Abs. 9 Satz 1 EStG ausgeschlossen. Damit Erwin den Sparer-Pauschbetrag in Anspruch nehmen kann, sollte das Veranlagungswahlrecht im Rahmen der sog. Abgeltung über Veranlagung gem. § 32d Abs. 4 EStG beantragt werden.

c) Summe und Gesamtbetrag der Einkünfte

Da die Kapitalertragsteuer auf die Dividendeneinkünfte eine abgeltende Wirkung besitzt, fließen diese grundsätzlich nicht mehr in die Summe bzw. den Gesamtbetrag der Einkünfte ein. Somit betragen sowohl die Summe der Einkünfte als auch der Gesamtbetrag der Einkünfte 118.744 €.

d) Sonderausgaben

❑ Unbeschränkt abzugsfähige Sonderausgaben

Die einbehaltene Kirchensteuer i. H.v. 1.512 € ist gem. § 10 Abs. 1 Nr. 4 EStG in voller Höhe als Sonderausgaben abzugsfähig.

❑ Beschränkt abzugsfähige Sonderausgaben

Zuwendungen für Zwecke i. S. d. § 52 AO	30.000 €	
Abzugsfähiger Höchstbetrag (20 % von 118.744 €)	./. 23.749 €	23.749 €
Vortragsfähiger Restbetrag (§ 10b Abs. 1 Satz 9 EStG)	6.251 €	
Abzugsfähiger Spendenbetrag (§ 10b Abs. 1 Satz 1 EStG)		23.749 €
→ **Summe Sonderausgaben:** 23.749 € + 1.512 €		**= 25.261 €**

❑ Sonderausgabenabzug für die Beiträge zur Sozialversicherung

Die Arbeitnehmerbeiträge zur Rentenversicherung sind als Altersvorsorgeaufwendungen abzugsfähig.

1. AN-Beitrag gesetzliche RV § 10 Abs. 1 Nr. 2 BSt. a EStG	7.254€	
2. AG-Beitrag gesetzliche RV § 10 Abs. 1 Nr. 2 BSt. a EStG	7.254€	
3. Summe der Beiträge	14.508€	
5. Höchstbetrag § 10 Abs. 3 Satz 1 EStG	23.712€	(24,7 % von 96.000€)

6. Zu berücksichtigen		14.508 €
7. Davon 86 % § 10 Abs. 3 Satz 4 u. 6 EStG		12.477 €
8. Abzüglich steuerfreier Arbeitgeberanteil § 10 Abs. 3 Satz 5 EStG		./. 7.254 €
9. **Abzugsfähige Altersvorsorgeaufwendungen**		**5.223 €**
10. Kranken- u. Pflegeversicherung § 10 Abs. 1 Nr. 3 EStG	5.217 €	
11. Arbeitslosenversicherung § 10 Abs. 1 Nr. 3 EStG	1.170 €	
12. Summe der Beiträge	6.387 €	
13. Höchstbetrag § 10 Abs. 4 EStG	1.900 €	
14. Mindestbetrag § 10 Abs. 1 Nr. 3a EStG	5.217 €	
14. **Abzugsfähige sonstige Vorsorgeaufwendungen**		5.217 €
15. **Summe der abzugsfähigen Vorsorgeaufwendungen vorbehaltlich der Günstigerprüfung**		**10.440 €**
→ **Summe Sonderausgaben:** 1.512 € + 23.749 € + 10.440 €		**35.701 €**

Die Günstigerprüfung nach § 10 Abs. 4a EStG wird von Amts wegen durchgeführt.

Hinweis:

Der nicht zum Sonderausgabenabzug zugelassene Spendenbetrag i.H.v. 6.251 € ist gesondert festzustellen. In späteren Veranlagungszeiträumen besteht die Möglichkeit, diesen im Rahmen der zulässigen Höchstbeträge als Sonderausgaben geltend zu machen.

e) Tarif

Die tarifliche Einkommensteuer für Edwin ergibt sich gem. § 32a Abs. 1 EStG durch Anwendung der Grundtabelle auf das zu versteuernde Einkommen.

	Gesamtbetrag der Einkünfte (§ 2 Abs. 3 EStG)	118.744 €
./.	Sonderausgaben	./. 35.701 €
	Zu versteuerndes Einkommen (§ 2 Abs. 5 EStG)	83.043 €
	Festzusetzende Einkommensteuer 2018 (§ 32a EStG)	26.256 €
./.	einbehaltene LohnSt (§ 36 Abs. 2 Nr. 2 EStG)	./. 18.900 €
./.	einbehaltene KapESt (§ 36 Abs. 2 Nr. 2 EStG)	./. 200 €
	Einkommensteuernachzahlung 2018	**7.156 €**

Hinweis:

Auf die Berücksichtigung von Kirchensteuer und SolZ wird aus Vereinfachungsgründen verzichtet. Dies gilt auch für die nachfolgenden Betrachtungen.

f) Einkommensteuerliche Gesamtbelastung

	Festzusetzende Einkommensteuer 2018	26.256 €
+	Abgeltungsteuer auf Dividendeneinkünfte	+ 14.800 €
	Einkommensteuerliche Gesamtbelastung 2018	**41.056 €**

6.4.2.2 Anwendung des Teileinkünfteverfahrens i.S.d. § 3 Nr. 40 Bst. d EStG

a) Einkünfte aus nichtselbständiger Arbeit

Bruttoarbeitslohn (Einnahmen gem. § 8 i.V.m. § 19 EStG)		120.000 €
./. Werbungskosten (§ 9 EStG)		
./. Fahrtkosten	1.200 €	
./. Kontoführungsgebühren (Pauschale)	16 €	
./. Gewerkschaftsbeitrag	40 €	
Werbungskosten gesamt		./. 1.256 €
Einkünfte aus nichtselbständiger Arbeit 2018		**118.744 €**

b) Einkünfte aus Kapitalvermögen

Einnahmen (Bruttodividende)	60.000 €
Davon 60 % gem. § 3 Nr. 40 Bst. d EStG	36.000 €
Werbungskosten (60 % der Bankgebühren und Kreditzinsen gem. § 3c Abs. 2 EStG)	./. 18.720 €
Einkünfte aus Kapitalvermögen 2018	**17.280 €**

Hinweis:

Bei einer Entscheidung für die Anwendung des Teileinkünfteverfahrens anstelle der Abgeltungsteuer i.S.d. § 32d EStG wird kein Sparer-Pauschbetrag nach § 20 Abs. 9 EStG zur Minderung der Einkünfte aus Kapitalvermögen gewährt (§ 32d Abs. 2 Nr. 3 Satz 2 EStG).

c) Summe und Gesamtbetrag der Einkünfte

Somit betragen sowohl die Summe der Einkünfte als auch der Gesamtbetrag der Einkünfte (118.744 € + 17.280 € =) 136.024 €.

d) Sonderausgaben

❑ Unbeschränkt abzugsfähige Sonderausgaben

Die einbehaltene Kirchensteuer i.H.v. 1.512 € ist gem. § 10 Abs. 1 Nr. 4 EStG in voller Höhe abzugsfähig.

❑ Beschränkt abzugsfähige Sonderausgaben

Zuwendungen für Zwecke i.S.d. § 52 AO	30.000 €	
Abzugsfähiger Höchstbetrag (20 % von 136.024 €)	./. 27.205 €	27.205 €
Vortragsfähiger Restbetrag (§ 10b Abs. 1 Satz 3 EStG)	2.795 €	
Abzugsfähiger Spendenbetrag (§ 10b Abs. 1 Satz 1 EStG)		**27.205 €**
Abzugsfähige Sozialversicherungsbeiträge		**10.440 €**
27.205 € + 1.512 € + 10.440 €		= **39.157 €**

Hinweis:

Der nicht zum Sonderausgabenabzug zugelassene Spendenbetrag i.H.v. 2.795 € ist gesondert festzustellen. In späteren Veranlagungszeiträumen besteht die Möglichkeit, diesen im Rahmen der zulässigen Höchstbeträge als Sonderausgaben geltend zu machen.

e) Tarif

Die tarifliche Einkommensteuer für Edwin ergibt sich gem. § 32a Abs. 1 EStG durch Anwendung der Grundtabelle auf das zu versteuernde Einkommen.

	Gesamtbetrag der Einkünfte (§ 2 Abs. 3 EStG)	136.024 €
./.	Sonderausgaben	./. 39.157 €
	Zu versteuerndes Einkommen (§ 2 Abs. 5 EStG)	96.867 €
	Festzusetzende Einkommensteuer 2018 (§ 32a EStG)	**32.062 €**
./.	einbehaltene LohnSt (§ 36 Abs. 2 Nr. 2 EStG)	./. 18.900 €
./.	einbehaltene KapESt (§ 36 Abs. 2 Nr. 2 EStG)	./. 15.000 €
	Einkommensteuererstattung 2018	**1.838 €**

Die Einkommensteuerbelastung weist in Abhängigkeit von der gewählten Besteuerungsmethodik für Kapitaleinkünfte signifikante Differenzen auf. Durch die Wahl der Abgeltungsteuer i.S.d. § 32d EStG unterliegt Edwin letztlich einer Gesamtbelastung i.H.v. 41.056 €. Demgegenüber fällt die festzusetzende Einkommensteuer bei Anwendung des Teileinkünfteverfahrens i.S.d. § 3 Nr. 40 Bst.d EStG mit 32.062 € deutlich niedriger aus. Fazit

Diese Differenz ist darauf zurückzuführen, dass § 20 Abs. 9 EStG den Abzug der tatsächlich entstandenen Werbungskosten ausdrücklich untersagt. Zudem wirkt sich die Anwendung des Teileinkünfteverfahrens positiv auf den maximal in VZ 2018 möglichen Spendenabzug aus (dafür reduzieren sich freilich die in der Zukunft abzugsfähigen diesbezüglichen Spendenvortragsbeträge entsprechend).

In Anbetracht der ermittelten Ergebnisse ist Edwin somit zu einer Option für die Ausnahmeregelung des § 32d Abs. 2 Nr. 3 Bst. a EStG zu raten, die ihm die Anwendung des Teileinkünfteverfahrens auf die erzielten Dividendeneinkünfte und die damit verbundenen Werbungskosten gestattet.

Abbildungsverzeichnis | 7

8 Tabellenverzeichnis

Sachverzeichnis

9